U0946481

长 沙 市 统 计 局
国家统计局长沙调查队 编

长沙统计年鉴

CHANGSHA STATISTICAL YEARBOOK

（京）新登字 041 号

图书在版编目（CIP）数据

长沙统计年鉴.2014/ 长沙市统计局，国家统计局长沙调查队主编.—北京：中国统计出版社，2014.9

ISBN 978-7-5037-7213-9

Ⅰ.①长… Ⅱ.①长… ②国… Ⅲ.①统计资料—长沙市—2014—年鉴 Ⅳ.①C832.641-54

中国版本图书馆 CIP 数据核字（2014）第 186576 号

长沙统计年鉴—2014

作　　者 / 长沙市统计局　国家统计局长沙调查队
责任编辑 / 陈越月　扶文武
责任校对 / 罗　颖
装祯设计 / 孔江陵
出版发行 / 中国统计出版社
地　　址 / 北京市丰台区西三环南路甲 6 号
邮政编码 / 100073
电　　话 / 邮购(010)63376909　书店（010）68783171
网　　址 / http://csp.stats.gov.cn
印　　刷 / 长沙市雅高彩印有限公司
经　　销 / 新华书店
开　　本 / 890 × 1240 毫米 1/16
字　　数 / 906 千字
印　　张 / 28.5
印　　数 / 1500 册
版　　别 / 2014 年 9 月第 1 版
版　　次 / 2014 年 9 月第 1 次印刷
书　　号 / ISBN 978-7-5037-7213-9
定　　价 / 280元

《长沙统计年鉴—2014》编辑委员会

《长沙统计年鉴—2014》资料整理人员

编者说明

一、《长沙统计年鉴—2014》是一部全面反映长沙市国民经济和社会发展情况的资料性年刊。收录了全市及各区、县（市）2013年经济和社会发展方面的大量统计数据，以及重要历史年份的主要统计数据，还包括全国三十五个直辖市、省会和副省级城市主要经济社会指标对比资料，是一本社会各界全面、深入了解研究长沙的重要工具书。

二、《长沙统计年鉴—2014》首卷为特载一《长沙市2013年国民经济和社会发展统计公报》及特载二《主要经济社会指标统计图》。本年鉴正文内容分为18个篇章，即：1. 综合；2. 国民经济核算；3. 人口、就业和职工工资；4. 固定资产投资、建筑业；5. 财政、金融、保险；6. 物价指数；7. 人民生活；8. 城市建设、环境保护；9. 农业；10. 工业；11. 运输和邮电；12. 国内外贸易、对外经济和旅游；13. 服务业；14. 教育和科技；15. 文化、体育、卫生；16. 区县（市）主要经济和社会指标；17. 全国三十五个直辖市、省会和副省级城市主要经济社会指标；18. 国民经济主要指标解释及计算方法。附录为相关企业及乡镇、街道排名榜。

三、本年鉴资料大部分来自年度统计报表，一部分来自抽样调查。年鉴部分指标取自部门统计年报资料；各区、县（市）主要经济和社会统计指标取自当年各地统计年报资料；全国其他城市数据取自相关交换资料。

四、本年鉴部分数据合计数或相对数由于单位取舍不同及四舍五入处理所产生的计算误差均未作机械调整。

五、本年鉴按照《中国统计年鉴》的大体框架和规范要求编辑。统一使用《中国统计年鉴》指标解释，统一采用国际度量标准计量单位。

六、因2013年为第三次全国经济普查年份，经济普查数据最终定案时间较晚，为保证《长沙统计年鉴》发行的时效性，本年年鉴数据主要取自年快报资料，部分数据为初步统计数，正式数据以第三次经济普查公布的数据为准。

目 录
Contents

一、综 合

General Survey

二、国民经济核算

National Accounts

三、人口、就业和职工工资

Population, Employment and Wages

四、固定资产投资、建筑业

Investment in Fixed Assets and Construction

五、财政、金融、保险

Finance, Banking and Insurance

六、物价指数

Price Indices

七、人民生活

People's Livelihood

八、城市建设、环境保护

Construction of Cities and Environmental Protection

九、农　　业

Agriculture

十、工 业

Industry

十一、运输和邮电

Transportation, Postal and Telecommunication Services

十二、国内外贸易、对外经济和旅游

Domestic and Foreign Trade, Foreign Economy and Tourism

十三、服务业

Service Trades

十四、教育和科技

Education, Science and Technology

十五、文化、体育、卫生

Culture, Sports and Public Health

十六、区县(市)主要经济和社会指标

Main Economic and Social Statistical Indicators of District, County and City

十七、全国三十五个直辖市、省会和副省级城市主要经济社会指标

Main Economic and Social Statistics Indicators of National Thirty-five Municipalities, Provincial Capitals and Cities of Sub-provincial Rank

十八、国民经济主要指标解释及计算方法

Explanatory Notes and Calculation Methods on Main Statistical Indicators of National Economy

附录:排名榜(2013)

APPENDIX:List of Top Strengths

特载一

2013年长沙市国民经济和社会发展统计公报

2013 年长沙市国民经济和社会发展统计公报

2013 年,面对复杂严峻的宏观经济形势,市委、市政府坚持早预见、早谋划、早准备、早动手,着力稳增长、调结构、转方式、保民生,大力开展“六个走在前列”大竞赛活动,及时解决经济社会发展过程中的问题,全市经济发展呈现平稳增长、稳中向好的良好态势,各项社会事业取得新进步,为率先建成“三市”、强力实施“三倍”、加快推进现代化奠定了坚实的基础。

一、综　　合

初步核算,全年实现地区生产总值(GDP)7153.13 亿元,比上年增长 12.0%。分产业看,第一产业实现增加值 291.15 亿元,增长 3.0%;第二产业实现增加值 3946.97 亿元,增长 12.5%,其中工业实现增加值 3352.34 亿元,增长 13.2%;第三产业实现增加值 2915.01 亿元,增长 12.1%。第一、二、三次产业分别拉动 GDP 增长 0.1、7.0、4.9 个百分点,三次产业对 GDP 增长的贡献率分别为 0.9%、58.4%、40.7%。按常住人口计算,人均 GDP 达 99570 元,比上年增长 10.8%。三次产业结构调整为 4.1: 55.1: 40.8。全部工业增加值占 GDP 的比重达 46.9%。全市非公有制经济实现增加值 4433.27 亿元,占 GDP 的比重达 62.0%。

图1 2009-2013年地区生产总值及其增长速度

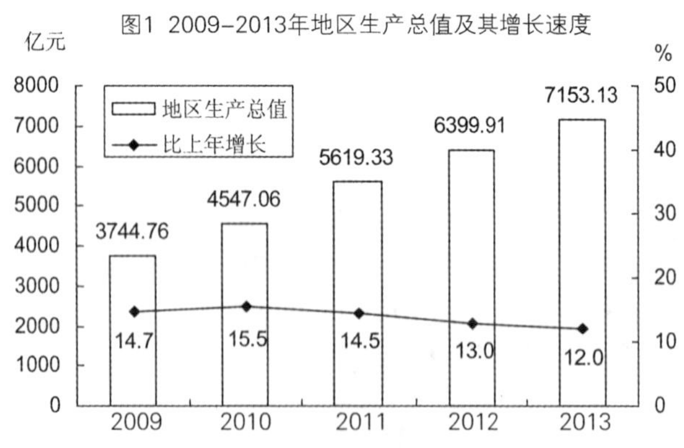

全年财政总收入 883.89 亿元,同口径增长 19.5%,其中公共财政预算收入 536.63 亿元,同口径增长 23.8%。公共财政预算支出 695.84 亿元,增长 11.4%。

图2 2009-2013年公共财政预算收入

GDP 总量在全省的占比为 29.2%,人均 GDP 为全省的 2.7 倍,经济总量在长株潭三市中的占比达 67.9%。工业增加值、固定资产投资、社会消费品零售总额占全省的比重分别为 33.5%、25.0%和 31.3%。

为民办实事目标任务全面完成。全年关系民生的省、市 44 项为民办实事工程建设全面或超额完成目标任务,在促进就业、扶贫解困、教育助学、社会保障、医疗卫生、百姓安居、道路畅通、环境治理等领域效果显著。

全市居民消费价格比上年上涨 2.6%,涨幅提升 0.6 个百分点;商品零售价格上涨 1.7%,涨幅持平。城市居民消费价格上涨 2.8%,涨幅提升 0.5 个百分点;城市商品零售价格上涨 1.2%,涨幅回落 0.3 个百分点。原材料、燃料、动力购进价格下降 1.6%,工业出厂价格下降 1.5%。固定资产投资价格上涨 1.3%。

表 1　2013 年居民消费价格比上年涨跌幅度

单位:%

指　　标	全　　市	城　　市
居民消费价格	2.6	2.8
服务项目价格	2.6	4.0
食品	4.1	4.0
粮食	5.3	4.8
油脂	2.9	2.0
肉禽及制品	4.4	4.7
蛋	4.2	4.2
水产品	3.8	5.0
菜	3.5	-0.4

续表

指　　标	全　　市	城　　市
烟酒及用品	4.3	1.1
衣着	2.6	2.8
家庭设备用品及维修服务	1.8	2.6
医疗保健和个人用品	1.4	1.8
交通和通信	0.0	-0.7
娱乐教育文化用品及服务	2.2	2.9
居住	2.2	3.4

全年新增城镇就业人员 14.93 万人，年末城镇登记失业率为 2.89%。

二、农　　业

初步测算，全年完成农林牧渔业增加值 291.20 亿元，比上年增长 3.0%，其中农业增加值 171.31 亿元，增长 3.8%；林业增加值 13.47 亿元，增长 3.6%；牧业增加值 90.49 亿元，增长 1.0%；渔业增加值 10.60 亿元，增长 5.3%；农林牧渔服务业增加值 5.33 亿元，增长 5.0%。

图3　2009-2013年农业林牧渔业增加值

全年粮食种植面积 37.1 万公顷，与上年持平，其中稻谷播种面积 34.0 万公顷，增长 0.6%，优质稻种植面积所占比重为 80.5%；蔬菜种植面积 16.8 万公顷，增长 8.6%；油料种植面积 5.0 万公顷，增长 1.3%；出栏肉猪 835.7 万头，增长 0.3 %。主要农产品产量保持稳定。

表 2　2013 年主要农产品产量及其增长速度

产品指标	计量单位	产　　量	比上年增长(%)
粮　　食	万吨	244.35	-1.4
棉　　花	万吨	0.10	-7.7
油　　料	万吨	8.60	6.6
茶　　叶	万吨	2.86	5.5
蔬　　菜	万吨	535.64	7.8
禽　　蛋	万吨	5.55	3.8
水产品	万吨	11.94	4.6
出栏肉猪	万头	835.7	0.3
肉类总产量	万吨	71.51	0.5
牛　　奶	万吨	0.65	-17.9

全市农产品加工企业 5747 家，其中国家级、省级龙头企业 59 家，销售收入 249.78 亿元，实现净利润 16.44 亿元，上交税金 9.14 亿元。农民专业合作组织 5386 个，比上年增长 33.4%；入社农户 10.09 万户，参与农户 24.16 万户。

农业机械总动力达 562 万千瓦；农业机械总值 28.25 亿元；水稻耕种收综合机械化水平达到 72.5%。

农村基础设施建设投入力度加大，全年开工各类水利工程 3 万处，水利工程投入资金 30 亿元以上，水利工程完成土石方 0.5 亿立方米。

三、工业和建筑业

全市实现工业增加值 3352.34 亿元，比上年增长 13.2%，其中规模以上工业实现增加值 2653.28 亿元，增长 14.0%。

图4　2009-2013年全部工业增加值

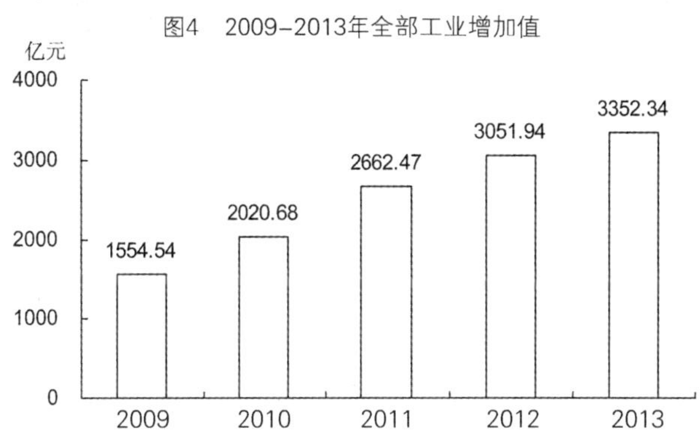

在规模以上工业中，全市重工业实现增加值 1511.65 亿元，比上年增长 15.4%。重工业增加值占规模工业增加值的比重达 57.0%，对规模工业增长的贡献率达 62.1%。

表 3　2013 年规模以上工业增加值及其增长速度

指　　标	增加值(亿元)	比上年增长(%)
规模以上工业	2653.28	14.0
按轻、重工业分组：		
轻工业	1141.63	12.2
重工业	1511.65	15.4
按经济类型分组：		
国有企业	717.89	9.0
集体企业	25.59	-11.9
股份合作制企业	14.38	16.3
股份制企业	1507.46	14.7
外商及港澳台投资企业	186.68	36.8
其他企业	201.29	14.6
总计中：		
非公有制企业	1563.57	22.5
国有及国有控股工业	1023.58	4.0
大中型工业	1658.17	6.4

全市园区规模以上工业增加值1604.88亿元，比上年增长13.9%，占全市规模以上工业增加值的60.5%，对规模以上工业增长的贡献率达62.7%。

全市县域规模以上工业实现增加值1234.75亿元，比上年增长18.1%，高于全市平均水平4.1个百分点。

全市规模以上工业统计的196种主要产品产量中，产量增长的有132种，占产品数量的比重为67.3%。

表4 2013年规模以上工业主要产品产量及其增长速度

产品名称	计量单位	产　量	比上年增长(%)
卷　烟	亿支	1862.10	1.3
焰火制品	亿元	317.35	20.5
化学农药原药	万吨	1.66	-5.2
涂料(油漆)	万吨	32.53	13.2
合成洗涤剂	万吨	19.48	28.1
中成药	万吨	0.83	-39.8
水　泥	万吨	1423.19	7.9
铝　材	万吨	75.51	11.1
起重机械	万吨	94.59	-8.3
混凝土机械	万台	4.53	-8.6
汽　车	万辆	25.79	148.1
家用电冰箱	万台	20.04	21.4
电力电缆	万千米	132.35	2.8

全市规模以上工业企业经济效益综合指数达404.0，比上年提高24.9个百分点；实现主营业务收入7758.84亿元，比上年增长15.8%；利润总额达589.66亿元，增长13.0%；利税总额1431.12亿元，增长15.3%；亏损企业亏损额为19.02亿元，下降10.3%。

全年具有建筑业资质等级的独立核算企业完成建筑业总产值2729.42亿元，比上年增长17.2%；实现利税总额197.62亿元；房屋竣工面积6200.88万平方米，增长36.8%。

四、固定资产投资

全年完成固定资产投资4593.39亿元，比上年增长20.1%。分城乡看，城镇固定资产投资4254.57亿元，增长19.6%；农村投资338.82亿元，增长25.7%。全市计划总投资超过5000万元的在建项目1489个，全年完成投资1719.65亿元，占固定资产投资总额的37.4%。

图5　2009-2013年固定资产投资

表5 2013年分行业固定资产投资及其增长速度

行　业	投资额(亿元)	比上年增长(%)
总　计	4593.39	20.1
农、林、牧、渔业	84.91	18.7
采矿业	24.49	-5.8
制造业	1359.19	27.7
其中：农副食品加工业	68.04	74.8
印刷业和记录媒介的复制	42.38	93.9
化学原料及化学制品制造业	148.44	27.9
医药制造业	71.34	54.1
非金属矿物制品业	90.90	29.9
金属制品业	105.57	72.3
通用设备制造业	92.64	16.7
专用设备制造业	130.72	25.1
交通运输设备制造业	124.63	3.0
计算机、通信和及其他电子设备制造业	60.15	-37.4
仪器仪表制造业	24.74	118.3
电力、燃气及水的生产和供应业	84.17	16.3
其中：电力、热力的生产和供应业	53.97	50.6
建筑业	26.86	-13.0
批发和零售业	259.72	20.4
交通运输、仓储和邮政业	329.71	21.8
住宿和餐饮业	73.37	14.9
信息传输、软件和信息技术服务业	48.58	65.0
金融业	32.82	11.9
房地产业	1345.16	6.6
租赁和商务服务业	171.21	37.4
科学研究和技术服务业	97.64	19.8
水利、环境和公共设施管理业	395.13	44.6
居民服务、修理和其他服务业	29.74	23.7
教育	90.37	34.7
卫生和社会工作	37.51	23.0
文化、体育和娱乐业	56.04	37.3
公共管理、社会保障和社会组织	46.77	-2.9

在固定资产投资中，第一产业完成投资（不含水利建设投资）84.91亿元，比上年增长18.7%；第二产业完成投资1494.71亿元，增长25.2%，其中工业投资1467.85亿元，增长26.2%；第三产业完成投资3013.77亿元，增长17.7%。高新技术产业投资

200.57 亿元,下降 17.7%。全年基础设施建设完成投资 829.32 亿元,增长 30.8%。

全年完成房地产开发投资 1153.61 亿元,比上年增长 11.8%。全市商品房销售面积 1840.59 万平方米,增长 20.5%。全市商品房销售额 1160.38 亿元,其中住宅销售额 946.53 亿元,增长 22.0%。

五、国内贸易

全年实现社会消费品零售总额 2801.97 亿元,比上年增长 14.1%,增速回落 1.6 个百分点;剔除物价因素实际增长 12.2%。按经营地统计,城镇消费品零售额 2714.08 亿元,增长 14.2%;乡村消费品零售额 87.89 亿元,增长 12.6%。按消费形态统计,商品零售额 2524.58 亿元,增长 15.3%;餐饮收入额 277.39 亿元,增长 4.7%。

限额以上批发零售企业零售额比上年增长 22.8%,分类别看,食品、饮料、烟酒类增长 19.9%;服装、鞋帽、针纺织品类增长 8.8%;化妆品类增长 37.6%;金银珠宝类增长 45.1%;体育、娱乐类增长 4.7%;石油及制品类增长 22.7%;通讯器材类比上年增长 3.8%;家用电器和音像器材类增长 34.7%;汽车类增长 28.2%。

表 6　2013 年社会消费品零售总额及其增长速度

指　　标	零售额(亿元)	比上年增长(%)
社会消费品零售总额	2801.97	14.1
按销售单位所在地:		
城镇	2714.08	14.2
其中:城区	2385.61	13.2
乡村	87.89	12.6
按行业分:		
批发业	326.88	22.7
零售业	2195.71	14.3
住宿业	49.47	-5.8
餐饮业	229.91	7.3

六、交通和邮电

全年全社会运输周转量 410.13 亿吨公里,增长 10.2%,旅客周转量增长 8.7%,货物周转量增长 10.7%。

表 7　2013 年交通运输业主要指标及其增长速度

指　　标	计量单位	绝对数	比上年增长(%)
货物周转量	亿吨公里	334.07	10.7
铁　路	亿吨公里	46.41	-6.2
公　路	亿吨公里	235.25	14.1
水　运	亿吨公里	48.50	13.9
航　空	亿吨公里	0.81	11.7
旅客周转量	亿人公里	276.7	8.7
铁　路	亿人公里	56.55	8.0
公　路	亿人公里	130.43	5.5
航　空	亿人公里	89.71	14.3

全年完成邮电业务总量(2010 年不变价)135.32 亿元,比上年增长 9.7%,其中电信业务总量 114.17 亿元,增长 6.3%。完成邮电业务收入 121.19 亿元,比上年增长 10.2%,其中电信业务收入 102.79 亿元,增长 9.1%。年末本地固定电话用户 194.7 万户,下降 8.0%。移动电话用户 1086.5 万户,增长 10.4%。固定电话普及率为 26.96 户/百人,比上年减少 2.65 户/百人,移动电话普及率为 150.46 户/百人,比上年增加 12.71 户/百人。年末互联网宽带用户达 142.98 万户。

七、对外经济和旅游

全年进出口总额(海关口径)98.93 亿美元,比上年增长 13.8%,其中出口总额 61.66 亿美元,增长 19.2%;进口总额 37.27 亿美元,增长 5.9%。在出口总额中,机电产品 32.42 亿美元、高新技术产品 11.75 亿美元,分别占出口总额的 52.6% 和 19.1%;在进口总额中,机电产品 18.44 亿美元、高新技术产品 6.37 亿美元,分别占进口总额的 49.5% 和 17.1%。

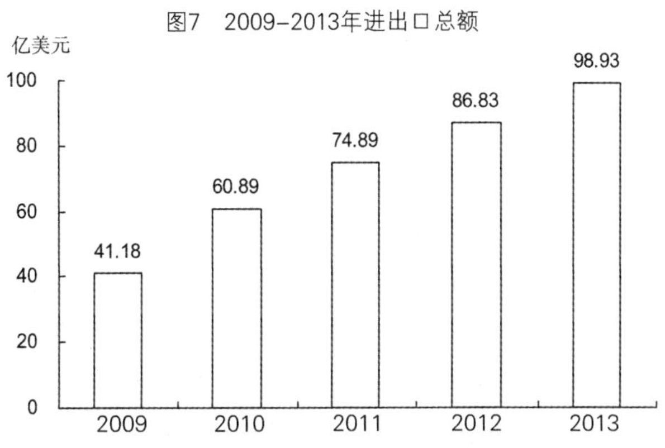

全年利用外资项目(企业)150个。实际使用外商直接投资34.00亿美元,比上年增长14.2%。全年新增实际到位省外境内资金项目282个,实际到位省外境内资金达534.06亿元,增长17.0%。

图8 2009-2013年实际利用外商直接投资金额

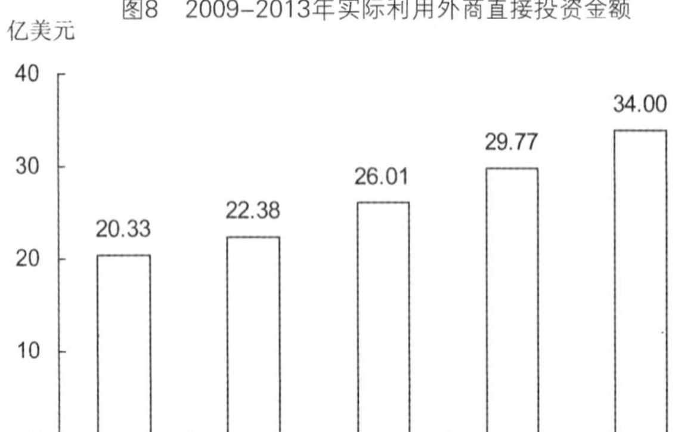

全年接待国内旅游者9485.36万人次,比上年增长18.8%;国内旅游收入958.00亿元,增长29.3%;接待入境旅游者116.97万人次,增长11.2%;国际旅游外汇收入7.79亿美元,增长17.2%;国际国内旅游总收入1006.30亿元,增长28.5%。

八、金融和保险业

年末金融机构各项存款余额(本外币合计,下同)10148.76亿元,比年初增加1345.90亿元,其中城乡居民储蓄余额3507.51亿元,比年初增加500.41亿元;年末金融机构各项贷款余额9633.02亿元,比年初增加1070.23亿元,其中短期贷款余额2331.67亿元,比年初增加330.72亿元,中长期贷款7165.55亿元,比年初增加772.13亿元。

图9 2009-2013年城乡居民本外币储蓄余额

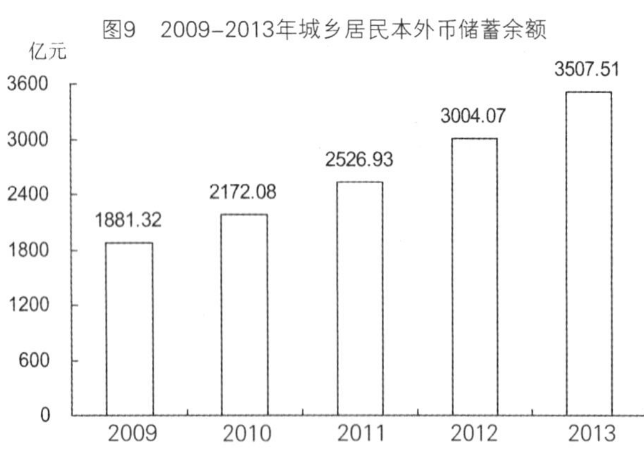

全年保险机构原保险保费收入138.96亿元,比上年增长14.5%,其中财产险原保险保费收入62.44亿元,增长22.0%;人身险原保险保费收入76.52亿元,增长8.9%。赔付支出50.19亿元,增长30.0%。

九、教育和科学技术

全市拥有普通高校50所,普通高中71所,初中学校214所,普通小学937所。在学研究生5.19万人,增长2.6%;普通高校在校学生53.06万人,比上年增长1.4%;普通高中在校学生12.99万人,增长4.8%;普通初中在校学生22.72万人,增长3.3%;普通小学在校学生45.79万人,增长4.2%;幼儿园在园幼儿21.57万人,增长5.2%。小学适龄儿童入学率100%,小学升初中入学率110.9%。全市共投入义务教育“免补”经费5.61亿元,127.3万人次学生享受了“一费制”全免入学。免除了134.8万人次学生杂费,义务教育阶段学生杂费免除率达100%。补助了4.66万人次农村贫困寄宿学生生活费。

图10 2009-2013年高等学校、普通中学在校学生数

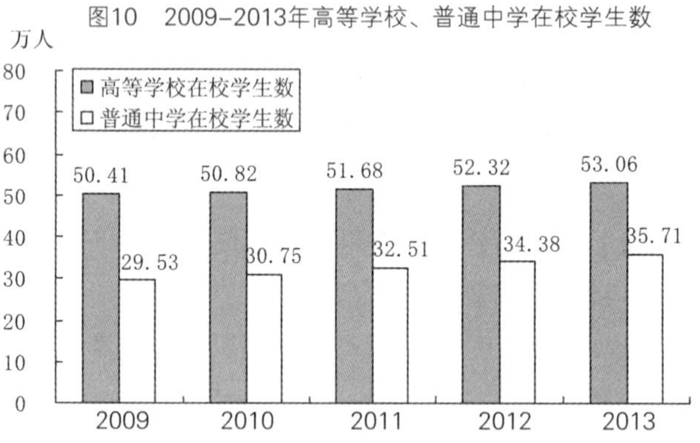

万人
80
70
60
50
40
30
20
10
0
■ 高等学校在校学生数
□ 普通中学在校学生数
50.41 29.53
50.82 30.75
51.68 32.51
52.32 34.38
53.06 35.71
2009
2010
2011
2012
2013

全市拥有科学研究开发机构97个。全年共取得省部级以上科技成果471项。专利申请15956件,比上年增长6.6%,授权专利10362件;签订技术合同3012项,成交金额41.43亿元。高新技术产业增加值1499.24亿元,增长19.1%。

十、文化、卫生和体育

全市拥有艺术表演团体9个,文化馆10个,公共图书馆12个,博物馆(纪念馆)16个,档案馆14个。全市广播综合人口覆盖率达99.3%;电视综合人口覆盖率达98.7%;有线电视用户达154.22万户。

全市拥有卫生机构(含村卫生室)4675个,其中医院、卫生院279个;卫生防疫、防治机构12个;妇幼保健机构11个。卫生技术人员6.21万人,增加0.61万人,其中执业医师、执业助理医师2.29万人,增加0.26万人;注册护士2.80万人,增加0.30

万人。卫生机构床位5.79万张,增加0.66万张,其中医院、卫生院5.25万张,增加0.61万张。

图11　2009-2013年卫生技术人员数

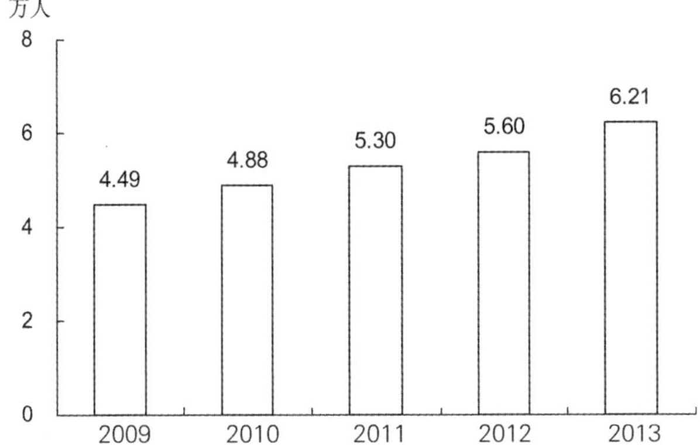

开展全民健身项目480项次,全市全民健身运动参加人数达440万人。年末拥有各级健身辅导站750个,公共体育场地675个。

十一、环境、节能和安全生产

全市拥有国家级生态示范乡镇31个,国家级自然保护区1个,自然保护区面积0.67万公顷。城市地表水质达标率达100%。

初步核算,2013年全市万元规模工业增加值能耗比上年下降7.5%,重点耗能工业企业的单位产品能耗比上年有不同程度的下降,其中吨水泥综合能耗同比下降0.7%,吨水泥熟料综合能耗下降0.1%,吨铝加工材消耗能源量同比下降24.3%。

全年生产安全事故死亡32人,比上年上升10.3%;亿元GDP各类事故死亡人数0.040人,下降9.1%;道路交通事故死亡人数232人,下降0.43%;万车死亡人数1.49人,下降12.9%。

十二、人民生活和社会保障

年末常住总人口722.14万人,比上年增长1.05%。按户籍人口计算,人口出生率为12.60‰,死亡率为7.87‰,自然增长率为4.73‰。城镇化率为70.60%,比上年提高1.22个百分点。

全年城镇居民人均可支配收入33662元,比上年增长10.5%。其中,人均工资性收入17649元,人均经营净收入4575元。城镇居民人均消费支出22346元。在城镇居民消费分类中,食品烟酒消费6289元;衣着消费1804元;居住消费5415元;生活用品及服务消费1388元;医疗保健消费1255元;交通和通信消费2990元;教育文化娱乐服务消费2499元;其他商品和服务消费405元。城镇居民年末每百户家庭拥有家用汽车37.7辆,计算机78.4台,接入互联网的计算机64.5台。人均住房建筑面积41.42平方米。

全年农村居民人均可支配收入19713元,比上年增长12.6%;其中工资性收入10311元。全年农民人均消费支出11586元。农村居民平均每百户家庭拥有家用汽车23.6辆,计算机28.6台,移动电话机260.0台。农村居民人均住房建筑面积61.97平方米。

全市拥有社会福利院、敬老院、养老院、光荣院等128所。各类收养性社会福利单位收养人员1.09万人。城镇各种社区服务设施3576处,其中综合性社区服务中心596个。接受社会捐赠1.75亿元。全年发放居民最低生活保障金6.4亿元,居民得到政府最低生活保障人数为24.23万人(包括城镇和农村)。城市低保资金按规定标准拨付到位率100%,农村最低生活保障资金按规定标准发放到位100%,做到了应保尽保。

年末参加全市劳动保障部门城镇职工基本养老保险的人数达190.85万人,比上年末增长9.3%,基本养老金社会化发放率达100%;年末参加城镇居民养老保险人数达8.81万人,年末参加新型农村养老保险人数达262.18万人;年末参加城镇职工基本医疗保险人数达151.12万人,增长2.1%。参加失业保险职工人数达101.49万人,增长6.4%,全年领取失业保险金人数为1.45万人;参加工伤保险职工人数达126.57万人,增长7.8%;参加生育保险的人数达101.08万人,增长1.6%;参加城乡居民医疗保险人数达513.50万人,增长0.6%。

注:1. 本公报部分数据为初步统计数。

2. 地区生产总值(GDP)、各产业增加值绝对数按现行价格计算,增长速度按不变价格计算。

特载二　主要经济社会指标统计图

户籍总人口（万人）

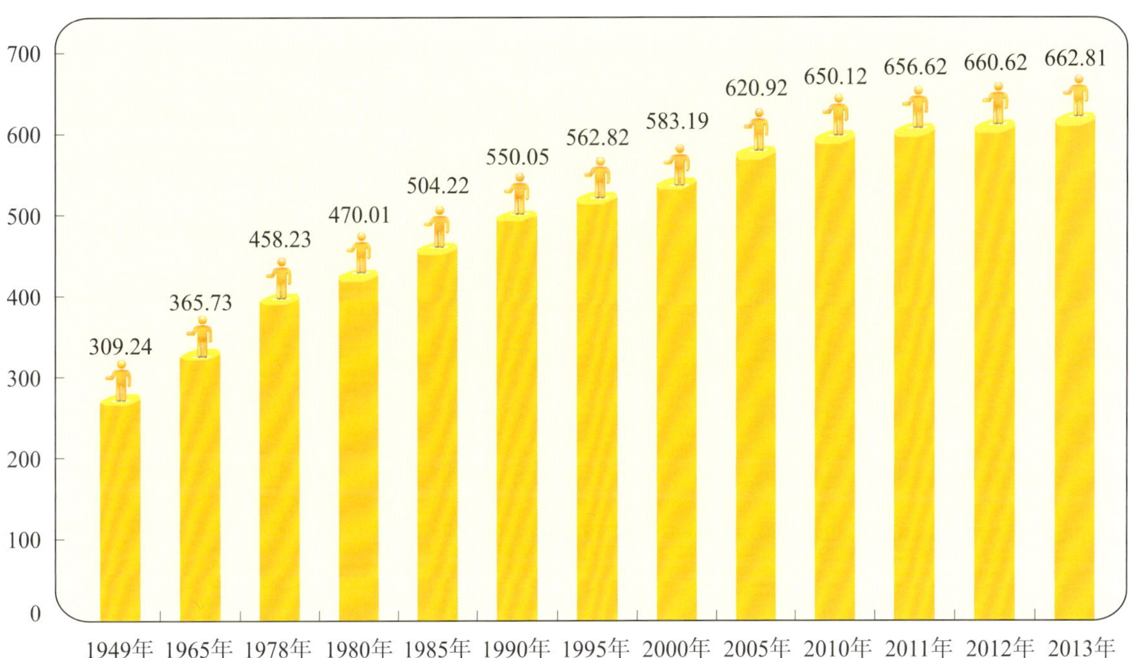

地区生产总值及增长速度（亿元、%）

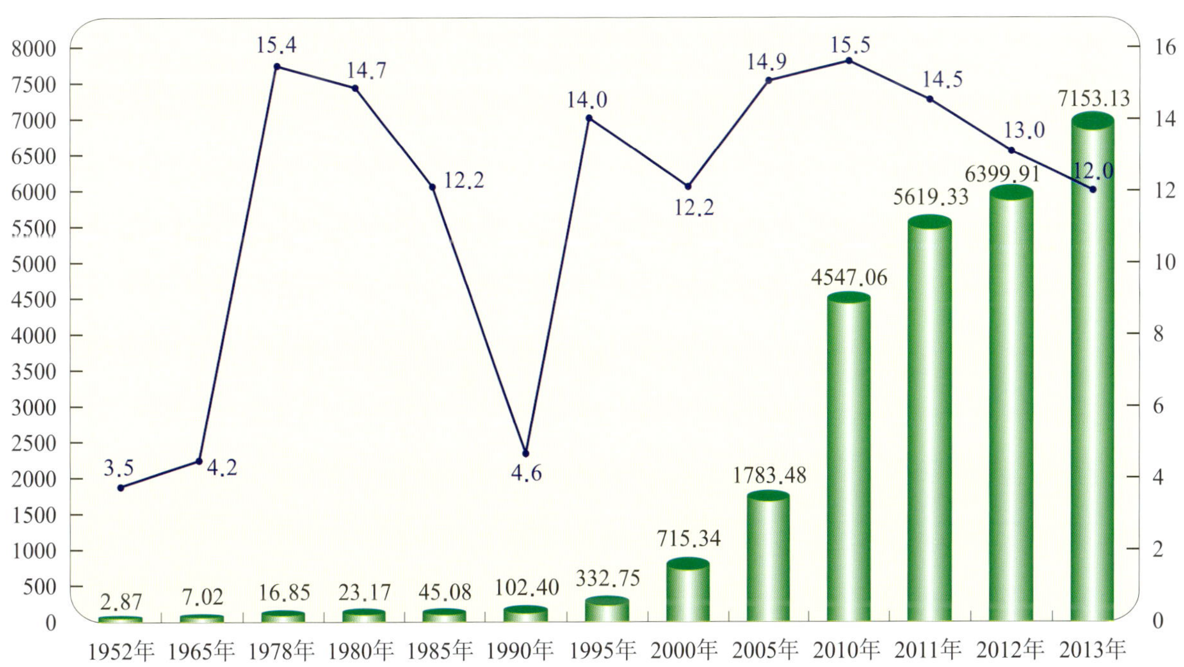

人均地区生产总值（元/人）

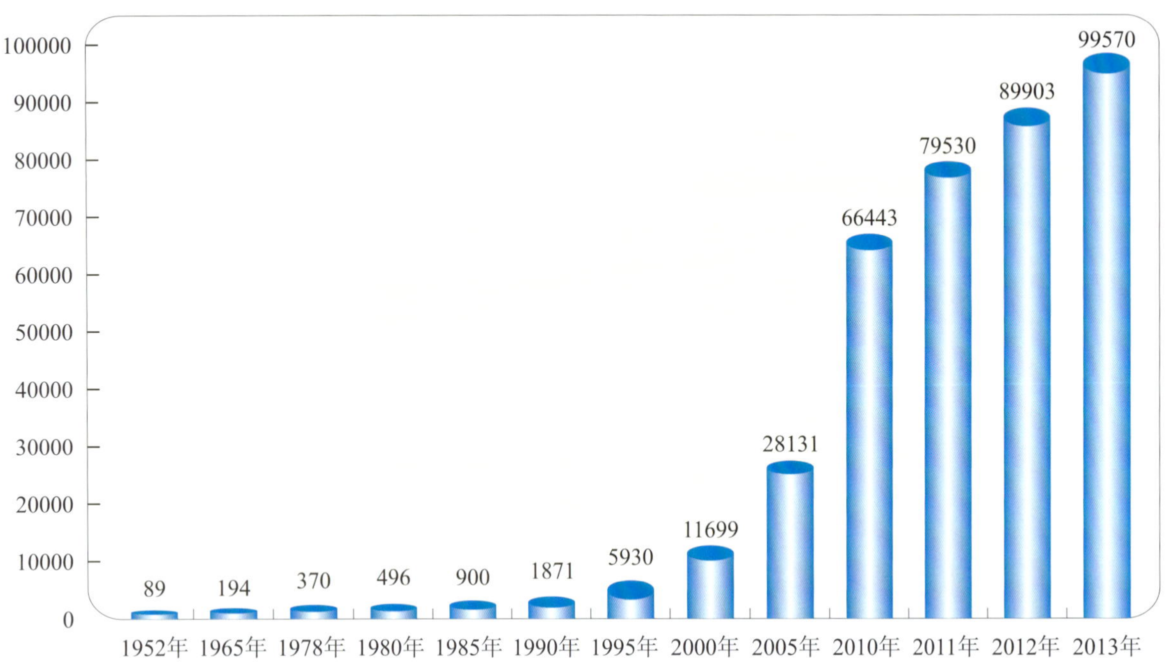

注：2000年以前人均地区生产总值按户籍人口计算，2000年以后按常住人口计算。

三次产业增加值（亿元）

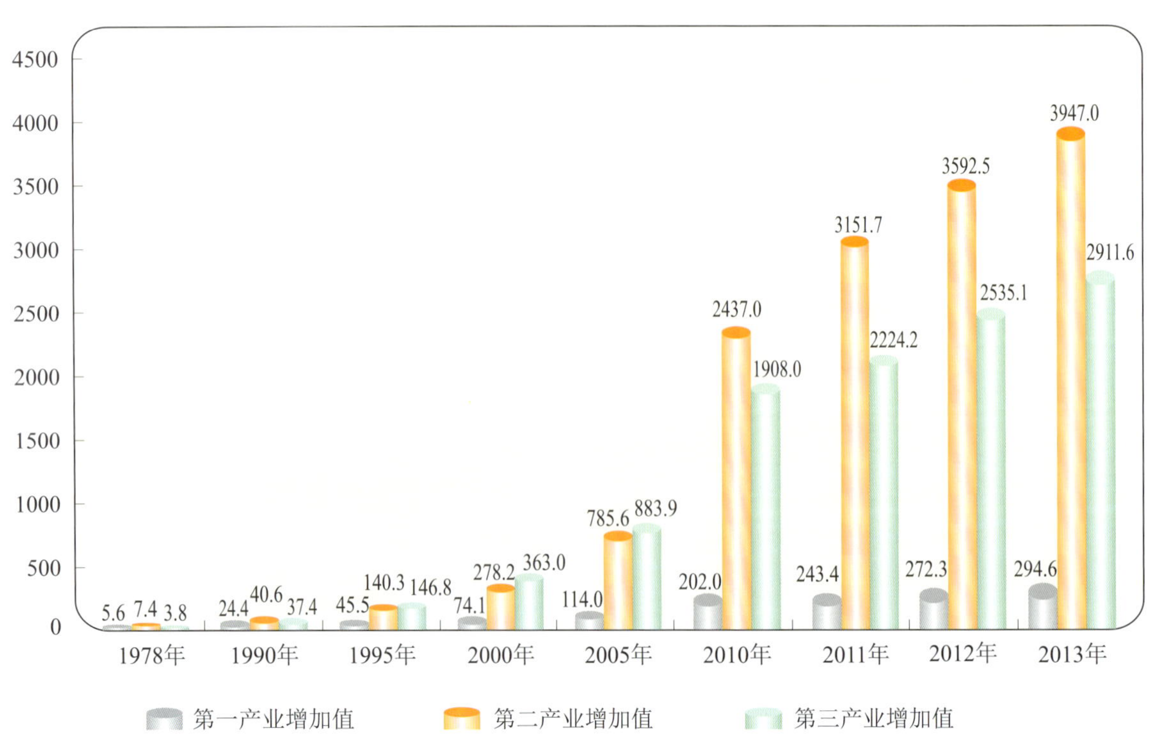

三次产业构成

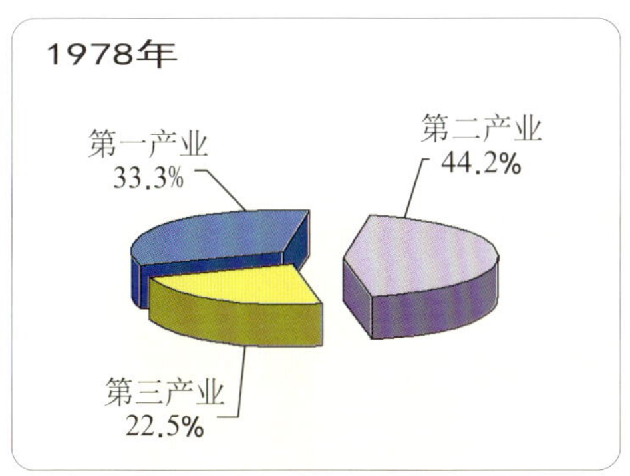

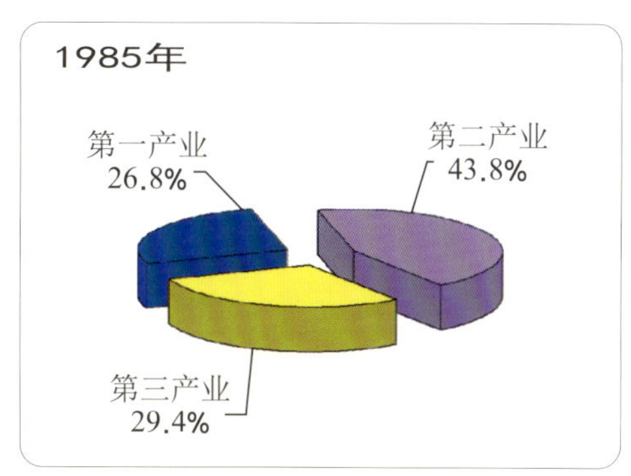

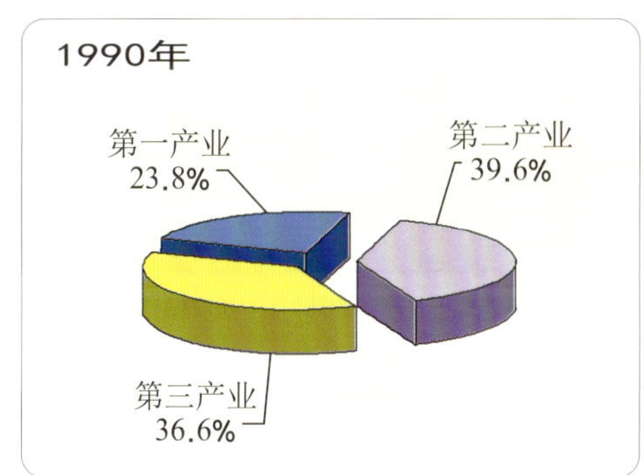

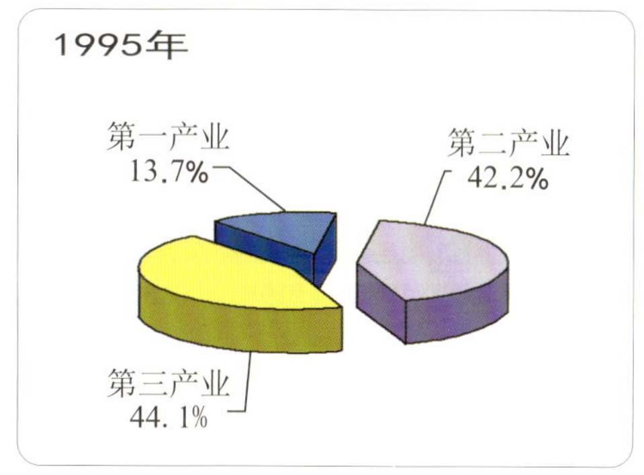

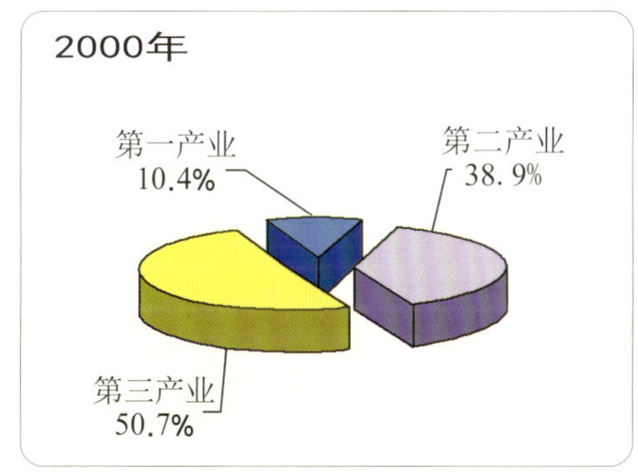

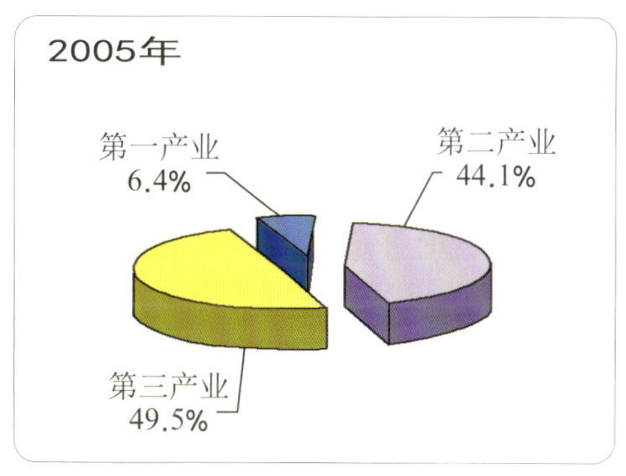

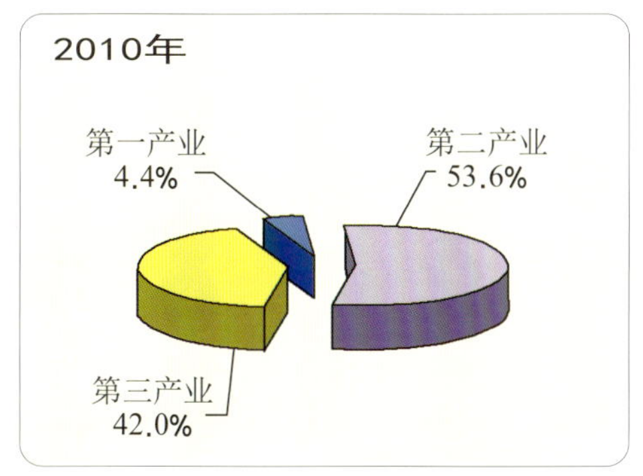

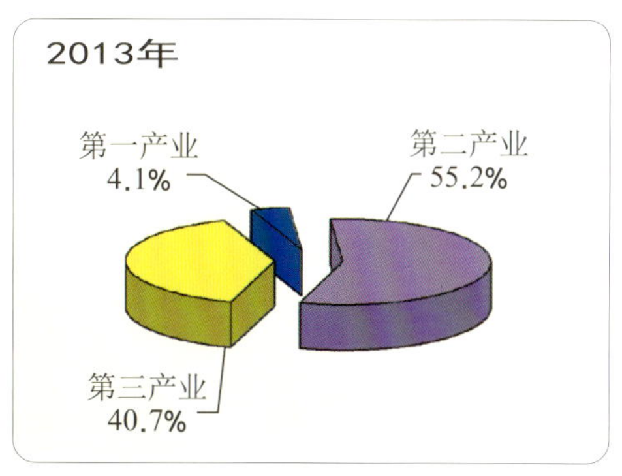

第一产业　第二产业　第三产业

城市居民人均可支配收入（元/人）

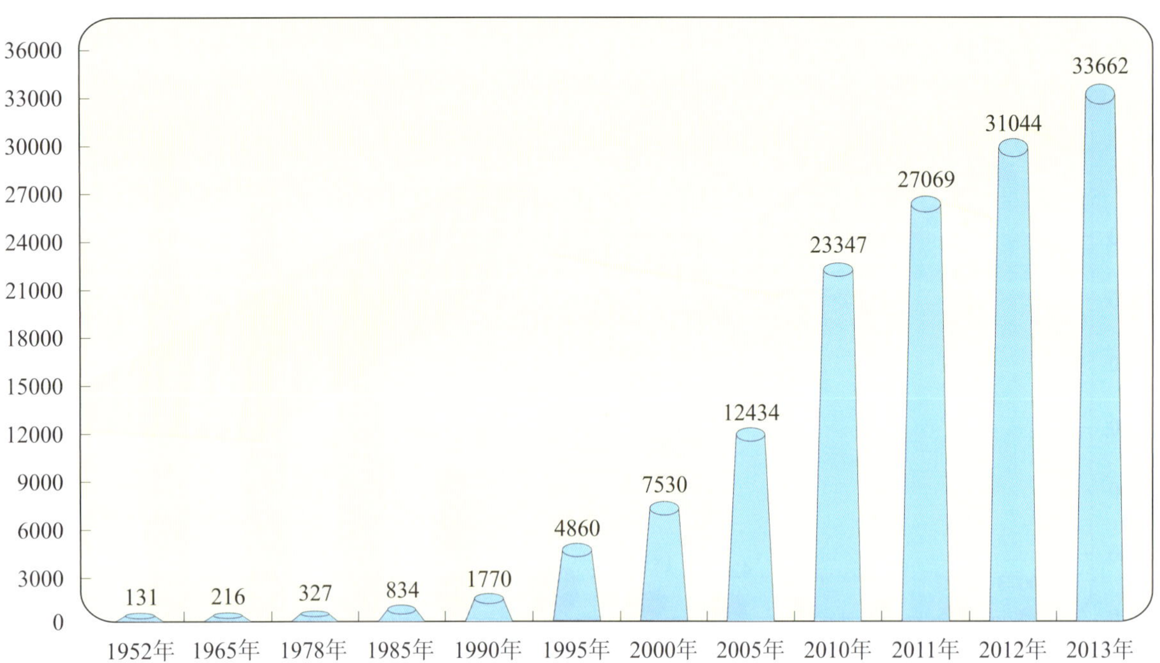

注：2012年以前为城市居民人均可支配收入，2013年开始为城镇居民人均可支配收入。

农村居民人均可支配收入（元/人）

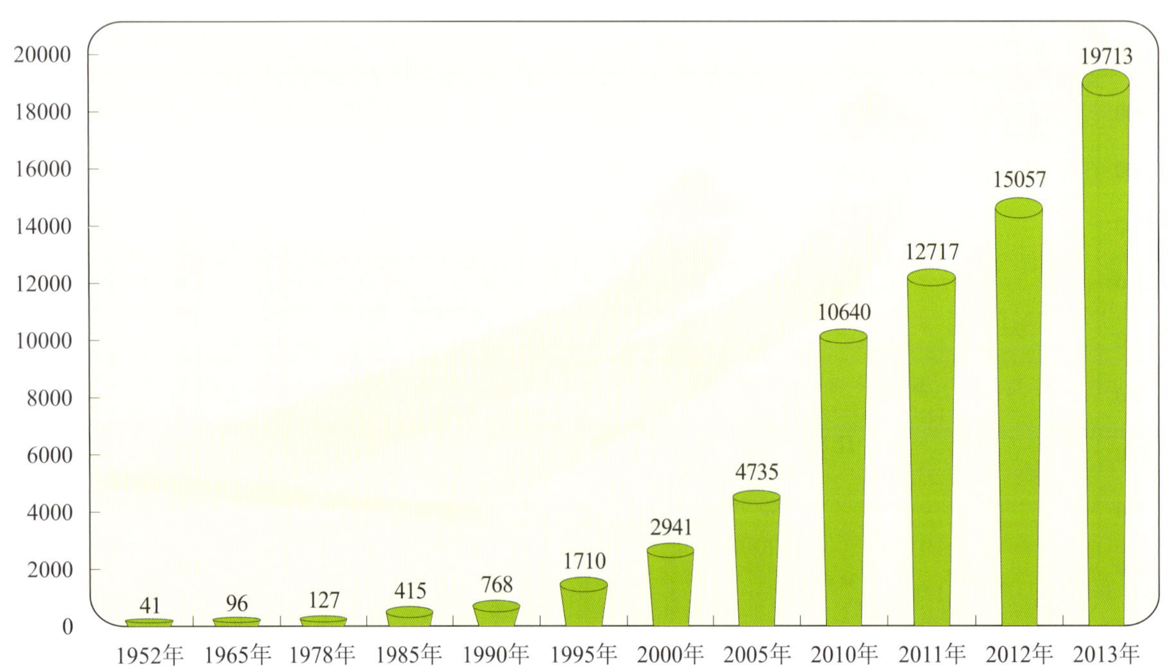

高等学校在校学生数（万人）

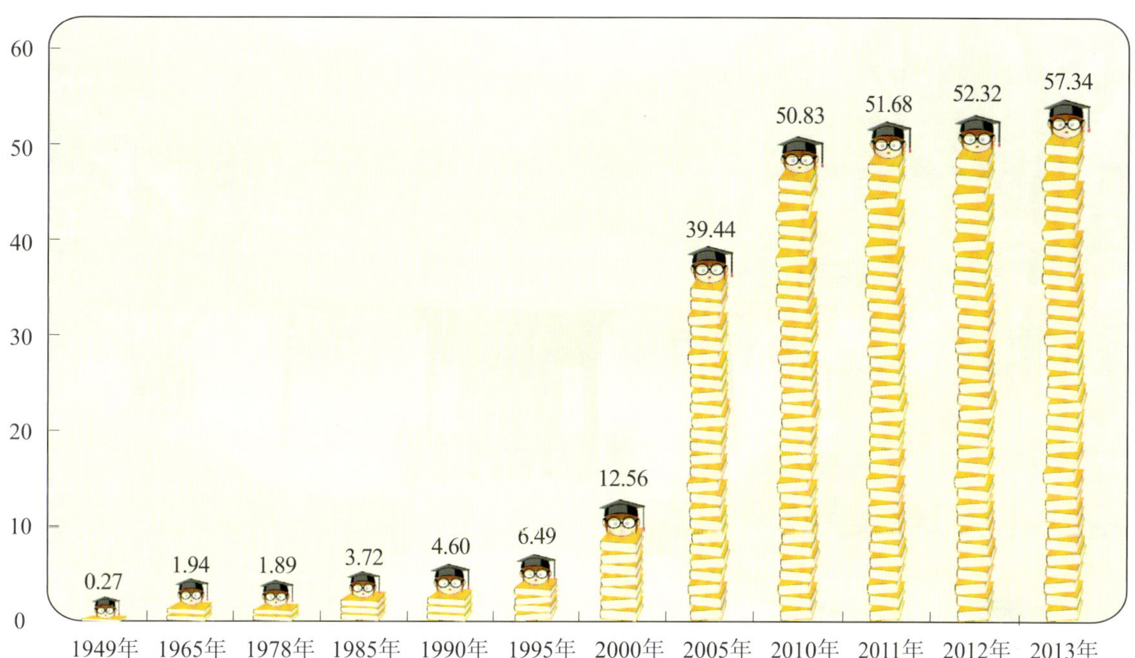

普通中学在校学生数（万人）

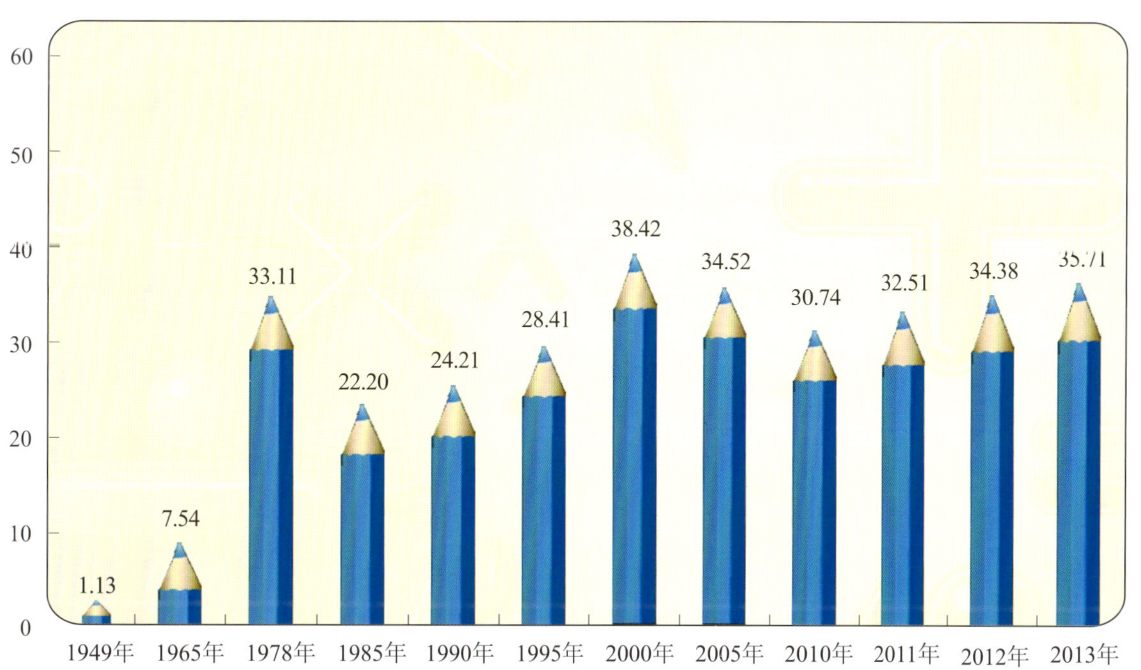

卫生技术人员（万人）

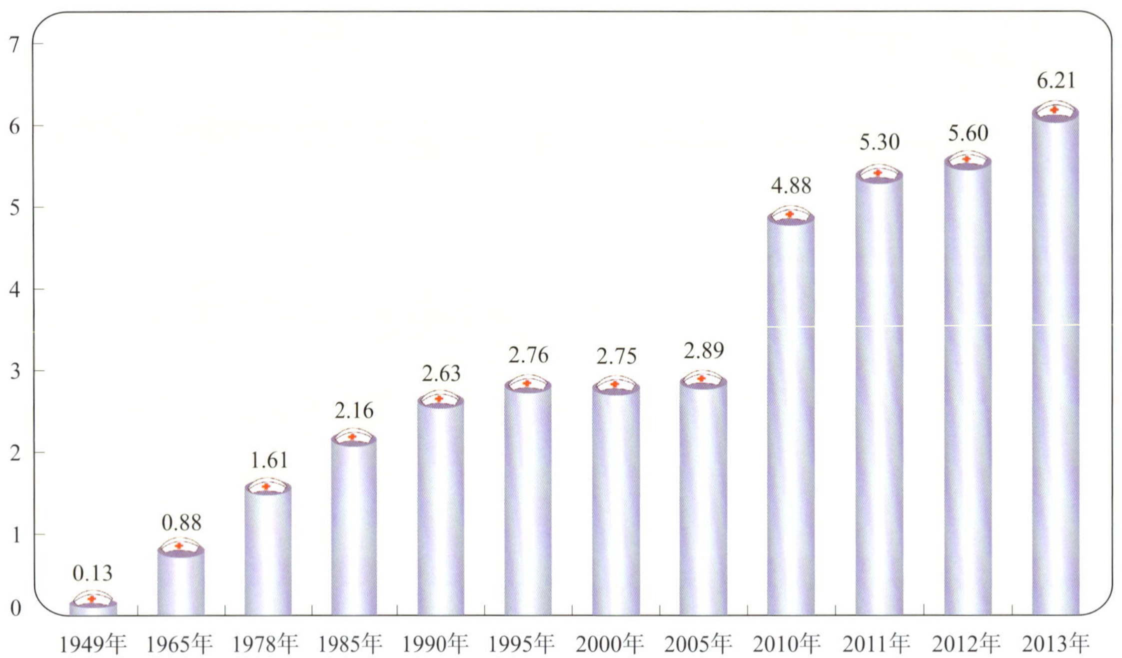

医疗病床数（万张）

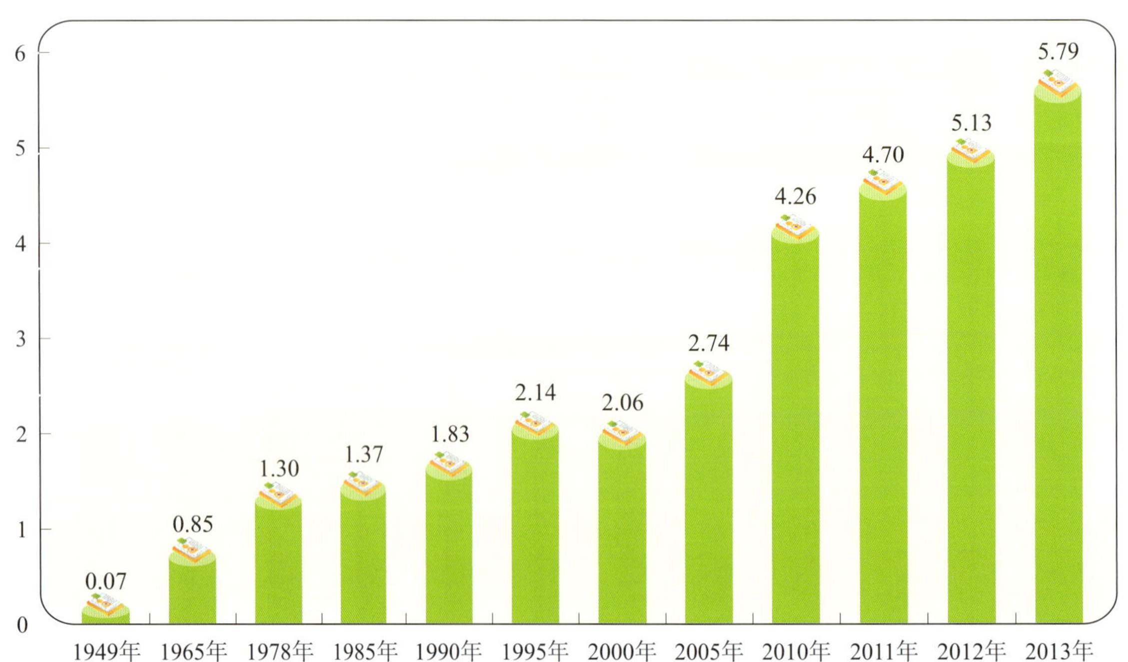

1 综　　合

长沙统计年鉴

1－1 自 然 环 境

位置:

长沙位于中国东南部,湖南省东部偏北,湘江下游和长浏盆地西缘。地域范围为东经 111°53′～114°15′,北纬 27°51′～28°41′。东临江西省宜春地区和萍乡市,南接株洲、湘潭两市,西连娄底、益阳两市,北抵岳阳、益阳两市。

地貌:

长沙地形复杂,湘江两岸形成地势低平的冲积平原,其东西两侧及东南面为地势较高的低山、丘陵。东有属于湘赣边雁阵式山系的大围山,其主峰七星岭,海拔 1607.9 米,为全市最高处,望城区乔口镇西侧湛湖海拔 23.5 米,为全市最低处。市区地势为南高北低,南郊的金盆岭、豹子岭,海拔在 100 米以上。北郊的浏阳河、捞刀河和湘江的汇合处,海拔仅 30 米,成为市区最低点。

面积:

长沙东西长约 230 公里,南北宽约 88 公里。2013 年全市土地面积 11816.0 平方公里,其中市区面积 1909.9 平方公里,建成区面积 325.51 平方公里。

河流:

长沙市区属湘江水系。湘江自湘潭昭山流经长沙县西南边境,然后由南向北纵贯市区,经望城区乔口出境。经过市境的长度有 74 公里,其间流入湘江的支流有 15 条,其中较大的有浏阳河、捞刀河、靳江、沩水。

气候:

长沙属亚热带季风气候。由于位居盆地内部,距海较远,受冬夏季风转换,地势向北倾斜等因素的影响,气候温和,四季分明。2013 年长沙市年平均气温 19.2℃,极端最高温度为 40.5℃,极端最低温度为 －2.7℃,降雨量 1254.9 毫米,总日照时数为 2049.7 小时。

自然资源:

长沙市地下矿藏种类多,以非金属矿具特色。已查明的有铁、锰、钒、铜、铅、锌、硫、磷、海泡石、重晶石、菊花石、煤等 50 余种,矿点 300 多处。植被以亚热带常绿阔叶林为主,有自然生长和引进栽培树 102 科、977 种,其中常绿树 462 种,落叶树 515 种,乔木 457 种,灌木 414 种,竹藤类 106 种。主要林木有松、杉、栎、樟、楠、椿、茶、油茶、柑橘、毛竹等。1985 年市八届人大常委会通过,市人民政府公布香樟为市树,杜鹃花为市花。

1－2 行 政 区 划

年份地区	市辖区数	市辖县(市)数	土地面积(平方公里)	镇 数
1949	5		112	
1965	4	1	3995	
1978	5	2	3995	7
1990	5	4	11818.50	21
2000	5	4	11819.46	75
2001	5	4	11819.46	76
2002	5	4	11819.46	79
2003	5	4	11819.46	81
2004	5	4	11819.46	81
2005	5	4	11819.46	79
2006	5	4	11819.46	80
2007	5	4	11819.46	83
2008	5	4	11819.46	84
2009	5	4	11819.46	86
2010	5	4	11815.96	85
2011	6	3	11815.96	88
2012	6	3	11815.96	82
2013	6	3	11815.96	79
芙蓉区	1		42.68	
天心区	1		73.33	
岳麓区	1		538.83	3
开福区	1		188.73	1
雨花区	1		115.23	
望城区	1		951.06	10
长沙县		1	1996.66	17
浏阳市		1	4997.35	27
宁乡县		1	2912.09	21

单位:个

街道办事处数	居民委员会数	乡 数	村民委员会数
6	59	18	11
25	201	60	1145
39	329	84	1096
35	535	210	2987
50	763	46	3111
52	542	44	2786
54	568	39	2727
54	523	38	2677
54	560	38	1276
55	569	37	1281
55	571	34	1271
53	566	31	1258
53	568	30	1243
57	578	27	1236
59	590	26	1226
62	638	22	1187
82	689	19	1170
94	714	15	1169
13	66		13
12	66		13
16	90		86
16	99		30
12	141		
10	34	1	125
7	79		218
4	85	6	316
4	54	8	368

1－3 国民经济主要综合指标

指　标	单　位	1949 年	1965 年	1978 年	1990 年	1995 年
一、土地面积	平方公里	112.0	3995.0	3995.0	11818.0	11819.5
#市区	平方公里	112.00	177.07	352.00	367.00	556.33
#建成区	平方公里	6.70	20.93	53.04	101.00	115.00
二、年末户籍总人口	万人	309.24	365.73	458.23	550.05	562.82
年末常住总人口	万人	…	…	…	…	…
三、地区生产总值	亿元	2.87△	7.02	16.85	102.40	332.75
第一产业	亿元	…	…	5.61	24.38	45.58
第二产业	亿元	…	…	7.44	40.58	140.34
#工业	亿元	…	…	6.37	34.34	106.57
第三产业	亿元	…	…	3.79	37.44	146.83
人均地区生产总值	元/人	89△	194	370	1871	5930
四、工业总产值	亿元	0.58	7.97	23.85	117.70	407.95
五、农林牧渔业总产值	亿元	1.70	2.98	7.38	36.52	86.84
#农业	亿元	1.51	2.43	…	…	42.66
六、粮食产量	万吨	74.30	101.01	189.81	264.13	244.80
七、耕地面积	千公顷	274.27	265.87	255.91	247.93	245.77
八、固定资产投资	亿元	0.05△	0.54	2.41	18.12	104.95
#城镇及以上固定资产投资	亿元	…	…	…	…	…
新增固定资产	亿元	0.05※	0.46	1.32	8.25	49.37
竣工房屋面积	万平方米	7.02※	34.28	81.41	109.77	314.55
#住宅	万平方米	1.19※	13.09	41.17	91.95	168.87
九、货物运输量	万吨	…	…	…	6165	6419
货物周转量	亿吨公里	…	…	…	26.26	60.13
旅客运输量	万人	…	…	…	…	8935
旅客周转量	亿人公里	…	…	…	…	34.90
十、邮电业务总量	万元	121	451	704	13870	89069
十一、社会消费品零售总额	亿元	0.92	3.52	7.72	51.39	165.80
十二、进出口总额	亿美元	…	…	…	…	…
#出口	亿美元	…	…	…	…	…

2000 年	2005 年	2008 年	2009 年	2010 年	2011 年	2012 年	2013 年	2013 年比 2012 年 ± %
11819.5	11819.5	11819.5	11819.5	11816.0	11816.0	11816.0	11816.0	持平
556.33	556.33	954.55	954.55	958.80	1909.86	1909.86	1909.86	持平
118.82	167.70	242.78	249.29	272.39	306.39	315.81	325.51	3.1
583.19	620.92	641.74	646.84	650.12	656.62	660.62	662.81	0.3
613.87	639.30	658.56	664.22	704.07	709.07	714.66	722.14	1.0
715.34	1783.48	3300.71	3744.76	4547.06	5619.33	6399.91	7153.13	12.0
74.11	113.98	172.11	179.40	202.01	243.38	272.31	294.55	3.0
278.19	785.65	1673.38	1893.58	2437.03	3151.68	3592.52	3946.97	12.5
223.18	581.96	1371.58	1554.54	2020.68	2662.47	3051.94	3352.34	13.2
363.04	883.85	1455.22	1671.78	1908.02	2224.27	2535.08	2911.61	12.1
11699	28131	50336	56620	66443	79530	89903	99570	10.9
620.49	1300.62	3507.48	4161.81	5487.74	7127.36	8263.08	8938.05	8.2
116.79	187.13	281.90	294.61	323.64	387.72	419.78	454.62	3.0
62.80	92.64	136.71	146.58	173.59	208.26	230.31	251.85	3.6
262.33	262.28	248.01	248.93	236.36	244.51	247.94	244.23	-1.5
242.32	246.90	274.03	278.07	276.79	275.65	274.89	274.15	-0.3
202.32	881.42	1873.33	2441.78	3192.57	3510.24	4011.96	4593.39	20.1
153.34	791.16	1712.24	2238.47	2909.83	3274.28	3742.32	4254.57	19.6
88.34	343.72	700.50	1341.03	1471.50	2130.78	2260.80	2861.34	26.6
343.54	931.57	1017.39	1509.90	1741.56	1606.85	1528.11	1522.97	-0.3
198.51	612.26	712.75	1131.71	1184.42	1216.21	1150.53	1083.82	-5.8
5910	10991	17158	21074	22947	25651	26145	28048	7.3
140.48	100.38	132.32	177.00	219.25	257.12	301.66	334.07	10.7
9052	10895	13488	31304	33983	35525	36440	37922	4.1
34.83	99.57	124.94	174.78	194.55	245.41	254.47	276.70	8.7
349844	802762	1386790	1506054	846295	1049349	1149802	1353237	9.7
349.30	748.57	1308.75	1523.00	1812.08	2125.91	2454.71	2801.97	14.1
16.44	26.83	51.68	41.18	60.89	74.89	86.93	98.93	13.8
10.51	15.95	34.79	24.46	35.51	40.84	51.74	61.66	19.2

1－3 续表

指　标	单　位	1949 年	1965 年	1978 年	1990 年	1995 年
十三、实际使用外商直接投资金额	亿美元	…	…	…	…	…
十四、全市居民消费价格总指数	%	…	…	…	…	…
#城市居民消费价格总指数	%	109.63◆	97.72	99.63	101.5	117.1
全市商品零售价格指数	%	…	…	…	…	…
#城市商品零售价格指数	%	105.64★	97.90	99.94	100.2	114.0
十五、公共财政预算收入	亿元	…	…	…	…	17.99
公共财政预算支出	亿元	…	…	…	…	21.60
十六、高等学校数	所	2	9	8	21	21
高等学校在校学生数	万人	0.27	1.94	1.89	4.60	6.49
中等职业学校数	所	16	21	23	40	42
中等职业学校在校学生数	万人	0.23	0.78	0.98	2.56	5.54
普通中学在校学生数	万人	1.13	7.54	33.11	24.21	28.41
小学在校学生数	万人	14.71	59.37	68.01	57.07	62.37
十七、艺术表演团体	个	9	19	13	12	12
十八、图书出版量	万册	1626△	2549	1983	32135	33677
杂志出版量	万份	245△	221	2680	5144	7636
报纸出版量	万份	6786△	17000	30057	40325	55721
十九、卫生机构数	个	34	1035	1195	1346	1100
#医院、卫生院	个	14	138	248	297	205
医疗病床数	张	747	8454	12976	18349	21378
卫生技术人员	人	1253	8779	16068	26307	27553
#执业医师和执业助理医师	人	…	…	7247	12423	12107
二十、城市居民人均可支配收入	元	131△	216	327	1770	4860
农村居民人均可支配收入	元	41	96	127	768	1710
农民人均纯收入	元	48△	103	143	820	1737
二十一、年末金融机构本外币存款余额	亿元	…	…	…	…	306
#城乡居民储蓄余额	亿元	0.0073※	0.27	1.14	42.42	183
年末金融机构本外币贷款余额	亿元	…	…	…	…	241

注：1. 土地面积按当年实际情况整理。

2. ※为 1950 年数，★为 1951 年数，△为 1952 年数，◆为 1953 年数。

3. 工、农业总产值 1990 年以前按不变价格计算；1990 年以后按现行价格计算。

4. 邮电业务总量 1949－1978 年按 1970 年不变价格计算；1990－2001 年按 1990 年不变价格计算；2002 年－2009 年按 2000 年不变价格计算，2010 年以后按 2010 年不变价格计算。

5. 2003 年开始因教育制度改革，现行中等职业学校包括普通中专、职业高中，2002 年以前年份的数据是中等专业学校数据。

6. 人均地区生产总值 2000 年以前按户籍人口计算，2000 年以后按常住人口计算。

2000 年	2005 年	2008 年	2009 年	2010 年	2011 年	2012 年	2013 年	2013 年比 2012 年 ± %
1.77	9.02	18.01	20.33	22.38	26.01	29.77	34.00	14.2
…	102.3	106.3	99.5	103.1	105.5	102.0	102.6	
101.7	101.9	105.2	99.4	102.9	105.5	102.3	102.8	
…	101.7	106.3	98.2	103.5	105.5	101.7	101.7	
100.7	100.4	103.9	97.7	103.8	105.4	101.5	101.2	
34.45	108.06	205.57	246.29	314.28	425.78	490.65	536.63	9.4 同口径为 23.8
41.43	133.05	260.56	314.08	403.33	520.89	624.62	701.82	12.4
23	45	49	48	48	50	50	50	持平
12.56	39.44	48.39	50.41	50.83	51.68	52.32	57.34	9.6
40	104	78	79	67	59	50	50	持平
8.41	11.27	9.97	13.76	11.37	11.56	12.09	10.82	-10.5
38.42	34.52	29.00	29.53	30.74	32.51	34.38	35.71	3.9
46.65	33.87	39.51	40.36	41.35	42.54	43.95	45.79	4.2
13	12	12	12	12	12	9	9	持平
24844	30483	29084	26161	31109	34479	36014	35733	-0.8
10404	10925	8467	11271	12540	12140	12496	12804	2.5
62354	75309	76080	100554	101861	94019	102698	105924	3.1
1036	1519	2385	2709	2655	2680	4270	4690	9.8
263	260	252	265	255	255	254	279	9.8
20590	27395	35547	41603	42629	47036	51285	57919	12.9
27460	28943	40232	44888	48791	53030	55978	62123	11.0
12345	12088	15831	17153	18258	19100	20268	22936	13.2
7530	12434	18282	20864	23347	27069	31044	33662	10.5
2941	4735	7632	8986	10640	12717	15057	19713	12.6
3005	4908	8003	9432	11206	13400	15763	—	—
826	2322	3869	5326	6428	7364	8801	10149	15.3
373	954	1495	1881	2172	2527	3004	3508	16.8
632	2055	3516	5201	6354	7484	8519	9633	13.1

7. 2005－2008 年的地区生产总值、社会消费品零售总额、2008 年工业总产值按第二次经济普查数据修正。
8. 2013 年固定资产投资和邮电业务总量数据统计方法或口径发生变化，数据进行了调整。
9. 根据国家抽样调查情况，全省统一对 2010 年粮食产量数据进行了调整。
10. 从 2011 年起，原全社会固定资产投资指标改名为固定资产投资，固定资产投资统计起点由 50 万元提高到 500 万元及以上。
11. 从 2012 年起，原财政一般预算收入和财政一般预算支出改名为公共财政预算收入和公共财政预算支出。
12. 因统计方法制度改革，从 2013 年开始取消农民人均纯收入统计指标，城市居民人均可支配收入调整为城镇统计口径，2012 年以前为城市统计口径，与往年数据不具可比性。

1－4 国民经济主要指标平均递增速度

指　　标	1949～1965年	1965～1978年	1949～2013年	1978～2013年	2000～2013年	2010～2013年
一、年末户籍总人口	1.1	1.7	1.2	1.1	1.0	0.6
二、地区生产总值	4.3	5.1	9.3	13.2	14.7	13.2
第一产业	…	…	…	5.2	4.8	3.7
第二产业	…	…	…	15.0	17.2	15.1
#工业	…	…	…	15.1	17.9	16.4
第三产业	…	…	…	14.7	13.5	11.6
人均地区生产总值	…	…	…	11.8	13.4	11.3
三、工业总产值	18.3	9.9	15.6	16.6	22.2	17.7
四、农林牧渔业总产值	3.2	3.6	4.5	5.2	5.3	3.7
#农业	2.8	4.4	3.6	4.0	4.6	5.2
五、粮食产量	1.9	5	1.9	0.7	-0.5	1.1
六、固定资产投资	…	…	…	24.1	29.6	22.0
新增固定资产	23.4※	3.4	17.4△	24.5	31.8	24.8
竣工房屋面积	19.5※	1.8	7.6△	8.7	15.9	-4.4
#住宅	25.5※	1.2	8.4△	9.8	18.0	-2.9
七、社会消费品零售总额	9.1	6.8	13.4	18.3	17.4	15.9
八、公共财政预算收入	…	…	…	…	25.1	19.5
公共财政预算支出	…	…	…	…	24.3	20.3

1－4 续表　　单位:%

指　　标	1949～1965 年	1965～1978 年	1949～2013 年	1978～2013 年	2000～2013 年	2010～2013 年
九、高等学校数	9.9	－0.9	5.2	5.4	6.2	1.4
高等学校在校学生数	13.2	－0.2	8.7	10.2	12.4	4.1
普通中学在校学生数	12.6	12.1	5.5	0.2	－0.6	5.1
小学在校学生数	9.1	1.1	1.8	－1.1	－0.1	3.5
十、艺术表演团体	4.8	－2.9	0.0	－1.1	－2.8	－9.1
十一、图书出版量	3.5△	－1.9	4.9△	9.2	2.8	4.7
杂志出版量	－1.1△	21.6	6.4△	12.0	1.6	0.7
报纸出版量	7.3△	4.5	4.4△	8.2	4.2	1.3
十二、卫生机构数	23.8	1.1	8.0	4.0	12.3	20.9
#医院、卫生院	15.4	4.6	4.8	0.3	0.5	3.0
医疗病床数	16.4	3.4	7.0	4.4	8.3	10.8
卫生技术人员	12.9	4.8	6.3	3.9	6.5	8.4
#执业医师和执业助理医师	…	…	…	3.3	4.9	7.9
十三、城市居民人均可支配收入	3.9△	4.1	…	…	…	…
农民人均纯收入	6.0△	2.6	…	…	…	…
城乡居民储蓄余额	27.2※	10.1	22.7※	25.8	18.8	17.3

注:※表示以 1950 年为基期,△表示以 1952 年为基期。

1－5 主要指标日均水平

指　　标	单位	1949 年	1965 年	1978 年	1990 年	1995 年
一、地区生产总值	万元	78.53△	192.44	461.52	2805	9116
二、工业总产值	万元	15.87	218.33	627.18	3196	9341
三、公共财政预算收入	万元	…	…	…	…	493
四、农林牧渔业总产值	万元	46.63	81.64	267.56	1001	2479
五、粮食总产量	吨	2036	2767	5200	7236	6707
六、固定资产投资	万元	5.60△	14.89	66.13	496	2875
竣工房屋面积	平方米	192※	939	2230	3007	8618
#住宅	平方米	33※	359	1128	1265	4622
七、邮电:函件	万件	1.65※	5.28	5.88	17.68	30.52
八、社会消费品零售总额	万元	25	96	252	1408	4543
九、城市生活用水	万吨	0.10	4.33	12.81	34.15	47.23
十、城市公共汽车乘客人数	万人次	1.65	11.29	45.06	72.76	64.77
十一、出　　生	人	…	352	193	242	113
死　　亡	人	…	94	83	103	101
结　　婚	对	…	…	…	140	110
离　　婚	对	…	…	…	14	20
十二、出版报纸	万份	18.59△	46.58	82.35	110.48	150.38
出版杂志	万份	0.67△	0.58	7.34	14.09	20.92
出版图书	万册	4.45△	6.98	5.43	88.04	92.27

注:1. ※为 1950 年数,△为 1952 年数。

2. 1949 年、1965 年工农业总产值按不变价格计算,其他年份按现价计算。

2000年	2005年	2008年	2009年	2010年	2011年	2012年	2013年
19598	48862	90430	102596	124577	153954	175340	195975
17000	35633	96095	114022	150349	195270	226386	244878
944	2960	5632	6748	8610	11665	13442	14701
3200	5127	7735	8072	8867	10622	11501	12455
7187	7186	6795	6820	6853	6699	6793	6690
5543	24149	51324	66898	87468	96171	109917	125847
9412	25522	27874	41367	47715	44023	41866	41725
5439	16774	19527	31006	32449	33321	31521	29693
23.01	10.74	9.67	13.50	11.64	11.44	9.40	5.70
9570	20509	35856	41726	49646	58244	67252	76766
58.21	86.41	68.14	72.87	72.91	80.12	82.05	85.65
92.64	214.14	289.87	224.48	197.87	290.85	291.40	285.21
170	185	195	191	196	208	227	242
114	117	106	96	100	85	117	103
110	125	172	219	190	216	209	182
17	28	38	43	46	50	55	57
170.83	206.33	208.44	275.49	279.07	257.59	281.36	290.20
28.50	29.93	23.20	30.88	34.36	33.26	34.24	35.08
68.07	83.52	79.68	71.67	85.23	94.46	99.42	97.90

1-6 主要指标人均水平

指标	单位	1949年	1965年	1978年	1990年	1995年	2000年
一、地区生产总值	元	89△	194	370	1871	5930	11699
二、工业总产值	元	19	221	503	2132	6811	10464
三、农林牧渔业总产值	元	55	82	215	667	1548	2004
四、粮食产量	公斤	240	280	417	480	435	450
五、固定资产投资完成额	元	6.34△	15.04	53.02	331	1870	3471
竣工房屋面积	平方米	0.02※	0.09	0.18	0.20	0.56	0.59
六、社会消费品零售总额	元	30	96	201	934	2955	5993
七、职工工资	元	439△	585	601	2135	5319	10137
八、人民生活							
农民纯收入	元	48△	103	143	721	1737	3005
城市居民可支配收入	元	131△	216	327	1770	4860	7530
城市居民人均购买主要商品:							
粮食	公斤	…	…	…	134.1	106.8	95.9
油脂类	公斤	…	…	…	7.8	7.7	9.8
鲜菜	公斤	…	…	…	134.9	115.5	115.4
猪肉	公斤	…	…	…	24.2	19.2	17.9
鲜蛋	公斤	…	…	…	5.6	7.8	7.3
煤炭	公斤	…	…	…	159.2	37.4	20.3
液化气	公斤	…	…	…	22.2	29.7	35.4
管道煤气	立方米	…	…	…	…	1.3	15.3
电	度(千瓦时)	…	…	…	…	169.2	307.3
九、城市住房建筑面积	平方米	…	…	…	…	…	18.6
十、城乡居民储蓄余额	元	…	…	25	771	3266	6400
十一、年末医疗病床数	张/千人	0.24	2.34	2.85	3.34	3.80	3.53

注:1. ※为1950年数,△为1952年数。
2. 1949年、1965年工农业总产值按不变价格计算。
3. 1999年以后职工工资均为在岗职工平均工资。
4. 2003年以前的除城乡居民调查指标、职工工资、城市住宅居住面积以外的指标按户籍人口计算。
5. 因统计方法制度改革,从2013年开始,取消农民纯收入统计指标,城市居民人均可支配收入等相关指标调整为城镇统计口径,2012年以前为城市统计口径,与往年数据不具可比性。

2005年		2008年		2009年		2010年		2011年		2012年		2013年	
按户籍人口计算	按常住人口计算	按户籍人口计算	按常住人口计算	按户籍人口计算	按常住人口计算	按户籍人口计算	按常住人口计算	按户籍人口计算	按常住人口计算	按户籍人口计算	按常住人口计算	按户籍人口计算	按常住人口计算
28969	28131	51610	50336	58122	56620	70119	66443	86005	79530	97172	89903	108099	99570
21126	20510	54843	53489	64595	62925	84625	80193	109093	100854	125461	116077	135074	124416
3040	2951	4415	4306	4573	4454	4991	4729	5934	5486	6374	5897	6870	6328
426	414	388	378	386	376	386	366	374	346	376	348	369	340
14317	13900	29291	28568	37899	36919	49232	46654	53725	49668	60915	56358	69417	63939
1.51	1.47	1.59	1.55	2.34	2.28	2.69	2.55	2.46	2.27	2.32	2.15	2.30	2.12
12159	11804	23814	23226	23638	23027	27943	26480	32538	30081	37271	34483	42345	39003
21499	21499	31835	31835	34889	34889	38338	38338	44497	44497	50904	50904	56381	56381
4908	4908	8003	8003	9432	9432	11206	11206	13400	13400	15763	15763	—	—
12434	12434	18282	18282	20864	20864	23347	23347	27069	27069	31044	31044	33662	33662
95.6	95.6	85.9	85.9	82.8	82.8	71.8	71.8	70.6	70.6	71.7	71.7	77.8	77.8
13.6	13.6	15.5	15.5	13.8	13.8	13.9	13.9	12.8	12.8	14.0	14.0	18.5	18.5
121.7	121.7	134.6	134.6	146.7	146.7	143.0	143.0	141.5	141.5	128.3	128.3	118.4	118.4
24.8	24.8	23.9	23.9	24.6	24.6	24.8	24.8	25.3	25.3	23.5	23.5	27.6	27.6
7.2	7.2	8.1	8.1	8.9	8.9	8.3	8.3	7.9	7.9	8.1	8.1	9.3	9.3
38.4	38.4	23.5	23.5	15.4	15.4	4.3	4.3	2.9	2.9	2.0	2.0	17.2	17.2
40.0	40.0	23.0	23.0	25.0	25.0	19.7	19.7	14.4	14.4	16.5	16.5	19.4	19.4
35.5	35.5					3.6	3.6	6.9	6.9	5.1	5.1	1.3	1.3
626.9	626.9	828.4	828.4	849.2	849.2	988.8	988.8	1004.9	1004.9	987.4	987.4	1038.4	1038.4
27.2	27.2	28.3	28.3	29.5	29.5	30.9	30.9	32.2	32.2	31.8	31.8	41.4	41.4
15503	15050	23376	22799	29200	28445	33495	31741	38676	35756	45612	42200	53006	48824
4.45	4.32	5.56	5.42	6.46	6.29	6.57	6.23	7.20	6.66	7.79	7.20	8.75	8.06

1－7 长沙市主要经济指标占湖南省的比重(2013年)

	单　位	2013年湖南省	2013年长沙市	长沙市占湖南省的比重(%)
一、地区生产总值	亿元	24501.7	7153.1	29.2
第一产业	亿元	3099.2	294.6	9.5
第二产业	亿元	11517.4	3947.0	34.3
第三产业	亿元	9885.1	2911.6	29.5
人均地区生产总值	元	36763	99570	(比全省高)62807
二、工业增加值	亿元	10001.0	3352.3	33.5
三、粮食产量	亿元	2925.3	244.2	8.4
四、固定资产投资总额	亿元	18381.4	4593.4	25.0
五、社会消费品零售总额	亿元	8940.6	2802.0	31.3
六、公共财政预算收入	亿元	2023.6	536.6	26.5
七、进出口总额	亿美元	251.6	98.9	39.3
#出口总额	亿美元	148.2	61.6	41.6
八、实际利用外资金额	亿美元	87.0	34.0	39.1
九、年末金融机构本外币存款余额	亿元	26876.0	10148.8	37.8
#个人存款	亿元	14784.5	3507.5	23.7
年末金融机构本外币贷款余额	亿元	18141.1	9633.0	53.1
十、城镇居民人均可支配收入	元	23414	33662	(比全省高)10248
城镇居民人均消费性支出	元	15887	22346	(比全省高)6459
农村居民人均可支配收入	元	9029	19713	(比全省高)10684
农村居民人均生活消费支出	元	6609	11586	(比全省高)4977

2 国民经济核算

长沙统计年鉴

2-1 历年总产出

（按当年价格计算）

单位:万元

年份	总产出	第一产业	第二产业		
				工业	建筑业
1978	445167	94885	261262	228923	32339
1979	512800	100294	298835	263262	35573
1980	566778	99522	330929	290431	40498
1981	597597	102508	343903	301612	42291
1982	653134	115616	364941	313445	51496
1983	716729	133258	386077	328343	57734
1984	848086	140045	467896	388263	79633
1985	1070680	166053	591822	482327	109495
1986	1231664	180977	685235	556770	128465
1987	1544336	212304	861354	700625	160729
1988	2013436	274536	1132867	948752	184115
1989	2292734	307534	1284368	1121732	162636
1990	2498218	365244	1328070	1166550	161520
1991	2942165	368160	1572739	1371512	201227
1992	3807618	409372	2074753	1801621	273132
1993	5028164	480104	2860695	2444544	416151
1994	6595639	725156	3600830	3036926	563904
1995	8240569	868362	4454041	3406708	1047333
1996	10256270	1011363	5687635	4502675	1184960
1997	12039809	1114485	6648486	5344290	1304196
1998	13451981	1137967	7455518	5880203	1575315
1999	14471584	1146479	7981480	6270220	1711260
2000	15929378	1167935	8718097	6871687	1846410
2001	18281541	1239986	9891380	7318347	2573033
2002	20803475	1302245	11033144	7799745	3233399
2003	24524774	1371608	13608130	9597570	4010560

年份	总产出	第一产业	第二产业		
				工业	建筑业
2004	29107181	1720663	16060819	11325426	4735393
2005	39259964	1871313	21315234	15026432	6288803
2006	48003504	1903000	27370285	19484481	7885804
2007	60762589	2171300	36358745	27953278	8405467
2008	75074448	2818996	46979286	36973579	10005707
2009	85490183	2946120	53630177	42393768	11236409
2010	109954217	3236412	74064176	57164235	16899941
2011	136208949	3877163	93843264	73425312	20417952
2012	155420876	4197846	107915453	85011553	22903900
2013	177659549	4546157	123268278	98073988	25194290

注:2005－2008年数据为按第二次经济普查数据修正后数据;2004年开始行业分类按《国民经济行业分类》GB/T4754－2002标准执行,本章节数据相应调整。

2－1 续表

单位:万元

年份	第三产业	运输邮电业	批零餐饮业	金融保险业	房地产业	其它服务业
1978	89020	13371	44740	5811	2472	22626
1979	113671	14681	67286	7748	3508	20448
1980	136327	16532	85098	8281	3826	22590
1981	151186	17016	88469	10396	4803	30502
1982	172577	18756	97993	15478	7162	33188
1983	197394	19496	107028	15768	7284	47818
1984	240145	29057	129045	16099	8864	57080
1985	312805	33065	168113	19685	10424	81518
1986	365452	41562	186341	36243	10994	90312
1987	470678	51710	219776	49340	11618	138234
1988	606033	64103	284396	65060	13068	179406
1989	700832	74676	311346	86466	13728	214616
1990	804904	83888	370881	89610	15809	244716
1991	1001266	104325	499593	92454	19098	285796
1992	1323493	131979	670888	131440	23284	365902
1993	1687365	156154	898097	162164	33950	437000
1994	2269653	198468	1125958	252566	44842	647819
1995	2918166	268451	1479267	304331	62621	803496
1996	3557272	380222	1634927	368767	80094	1093262
1997	4276838	502581	1833517	469979	93396	1377365
1998	4858496	569160	1917848	450031	113360	1808097
1999	5343625	629051	1973462	466289	129017	2145806
2000	6043346	564692	2115542	493440	198579	2671093
2001	7150175	886577	2224348	500138	278584	3260528
2002	8468086	1012094	2436837	505376	357754	4156025
2003	9545036	1110567	2609552	528518	421431	4874968

年份	第三产业	运输仓储邮政业	批发零售业	住宿餐饮业	金融保险业	房地产业	其它服务业
2004	11325699	908212	2176196	948442	566267	640735	6085847
2005	16073417	1564680	2551144	1511009	1646100	1000624	7799858
2006	18730219	1788637	2930295	1820634	1886243	1321325	8983085
2007	22232544	2196608	3654189	2295949	2371947	1585570	10128281
2008	25276166	2544687	4102151	2413104	2625656	1478295	12112272
2009	28913885	2821984	4816549	2630963	3255809	1961896	13426684
2010	32653629	3180407	5549636	2990783	3703589	2152435	15076779
2011	38488522	3763168	6485229	3449536	4229975	2356685	18203929
2012	43307577	3952640	7651929	3931253	5170389	2478412	20122954
2013	49845114	4350988	8499719	4204586	6280235	2890968	23618618

2-2 历年总产出构成

单位:%

年份	总产出	第一产业	第二产业	工业	建筑业	第三产业	运输邮电业	批零餐饮业	金融保险业	房地产业	其它服务业
1978	100	21.3	58.7	51.4	7.3	20.0	3.0	10.1	1.3	0.6	5.0
1979	100	19.6	58.2	51.3	6.9	22.2	2.9	13.1	1.5	0.7	4.0
1980	100	17.6	58.3	51.2	7.1	24.1	2.9	15.0	1.5	0.7	4.0
1981	100	17.2	57.6	50.5	7.1	25.2	2.8	14.8	1.7	0.8	5.1
1982	100	17.7	55.9	48.0	7.9	26.4	2.9	14.9	2.4	1.1	5.1
1983	100	18.6	53.9	45.8	8.1	27.5	2.7	14.9	2.2	1.0	6.7
1984	100	16.5	55.2	45.8	9.4	28.3	3.4	15.2	1.9	1.0	6.8
1985	100	15.5	55.3	45.1	10.2	29.2	3.1	15.7	1.8	1.0	7.6
1986	100	14.7	55.6	45.2	10.4	29.7	3.4	15.1	2.9	0.9	7.4
1987	100	13.7	55.8	45.4	10.4	30.5	3.3	14.2	3.2	0.8	9.0
1988	100	13.6	56.3	47.1	9.2	30.1	3.2	14.1	3.2	0.6	9.0
1989	100	13.4	56.0	48.9	7.1	30.6	3.3	13.6	3.7	0.6	9.4
1990	100	14.6	53.2	46.7	6.5	32.2	3.4	14.8	3.6	0.6	9.8
1991	100	12.5	53.5	46.6	6.9	34.0	3.5	17.0	3.2	0.6	9.7
1992	100	10.7	54.5	47.3	7.2	34.8	3.5	17.6	3.5	0.6	9.6
1993	100	9.5	56.9	48.6	8.3	33.6	3.1	17.9	3.2	0.7	8.7
1994	100	11.0	54.6	46.0	8.6	34.4	3.0	17.1	3.8	0.7	9.8
1995	100	10.5	54.1	41.4	12.7	35.4	3.3	17.9	3.7	0.8	9.7
1996	100	9.8	55.5	43.9	11.6	34.7	3.7	15.9	3.6	0.8	10.7
1997	100	9.3	55.2	44.4	10.8	35.5	4.2	15.2	3.9	0.8	11.4
1998	100	8.5	55.4	43.7	11.7	36.1	4.2	14.3	3.3	0.8	13.5
1999	100	7.9	55.2	43.4	11.8	36.9	4.3	13.7	3.2	0.9	14.8
2000	100	7.4	54.7	43.1	11.6	37.9	3.5	13.3	3.1	1.2	16.8
2001	100	6.8	54.1	40.0	14.1	39.1	4.8	12.2	2.7	1.5	17.9
2002	100	6.3	53.0	37.5	15.5	40.7	4.9	11.7	2.4	1.7	20.0
2003	100	5.6	55.5	39.1	16.4	38.9	4.5	10.6	2.2	1.7	19.9

年份	总产出	第一产业	第二产业	工业	建筑业	第三产业	运输仓储邮政业	批发零售业	住宿餐饮业	金融保险业	房地产业	其它服务业
2004	100	5.9	55.2	38.9	16.3	38.9	3.1	7.5	3.3	1.9	2.2	20.9
2005	100	4.8	54.3	38.3	16.0	40.9	4.0	6.5	3.8	4.2	2.5	19.9
2006	100	4.0	57.0	40.6	16.4	39.0	3.7	6.1	3.8	3.9	2.8	18.7
2007	100	3.6	59.8	46.0	13.8	36.6	3.6	6.0	3.8	3.9	2.6	16.7
2008	100	3.8	62.6	49.2	13.3	33.7	3.4	5.5	3.2	3.5	2.0	16.1
2009	100	3.4	62.7	49.6	13.1	33.8	3.3	5.6	3.1	3.8	2.3	15.7
2010	100	2.9	67.4	52.0	15.4	29.7	2.9	5.0	2.7	3.4	2.0	13.7
2011	100	2.8	68.9	53.9	15.0	28.3	2.8	4.8	2.5	3.1	1.7	13.4
2012	100	2.7	69.4	54.7	14.7	27.9	2.6	4.9	2.5	3.3	1.6	13.0
2013	100	2.6	69.4	55.2	14.2	28.0	2.4	4.8	2.4	3.5	1.6	13.3

2－3 历年总产出环比指数

（按可比价格计算，以上年为100）

年份	总产出	第一产业	第二产业	工业	建筑业
1978					
1979	111.4	105.7	113.3	115.0	102.0
1980	106.8	99.2	109.5	110.3	103.0
1981	105.0	99.3	103.1	103.2	102.4
1982	110.0	112.4	106.1	104.2	121.2
1983	109.2	107.0	107.0	106.4	111.6
1984	114.0	104.4	118.0	114.4	142.2
1985	115.6	108.1	119.0	119.5	116.8
1986	112.8	106.0	114.2	113.1	119.9
1987	117.9	103.0	120.3	121.2	115.5
1988	113.6	104.5	117.8	118.8	112.4
1989	107.0	102.8	106.6	109.7	88.6
1990	105.3	102.3	102.7	103.2	99.1
1991	112.7	103.5	115.4	115.7	113.6
1992	113.5	102.9	112.8	111.8	120.1
1993	114.5	105.5	118.0	116.2	130.5
1994	114.8	106.3	117.8	117.6	119.4
1995	115.9	106.4	121.3	116.1	153.2
1996	115.4	108.4	115.2	116.6	108.6
1997	114.5	107.8	115.5	117.1	107.6
1998	114.0	103.5	115.5	115.0	118.5
1999	110.6	103.1	110.9	111.5	107.8
2000	111.8	104.7	112.8	112.0	116.9
2001	113.8	106.0	112.2	107.8	128.5
2002	113.4	102.4	110.6	107.4	120.5
2003	116.1	105.1	119.9	119.0	122.7
2004	117.2	111.4	120.6	121.1	119.3
2005	116.0	106.5	118.7	117.0	123.2
2006	114.2	99.4	119.3	123.9	108.1
2007	116.9	106.8	117.8	121.0	108.9
2008	117.7	116.7	120.6	124.9	107.5
2009	116.2	106.4	118.4	119.9	112.8
2010	118.1	104.5	123.0	124.5	117.2
2011	115.0	104.0	117.1	118.9	111.1
2012	120.3	104.0	122.3	125.6	110.5
2013	114.2	103.0	115.3	116.9	108.5

单位:%

第三产业	运输邮电业	批零餐饮业	金融保险业	房地产业	其它服务业
115.6	102.0	117.8	133.3	141.9	109.7
111.1	102.5	116.0	106.9	109.1	107.2
116.9	102.9	114.9	123.4	123.4	125.6
115.9	108.6	107.7	146.3	146.6	119.6
115.9	102.9	116.7	100.1	99.9	130.8
115.9	148.3	116.1	98.5	117.3	111.4
115.9	118.0	114.7	109.0	104.8	121.6
115.9	108.3	112.4	174.7	100.1	110.3
124.6	114.6	122.0	124.2	96.2	137.4
111.6	118.6	114.0	106.6	90.9	109.7
110.1	110.4	107.6	114.8	90.7	113.9
111.8	111.6	112.2	102.1	113.5	114.9
112.7	107.1	120.7	96.5	113.0	108.3
119.6	111.0	126.5	124.7	117.4	109.3
112.3	115.7	112.1	103.1	120.4	114.3
112.5	106.8	111.6	126.6	107.2	112.0
109.6	120.3	111.0	99.9	124.9	105.9
118.1	121.7	107.2	133.8	118.3	132.8
114.6	126.6	106.1	109.1	110.7	126.5
114.1	120.3	104.6	103.6	120.1	127.9
111.8	111.1	108.9	103.5	123.1	116.7
111.6	119.4	104.0	105.7	126.0	117.5
117.6	129.8	109.7	100.6	128.8	123.6
119.3	123.1	108.8	100.8	129.8	127.8
112.9	122.2	107.1	104.6	118.4	115.0

第三产业	运输仓储邮政业	批发零售业	住宿餐饮业	金融保险业	房地产业	其它服务业
113.3	115.9	104.0	104.3	106.5	121.4	117.4
113.4	107.6	113.3	113.6	107.1	108.9	115.3
109.1	108.3	112.4	106.2	112.9	109.0	108.0
116.6	120.1	115.8	121.0	115.9	118.0	115.2
113.7	110.0	114.5	117.2	112.6	94.0	116.3
113.8	109.9	119.6	106.4	125.1	131.3	109.8
111.5	117.8	112.1	112.2	110.0	104.1	108.5
111.4	111.1	112.5	108.9	111.5	103.1	112.7
116.9	111.5	120.5	114.6	123.0	109.1	116.6
112.5	107.9	109.2	104.6	119.1	110.4	114.7

2-4 历年总产出定基指数

（按可比价格计算，以1978年为100）

年 份	总产出	第一产业	第二产业	工 业	建筑业
1978	100	100	100	100	100
1979	111.4	105.7	113.3	115.0	102.0
1980	119.0	104.9	124.1	126.8	105.1
1981	125.0	104.2	127.9	130.9	107.6
1982	137.5	117.1	135.7	136.4	130.4
1983	150.2	125.3	145.2	145.1	145.5
1984	171.2	130.8	171.3	166.0	206.9
1985	197.9	141.4	203.8	198.4	241.7
1986	223.2	149.9	232.7	224.4	289.8
1987	263.2	154.4	279.9	272.0	334.7
1988	299.0	161.3	329.7	323.1	376.2
1989	319.9	165.8	351.5	354.4	333.3
1990	336.9	169.6	361.0	365.7	330.3
1991	379.7	175.5	416.6	423.1	375.2
1992	431.0	180.6	469.9	473.0	450.6
1993	493.5	190.5	554.5	549.6	588.0
1994	566.5	202.5	653.2	646.3	702.1
1995	656.6	215.5	792.3	750.4	1075.6
1996	757.7	233.6	912.7	875.0	1168.1
1997	867.6	251.8	1054.2	1024.6	1256.9
1998	989.1	260.6	1217.6	1178.3	1489.4
1999	1093.9	268.7	1350.3	1313.8	1605.6
2000	1223.0	281.3	1523.1	1471.5	1876.9
2001	1391.8	298.2	1708.9	1586.3	2411.8
2002	1578.3	305.4	1890.0	1703.7	2906.2
2003	1832.4	321.0	2266.1	2027.4	3565.9
2004	2147.6	357.6	2732.9	2455.2	4254.1
2005	2491.2	380.8	3244.0	2872.6	5241.1
2006	2844.0	378.7	3868.7	3559.9	5665.6
2007	3323.3	404.5	4557.4	4309.3	6169.9
2008	3912.4	471.8	5494.6	5380.5	6632.6
2009	4545.7	502.2	6503.1	6453.2	7478.3
2010	5368.5	524.8	7998.8	8034.2	8764.6
2011	6176.4	545.8	9370.5	9554.5	9741.6
2012	7430.2	567.6	11460.1	12000.5	10764.5
2013	8485.3	584.6	13213.5	14028.6	11679.5

单位:%

第三产业	运输邮电业	批零餐饮业	金融保险业	房地产业	其它服务业
100	100	100	100	100	100
115.6	102.0	117.8	133.3	141.9	109.7
128.4	104.6	136.6	142.5	154.8	117.6
150.1	107.6	157.0	175.8	191.0	147.7
174.0	116.9	169.1	257.2	280.0	176.6
201.7	120.3	197.3	257.5	279.7	231.0
233.8	178.4	229.1	253.6	328.1	257.3
271.0	210.5	262.8	276.4	343.8	312.9
314.1	228.0	295.4	482.9	344.1	345.1
391.4	261.3	360.4	599.8	331.0	474.2
436.8	309.9	410.9	639.4	300.9	520.2
480.9	342.1	442.1	734.0	272.9	592.5
537.6	381.8	496.0	749.4	309.7	680.8
605.9	408.9	598.7	723.2	350.0	737.3
724.7	453.9	757.4	901.8	410.9	805.9
813.8	525.2	849.0	929.8	494.7	921.1
915.5	560.9	947.5	1177.1	530.3	1031.6
1003.4	674.8	1051.7	1175.9	662.3	1092.5
1185.0	821.2	1127.4	1573.4	783.5	1450.8
1358.0	1039.6	1196.2	1716.6	867.3	1835.3
1549.5	1250.6	1251.2	1778.4	1041.6	2347.3
1732.3	1389.4	1362.6	1840.6	1282.2	2739.3
1933.2	1658.9	1417.1	1945.5	1615.6	3218.7
2273.4	2153.3	1554.6	1957.2	2080.9	3978.3
2712.2	2650.7	1691.4	1972.9	2701.0	5084.3
3062.1	3239.2	1811.5	2063.7	3198.0	5846.9

第三产业	运输仓储邮政业	批发零售业	住宿餐饮业	金融保险业	房地产业	其它服务业
3469.4	3638.3	1872.5	1883.1	2197.8	3872.8	6887.7
3934.3	3914.8	2121.6	2139.2	2353.9	4217.5	7941.6
4292.9	4238.7	2384.2	2272.4	2656.8	4596.6	8576.7
5003.3	5090.7	2760.9	2749.6	3079.3	5424.0	9880.4
5687.4	5599.7	3161.2	3222.6	3467.3	5098.5	11490.9
6471.8	6156.4	3779.8	3427.8	4336.4	6695.5	12617.6
7216.1	7252.2	4237.2	3846.0	4770.0	6970.0	13690.1
8037.5	8055.8	4767.5	4189.6	5317.5	7185.3	15428.7
9395.8	8982.2	5744.8	4801.3	6540.5	7839.2	17989.9
10570.3	9691.8	6273.3	5022.2	7789.7	8654.5	20634.4

2－5 历年地区生产总值

（按当年价格计算）

年 份	地区生产总值（GDP）	第一产业	第二产业		
				工 业	建筑业
1978	168453	56092	74436	63735	10701
1979	213830	66329	100585	87584	13001
1980	231716	65819	111424	96623	14801
1981	257289	70974	123181	106641	16540
1982	286247	77973	135101	112880	22221
1983	323103	91952	146343	120864	25479
1984	364037	100688	161664	129822	31842
1985	450774	120844	197301	155838	41463
1986	514749	131395	222520	174528	47992
1987	634135	147543	275363	214193	61170
1988	825712	194304	356294	288687	67607
1989	932540	212031	393832	330194	63638
1990	1023956	243772	405796	343378	62418
1991	1189012	241941	484759	410114	74645
1992	1498739	266151	626843	522893	103950
1993	1935420	301613	830974	687474	143500
1994	2609009	358777	1132512	937517	194995
1995	3327521	455780	1403433	1065652	337781
1996	4157722	583757	1731447	1369267	362180
1997	5037611	687320	2056865	1671931	384934
1998	5709136	707519	2336161	1877559	458602
1999	6280205	713285	2521526	2042102	479424
2000	7153383	741104	2781935	2231776	550159
2001	8112564	783636	3138755	2414568	724187
2002	9227729	791826	3597436	2705355	892081
2003	10772233	832886	4449437	3325205	1124232

年 份	地区生产总值（GDP）	第一产业	第二产业		
				工 业	建筑业
2004	12966593	1045950	5416800	3969036	1447764
2005	17834773	1139776	7856481	5819631	2036850
2006	21199863	1163200	9783225	7542332	2240893
2007	25810972	1329500	12086234	9573762	2512472
2008	33007126	1721126	16733811	13715809	3018002
2009	37447641	1793998	18935854	15545379	3390475
2010	45470573	2020081	24370286	20206783	4163503
2011	56193285	2433845	31516848	26624732	4892116
2012	63999097	2723145	35925163	30519392	5405771
2013	71531346	2945508	39469708	33523360	5946348

注：1. 2005－2008 年历史数据按第二次经济普查结果调整，行业分类按《国民经济行业分类》GB/T4754－1994 标准。

2. 2000 年以前人均地区生产总值按户籍人口计算，2000 年以后按常住人口计算。

单位:万元

第三产业	运输邮电业	批零餐饮业	金融保险业	房地产业	其它服务业	人均地区生产总值(元/人)
37925	8417	13427	4090	1978	10013	370
46916	9002	19072	5811	2807	10224	464
54473	9939	23967	6211	3061	11295	496
63134	10267	25976	7797	3843	15251	544
73173	11802	27438	11609	5730	16594	596
84808	12058	31188	11826	5827	23909	662
101685	16537	37443	12074	7091	28540	737
132629	19833	48934	16764	8339	38759	900
160834	24937	54039	27907	8795	45156	1012
211229	29992	64834	37992	9294	69117	1227
275114	37180	85372	50596	10035	91931	1526
326677	43006	93404	66579	10983	112705	1718
374388	48991	112377	69000	12647	131373	1871
462312	62071	153974	71596	15994	158677	2155
605745	80035	209877	93536	18534	203763	2703
802833	105875	274691	117513	27024	277730	3485
1117720	126546	366270	178916	35650	410338	4680
1468308	184223	516085	224019	49846	494135	5930
1842518	257171	617100	270892	63915	633440	7356
2293426	337992	749793	306628	74623	824390	8842
2665456	382181	852130	336268	90688	1004189	9939
3045394	417239	952207	362988	103562	1209398	10834
3630344	525950	1086770	389800	159062	1468762	11699
4190173	584865	1215367	400167	223285	1766489	13149
4838467	649131	1390327	403000	286847	2109162	14763
5489910	709677	1565903	430689	337988	2445653	17164

第三产业	运输仓储邮政业	批发零售业	住宿餐饮业	金融保险业	房地产业	其它服务业	人均地区生产总值(元/人)
6503843	560137	1567600	383674	469797	514253	3008382	20625
8838516	719753	1837690	622278	806589	860537	3991669	28131
10253438	822773	2110807	749790	924259	1047555	4598253	32983
12395239	1010440	2554309	875136	1162254	1331727	5461373	39727
14552189	1201981	2940177	1069162	1286506	1267867	6786496	50336
16717789	1332497	3452215	1165687	1593933	1681973	7491484	56620
19080206	1570005	3984640	1324917	1780423	1844637	8575584	66443
22242592	1786425	4651427	1528260	2033472	1922122	10320886	79530
25350789	2016779	5153121	1723354	2311174	2043367	12102994	89903
29116130	2206553	5712022	1880529	2773320	2374176	14169530	99570

2－6 历年地区生产总值构成

单位:%

年份	地区生产总值(GDP)	第一产业	第二产业	工业	建筑业	第三产业	运输邮电业	批零餐饮业	金融保险业	房地产业	其它服务业
1978	100	33.3	44.2	37.8	6.4	22.5	5.0	8.0	2.4	1.2	5.9
1979	100	31.0	47.1	41.0	6.1	21.9	4.2	8.9	2.7	1.3	4.8
1980	100	28.4	48.1	41.7	6.4	23.5	4.3	10.3	2.7	1.3	4.9
1981	100	27.6	47.9	41.4	6.5	24.5	4.0	10.1	3.0	1.5	5.9
1982	100	27.2	47.2	39.4	7.8	25.6	4.1	9.6	4.1	2.0	5.8
1983	100	28.5	45.3	37.4	7.9	26.2	3.7	9.7	3.7	1.8	7.3
1984	100	27.7	44.4	35.7	8.7	27.9	4.5	10.3	3.3	1.9	7.9
1985	100	26.8	43.8	34.6	9.2	29.4	4.4	10.9	3.7	1.8	8.6
1986	100	25.5	43.2	33.9	9.3	31.3	4.8	10.5	5.4	1.7	8.9
1987	100	23.3	43.4	33.8	9.6	33.3	4.7	10.2	6.0	1.5	10.9
1988	100	23.5	43.2	35.0	8.2	33.3	4.5	10.3	6.1	1.2	11.2
1989	100	22.8	42.2	35.4	6.8	35.0	4.6	10.0	7.1	1.2	12.1
1990	100	23.8	39.6	33.5	6.1	36.6	4.8	11.0	6.7	1.2	12.9
1991	100	20.3	40.8	34.5	6.3	38.9	5.2	13.0	6.0	1.3	13.4
1992	100	17.8	41.8	34.9	6.9	40.4	5.3	14.1	6.2	1.2	13.6
1993	100	15.6	42.9	35.5	7.4	41.5	5.5	14.2	6.1	1.4	14.3
1994	100	13.8	43.4	35.9	7.5	42.8	4.9	14.0	6.9	1.4	15.6
1995	100	13.7	42.2	32.0	10.2	44.1	5.5	15.5	6.7	1.5	14.9
1996	100	14.0	41.6	32.9	8.7	44.4	6.2	14.9	6.5	1.5	15.3
1997	100	13.6	40.8	33.2	7.6	45.6	6.7	14.9	6.1	1.5	16.4
1998	100	12.4	40.9	32.9	8.0	46.7	6.7	14.9	5.9	1.6	17.6
1999	100	11.4	40.2	32.5	7.7	48.4	6.6	15.2	5.8	1.6	19.2
2000	100	10.4	38.9	31.2	7.7	50.7	7.4	15.2	5.4	2.2	20.5
2001	100	9.7	38.7	29.8	8.9	51.6	7.2	15.0	4.9	2.8	21.7
2002	100	8.6	39.0	29.3	9.7	52.4	7.0	15.1	4.4	3.1	22.8
2003	100	7.7	41.3	30.9	10.4	51.0	6.6	14.6	4.0	3.1	22.7

年份	地区生产总值(GDP)	第一产业	第二产业	工业	建筑业	第三产业	运输仓储邮政业	批发零售业	住宿餐饮业	金融保险业	房地产业	其它服务业
2004	100	8.1	41.8	30.6	11.2	50.1	4.3	12.1	3.0	3.6	4.0	23.1
2005	100	6.4	44.1	32.6	11.4	49.5	4.0	10.3	3.5	4.5	4.8	22.4
2006	100	5.5	46.1	35.6	10.6	48.4	3.9	10.0	3.5	4.4	4.9	21.7
2007	100	5.2	46.8	37.1	9.7	48.0	3.9	9.9	3.4	4.5	5.2	21.2
2008	100	5.2	50.7	41.6	9.1	44.1	3.6	8.9	3.2	3.9	3.8	20.6
2009	100	4.8	50.6	41.5	9.1	44.6	3.6	9.2	3.1	4.3	4.5	20.0
2010	100	4.4	53.6	44.4	9.2	42.0	3.5	8.8	2.9	3.9	4.1	18.8
2011	100	4.3	56.1	47.4	8.7	39.6	3.2	8.3	2.7	3.6	3.4	18.4
2012	100	4.3	56.1	47.7	8.4	39.6	3.2	8.1	2.7	3.6	3.2	18.8
2013	100	4.1	55.2	46.9	8.3	40.7	3.1	8.0	2.6	3.9	3.3	19.8

2-7 历年地区生产总值环比指数

（按可比价格计算，以上年为100） 单位：%

年份	地区生产总值(GDP)	第一产业	第二产业	工业	建筑业	第三产业	运输邮电业	批零餐饮业	金融保险业	房地产业	其它服务业	人均地区生产总值(元/人)
1978												
1979	115.4	110.0	120.0	120.0	120.0	117.2	123.2	109.4	118.1	141.9	128.9	114.3
1980	114.7	110.1	121.3	120.7	127.4	111.3	121.7	108.1	108.3	109.1	113.8	113.1
1981	111.2	109.5	110.0	110.0	110.0	115.9	121.5	109.8	127.8	123.4	116.9	109.9
1982	112.4	109.5	110.0	107.7	131.7	120.6	114.4	106.3	138.5	146.6	139.7	110.6
1983	114.2	109.5	110.0	109.7	112.3	126.9	109.7	120.5	110.7	112.1	164.9	112.3
1984	112.3	109.8	110.0	105.6	143.1	118.2	119.5	110.9	131.8	117.4	121.2	111.4
1985	112.2	109.2	109.9	109.0	115.0	118.3	112.6	115.7	137.1	104.8	117.6	110.4
1986	109.4	105.5	111.6	109.4	122.8	110.8	112.7	105.0	124.1	103.5	110.5	107.7
1987	110.4	100.5	115.4	115.6	114.9	114.1	113.6	108.7	116.3	102.8	120.5	108.7
1988	113.7	103.3	117.1	118.3	111.2	118.4	107.6	116.9	126.0	106.7	121.7	108.8
1989	104.5	102.0	108.4	112.3	88.7	102.0	100.2	105.2	97.1	94.5	103.5	104.0
1990	104.6	103.8	102.9	103.6	98.5	107.3	112.2	102.3	103.4	104.1	112.6	103.7
1991	108.7	94.1	113.9	113.9	113.9	112.9	113.0	120.0	107.5	112.0	109.6	107.8
1992	117.2	101.7	122.6	120.6	135.9	120.0	117.5	128.7	110.3	113.8	118.3	116.6
1993	118.2	105.6	120.7	120.7	120.6	121.5	120.5	119.2	115.9	126.0	126.4	118.0
1994	113.4	105.0	116.4	117.3	110.9	113.6	101.8	108.4	118.8	107.2	121.3	113.0
1995	114.0	104.9	115.4	110.6	145.5	116.0	127.9	122.4	110.6	124.9	108.4	113.3
1996	114.0	108.0	115.4	117.7	104.7	114.5	119.9	116.0	110.9	118.3	112.3	113.2
1997	115.9	108.2	116.5	119.1	102.8	117.7	124.2	114.9	107.5	110.7	123.2	115.0
1998	113.9	102.5	114.5	113.9	118.3	116.8	121.2	113.6	108.4	120.1	121.0	113.0
1999	111.5	103.4	110.7	111.2	108.2	114.7	111.0	115.6	107.7	123.1	116.9	110.5
2000	112.2	104.0	112.5	112.6	112.0	113.9	117.0	113.3	105.7	126.0	114.6	110.7
2001	113.5	104.9	113.6	109.1	131.6	115.3	110.7	113.9	104.4	128.4	119.4	112.5
2002	114.5	101.8	114.8	113.0	120.8	116.6	113.0	117.6	102.6	129.8	118.8	113.0
2003	115.3	104.8	120.9	120.3	122.9	112.8	108.2	112.6	105.8	118.4	115.0	114.8

年份	地区生产总值(GDP)	第一产业	第二产业	工业	建筑业	第三产业	运输仓储邮政业	批发零售业	住宿餐饮业	金融保险业	房地产业	其它服务业	人均地区生产总值(元/人)
2004	116.0	107.0	120.8	121.4	119.0	113.6	109.2	114.5	116.9	104.6	122.1	114.0	115.8
2005	114.9	106.7	117.6	117.0	119.4	113.8	107.6	113.3	115.7	107.3	108.9	116.9	113.9
2006	115.3	101.1	118.8	123.1	106.4	114.1	109.0	113.5	122.2	112.1	117.9	113.6	113.8
2007	115.7	106.5	116.1	119.7	104.2	116.5	120.1	115.8	112.3	118.8	116.2	116.5	114.5
2008	115.5	106.8	118.5	121.8	106.3	113.6	112.2	112.8	118.1	110.6	88.0	119.7	114.4
2009	114.7	106.5	116.3	117.5	111.3	113.9	109.9	119.6	106.0	120.7	131.7	109.1	113.7
2010	115.5	104.5	120.7	121.6	116.5	111.5	117.6	111.5	112.6	107.8	103.9	112.6	113.9
2011	114.5	104.0	118.3	120.4	108.1	110.7	112.4	110.4	111.5	107.2	95.9	114.2	110.9
2012	113.0	104.0	114.5	115.7	108.1	112.0	112.5	109.0	108.1	111.6	103.8	115.4	112.1
2013	112.0	103.0	112.5	113.2	108.3	112.1	107.2	108.9	104.3	117.7	110.1	114.7	110.9

2－8 历年地区生产总值定基指数

（按可比价格计算，以1978年为100）

年份	地区生产总值（GDP）	第一产业	第二产业	工业	建筑业
1978	100	100	100	100	100
1979	115.4	110.0	120.0	120.0	120.0
1980	132.4	121.1	145.6	144.8	152.9
1981	147.2	132.6	160.2	159.3	168.2
1982	165.5	145.2	176.2	171.6	221.5
1983	189.0	159.0	193.8	188.2	248.7
1984	212.2	174.6	213.2	198.7	355.9
1985	238.1	190.7	234.3	216.6	409.3
1986	260.5	201.2	261.5	237.0	502.6
1987	287.6	202.2	301.8	274.0	577.5
1988	327.0	208.9	353.4	324.1	642.2
1989	341.7	213.1	383.1	364.0	569.6
1990	357.4	221.2	394.2	377.1	561.1
1991	388.5	208.1	449.0	429.5	639.1
1992	455.3	211.6	550.5	518.0	868.5
1993	538.2	223.4	664.5	625.2	1047.4
1994	610.3	234.6	773.5	733.4	1161.6
1995	695.7	246.1	892.6	811.1	1690.1
1996	793.1	265.8	1030.1	954.7	1769.5
1997	919.2	287.6	1200.1	1137.0	1819.0
1998	1047.0	294.8	1374.1	1295.0	2151.9
1999	1167.4	304.8	1521.1	1440.0	2328.4
2000	1309.8	317.0	1711.2	1621.4	2607.8
2001	1486.6	332.5	1943.9	1768.9	3431.9
2002	1702.2	338.5	2231.6	1998.9	4145.7
2003	1962.6	354.7	2698.0	2404.7	5095.1
2004	2276.6	379.5	3259.2	2919.3	6063.2
2005	2615.8	404.9	3832.8	3415.6	7239.5
2006	3016.8	409.5	4552.7	4205.1	7702.8
2007	3491.9	436.1	5285.0	5032.6	8026.3
2008	4032.3	465.8	6265.1	6128.3	8532.0
2009	4623.8	496.1	7289.4	7200.8	9499.7
2010	5340.5	518.4	8798.3	8756.2	11067.2
2011	6114.9	539.1	10408.4	10542.5	11963.6
2012	6909.8	560.7	11917.6	12197.7	12932.7
2013	7739.0	577.5	13407.3	13807.8	14006.1

单位:%

第三产业	运输邮电业	批零餐饮业	金融保险业	房地产业	其它服务业	人均地区生产总值
100	100	100	100	100	100	100
117.2	123.2	109.4	118.1	141.9	128.9	114.3
130.4	149.9	118.3	127.9	154.8	146.7	129.3
151.1	182.1	129.9	163.5	191.0	171.5	142.1
182.2	208.3	138.1	226.4	280.0	239.6	157.2
231.2	228.5	166.4	250.6	313.9	395.1	176.5
273.3	273.1	184.5	330.3	368.5	478.9	196.6
323.3	307.5	213.5	452.8	386.2	563.2	217.0
358.2	346.6	224.2	561.9	399.7	622.3	233.7
408.7	393.7	243.7	653.5	410.9	749.9	254.0
483.9	423.6	284.9	823.4	438.4	912.6	276.4
493.6	424.4	299.7	799.5	414.3	944.5	287.5
529.6	476.2	306.6	826.7	431.3	1063.5	298.1
597.9	538.1	367.9	888.7	483.1	1165.6	321.4
717.5	632.3	473.5	980.2	549.8	1378.9	374.8
871.8	761.9	564.4	1136.1	692.7	1742.9	442.3
990.4	775.6	611.8	1349.7	742.6	2114.1	499.8
1148.9	992.0	748.8	1492.8	927.5	2291.7	566.3
1315.5	1189.4	868.6	1655.5	1097.2	2573.6	641.1
1548.3	1477.2	998.0	1779.7	1214.6	3170.7	737.3
1808.4	1790.4	1133.7	1929.2	1458.7	3836.5	833.1
2074.2	1987.3	1310.6	2077.7	1795.7	4484.9	920.6
2362.5	2325.1	1484.9	2196.1	2262.6	5139.7	1019.1
2724.0	2573.9	1691.3	2292.7	2905.2	6136.8	1146.5
3176.2	2908.5	1989.0	2352.3	3770.9	7290.5	1295.5
3582.8	3147.0	2239.6	2488.7	4464.7	8384.1	1487.2

第三产业	运输仓储邮政业	批发零售业	住宿餐饮业	金融保险业	房地产业	其它服务业	人均地区生产总值
4070.1	3327.3	2530.0	2629.8	2603.2	5451.4	9569.3	1722.2
4631.8	3580.2	2866.5	3042.7	2793.2	5936.6	11186.5	1962.2
5284.5	3902.4	3253.5	3718.2	3131.2	6999.2	12707.9	2232.2
6156.1	4686.8	3767.5	4175.5	3719.9	8133.1	14804.7	2556.1
6990.3	5258.6	4249.8	4931.2	4114.2	7157.1	17721.2	2924.5
7958.9	5779.2	5083.5	5227.6	4966.3	9427.0	19328.2	3325.7
8874.2	6796.3	5668.1	5886.3	5353.7	9794.7	21763.6	3788.0
9823.7	7639.0	6257.6	6563.2	5739.2	9393.1	24854.0	4200.9
11002.5	8593.9	6820.8	7094.8	6404.9	9750.0	28681.5	4709.2
12333.8	9212.7	7427.9	7399.9	7538.6	10734.8	32897.7	5222.5

2－9 历年地区生产总值(支出法)

(按当年价格计算)

单位:万元

年份	地区生产总值(GDP)	最终消费	居民消费	农村居民	城镇居民	政府消费	资本形成总额	固定资本形成总额	存货增加	货物和服务净流出
1978	168453	172284	148449	90300	58149	23835	25139	13202	11937	－28970
1979	213830	195851	169757	99247	70510	26094	36380	23846	12534	－18401
1980	231716	206529	178792	104594	74198	27737	42262	29101	13161	－17075
1981	257289	224473	191815	112488	79327	32658	42860	29041	13819	－10044
1982	286247	242481	205422	129065	76357	37059	54528	40018	14510	－10762
1983	323103	266839	222561	139564	82997	44278	66275	43772	22503	－10011
1984	364037	310906	253169	153520	99649	57737	72934	47180	25754	－19803
1985	450774	363593	306265	186515	119750	57328	114712	65232	49480	－27531
1986	514749	404309	330827	198362	132465	73482	138607	87772	50835	－28167
1987	634135	464652	378087	227320	150767	86565	183887	110839	73048	－14404
1988	825712	574394	472492	276756	195736	101902	260415	185088	75327	－9097
1989	932540	626774	517780	284874	232906	108994	287779	206652	81127	17987
1990	1023956	671614	551512	297910	253602	120102	315923	223335	92588	36419
1991	1189012	750219	599488	316893	282595	150731	375134	278238	96896	63659
1992	1498739	887244	683049	358103	324946	204195	445048	331721	113327	166447
1993	1935420	1116510	863978	451008	412970	252532	555844	415519	140325	263066
1994	2609009	1431179	1109662	549491	560171	321517	808398	534270	274128	369432
1995	3327521	1740592	1325481	658868	666613	415111	1111454	784506	326948	475475
1996	4157722	2110832	1566483	766006	800477	544349	1453339	1072228	381111	593551
1997	5037611	2504380	1880989	895894	985095	623391	1784578	1304841	479737	748653
1998	5709136	2788818	2077880	977425	1100455	710938	2054219	1546063	508156	866099
1999	6280205	3016682	2280621	1016441	1264180	736061	2222696	1709202	513494	1040827
2000	7153383	3783604	2894838	912951	1981887	888766	2174095	1889719	284376	1195684
2001	8112564	4168323	3111904	976855	2135049	1056419	2871775	2462173	409602	1072466
2002	9227729	4599966	3423539	1028848	2394691	1176427	3491433	3198273	293160	1136330
2003	10772233	5097756	3692596	1055639	2636957	1405160	4727966	4212633	515333	946511
2004	12966593	5838538	4133537	1166155	2967382	1705001	6556619	5921855	634764	571436
2005	17834773	7318410	5154218	1398217	3756001	2164192	9035794	8489462	546332	1480569
2006	21199863	8536567	6047745	1468718	4579027	2488822	10891183	10247327	643856	1772113
2007	25810972	10035981	7140064	1606337	5533727	2895917	13659164	12969177	689987	2115828
2008	33007126	11285333	7915467	1839035	6076432	3369866	18425866	17527678	898188	3295926
2009	37447641	13015825	9236442	1995720	7240722	3779383	21654316	21070271	584045	2777501
2010	45470573	14954197	10785757	2358393	8427364	4168440	27001819	26487859	513960	3514557
2011	56193285	17140096	12137968	2248546	9889422	5002128	34994357	34317646	676711	4058832
2012	63999097	19759309	13756755	2614758	11141997	6002554	39608661	38832680	775981	4631127
2013	71531346	22625686	15518662	2852598	12666064	7107024	44201081	43414936	786145	4704579

注:2005－2008 年历史数据按第二次经济普查结果调整。

2-10 历年地区生产总值构成(支出法)

单位:%

年份	地区生产总值(GDP)	最终消费	居民消费	农村居民	城镇居民	政府消费	资本形成总额	固定资本形成总额	存货增加	货物和服务净流出
1978	100	102.3	88.1	53.6	34.5	14.2	14.9	7.8	7.1	
1979	100	91.6	79.4	46.4	33.0	12.2	17.0	11.1	5.9	
1980	100	89.1	77.1	45.1	32.0	12.0	18.3	12.6	5.7	
1981	100	87.2	74.5	43.7	30.8	12.7	16.7	11.3	5.4	
1982	100	84.7	71.8	45.1	26.7	12.9	19.1	14.0	5.1	
1983	100	82.6	68.9	43.2	25.7	13.7	20.5	13.5	7.0	
1984	100	85.4	69.5	42.2	27.3	15.9	20.0	12.9	7.1	
1985	100	80.7	68.0	41.4	26.6	12.7	25.4	14.4	11.0	
1986	100	78.5	64.2	38.5	25.7	14.3	27.0	17.1	9.9	
1987	100	73.3	59.6	35.8	23.8	13.7	29.0	17.5	11.5	
1988	100	69.6	57.2	33.5	23.7	12.4	31.5	22.4	9.1	
1989	100	67.2	55.5	30.5	25.0	11.7	30.9	22.2	8.7	1.9
1990	100	65.6	53.9	29.1	24.8	11.7	30.8	21.8	9.0	3.6
1991	100	63.1	50.4	26.6	23.8	12.7	31.5	23.4	8.1	5.4
1992	100	59.2	45.6	23.9	21.7	13.6	29.7	22.1	7.6	11.1
1993	100	57.7	44.6	23.3	21.3	13.1	28.7	21.4	7.3	13.6
1994	100	54.9	42.6	21.1	21.5	12.3	31.0	20.5	10.5	14.1
1995	100	52.3	39.8	19.8	20.0	12.5	33.4	23.6	9.8	14.3
1996	100	50.8	37.7	18.4	19.3	13.1	35.0	25.8	9.2	14.2
1997	100	49.7	37.3	17.8	19.5	12.4	35.4	25.9	9.5	14.9
1998	100	48.8	36.4	17.1	19.3	12.4	36.0	27.1	8.9	15.2
1999	100	48.0	36.3	16.2	20.1	11.7	35.4	27.2	8.2	16.6
2000	100	52.9	40.5	12.8	27.7	12.4	30.4	26.4	4.0	16.7
2001	100	51.4	38.4	12.0	26.4	13.0	35.4	30.4	5.0	13.2
2002	100	49.8	37.1	11.1	26.0	12.7	37.9	34.7	3.2	12.3
2003	100	47.3	34.3	9.8	24.5	13.0	43.9	39.1	4.8	8.8
2004	100	45.0	31.9	9.0	22.9	13.1	50.6	45.7	4.9	4.4
2005	100	41.0	28.9	7.8	21.1	12.1	50.7	47.6	3.1	8.3
2006	100	40.3	28.5	6.9	21.6	11.7	51.4	48.3	3.0	8.4
2007	100	38.9	27.7	6.2	21.4	11.2	52.9	50.2	2.7	8.2
2008	100	34.2	24.0	5.6	18.4	10.2	55.8	53.1	2.7	10.0
2009	100	34.8	24.7	5.3	19.3	10.1	57.8	56.3	1.6	7.4
2010	100	32.9	23.7	5.2	18.5	9.2	59.4	58.3	1.1	7.7
2011	100	30.5	21.6	4.0	17.6	8.9	62.3	61.1	1.2	7.2
2012	100	30.9	21.5	4.1	17.4	9.4	61.9	60.7	1.2	7.2
2013	100	31.6	21.7	4.0	17.7	9.9	61.8	60.7	1.1	6.6

2-11 历年最终消费指数

(按可比价格计算)

单位:%

年份	最终消费		居民消费		农村居民		城镇居民		政府消费	
	环比	定基	环比	定基	环比	定基	环比	定基	环比	定基
1978		100		100		100		100		100
1979	103.9	103.9	104.7	104.7	99.9	99.9	112.1	112.1	99.5	99.5
1980	110.9	115.2	110.7	115.9	111.5	111.4	109.5	122.7	112.5	111.9
1981	108.8	125.3	107.4	124.5	107.7	120.0	107.1	131.4	117.9	131.9
1982	104.7	131.2	103.8	129.2	111.2	133.4	93.3	122.6	110.0	145.1
1983	116.0	152.2	114.3	147.7	114.0	152.1	114.6	140.5	126.0	182.8
1984	116.2	176.9	113.4	167.5	109.7	166.9	119.7	168.2	130.0	237.6
1985	106.0	187.5	109.7	183.7	110.1	183.8	108.9	183.2	90.0	213.8
1986	106.5	199.7	103.5	190.1	101.9	187.3	106.0	194.2	122.8	262.5
1987	103.0	205.7	102.4	194.7	102.7	192.4	102.0	198.1	105.6	277.2
1988	108.2	222.6	109.3	212.8	106.5	204.9	113.6	225.0	103.0	285.5
1989	100.8	224.4	101.2	215.4	95.1	194.9	109.9	247.3	98.8	282.1
1990	102.1	229.1	101.5	218.6	99.6	194.1	103.8	256.7	105.0	296.2
1991	104.6	239.6	101.8	222.5	99.6	193.3	104.3	267.7	117.5	348.0
1992	110.0	263.6	106.0	235.9	105.1	203.2	106.9	286.2	126.0	438.5
1993	115.3	303.9	115.9	273.4	115.4	234.5	116.4	333.1	113.3	496.8
1994	107.7	327.3	107.9	295.0	102.4	240.1	114.0	379.7	107.0	531.6
1995	108.1	353.8	104.2	307.4	106.8	256.4	101.6	385.8	121.5	645.9
1996	111.2	393.4	110.5	339.7	106.0	271.8	115.2	444.4	113.2	731.2
1997	113.5	446.5	114.7	389.6	112.3	305.2	116.9	519.5	110.0	804.3
1998	111.9	499.6	112.8	439.5	109.6	334.5	115.7	601.1	109.0	876.7
1999	109.8	548.6	109.6	481.7	105.4	352.6	113.3	681.0	110.3	967.0
2000	108.9	597.4	109.2	526.0	103.7	365.6	113.6	773.6	108.0	1044.4
2001	110.9	662.5	108.9	572.8	105.3	385.0	110.8	857.1	117.5	1227.2
2002	109.1	722.8	108.6	622.1	102.2	393.5	111.7	957.4	110.6	1357.3
2003	112.3	811.7	109.9	683.7	105.5	415.1	111.9	1071.3	119.5	1622.0
2004	111.9	908.3	107.9	737.7	102.0	423.4	110.5	1183.8	122.9	1993.4
2005	112.4	1020.9	111.9	825.5	107.6	455.6	113.5	1343.6	113.9	2270.5
2006	114.5	1168.8	114.9	948.2	104.0	473.8	118.9	1597.5	113.6	2579.3
2007	114.3	1336.3	115.0	1090.5	104.3	494.2	118.5	1893.1	112.7	2906.9
2008	113.8	1521.2	113.5	1237.3	116.6	576.2	112.6	2131.0	114.7	3335.3
2009	115.4	1755.7	117.3	1451.5	109.1	628.4	119.8	2552.1	110.8	3696.2
2010	115.5	2027.8	116.2	1686.6	118.5	744.7	115.6	2950.2	113.9	4210.0
2011	109.8	2226.5	108.3	1826.6	94.0	700.0	112.3	3313.1	113.6	4782.6
2012	115.5	2571.6	111.9	2044.0	111.3	779.1	112.1	3714.0	124.2	5940.0
2013	110.7	2846.8	110.9	2266.8	108.0	841.4	111.6	4144.8	110.3	6551.8

2－12 历年资本形成总额指数

(按可比价格计算)

单位:%

年 份	资本形成总额		固定资本形成总额		存货增加	
	环比	定基	环比	定基	环比	定基
1978		100		100		100
1979	131.5	131.5	164.2	164.2	95.4	95.4
1980	122.9	161.6	129.2	212.1	111.1	106.0
1981	101.6	164.2	99.9	211.9	105.1	111.4
1982	123.3	202.5	133.6	283.1	101.8	113.4
1983	128.2	259.6	115.3	326.4	163.5	185.4
1984	109.7	284.8	107.5	350.9	114.1	211.5
1985	142.6	406.1	125.3	439.7	174.1	368.2
1986	115.8	470.3	128.9	566.8	98.4	362.3
1987	118.9	559.2	113.2	641.6	128.8	466.6
1988	123.9	692.8	146.1	937.4	90.2	420.9
1989	102.1	707.3	103.1	966.5	99.5	418.8
1990	104.6	739.8	103.0	995.5	108.8	455.7
1991	111.2	822.7	116.6	1160.8	98.0	446.6
1992	110.3	907.4	110.9	1287.3	108.8	485.9
1993	114.4	1038.1	114.8	1477.8	113.4	551.0
1994	122.2	1268.6	108.1	1597.5	164.2	904.7
1995	122.2	1550.2	130.5	2084.7	106.0	959.0
1996	119.9	1858.7	124.9	2603.8	107.8	1033.8
1997	117.4	2182.1	116.8	3041.2	119.3	1233.3
1998	115.6	2522.5	119.0	3619.0	106.4	1312.2
1999	109.8	2769.7	112.2	4060.5	102.5	1345.0
2000	113.0	3129.8	117.3	4763.0	98.8	1328.9
2001	124.5	3896.6	122.0	5810.9	142.5	1893.7
2002	120.0	4675.9	128.2	7449.6	71.1	1346.4
2003	136.3	6373.3	132.6	9878.2	175.8	2367.0
2004	130.3	8304.4	131.1	12950.3	123.8	2930.3
2005	121.5	10089.8	126.7	16408.0	76.5	2241.7
2006	116.7	11777.3	116.9	19181.0	114.0	2555.5
2007	118.1	13905.4	118.4	22710.2	112.8	2882.6
2008	118.6	16486.7	119.3	27101.3	105.7	3045.8
2009	117.8	19419.7	120.6	32676.9	65.2	1986.5
2010	118.5	23012.3	119.6	39081.6	81.7	1623.0
2011	117.0	26924.4	117.4	45881.8	97.0	1574.3
2012	112.5	30290.0	112.5	51617.0	112.8	1775.8
2013	113.3	34318.6	113.5	58585.3	101.6	1804.2

2－13 历年居民消费水平及指数

年份	按当年价格计算(元/人)			按可比价格计算					
				环比指数(以上年为100)			定基指数(以1978年为100)		
	居民消费水平	农村居民消费水平	城镇居民消费水平	居民消费水平	农村居民消费水平	城镇居民消费水平	居民消费水平	农村居民消费水平	城镇居民消费水平
1978	337	248	635				100	100	100
1979	380	273	726	99.5	99.8	104.7	99.5	99.8	104.7
1980	390	287	727	111.7	111.1	101.2	111.1	110.9	106.0
1981	414	306	751	106.3	106.9	104.0	118.1	118.6	110.2
1982	439	347	700	103.0	110.1	92.6	121.6	130.6	102.0
1983	470	371	741	112.7	112.7	112.2	137.0	147.2	114.4
1984	521	409	836	110.4	110.0	108.3	151.2	161.9	123.9
1985	429	499	942	109.5	110.5	105.1	165.6	178.9	130.2
1986	572	522	1031	102.4	100.1	105.9	169.6	179.1	137.9
1987	731	587	1162	101.3	100.6	102.2	171.8	180.2	140.9
1988	895	703	1455	108.8	105.0	113.3	186.9	189.2	159.6
1989	959	711	1678	100.8	100.2	100.9	188.4	189.6	161.0
1990	1008	734	1791	101.7	100.1	103.4	191.6	189.8	166.5
1991	1091	790	1906	102.3	100.4	103.9	196.0	190.6	173.0
1992	1235	907	2053	107.3	106.9	106.9	210.3	203.8	184.9
1993	1556	1167	2443	115.7	116.0	114.1	243.3	236.4	211.0
1994	1984	1453	3095	107.9	103.1	111.5	262.5	243.7	235.3
1995	2345	1776	3432	105.3	106.6	102.6	276.4	259.8	241.4
1996	2736	2111	3819	110.5	109.8	109.0	305.4	285.3	263.1
1997	3239	2519	4379	114.9	113.2	114.9	350.9	323.0	302.3
1998	3531	2788	4627	110.5	109.7	113.6	387.7	354.3	343.4
1999	3814	2951	4985	108.4	102.1	112.6	420.3	361.7	386.7
2000	4734	2695	7267	108.6	104.5	109.6	456.4	378.0	423.8
2001	5044	2863	7742	106.1	105.1	105.1	484.2	397.3	445.4
2002	5477	3100	8169	108.7	109.7	106.3	526.3	435.8	473.5
2003	5884	3308	8547	106.8	106.1	105.9	562.1	462.4	501.4
2004	6575	3800	9221	110.1	112.3	105.8	618.9	519.3	530.5
2005	7364	4330	9961	110.9	112.8	107.0	686.4	585.8	567.6
2006	8523	4758	11421	113.3	108.8	111.9	777.7	637.4	635.1
2007	9957	5628	12818	113.8	112.8	110.1	885.0	719.0	699.2
2008	12071	7141	15259	104.0	107.8	102.5	920.4	775.1	716.7
2009	13965	7929	17674	116.3	111.6	116.4	1070.4	865.0	834.2
2010	15766	9285	19594	112.9	117.1	110.9	1208.5	1012.9	924.8
2011	17179	10104	20431	109.0	108.8	104.3	1317.3	1102.0	964.6
2012	19325	11996	22559	112.5	118.7	110.4	1482.0	1308.1	1064.9
2013	21602	13506	24973	109.9	111.5	108.7	1628.7	1458.5	1157.5

注：1. 2005－2008年历史数据按第二次经济普查结果调整。

2. 2000年以前居民消费水平按户籍人口计算，2000年以后按常住人口计算。

2－14 地区生产总值构成项目(2013年)

单位:万元

指　　标	增加值	劳动者报酬	生产税净额	#补贴	固定资产折旧	营业盈余
地区生产总值	71531346	26652198	17480012	30339	6950719	20448417
第一产业	2945508	2529308	3535	30339	210015	202650
农林牧渔业	2945508	2529308	3535	30339	210015	202650
农业	1723145	1479666	2068	17749	122860	118551
林业	134710	115675	162	1388	9605	9268
畜牧业	928397	797214	1114	9562	66195	63874
渔业	105951	90980	127	1091	7554	7290
农林牧渔服务业	53305	45773	64	549	3801	3667
第二产业	39469708	11621747	13664758		2233879	11949324
工业	33523360	7608052	12805820		2081545	11027943
采矿业	568768	222388	139917		30145	176318
制造业	32096975	7180093	12553127		1739656	10624099
电力、煤气及水的生产和供应业	857617	205571	112776		311744	227526
建筑业	5946348	4013695	858938		152334	921381
第三产业	29116130	12501143	3811719		4506825	8296443
交通运输、仓储和邮政业	2206553	1015393	180898		519302	490960
交通运输和仓储业	2099880	956353	174944		485792	482791
邮政业	106673	59040	5954		33510	8169
信息传输、计算机服务和软件业	1489716	278213	92210		563434	555859
电信和其他信息传输业	1097083	138616	61966		534331	362170
计算机服务和软件业	392633	139597	30244		29103	193689
批发和零售业	5712022	1869322	1686976		416026	1739698
住宿和餐饮业	1880529	1258285	382610		336475	－96841
金融业	2773320	752166	229044		86105	1706005
银行业	2228956	551004	187493		58706	1431753
证券业	368159	78865	20160		16843	252291
保险业	148892	117970	19365		9081	2476
其他金融活动	27313	4327	2026		1475	19485
房地产业	2374176	366246	478530		931656	597744
房地产开发经营	1391337	254124	458587		96432	582194
其他房地产活动	169540	112122	19943		21925	15550
城镇居民自有住房	564267				564267	
农村居民自有住房	249032				249032	
租赁和商务服务业	1875280	179816	253612		272025	1169827
科学研究、技术服务和地质勘查业	1484947	588938	115198		207873	572938
水利、环境和公共设施管理业	324273	188125	13483		67261	55404
居民服务和其他服务业	1489254	1260118	79667		93347	56122
教　　育	1654198	1250411	11548		282737	109502
卫生、社会保障和社会福利业	1046787	876081	5612		110553	54541
文化、体育和娱乐业	2447424	1083718	278527		348917	736262
公共管理和社会组织	2357651	1534311	3804		271114	548422

3 人口、就业和职工工资

长沙统计年鉴

3-1 历 年 人 口 数

单位:人

年份	年末总人口	#市区	年末总人口性别 男	年末总人口性别 女	总人口中非农业人口
1949	3092437	383480	1627510	1464927	…
1950	3145165	413635	1651036	1494129	541516
1951	3196041	457535	1689104	1506937	541220
1952	3258889	516649	1765075	1493814	594811
1953	3303293	553645	1751683	1551610	613308
1954	3387651	611273	1787749	1599902	677017
1955	3424900	616425	1797081	1627819	681060
1956	3495470	672224	1850703	1644767	735358
1957	3503470	673291	1854666	1648804	751649
1958	3483494	663049	1825598	1657896	794300
1959	3492082	722762	1838482	1653600	871173
1960	3424156	761761	1795656	1628500	898527
1961	3377929	726486	1768523	1609406	853456
1962	3389151	721271	1776645	1612506	800737
1963	3495649	748797	1822271	1673378	826516
1964	3569849	764357	1861086	1708763	835599
1965	3657335	767725	1906015	1751320	838458
1966	3738916	770835	1950918	1787998	833097
1967	3810119	786500	1986179	1823940	826945
1968	3905884	763400	2030386	1875498	812115
1969	4001407	749700	2079936	1921471	792368
1970	4056467	742284	2105841	1950626	759390
1971	4130870	759730	2147639	1983231	819740
1972	4203286	779922	2183495	2019791	830731
1973	4290576	799715	2234648	2055928	857908
1974	4366094	824109	2270621	2095473	882576
1975	4433412	827874	2308774	2124638	886884
1976	4481192	827582	2331700	2149492	894068
1977	4521943	823848	2353927	2168016	891943
1978	4582271	948305	2387967	2194304	940265
1979	4643351	992761	2420686	2222665	1003276
1980	4700086	1019438	2449155	2250931	1039452

3－1 续表

单位：人

年份	年末总人口	#市区	年末总人口性别 男	年末总人口性别 女	总人口中非农业人口
1981	4766041	1046890	2489027	2277014	1072702
1982	4844868	1072350	2527992	2316876	1105302
1983	4913280	1097558	2562729	2350551	1135401
1984	4969539	1123923	2593427	2376112	1247495
1985	5042168	1157176	2631652	2410516	1292901
1986	5127298	1192667	2680097	2447201	1276052
1987	5212346	1226819	2721147	2491199	1317406
1988	5346897	1263481	2790048	2556849	1373221
1989	5444511	1301171	2838683	2605828	1401767
1990	5500533	1326825	2861410	2639123	1429440
1991	5535603	1349865	2881298	2654305	1449901
1992	5553843	1372749	2888636	2665207	1480589
1993	5554172	1387087	2887752	2666600	1511184
1994	5594385	1422651	2912803	2681582	1556040
1995	5628222	1454461	2919369	2708853	1601864
1996	5675339	1603804	2950934	2724405	1673328
1997	5719062	1634412	2960697	2758365	1709754
1998	5768787	1669081	2987038	2781749	1736934
1999	5824692	1714606	3011434	2813258	1809828
2000	5831894	1754142	3015303	2816591	1864206
2001	5870933	1807670	3030648	2840285	1918942
2002	5954592	1889773	3065775	2888817	1991046
2003	6017624	1962561	3093901	2923723	2058257
2004	6103844	2024646	3137629	2966215	2125741
2005	6209248	2086476	3186039	3023209	2180688
2006	6309958	2146096	3231737	3078221	2256477
2007	6373561	2187488	3258991	3114570	2305611
2008	6417367	2370643	3274848	3142519	2332132
2009	6468350	2391675	3292771	3175579	2347616
2010	6501248	2395348	3300191	3201057	2377815
2011	6566185	2967851	3326741	3239444	2418105
2012	6606166	2979005	3340494	3265672	2455126
2013	6628122	2992513	3346546	3281576	2495548

注：历年人口数为公安户籍人口。

3-2 历年人口自然变动情况

年　份	年内出生人　数（人）	出生率（‰）	年内死亡人　数（人）	死亡率（‰）	年内自然增长人数（人）	自然增长率（‰）
1954	131963	39.45	55897	16.71	76066	22.74
1956	105956	30.62	38032	10.99	67924	19.63
1957	115144	32.90	35906	10.26	79238	22.64
1958	102730	29.41	67454	19.31	35276	10.10
1960	74321	21.49	94529	27.34	-20208	-5.84
1961	43524	12.80	71606	21.05	-28082	-8.26
1962	111205	32.87	39432	11.65	71773	21.21
1963	159097	46.22	32012	9.30	127085	36.92
1965	126297	35.50	34359	9.51	93938	26.00
1971	99124	24.21	31826	7.77	67298	16.44
1973	100011	23.55	31069	7.32	68942	16.23
1974	91174	21.06	34589	7.99	56585	13.07
1975	91494	20.80	33273	7.56	58221	13.23
1976	78301	17.57	32546	7.30	45755	10.27
1977	76402	16.97	33773	7.50	42629	9.47
1978	70593	15.51	30800	6.77	39793	8.74
1979	72294	15.67	31970	6.93	40324	8.74
1980	66900	14.32	31670	6.78	35230	7.54
1981	73936	15.62	30853	6.52	43083	9.10
1982	87006	18.11	31928	6.64	55078	11.46
1983	78950	16.18	33772	6.92	45178	9.26
1984	72092	14.59	33442	6.77	38650	7.82
1985	76747	15.33	33236	6.64	43511	8.69
1986	83611	16.44	32137	6.32	51474	10.12
1987	89952	17.40	33857	6.55	56095	10.85
1988	87708	16.61	35382	6.70	52326	9.91
1989	100791	18.70	36904	6.80	63887	11.80
1990	88309	16.10	37683	6.80	50626	9.30

3－2 续表

年　份	年内出生人　数（人）	出生率（‰）	年内死亡人　数（人）	死亡率（‰）	年内自然增长人数（人）	自然增长率（‰）
1991	59771	10.83	36717	6.65	23054	4.18
1992	42654	7.69	37281	6.72	5373	0.97
1993	33420	6.02	36436	6.56	－3016	－0.54
1994	35592	6.39	35621	6.39	－29	－0.01
1995	41370	7.37	36742	6.55	4628	0.82
1996	47944	8.48	35842	6.34	12102	2.14
1997	49607	8.71	34933	6.13	14674	2.58
1998	52969	9.22	37124	6.46	15845	2.76
1999	55873	9.64	38162	6.58	17711	3.06
2000	62026	10.64	41506	7.12	20520	3.52
2001	53994	9.23	31587	5.40	22407	3.83
2002	53746	9.09	36363	6.15	17383	2.94
2003	49683	8.30	40064	6.69	9619	1.61
2004	56062	9.25	37273	6.15	18789	3.10
2005	67537	10.97	42788	6.95	24749	4.02
2006	62960	10.06	31607	5.05	31353	5.01
2007	64312	10.14	37565	5.92	26747	4.22
2008	71118	11.12	38565	6.03	32553	5.09
2009	69777	10.83	34983	5.43	34794	5.40
2010	71677	11.05	36567	5.64	35110	5.41
2011	75825	11.61	30895	4.73	44930	6.88
2012	82741	12.56	42575	6.46	40166	6.10
2013	83357	12.60	52090	7.87	31267	4.73

3-3 历年市区人口自然变动情况

年　份	年内出生人　数（人）	出生率（‰）	年内死亡人　数（人）	死亡率（‰）	年内自然增长人数（人）	自然增长率（‰）
1950	10356	25.98	5256	13.19	5100	12.79
1952	20076	41.22	6552	13.45	13524	27.77
1954	26861	46.12	6981	11.99	19880	34.13
1956	25303	39.27	6426	9.97	18877	29.30
1957	30306	45.05	6250	9.29	24056	35.76
1958	21682	32.45	7231	10.82	14451	21.63
1960	19431	26.18	8555	11.53	10876	14.65
1961	12814	17.22	10876	14.62	1938	2.60
1962	22248	30.73	7382	10.20	14866	20.54
1963	28618	37.88	6091	8.05	22527	29.78
1965	14028	18.31	4704	6.14	9324	12.17
1971	10638	14.16	5139	6.84	5499	7.32
1972	9739	12.65	5196	6.75	4543	5.90
1973	9795	12.40	4939	6.25	4856	6.15
1974	9476	11.67	5443	6.70	4033	4.97
1975	10737	13.00	5297	6.41	5440	6.59
1976	9384	11.34	5503	6.65	3881	4.69
1977	10416	12.61	5907	7.15	4509	5.46
1978	11600	13.09	5981	6.75	5619	6.34
1979	12502	12.88	5755	5.93	6747	6.95
1980	10098	10.04	6005	5.97	4093	4.07
1981	14382	13.92	6639	6.43	7743	7.49
1982	17287	16.31	6673	6.30	10614	10.01
1983	15576	14.36	6879	6.34	8697	8.02
1984	14139	12.73	6783	6.11	7356	6.62
1985	14546	12.75	7258	6.36	7288	6.39
1986	14359	12.23	6677	5.53	7682	6.54
1987	17779	14.70	7244	5.99	10535	8.71
1988	16962	13.62	8019	6.44	8943	7.18
1989	15966	12.50	7818	6.10	8148	6.40
1990	14920	11.40	7822	6.00	7098	5.40

3－3 续表

年　份	年内出生人数（人）	出生率（‰）	年内死亡人数（人）	死亡率（‰）	年内自然增长人数（人）	自然增长率（‰）
1991	10801	8.07	7599	5.68	3202	2.39
1992	9245	6.79	7993	5.87	1252	0.92
1993	8490	6.15	7504	5.44	986	0.71
1994	9760	6.95	7070	5.03	2690	1.91
1995	9799	6.81	7510	5.22	2289	1.59
1996	12508	8.18	7697	5.03	4811	3.15
1997	10400	6.42	7259	4.48	3141	1.94
1998	11631	7.04	8428	5.10	3203	1.94
1999	12775	7.55	10211	6.04	2564	1.52
2000	16533	9.53	10581	6.10	5952	3.43
2001	13735	7.71	5948	3.34	7787	4.37
2002	12286	6.65	7284	3.94	5002	2.71
2003	14334	7.44	5635	2.93	8699	4.52
2004	15768	7.91	7275	3.65	8493	4.26
2005	16037	7.80	7218	3.51	8819	4.29
2006	20156	9.52	11106	5.24	9050	4.28
2007	20815	9.61	9247	4.27	11568	5.34
2008	23565	9.95	10877	4.59	12688	5.36
2009	21218	9.08	8213	3.51	13005	5.57
2010	20485	8.56	7313	3.06	13172	5.50
2011	33652	11.39	10572	3.58	23080	7.81
2012	37146	12.49	15854	5.33	21292	7.16
2013	36757	12.30	15728	5.27	21029	7.04

注:2011 年开始市区包括望城区数据。

3-4 历年县(市)人口自然变动情况

年份	年内出生人数(人)	出生率(‰)	年内死亡人数(人)	死亡率(‰)	年内自然增长人数(人)	自然增长率(‰)
1954	105102	38.04	48916	17.70	56186	20.34
1956	80653	15.28	31606	11.22	49047	17.42
1957	84838	30.01	29656	10.50	55182	19.63
1958	81048	28.69	60223	21.32	20825	7.37
1960	54890	20.21	85974	31.66	31084	-11.45
1961	30710	11.56	60730	22.86	-30020	-11.30
1962	88957	33.45	32050	12.05	56907	21.40
1963	130479	48.19	25921	9.57	104558	38.62
1965	114269	40.13	29655	10.41	84614	29.71
1971	88486	26.47	26687	6.34	61799	18.49
1972	91082	26.81	27979	8.24	63103	18.57
1973	90216	26.10	26130	7.56	64086	18.54
1974	81698	23.23	29146	8.29	52552	14.94
1975	80757	22.60	27976	7.83	52781	14.77
1976	68917	18.99	27043	7.45	41874	11.54
1977	65986	17.95	27866	7.58	38120	10.37
1978	58993	16.09	24819	6.77	34174	9.32
1979	59792	16.42	26215	7.20	33577	9.22
1980	56802	15.50	25665	7.00	31137	8.49
1981	59554	16.01	24214	6.54	35340	9.55
1982	69719	18.61	25255	6.74	44464	11.87
1983	63374	16.70	26893	7.09	36481	9.62
1984	57953	15.13	26659	6.96	31294	8.17
1985	62201	16.09	25978	6.72	36223	9.37
1986	69252	17.71	25460	6.51	43792	11.20
1987	72173	18.23	26613	6.72	45560	11.50
1988	70746	17.54	27363	6.78	43383	10.75
1989	84825	20.60	29086	7.00	55739	13.60
1990	73389	17.60	29861	7.20	43528	10.50

3－4 续表

年 份	年内出生人数（人）	出生率（‰）	年内死亡人数（人）	死亡率（‰）	年内自然增长人数（人）	自然增长率（‰）
1991	48970	11.72	29118	6.97	19852	4.75
1992	33409	7.99	29288	7.00	4121	0.99
1993	24930	5.97	28932	6.93	－4002	－0.96
1994	25832	6.20	28551	6.85	－2719	－0.65
1995	31571	7.57	29232	7.01	2339	0.56
1996	35436	8.60	28145	6.83	7291	1.77
1997	39207	9.61	27674	6.79	11533	2.83
1998	41338	10.10	28696	7.01	12642	3.09
1999	43098	10.50	27951	6.81	15147	3.69
2000	45493	11.11	30925	7.55	14568	3.56
2001	40259	9.91	25639	6.31	14620	3.60
2002	41460	10.20	29079	7.16	12381	3.04
2003	35349	8.72	34429	8.48	920	0.24
2004	40294	9.91	29998	7.38	10296	2.53
2005	51500	12.56	35570	8.67	15930	3.89
2006	42804	10.33	20501	4.95	22303	5.38
2007	43497	10.42	28318	6.78	15179	3.64
2008	47553	11.81	27688	6.88	19865	4.93
2009	48559	11.83	26770	6.52	21789	5.31
2010	51192	12.51	29254	7.15	21938	5.36
2011	42173	11.78	20323	5.68	21850	6.10
2012	45595	12.62	26721	7.40	18874	5.22
2013	46600	12.83	36362	10.01	10238	2.82

3-5 历年计划生育情况

单位:人

年份	计划内生育率(%)	已婚育龄妇女	已落实节育措施人数	节育率(%)	有一子女育龄妇女人数	已领独生子女证(对)	领证率(%)
1980	72.62	636467	538117	84.55	104240	49446	7.77
1981	73.53	659267	556807	84.46	118706	61433	9.32
1982	69.04	710965	608098	85.53	135451	83853	11.79
1983	70.94	750229	653919	87.16	157472	104442	13.92
1984	68.71	790499	690817	87.39	177205	118010	14.93
1985	70.49	818855	722933	88.29	192701	127607	15.58
1986	70.91	858473	745234	86.81	216053	135519	15.79
1987	72.13	910133	815513	89.60	237870	145567	15.99
1988	72.41	963351	862340	89.51	262167	160844	16.70
1989	63.37	1008878	895987	88.81	…	162357	16.09
1990	68.90	1051259	948723	90.25	…	181953	17.31
1991	80.30	1083592	994278	91.76	…	187256	17.28
1992	97.27	1109091	1025914	92.50	…	197764	17.83
1993	99.27	1122068	1047645	93.37	…	212443	18.93
1994	99.37	1138915	1056082	92.73	391508	220772	19.38
1995	96.29	1142678	1051298	92.00	446396	218407	19.11
1996	99.32	1178074	1073664	91.14	476914	237342	20.15
1997	98.03	1199736	1080488	90.06	495804	240706	20.06
1998	98.47	1196938	1075935	89.89	530862	221305	18.49
1999	97.73	1196508	1076656	89.98	560329	208970	17.46
2000	98.00	1213156	1093858	90.17	584109	197693	16.30
2001	97.82	1216453	1097351	90.21	598690	195612	16.08
2002	97.77	1227225	1100768	89.70	593854	180916	14.74
2003	97.84	1242152	1126182	90.66	573853	177604	14.30
2004	97.89	1271326	1140033	89.67	675558	182902	14.39
2005	96.75	1306840	1174861	89.90	728547	351674	26.91
2006	96.81	1317525	1181269	89.66	749256	395674	30.03
2007	96.09	1267952	1140108	89.92	742927	426384	33.63
2008	92.65	1301996	1158319	88.96	772509	453414	34.82
2009	93.24	1341581	1188184	88.57	801539	463698	34.56
2010	95.32	1417574	1256182	88.61	864236	512730	36.17
2011	93.52	1393485	1189349	85.35	785942	387332	27.80
2012	93.14	1393739	1195544	85.78	834893	427938	30.70
2013	92.39	1366756	1154941	84.49	841827	193737	23.01

注:1. 本表数据经市人口和计划生育委员会重新核定调整,此前年鉴与本表数据不一致的,以本表数据为准。
2. 领证率 = 只有一个15周岁以下孩子已领独生子女证数/已婚育龄妇女人数×100%。

3－6 历年婚姻登记情况

单位：对

年份	登记结婚	#涉外婚	离婚总数	登记离婚	调解离婚	判决离婚
1980	37635	7	…	666	…	…
1981	52812	2	…	706	…	…
1982	48954	10	…	776	…	…
1983	37903	3	1879	761	981	137
1984	44115	15	2327	885	1203	239
1985	44710	11	2099	763	1174	162
1986	55830	16	2545	952	1414	179
1987	53378	35	3157	1068	1831	258
1988	48000	57	4053	1324	2347	382
1989	56329	65	4753	1377	2739	637
1990	51366	95	4968	1372	2903	693
1991	48159	144	4999	1465	2696	838
1992	43702	246	5395	1765	2772	858
1993	38103	307	5755	2029	2847	878
1994	34463	361	6996	2120	3534	1342
1995	40178	468	7448	2628	3327	1493
1996	39672	551	7970	2831	3520	1619
1997	39910	512	7424	3810	2436	1178
1998	39947	576	6553	3232	2115	1206
1999	37140	596	7420	3365	1835	928
2000	39977	710	6291	3782	1486	1023
2001	39365	749	5875	3376	1465	1034
2002	35950	907	5639	4337	591	711
2003	42297	500	7152	4997	1048	1107
2004	47581	98	10064	6887	1143	2034
2005	45622	88	10048	7983	1012	1053
2006	57061	89	11443	8304	1350	1789
2007	52358	306	11889	9104	1381	1404
2008	62759	316	13885	10537	1740	1608
2009	79816	298	15862	12720	1813	1329
2010	69251	316	16786	13770	1778	1238
2011	78954	258	18310	15507	1877	926
2012	76127	241	20079	16528	2443	1108
2013	66317	231	20853	17429	2177	1247

3-7 历年在岗职工人数与工资

年　份	年末人数(人)	年平均人数(人)	工资总额(万元)	年平均工资(元)
1998	732766	737636	559561	7586
1999	693863	695666	596986	8582
2000	662207	661120	670168	10137
2001	593964	598389	733898	12265
2002	625839	628383	901247	14342
2003	598370	600425	1019924	16987
2004	631679	628634	1190857	18944
2005	684154	677171	1455835	21499
2006	741106	729237	1795041	24615
2007	782838	769253	2151481	27968
2008	816795	810169	2579185	31835
2009	931149	919382	3207591	34889
2010	1037487	1014399	3888976	38338
2011	1162124	1143753	5089361	44497
2012	1177512	1177222	5992566	50904
2013	1221088	1206441	6802064	56381

注:因为统计制度改革,在岗职工指标从 1998 年年报开始使用。

3-8 历年市区在岗职工人数与工资

年　份	年末人数(人)	年平均人数(人)	工资总额(万元)	年平均工资(元)
1998	552018	557168	442090	7935
1999	527978	531626	475812	8950
2000	506733	505917	540794	10689
2001	444879	449278	584165	13002
2002	479088	481051	715969	14883
2003	449920	452303	795129	17580
2004	458026	456312	912810	20004
2005	489713	485936	1089144	22413
2006	529329	526011	1351710	25697
2007	543329	536916	1554223	28947
2008	557777	555166	1799291	32410
2009	619898	614190	2241291	36492
2010	668105	657800	2641521	40157
2011	791751	775786	3554995	45824
2012	802520	793221	4183751	52744
2013	820361	809542	4793347	59211

3-9 单位从业人员和劳动报酬情况(2013年)

项　　目	单位从业人员年末人数	在岗职工	其他从业人员
总　　计	**1303449**	**1221088**	**82361**
一、按注册类型分组			
1.国有单位	365149	339566	25583
2.集体单位	30699	27745	2954
3.其他单位	907601	853777	53824
二、按企业、事业、机关分组			
1.企业	1008244	950006	58238
2.事业	223103	202894	20209
3.机关	60645	57027	3618
4.民间非营利组织	6855	6671	184
5.其他	4602	4490	112
三、按国民经济行业分组			
(一)农、林、牧、渔业	1215	1070	145
(二)采矿业	12320	12112	208
(三)制造业	380497	371804	8693
(四)电力、热力、燃气及水生产和供应业	7337	7262	75
(五)建筑业	216336	182446	33890
(六)批发和零售业	83358	81543	1815
(七)交通运输、仓储和邮政业	51839	49567	2272
(八)住宿和餐饮业	45343	44326	1017
(九)信息传输、软件和信息技术服务业	20563	20262	301
(十)金融业	57489	54716	2773
(十一)房地产业	46233	44934	1299
(十二)租赁和商务服务业	26417	25791	626
(十三)科学研究和技术服务业	52648	49470	3178
(十四)水利、环境和公共设施管理业	13646	9277	4369
(十五)居民服务、修理和其他服务业	7651	5314	2337
(十六)教育	111200	102571	8629
(十七)卫生和社会工作	63783	60686	3097
(十八)文化、体育和娱乐业	23154	22142	1012
(十九)公共管理、社会保障和社会组织	82420	75795	6625
(二十)国际组织			

单位:人、万元

单位从业人员平均人数	在岗职工	其他从业人员	单位从业人员劳动报酬	在岗职工	其他从业人员
1285803	**1206441**	**79362**	**7083228**	**6802064**	**281164**
363272	337964	25308	2425919	2328967	96952
30196	27112	3084	102648	97451	5197
892335	841365	50970	4554661	4375646	179015
994292	938798	55494	5232731	5041563	191168
220860	200759	20101	1473732	1396564	77169
59287	55834	3453	335855	324111	11745
6819	6630	189	25330	24570	760
4545	4420	125	15580	15256	324
1203	1059	144	2899	2728	171
12195	11985	210	44824	43948	875
381524	373153	8371	1929897	1897933	31965
7211	7126	85	38337	38008	329
210092	177565	32527	949703	836652	113051
82962	81396	1566	342463	338357	4106
51237	49068	2169	240356	234413	5942
44192	43273	919	134008	132132	1876
20431	20119	312	134561	133582	978
53137	50463	2674	686673	677146	9528
45537	44289	1248	230963	226755	4209
26378	25735	643	132932	130429	2503
51830	48580	3250	307970	295198	12773
13807	9415	4392	52186	40483	11703
6888	5184	1704	23586	19212	4374
110696	102155	8541	659223	622197	37026
61862	58808	3054	579251	560883	18367
23493	22444	1049	151880	148753	3127
81128	74624	6504	441518	423255	18263

3－10 年末分行业在岗职工人数

行 业	2003 年	2004 年	2005 年	2006 年
总 计	**598370**	**631679**	**684154**	**741106**
# 国有经济单位	396717	378460	331003	367600
城镇集体经济单位	41593	45649	41990	42679
按国民经济行业分组				
(一)农、林、牧、渔业	2913	2804	3003	2576
(二)采矿业	6434	10751	11596	11954
(三)制造业	127853	146675	166184	173092
(四)电力、热力、燃气及水生产和供应业	9702	7436	7569	8169
(五)建筑业	68965	72073	94224	119117
(六)批发和零售业	41023	49481	44314	48692
(七)交通运输、仓储和邮政业	30084	28839	29279	30405
(八)住宿和餐饮业	20896	22459	31506	34215
(九)信息传输、软件和信息技术服务业	12647	9895	9943	10241
(十)金融业	20407	21696	19249	21033
(十一)房地产业	9838	12269	22051	23816
(十二)租赁和商务服务业	13540	15428	15762	15189
(十三)科学研究和技术服务业	24917	24395	23121	25070
(十四)水利、环境和公共设施管理业	6483	7216	7430	9056
(十五)居民服务、修理和其他服务业	1966	2295	2388	2737
(十六)教育	82925	82419	80410	83246
(十七)卫生和社会工作	30868	32060	33868	37479
(十八)文化、体育和娱乐业	19483	15345	15498	18503
(十九)公共管理、社会保障和社会组织	67426	68143	66759	66516
(二十)国际组织				

单位:人

2007年	2008年	2009年	2010年	2011年	2012年	2013年
782838	**816795**	**931149**	**1037487**	**1162124**	**1177512**	**1221088**
363384	367771	361869	382313	381401	387797	339566
44705	44564	44693	46098	39455	36059	27745
1784	1502	109	464	1446	1219	1070
9107	8187	10098	9918	12087	12055	12112
190189	199707	253295	296984	366112	363083	371804
11929	12184	13825	15849	6518	7822	7262
131732	135895	145429	153193	174571	168026	182446
54058	53847	60818	63755	72676	74866	81543
30470	30230	28582	26773	43777	45294	49567
32743	32255	34429	39177	42418	44399	44326
9065	9029	9507	13299	18867	19455	20262
24420	22955	31290	46108	48197	50538	54716
22519	27311	34433	39674	41037	42671	44934
12333	13524	15718	20618	22370	28453	25791
25536	28684	32705	34998	38592	43548	49470
9340	10778	13193	13224	10692	11537	9277
4140	4348	3863	4987	6007	7248	5314
87654	97593	100022	103590	107471	105352	102571
38950	41398	51228	54962	56478	59349	60686
18754	17109	16704	18710	22600	22094	22142
68115	70259	75901	81204	70208	70503	75795

3－11 年末城镇单位按行业分组的女性从业人员(2013年)

单位:人

行　业	合　计	国有经济	城镇集体经济	其他经济
总　计	**474067**	**155162**	**10260**	**308645**
(一)农、林、牧、渔业	489	50	39	400
(二)采矿业	979	46	240	693
(三)制造业	127961	3583	2531	121847
(四)电力、热力、燃气及水生产和供应业	2323	331	34	1958
(五)建筑业	33612	5661	703	27248
(六)批发和零售业	40785	626	236	39923
(七)交通运输、仓储和邮政业	16728	5074	700	10954
(八)住宿和餐饮业	26026	3020	478	22528
(九)信息传输、软件和信息技术服务业	7934	90	12	7832
(十)金融业	30312	6376	4	23932
(十一)房地产业	17847	1468	60	16319
(十二)租赁和商务服务业	8929	1201	633	7095
(十三)科学研究和技术服务业	13549	8771	20	4758
(十四)水利、环境和公共设施管理业	5942	5436	26	480
(十五)居民服务、修理和其他服务业	4773	145	21	4607
(十六)教育	57297	47202	1444	8651
(十七)卫生和社会工作	41981	34255	3049	4677
(十八)文化、体育和娱乐业	10182	5545	30	4607
(十九)公共管理、社会保障和社会组织	26418	26282	0	136
(二十)国际组织				

3－12 市区从业人员及工资总额(2013年)

单位:人、万元

项目	单位从业人员年末人数	在岗职工	其他从业人员	单位从业人员平均人数	在岗职工	其他从业人员	单位从业人员劳动报酬	在岗职工	其他从业人员
总计	**884438**	**820361**	**64077**	**871941**	**809542**	**62399**	**4990107**	**4793347**	**196761**
一、按企业、事业、机关分组									
1. 企业	673623	628880	44743	664098	620812	43286	3611453	3474822	136631
2. 事业	159118	142576	16542	157521	141079	16442	1105899	1054593	51306
3. 机关	42423	39870	2553	41120	38703	2417	239238	231275	7964
4. 民间非营利组织	5203	5072	131	5182	5049	133	19327	18779	548
5. 其他	4071	3963	108	4020	3899	121	14191	13879	312
二、按国民经济行业分组									
(一)农、林、牧、渔业	625	572	53	623	572	51	1883	1743	139
(二)采矿业	462	453	9	450	441	9	1377	1367	11
(三)制造业	136332	133455	2877	138472	135367	3105	698079	690433	7645
(四)电力、热力、燃气及水生产和供应业	5938	5928	10	5850	5830	20	31347	31293	54
(五)建筑业	184451	156582	27869	180619	153413	27206	826322	737631	88691
(六)批发和零售业	72676	71249	1427	72381	71104	1277	296220	292896	3325
(七)交通运输、仓储和邮政业	37836	35580	2256	37756	35602	2154	183572	177653	5919
(八)住宿和餐饮业	40834	40019	815	39679	38974	705	120930	119488	1442
(九)信息传输、软件和信息技术服务业	19736	19543	193	19593	19389	204	130422	129789	633
(十)金融业	54713	52169	2544	50361	47916	2445	655467	647666	7801
(十一)房地产业	38169	36984	1185	37586	36456	1130	187535	183656	3879
(十二)租赁和商务服务业	24388	23859	529	24363	23824	539	123620	121653	1967
(十三)科学研究和技术服务业	49560	46495	3065	48767	45629	3138	294606	282243	12364
(十四)水利、环境和公共设施管理业	11242	7151	4091	11432	7329	4103	44323	33404	10920
(十五)居民服务、修理和其他服务业	6380	4114	2266	5617	3989	1628	20010	15758	4252
(十六)教育	74425	68120	6305	74113	67902	6211	446368	430495	15873
(十七)卫生和社会工作	46933	44642	2291	45435	43193	2242	468033	452938	15095
(十八)文化、体育和娱乐业	22006	21093	913	22357	21407	950	147171	144322	2849
(十九)公共管理、社会保障和社会组织	57732	52353	5379	56487	51205	5282	312824	298920	13904
(二十)国际组织									

3－13 全社会从业人员(2013年)

单位:万人

项　　目	合　　计	城　　镇	乡　　村
从业人员合计	**456.63**	**214.91**	**241.72**
1.按就业身份分组			
在岗职工	122.11	122.11	
个体工商户	74.11	44.93	29.18
私营企业从业人员	76.18	39.64	36.55
农村从业人员	175.99		175.99
其他从业人员	8.24	8.24	
2.按经济类型分组			
国有经济	36.51	36.51	
集体经济	3.07	3.07	
私营及个体经济	150.29	84.57	65.73
其他经济	266.75	90.76	175.99
3.按产业分组			
一产业	105.62	2.42	103.20
二产业	153.66	75.33	78.33
三产业	197.35	137.16	60.19

3－14 历年城镇失业情况

年　　份	年末城镇登记失业人数(人)	年末城镇登记失业率(%)
2000	39565	3.5
2001	44035	3.8
2002	50066	4.2
2003	52310	4.2
2004	53805	3.87
2005	49001	3.8
2006	47673	3.62
2007	38129	3.12
2008	43939	3.41
2009	46067	3.47
2010	41335	2.89
2011	54764	2.86
2012	58748	2.88
2013	60751	2.89

4 固定资产投资、建筑业

长沙统计年鉴

4－1 历年固定资产投资按项目性质、用途分类

单位:万元

年份	按项目性质分				按用途分		
	基本建设	更新改造	城镇集体及其它	房地产开发	生产性建设	非生产性建设	#住宅
1951	2816				1030	1786	338
1952	1828				546	1282	544
1953	3947				1339	2608	197
1954	3842				1506	2336	732
1955	4520				2223	2297	915
1956	5226				2419	2807	927
1957	4705				2318	2387	813
1958	8850				7185	1665	177
1959	12001				8942	3059	955
1960	15958				11717	4241	788
1961	3551				2274	1277	196
1962	1581				1113	468	161
1963	2237				1310	927	431
1964	4852		440		3226	2066	900
1965	4365		386		3162	1589	622
1966	4864		490		4121	1233	433
1967	3092		472		2818	746	229
1968	2632		420		2152	900	231
1969	3333		558		2651	1240	372
1970	3851		601		3798	654	288
1971	4081		644		3542	1183	265
1972	8393		687		7903	1177	542
1973	10005	716	731		8527	2925	1490
1974	11755	461	541		9514	3243	1440
1975	13898	565	652		11480	3635	1349
1976	14926	331	596		12550	3303	1393
1977	12291	459	715		9511	3954	1574
1978	17355	907	1076		12021	7317	3269
1979	20831	3947	1133		12249	13662	8055
1980	26808	6709	4526		20850	17193	10905
1981	26195	8490	4549		19744	19490	12859
1982	29049	12141	6685		24012	23863	14183

4－1 续表

年份	按项目性质分				按用途分		
	基本建设	更新改造	城镇集体及其它	房地产开发	生产性建设	非生产性建设	#住宅
1983	27347	20035	5941		27785	25538	13630
1984	34186	21846	4322		28541	31813	16121
1985	47881	34767	7446		48570	41524	18861
1986	61682	33983	8929		56636	47958	19335
1987	57541	30802	11430		54657	45116	18641
1988	64064	44637	15709		79149	45261	16247
1989	75319	29108	12934		72212	45149	18021
1990	64098	31403	9786		63925	41362	16254
1991	78694	41773	11965		82832	49600	24116
1992	126866	77635	23097	37602	142064	123136	68739
1993	169923	101502	26973	110618	213502	195514	117735
1994	252111	122572	19773	122277	276814	239919	134355
1995	384730	236186	25440	229657			193965
1996	478687	229143	43015	195679			182731
1997	522409	250450	20853	157374			162080
1998	635004	221346	42157	174078			281600
1999	615723	252996	32383	225765			282935
2000	724858	318703	40775	330238			238246
2001	1228733	313587	87130	631878			396807
2002	1538278	438381	137921	817883			566393
2003	2112133	723661	278144	1225551			831982
2004	2827529	942369	332705	1755376			1339396
2005		1238674		2563500			2282295
2006		1565282		3038612			2595357
2007		2734688		4129929			3698799
2008		4031531		4694654			3959407
2009		5455484		4974692			4125399
2010		7531385		6841481			5240352
2011		9613561		8869232			7068387
2012		13028480		10320003			7291779
2013		16356206		11536073			7815668

说明：因国家报表制度取消按“项目性质”有关指标分组，部分年份有关指标缺失。

4－2 历年固定资产投资、新增固定资产及竣工房屋面积

单位：万元

年份	固定资产投资额	#市区	新增固定资产	#市区	房屋竣工面积(万 m^2)	#住宅
1951	2816	2736	1845	1765	11.74	1.92
1952	1828	1730	1630	1532	17.84	8.11
1953	3947	3797	3479	3329	31.67	7.93
1954	3842	3577	3327	3062	40.06	13.47
1955	4520	4307	3901	3687	47.18	15.30
1956	5226	4917	4043	3733	50.45	16.07
1957	4705	4336	4424	4099	58.48	23.65
1958	8850	7513	7207	6134	64.30	6.78
1959	12001	10075	9138	7551	79.09	20.92
1960	15958	13154	12053	10010	79.57	20.80
1961	3551	3212	2415	2143	22.10	5.30
1962	1581	1037	1368	967	11.39	2.54
1963	2237	1734	1645	1198	9.83	5.31
1964	5292	4364	4039	3366	23.64	10.08
1965	4751	3654	4615	3993	34.28	13.09
1966	5354	2912	3839	2960	30.18	10.37
1967	3564	1703	3631	969	18.61	4.56
1968	3052	2230	2486	1785	21.97	6.10
1969	3891	3699	3306	2742	22.43	6.21
1970	4452	3527	2871	2280	22.29	6.13
1971	4725	3866	1791	1302	23.42	5.02
1972	9080	7913	5096	4494	33.27	8.67
1973	11452	9031	6358	5198	55.34	23.43
1974	12757	10502	6927	5469	42.33	18.30
1975	15115	13162	7402	6420	43.98	16.26
1976	15853	14226	5891	5487	50.78	18.13
1977	13465	11999	13517	12533	58.63	21.35
1978	19338	15460	13202	10485	81.41	41.17
1979	25911	22331	18846	15261	116.75	81.59
1980	38043	32150	29101	25288	180.17	109.92
1981	39234	32235	29041	25984	169.77	114.18
1982	47875	41878	40018	31582	182.83	114.17

4－2 续表

年　份	固定资产投资额	#市　区	新增固定资　产	#市　区	房屋竣工面积(万 m^2)	#住　宅
1983	53323	47161	40772	36434	208.32	120.17
1984	60354	53262	47180	41748	170.20	95.38
1985	90094	80012	64883	57605	186.78	93.49
1986	104594	92115	61507	54382	183.62	94.12
1987	99773	82812	75918	63473	178.11	76.79
1988	124410	97916	72322	59022	147.54	61.08
1989	117361	104388	98524	90968	143.13	61.64
1990	105287	93023	82545	74365	109.77	91.95
1991	132432	117253	113889	99600	131.37	55.72
1992	265200	241509	158962	143582	196.38	114.36
1993	409016	361367	240534	223206	213.38	116.41
1994	516733	457287	268878	237979	215.65	136.56
1995	876013	744446	493739	462822	314.55	168.87
1996	946524	877722	599994	555437	269.19	161.76
1997	951086	804219	620944	505469	259.56	135.57
1998	1072585	907871	683627	538812	333.86	185.63
1999	1126867	976976	785031	728914	401.03	282.04
2000	1414574	1340870	883380	826963	343.54	198.51
2001	2261328	1847913	1107918	828550	435.83	258.30
2002	2932463	2209442	1710366	1407213	655.42	358.30
2003	4339489	2913082	2419902	1865769	785.81	417.64
2004	5857979	3996135	2983264	1932250	946.28	542.01
2005	7911578	5506268	3437205	2403500	931.57	612.26
2006	9727734	6718000	4185400	2801450	874.75	544.88
2007	13264416	8810139	4564415	2418662	997.47	646.41
2008	17122436	11321325	6507365	3818165	1017.39	712.75
2009	22384726	14563385	12552343	9040592	1509.90	1131.71
2010	29098275	18774670	13758212	8631083	1741.56	1184.42
2011	32742805	20806850	19716236	11907021	1606.85	1216.21
2012	40119564	25386814	22607968	14119928	1528.11	1150.53
2013	45933871	26916899	28613400	16601383	1522.97	1083.82

注:2012 年以前为城镇投资。

4－3 主要年份固定资产投资完成情况

单位：万元

指　　标	1998年	1999年	2000年	2001年	2002年	2003年	2004年	2005年
固定资产投资	**1484337**	**1648488**	**2023194**	**2798029**	**3625747**	**4949713**	**6680876**	**8814166**
一、城镇投资合计	1172569	1219514	1533449	2381395	3120627	4373774	5905978	7911578
基本建设	635004	615723	724858	1228733	1538278	2112133	2827529	
更新改造	221346	252996	318703	313587	438381	723661	942369	1238674
城镇集体及其它	61046	32383	40775	87130	137921	278144	332705	
房地产开发	174078	225765	330238	631878	817883	1225551	1755376	2563500
城镇私人建房	81095	92647	118875	120067	80921	34285	47999	
跨区项目					107243			
二、农村投资合计	311768	389483	439096	416634	505120	575939	774898	902588
# 农村个人	198165	245890	298665	265757	347283	382579	444081	516306

4－3 续表

指　　标	2006年	2007年	2008年	2009年	2010年	2011年	2012年	2013年
固定资产投资	**10898087**	**14451811**	**18733290**	**24417763**	**31925699**	**35102425**	**40119564**	**45933871**
一、城镇投资合计	9727734	13264416	17122436	22384726	29098275	32742805	37423204	42545671
基本建设								
更新改造	1565282	2734688	4031531	5455484	7531385	9613561	13028480	16356206
城镇集体及其它								
房地产开发	3038612	4129929	4694654	4974692	6841481	8869232	10320003	11536073
城镇私人建房								
跨区项目	94200	105000	121835	326758	567641	600170	559000	
二、农村投资合计	1170353	1187395	1610854	2033037	2827424	2359620	2696360	3388200
# 农村个人	541385	586897	649617	699692	572300			

注：从2011年开始，原全社会固定资产投资指标改名为固定资产投资，固定资产投资统计起点由50万元提高到500万元。

4-4 历年国有及民间投资情况

单位:万元

年份	固定资产投资	国有	民间投资	#集体	#个体
1979	33109	24778	8331	3200	5131
1980	49665	33517	16148	7175	8973
1981	54243	34685	19558	8561	10997
1982	60749	41190	19559	9685	9874
1983	73354	47382	25972	12422	13550
1984	88663	56032	32631	14111	18520
1985	125655	82648	43007	19516	23491
1986	136742	95665	41077	21330	19747
1987	138980	88343	50637	25003	25634
1988	166314	108701	57613	27765	29848
1989	169625	104427	65198	32407	32791
1990	181209	95501	85708	38706	47002
1991	214801	120467	94334	41965	52369
1992	368464	247474	120990	58570	62420
1993	566259	334655	197995	100082	73827
1994	686636	408461	227761	96819	92856
1995	1049543	624367	245430	73273	118481
1996	1171025	688967	313008	109419	148133
1997	1239759	711195	351964	96308	205704
1998	1484337	920319	463704	126955	279260
1999	1648488	1013028	561138	158021	338537
2000	2023194	1113413	787656	204096	424555
2001	2798029	1370056	814754	225598	402705
2002	3625747	1646219	1727379	194818	561035
2003	4949713	2012591	2682577	243485	679585
2004	6680876	2256470	4078114	478166	947923
2005	8814166	2701981	5819174		
2006	10898081	2837387	7672717		
2007	14451811	3516975	10523601		
2008	18733290	4390152	14014870		
2009	24417763	6923805	17237278		
2010	31925699	8159763	23381580		
2011	35102425	8366550	24584329		
2012	40119564	9702681	25177233		
2013	45933871	11063544	31478330		
总计	260181849	71943389	173021355		
"九五"时期	7566803	4446922	2477470		
"十五"时期	26868531	9987317	15121998		
"十一五"时期	100426644	25828082	72830046		

4－5 城镇以上固定资产投资完成情况(2013年)

指标	单位	总计	中央	地方				
					省	市	县(市)	其他
计划投资	万元	127370452	3465014	123905438	9482279	23014465	14127415	77281279
本年新开工项目	万元	30891929	542194	30349735	1342939	1650942	6007612	21348242
自开始建设累计完成投资	万元	85275790	2224831	83050959	6783743	15235449	11072618	49959149
本年完成投资	万元	42545671	963061	41582610	2481558	4616306	6616334	27868412
# 国有经济控股	万元	12294076	877741	11416335	1244390	2641696	4204598	3325651
# 住宅	万元	7813038	286575	7526463	661418	1246843	412914	5205288
按登记注册类型分								
内资企业	万元	40832112	918961	39913151	2411235	4535654	6492549	26473713
国有企业	万元	9077410	597619	8479791	834993	1997772	3562692	2084334
集体企业	万元	970752		970752	108832	23287	371679	466954
股份合作企业	万元	423238	4800	418438	71500	32373	37048	277517
国有联营企业	万元	38337		38337	30000	3820		4517
集体联营企业	万元	54800		54800				54800
国有与集体联营企业	万元	2453		2453				2453
其他联营企业	万元	83946		83946				83946
国有独资公司	万元	726250	9295	716955	203751	152591	135052	225561
其他有限责任公司	万元	15836975	250524	15586451	948414	2044903	1688156	10904978
股份有限公司	万元	1358542	27400	1331142	175171	242477	178347	735147
私营独资企业	万元	3588131		3588131				3588131
私营合作企业	万元	532936		532936				532936
私营有限责任公司	万元	5527340	20000	5507340		18872		5488468
私营股份有限公司	万元	294072		294072				294072
其他企业	万元	2316930	9323	2307607	38574	19559	519575	1729899
港、澳、台商投资企业	万元	870665	42400	828265	50126		11237	766902
合资经营企业(港或澳、台资)	万元	113198	42400	70798	50126			20672
合作经营企业(港或澳、台资)	万元	31237		31237				31237
港、澳、台商独资经营企业	万元	695807		695807				695807
港、澳、台商投资股份有限公司	万元	9600		9600			9550	50
其他港、澳、台商投资企业	万元	20823		20823			1687	19136
外商投资企业	万元	742021	1700	740321	20197	80652	112548	526924
中外合资经营企业	万元	541225	1700	539525	7143	76913	99125	356344
中外合作经营企业	万元	565		565			565	
外资企业	万元	194663		194663	13054	211	12858	168540
外商投资股份有限公司	万元	180		180				180
其他外商投资企业	万元	5388		5388		3528		1860
个体经营	万元	100873		100873				100873
个体户	万元	77963		77963				77963
个体合伙	万元	22910		22910				22910
按建设性质分								
新建	万元	13053242	235258	12817984	679488	2105462	3141869	6891165
扩建	万元	2533612	52534	2481078	104775	260312	692884	1423107
改建和技术改造	万元	15174343	343072	14831271	708470	434428	2258372	11430001
按构成分								
建筑工程	万元	28322464	611423	27711041	1770025	3117464	4957053	17866499
安装工程	万元	4026334	90127	3936207	259712	430527	376504	2869464
设备工器具购置	万元	3831711	92150	3739561	169040	240580	315502	3014439
# 用于更新的设备	万元	1306047	39355	1266692	59136	31006	21992	1154558
其他费用	万元	6365162	169361	6195801	282781	827735	967275	4118010

4－5 续表1

指　　标	单位	总计	中央	地方				
					省	市	县(市)	其他
按国民经济行业分								
(一)农、林、牧、渔业	万元	421301		421301	39980	3240	164318	213763
农业	万元	55019		55019		3240	16240	35539
林业	万元	10448		10448				10448
畜牧业	万元	24640		24640				24640
渔业	万元	21437		21437				21437
农、林、牧、渔服务业	万元	309757		309757	39980		148078	121699
(二)采矿业	万元	148373		148373	3215		14909	130249
煤炭开采和洗选业	万元	33111		33111				33111
石油和天然气开采业	万元							
黑色金属矿采选业	万元	30120		30120				30120
有色金属矿采选业	万元	22434		22434	850		14909	6675
非金属矿采选业	万元	52903		52903	2365			50538
开采辅助活动	万元	6385		6385				6385
其他采矿业	万元	3420		3420				3420
(三)制造业	万元	12538352	28796	12509556	536182	130929	1299546	10542899
农副食品加工业	万元	645530		645530	4820	17000	48080	575630
食品制造业	万元	552481		552481	4900	2190	87199	458192
酒、饮料和精制茶制造业	万元	267057		267057			7858	259199
烟草制品业	万元	2028		2028				2028
纺织业	万元	87113		87113			41700	45413
纺织服装、服饰业	万元	146096		146096	7561	4950		133585
皮革、毛皮、羽毛及其制品和制鞋业	万元	67923		67923				67923
木材加工和木、竹、藤、棕、草制品业	万元	160112		160112			4000	156112
家具制造业	万元	208006		208006			6200	201806
造纸和纸制品业	万元	230098		230098		4260		225838
印刷业和记录媒介复制业	万元	415448		415448	77	6240	31400	377731
文教、工美、体育和娱乐用品制造业	万元	86595		86595		4285		82310
石油加工、炼焦和核燃料加工业	万元	80863		80863				80863
化学原料和化学制品制造业	万元	920284	15700	904584	11503	6260	35800	851021
医药制造业	万元	713399		713399	29100		456984	227315
化学纤维制造业	万元	12035		12035				12035
橡胶和塑料制品业	万元	272732		272732		211	6800	265721
非金属矿物制品业	万元	840191		840191	167000	13539	58054	601598
黑色金属冶炼和压延加工业	万元	103629		103629			2355	101274
有色金属冶炼和压延加工业	万元	368482		368482		4412		364070
金属制品业	万元	1020197		1020197		8500	20080	991617
通用设备制造业	万元	866906		866906	4776	12115	26605	823410
专用设备制造业	万元	1248429		1248429	1690	15113	91565	1140061
汽车制造业	万元	1035918	13096	1022822	46500	1904	92189	882229
铁路、船舶、航空航天和其他运输设备制造	万元	176494		176494	148797	4800		22897
电气机械和器材制造业	万元	735960		735960	69458	12430	25094	628978
计算机、通信和其他电子设备制造业	万元	601506		601506	40000	12720	217113	331673
仪器仪表制造业	万元	246997		246997			22880	224117
其他制造业	万元	119053		119053			190	118863
废弃资源综合利用业	万元	116051		116051				116051
金属制品、机械和设备修理业	万元	190739		190739			17400	173339

4－5 续表 2

指　　标	单位	总计	中央	地方				
					省	市	县(市)	其他
(四)电力、燃气及水的生产和供应业	万元	726203	28340	697863	26220	206535	164284	300824
电力、热力的生产和供应业	万元	449943	28340	421603	21300	170352	72413	157538
燃气生产和供应业	万元	59220		59220	4920	3355	10286	40659
水的生产和供应业	万元	217040		217040		32828	81585	102627
(五)建筑业	万元	268000	23697	244303	8898	31107	11450	192848
房屋建筑业	万元	56891		56891	4000	1835	8000	43056
土木工程建筑业	万元	89052	23697	65355	4898	9848		50609
建筑安装业	万元	22993		22993		4895	1450	16648
建筑装饰和其他建筑业	万元	99064		99064		14529	2000	82535
(六)批发和零售业	万元	2299441	7385	2292056	35566	251484	224960	1780046
批发业	万元	1352384		1352384	20377	171890	154643	1005474
零售业	万元	947057	7385	939672	15189	79594	70317	774572
(七)交通运输、仓储和邮政业	万元	2986465	22541	2963924	165083	817611	1212410	768820
铁路运输业	万元	96893	11203	85690			77105	8585
道路运输业	万元	2286091	11338	2274753	158523	803947	992326	319957
水上运输业	万元	14744		14744				14744
航空运输业	万元	33387		33387	6560		19807	7020
管道运输业	万元	4800		4800				4800
装卸搬运和运输代理业	万元	263642		263642		3780	70157	189705
仓储业	万元	256080		256080			53015	203065
邮政业	万元	30828		30828		9884		20944
(八)住宿和餐饮业	万元	674622	3053	671569	4991	5200	102712	558666
住宿业	万元	444431		444431	4991	3100	85768	350572
餐饮业	万元	230191	3053	227138		2100	16944	208094
(九)信息传输、软件和信息技术服务业	万元	475513	10825	464688	40198	48197	23947	352346
电信、广播电视和卫星传输服务	万元	91982	8797	83185	8258	6340	17311	51276
互联网和相关服务	万元	104329	2028	102301	4950		3700	93651
软件和信息技术服务业	万元	279202		279202	26990	41857	2936	207419
(十)金融业	万元	325637	35056	290581	45460	53288	22018	169815
货币金融服务	万元	176866	21576	155290	40530	37265	18800	58695
资本市场服务	万元	78430	7735	70695		8310		62385
保险业	万元	29567	5745	23822	4930	7713	3218	7961
其他金融业	万元	40774		40774				40774
(十一)房地产业	万元	13345092	497414	12847678	967942	2060867	1121368	8697501
(十二)租赁和商务服务业	万元	1691388	118779	1572609	151213	214543	122845	1084008
租赁业	万元	83032		83032		4568		78464
商务服务业	万元	1608356	118779	1489577	151213	209975	122845	1005544
(十三)科学研究和技术服务业	万元	956308	108342	847966	124164	47512	43302	632988
研究与试验发展	万元	346055	103542	242513	32960	10912	28215	170426
专业技术服务业	万元	245700		245700	59800	22940	5267	157693
科技推广和应用服务业	万元	364553	4800	359753	31404	13660	9820	304869

4－5 续表3

指　　标	单位	总计	中央	地方	省	市	县(市)	其他
(十四)水利、环境和公共设施管理业	万元	3351141	48320	3302821	9385	465269	1578480	1249687
水利管理业	万元	392166		392166		118538	137387	136241
生态保护和环境治理业	万元	127478		127478		31404	18560	77514
公共设施管理业	万元	2831497	48320	2783177	9385	315327	1422533	1035932
(十五)居民服务、修理和其他服务业	万元	271910		271910		25424	20005	226481
居民服务业	万元	79980		79980		9044	4925	66011
机动车、电子产品和日用产品修理业	万元	142528		142528		3760	15080	123688
其他服务业	万元	49402		49402		12620		36782
(十六)教育	万元	817253	17144	800109	74436	91787	158374	475512
(十七)卫生和社会工作	万元	343604	780	342824	91629	22105	77491	151599
卫生	万元	249057		249057	55846	15905	64651	112655
社会工作	万元	94547	780	93767	35783	6200	12840	38944
(十八)文化、体育和娱乐业	万元	492943		492943	61261	128334	57692	245656
新闻和出版业	万元	17898		17898		4850		13048
广播、电视、电影和影视录音制作业	万元	46287		46287	9600	22900		13787
文化艺术业	万元	278749		278749	47861	89954	35067	105867
体育	万元	90144		90144	3800	5900	1200	79244
娱乐业	万元	59865		59865		4730	21425	33710
(十九)公共管理、社会保障和社会组织	万元	412125	12589	399536	95735	12874	196223	94704
中国共产党机关	万元							
国家机构	万元	222784	8066	214718	95735	9998	67235	41750
人民政协、民主党派	万元							
社会保障	万元	12592		12592			7782	4810
群众团体、社会团体和其他成员组织	万元	10209		10209				10209
基层群众自治组织	万元	166540	4523	162017		2876	121206	37935
新增固定资产	万元	26834895	553768	26281127	1814037	1665747	4889182	17912161
施工项目个数	个	5834	65	5769	120	339	1055	4255
# 本年新开工	个	4948	45	4903	78	255	854	3716
本年投产项目个数	个	4251	36	4215	80	194	731	3210
施工面积	万 m^2	9679.99	274.00	9406.00	784.68	1325.03	684.36	6611.93
# 住宅	万 m^2	6196.76	172.15	6024.61	509.17	900.77	449.50	4165.18
竣工面积	万 m^2	1519.03	45.35	1473.68	190.26	160.94	95.96	1026.52
# 住宅	万 m^2	1083.46	40.76	1042.69	142.11	119.12	67.68	713.78

4－6 城镇以上固定资产投资资金来源(2013 年)

指　　标	单位	总计	中央	地方				
					省	市	县(市)	其他
本年资金来源合计	**万元**	**54790079**	**1474981**	**53315098**	**3465173**	**6760934**	**7586132**	**35502859**
上年末结余资金	万元	5701726	66849	5634877	376969	1088766	421740	3747402
本年资金来源小计	万元	49088353	1408132	47680221	3088204	5672168	7164392	31755457
国家预算内资金	万元	1633404	23976	1609428	173646	283248	1046510	106024
国内贷款	万元	4321138	147700	4173438	307671	817031	463336	2585400
债券	万元	5212		5212		5212		
利用外资	万元	454456		454456	6600	3600	42700	401556
# 外商直接投资	万元	374040		374040	4000	3600		366440
自筹资金	万元	31999938	793785	31206153	1637636	2155774	4987673	22425070
# 企、事业单位自有资金	万元	5697096	213739	5483357	230041	513775	126749	4612792
其他资金来源	万元	10674205	442671	10231534	962651	2407303	624173	6237407
各项应付款合计	万元	4170122	69826	4100296	284410	735464	194117	2886305
# 工程款	万元	2292277	36890	2255387	130590	467412	84925	1572460

4-7 主要年份更新改造投资完成主要指标

指 标	1998年	1999年	2000年	2001年	2002年	2003年
一、本年完成投资额合计	221346	252996	318703	313587	438381	723661
按隶属关系分						
中央部属	172819	160774	135945	112949	127476	102509
省 属	9374	6721	3285	45582	98948	117315
市县属及其他	39153	85501	179473	155056	211957	503837
按构成分						
建筑安装工程	58989	77169	166120	113130	148174	393327
设备工器具购置	146324	140804	136576	180591	240907	242539
其他费用	16033	35023	16007	19866	49300	87795
按产业分						
第一产业				72	312	
第二产业	76214	86864	186365	183906	333612	519701
第三产业	145132	166132	132338	129609	104457	203960
按用途分						
#增 产	29417	62520	151144	113238	216884	
节约能源			1301	2794	1792	
增加品种	14805	13650	14347	41160	18894	
提高质量	7262	4444	2237	2880	19582	
二、本年新增固定资产	99463	136975	253727	235225	191519	327935
三、项目个数(个)						
施工项目	184	183	103	129	209	287
竣工项目	102	101	54	50	84	98
四、房屋建筑面积(万 m^2)						
施工面积	13.48	26.94	18.05	31.43	92.99	130.30
竣工面积	4.82	8.41	14.20	10.39	21.81	34.53

单位:万元

2004 年	2005 年	2006 年	2007 年	2008 年	2009 年	2010 年	2011 年	2012 年	2013 年
942369	1238674	1565282	2734688	4031531	5455484	7531385	9613561	13028480	16356206
164903	149968	172661	295419	227137	178507	191156	313359	372454	343072
140096	326157	185466	296571	387370	315991	531877	551785	798082	714460
637370	762549	1207155	2142698	3417024	4960986	6808352	8748417	11857944	15298674
521878	959315	728957	1625392	2707061	3716770	5247972	7120834	9320098	11978656
331781	121960	677030	828415	1038779	1274225	1586369	1549807	2533083	2817550
88710	157399	159295	280881	285691	464489	697044	942920	1175299	1560000
	550	7428	16961	25330	21573	62830	113146	98584	160177
779416	1151002	1367014	2482222	3231738	3919417	5331142	6588171	9134626	11819086
162953	87122	190840	235505	774463	1514494	2137413	2912244	3795270	4376943
371891	583362	774955	1278199	1598106	3217321	4402110	6370171	9881912	11758664
290	475	660	1016	1654	1827	2132	2483	2674	3418
64	193	276	348	704	651	1134	1629	1909	2530
275.68	241.76	176.90	283.80	359.09	646.15	771.20	601.76	407.65	290.11
41.95	74.21	79.98	108.27	85.92	89.19	274.09	106.96	56.74	45.07

4－8　主要年份房地产开发及商品房销售主要指标

指　　标	单位	1998年	1999年	2000年	2001年	2002年	2003年	2004年	2005年
一、完成投资额	万元	174078	225765	330238	631878	817883	1225551	1755376	2563500
# 住宅	万元	77797	131260	151091	305549	442655	732833	1167921	2011118
二、新增固定资产	万元	121802	205616	166677	377131	525566	743987	932398	828971
三、建筑面积									
施工房屋面积	万 m^2	339.01	336.68	385.32	634.01	833.94	1102.12	1462.41	1913.57
竣工房屋面积	万 m^2	98.38	156.27	147.73	214.99	332.12	443.24	591.90	515.16
四、商品房销售情况									
商品房销售额	万元	67692	137043	178455	305217	418141	666279	1072486	1162249
商品房销售面积	万 m^2	39.97	79.97	92.72	163.90	232.10	325.82	519.95	536.99
五、土地开发情况									
本年购置土地面积	万 m^2	35.10	28.91	49.56	262.86	544.43	789.72	807.63	1007.59
本年完成开发土地面积	万 m^2	118.08	61.66	176.23	221.25	358.58	562.14	543.46	246.81
土地开发投资额	万元	26757	39059	85418	92344	130367	216418	224325	196384

4－8 续表

指　　标	单位	2006年	2007年	2008年	2009年	2010年	2011年	2012年	2013年
一、完成投资额	万元	3038612	4129929	4694654	4974692	6841481	8869232	10320003	11536073
# 住宅	万元	2305640	3408702	3688740	3929930	5163283	6843026	6988572	7665970
二、新增固定资产	万元	1048277	1268230	1900755	3686224	4293394	5294334	5602631	5930203
三、建筑面积									
施工房屋面积	万 m^2	2411.94	3270.34	4225.29	6168.62	6687.29	7670.96	7361.67	8668.15
竣工房屋面积	万 m^2	547.09	699.90	750.57	1314.71	1392.55	1451.77	1402.27	1400.36
四、商品房销售情况									
商品房销售额	万元	1961129	3258716	2733593	5130956	7423283	8824072	9315598	11603801
商品房销售面积	万 m^2	741.69	985.09	822.59	1406.58	1680.21	1500.20	1526.93	1840.59
五、土地开发情况									
本年购置土地面积	万 m^2	1186.10	973.23	965.48	392.92	288.48	331.71	311.15	458.99
本年完成开发土地面积	万 m^2	707.68	645.94	581.80	640.51	216.78			
土地开发投资额	万元	477218	626022	601574	337539	327188			

4-9 房地产开发投资完成情况(2013年)

单位:万元

指标	总计	中央	地方					
				省	地市县属			
						地区	县	其他
计划总投资	75456594	2352282	73104312	5945293	67159019	14828922	3446657	48883440
本年完成投资	11536073	327411	11208662	967942	10240720	1758791	464267	8017662
# 土地购置费	1338548		1338548	28317	1310231	138117	18975	1153139
# 国有经济控股	1950315	265011	1685304	294836	1390468	581835	94695	713938
按登记注册类型分								
内资	10607510	285011	10322499	917816	9404683	1687220	464267	7253196
国有	341684	14487	327197	55891	271306	137220	20829	113257
集体	20411		20411		20411	20411		
股份合作	148038		148038	32000	116038	18198		97840
联营	81018		81018		81018			81018
# 其他联营	78565		78565		78565			78565
有限责任公司	7286563	250524	7036039	827925	6208114	1437231	402472	4368411
国有独资公司	221127		221127	147015	74112	30355	43757	
其他有限责任公司	7065436	250524	6814912	680910	6134002	1406876	358715	4368411
股份有限公司	190610		190610	2000	188610	53138	200	135272
私营	2456665	20000	2436665		2436665	18872		2417793
其他内资	82521		82521		82521	2150	40766	39605
港澳台投资	779855	42400	737455	50126	687329			687329
港澳台合资经营	102446	42400	60046	50126	9920			9920
港澳台合作经营	31237		31237		31237			31237
港澳台独资	646172		646172		646172			646172
外商投资	148708		148708		148708	71571		77137
中外合资经营企业	75371		75371		75371	71571		3800
外资企业	73337		73337		73337			73337

4－9 续表 单位:万元

指　　标	总计	中央	地方	省	地市县属	地区	县	其他
按构成分								
建筑工程	7835945	271380	7564565	719224	6845341	1214486	387390	5243465
安装工程	1172088	32518	1139570	130132	1009438	190560	32437	786441
设备工器具购置	179321	4900	174421	35669	138752	38693	7545	92514
其他费用	2348719	18613	2330106	82917	2247189	315052	36895	1895242
按工程用途分								
住宅投资	7665970	283097	7382873	661418	6721455	1231843	356449	5133163
办公楼	639700	16586	623114	87163	535951	63606	6369	465976
商业营业用房	1555501	9846	1545655	105344	1440311	237798	34934	1167579
其他	1674902	17882	1657020	114017	1543003	225544	66515	1250944
本年新增固定资产	5930203	166272	5763931	788796	4975135	692893	242711	4039531
本年资金来源合计	21730664		21025402		21025402			21025402
上年末结余资金	5144672		5079464		5079464			5079464
本年资金来源小计	16585992		15945938		15945938			15945938
国内贷款	3142479		2994779		2994779			2994779
利用外资	332079		332079		332079			332079
# 外商直接投资	324479		324479		324479			324479
自筹资金	4014376		3960223		3960223			3960223
# 企事业单位自有资金	1692427		1690887		1690887			1690887
其他资金来源	9097058		8658857		8658857			8658857
# 定金及预付款	5991044		5695196		5695196			5695196
本年各项应付款合计	3750423		3682300		3682300			3682300
# 工程款	2075419		2038729		2038729			2038729

4-10 房地产施工竣工及销售主要指标(2013年)

指标	单位	合计	商品住宅	#90平方米以下	#140平方米以上住房	#别墅、高档公寓	办公楼	商业营业用房	其他
房屋施工面积	万 m^2	8668.15	6098.53	1368.50	993.21	341.27	409.04	863.78	1296.80
#新开工面积	万 m^2	2782.64	1984.01	386.71	286.07	83.85	105.93	268.54	424.15
房屋竣工面积	万 m^2	1400.36	1065.30	266.26	171.96	68.92	35.62	115.51	183.93
竣工房屋价值	万元	4903424	3443168	764364	790435	459068	321420	661979	476857
商品房屋销售建筑面积	万 m^2	1840.59	1640.03	403.35	247.88	59.79	64.26	93.32	42.99
商品房销售额	万元	11603801	9465296	2230662	1723962	545312	780627	1177364	180514
商品房待售面积	万 m^2	818.41	523.95	145.84	198.54	43.96	33.31	130.39	130.77
#待售1-3年面积(含一年)	万 m^2	542.86	328.00	95.56	109.51	36.00	26.11	92.60	96.15
待售3年以上面积(含三年)	万 m^2	43.02	12.81	0.21	9.85	1.37	1.45	15.72	13.05

4－11　农村非农户固定资产投资完成情况(2013 年)

指　　标	单位	总计	中央	地方				
					省	市	县(市)	其他
计划总投资	万元	4487720		4487720	5990	268577	963479	3249674
本年新开工项目计划总投资	万元	3682988		3682988	5990	257814	773503	2645681
自开始建设累计完成投资	万元	3857927		3857927	5990	173936	765520	2912481
本年完成投资	万元	3388200		3388200	5990	166223	668674	2547313
# 国有经济控股	万元	1221547		1221547	1040	163573	531337	525597
# 住宅	万元	2630		2630				2630
按登记注册类型分								
内资企业	万元	3345304		3345304	5990	166223	667428	2505663
国有企业	万元	1209835		1209835	1040	163573	529225	515997
集体企业	万元	302189		302189		100	100829	201260
股份合作企业	万元	14014		14014				14014
国有联营企业	万元	2112		2112			2112	
集体联营企业	万元	560		560				560
国有与集体联营企业	万元							
其他联营企业	万元	4850		4850				4850
国有独资公司	万元	9600		9600				9600
其他有限责任公司	万元	629757		629757			18012	611745
股份有限公司	万元	25428		25428	4950	2550	6900	11028
私营独资企业	万元	730863		730863				730863
私营合作企业	万元	107691		107691				107691
私营有限责任公司	万元	201461		201461				201461
私营股份有限公司	万元	31610		31610				31610
其他企业	万元	75334		75334			10350	64984
港、澳、台商投资企业	万元	7100		7100				7100
合资经营企业(港或澳、台资)	万元							
合作经营企业(港或澳、台资)	万元	7100		7100				7100
港、澳、台商独资经营企业	万元							
港、澳、台商投资股份有限公司	万元							
其他港、澳、台商投资企业	万元							
外商投资企业	万元	6246		6246			1246	5000
中外合资经营企业	万元	4246		4246			1246	3000
中外合作经营企业	万元							
外资企业	万元							
外商投资股份有限公司	万元							
其他外商投资企业	万元	2000		2000				2000
个体经营	万元	29550		29550				29550
个体户	万元	17050		17050				17050
个体合伙	万元	12500		12500				12500
按建设性质分								
新建	万元	1912976		1912976		156231	508621	1248124
扩建	万元	291851		291851			69367	222484
改建和技术改造	万元	1181863		1181863	5990	9992	89176	1076705

4－11 续表1

指　标	单位	总计	中央	地方	省	市	县(市)	其他
按构成分								
建筑工程	万元	2218273		2218273	3080	79990	492058	1643145
安装工程	万元	294818		294818		250	22971	271597
设备工器具购置	万元	429763		429763		995	23310	405458
# 用于更新的设备	万元	82970		82970			1276	81694
其他费用	万元	445346		445346	2910	84988	130335	227113
按国民经济行业分								
(一)农、林、牧、渔业	万元	427791		427791	1040		113753	312998
农业	万元	243342		243342	1040		54650	187652
林业	万元	24642		24642			13949	10693
畜牧业	万元	47154		47154			3360	43794
渔业	万元	21209		21209				21209
农、林、牧、渔服务业	万元	91444		91444			41794	49650
(二)采矿业	万元	96482		96482	4950			91532
煤炭开采和洗选业	万元	44160		44160				44160
黑色金属矿采选业	万元	4800		4800				4800
有色金属矿采选业		14600		14600	4950			9650
非金属矿采选业		28337		28337				28337
开采辅助活动		4585		4585				4585
(三)制造业	万元	1053572		1053572			12558	1041014
农副食品加工业	万元	34889		34889				34889
食品制造业	万元	29060		29060				29060
酒、饮料和精制茶制造业	万元	17100		17100				17100
烟草制品业	万元							
纺织业	万元							
纺织服装、服饰业	万元							
皮革、毛皮、羽毛及其制品和制鞋业	万元	6350		6350				6350
木材加工及木、竹、藤、棕、草制品业	万元	25228		25228				25228
家具制造业	万元	27237		27237				27237
造纸及纸制品业	万元	25612		25612			992	24620
印刷业和记录媒介复制业	万元	8374		8374				8374
文教、工美、体育和娱乐用品制造业	万元	15220		15220				15220
石油加工、炼焦及核燃料加工业	万元	4920		4920				4920
化学原料及化学制品制造业	万元	564133		564133			1246	562887
医药制造业	万元							
化学纤维制造业	万元							
橡胶和塑料制品业	万元	26282		26282				26282
非金属矿物制品业	万元	68843		68843			2560	66283
黑色金属冶炼及压延加工业	万元							
有色金属冶炼及压延加工业	万元	1000		1000				1000
金属制品业	万元	35545		35545				35545
通用设备制造业	万元	59497		59497			7760	51737
专用设备制造业	万元	58786		58786				58786
汽车制造业	万元	24438		24438				24438
铁路、船舶、航空航天和其他运输设备制造	万元	9459		9459				9459
电气机械及器材制造业	万元	2833		2833				2833
计算机、通信和其他电子设备制造业	万元							
仪器仪表制造业	万元	420		420				420
其他制造业	万元	6700		6700				6700
废弃资源综合利用业	万元	1646		1646				1646
金属制品、机械和设备修理业	万元							

4－11 续表 2

指　标	单位	总计	中央	地方				
					省	市	县(市)	其他
(四)电力、燃气及水的生产和供应业	万元	115533		115533		9892	27009	78632
电力、热力的生产和供应业	万元	89729		89729		8267	24800	56662
燃气生产和供应业	万元	5899		5899			2209	3690
水的生产和供应业	万元	19905		19905		1625		18280
(五)建筑业	万元	560		560				560
房屋建筑业	万元	560		560				560
土木工程建筑业	万元							
建筑安装业	万元							
建筑装饰和其他建筑业	万元							
(六)批发和零售业	万元	297718		297718			4500	293218
批发业	万元	279278		279278				279278
零售业	万元	18440		18440			4500	13940
(七)交通运输、仓储和邮政业	万元	310673		310673		46900	156704	107069
铁路运输业	万元	1500		1500				1500
道路运输业	万元	265173		265173		46900	149704	68569
水上运输业	万元							
航空运输业	万元							
管道运输业	万元							
装卸搬运和其他运输代理业	万元							
仓储业	万元	40400		40400			7000	33400
邮政业	万元	3600		3600				3600
(八)住宿和餐饮业	万元	59085		59085			11200	47885
住宿业	万元	33985		33985				33985
餐饮业	万元	25100		25100			11200	13900
(九)信息传输、软件和信息技术服务业	万元	10330		10330				10330
电信、广播电视和卫星传输服务业	万元							
互联网和相关服务业	万元	1500		1500				1500
软件和信息技术服务业	万元	8830		8830				8830
(十)金融业	万元	2550		2550		2550		
货币金融服务	万元							
资本市场服务	万元							
保险业	万元							
其他金融业	万元	2550		2550		2550		
(十一)房地产业	万元	106551		106551		30000	30137	46414
(十二)租赁和商务服务业	万元	20670		20670			3570	17100
租赁业	万元							
商务服务业	万元	20670		20670			3570	17100
(十三)科学研究和技术服务业	万元	20065		20065		8281	1600	10184
研究与试验发展	万元							
专业技术服务业	万元	13565		13565		8281		5284
科技推广和应用服务业	万元	6500		6500			1600	4900

4－11 续表 3

指 标	单位	总计	中央	地方				
					省	市	县(市)	其他
(十四)水利、环境和公共设施管理业	万元	600158		600158		52000	211261	336897
水利管理业	万元	201089		201089		15500	49170	136419
生态保护和环境治理业	万元	36927		36927		4000	10660	22267
公共设施管理业	万元	362142		362142		32500	151431	178211
(十五)居民服务、修理和其他服务业	万元	25470		25470			4900	20570
居民服务业	万元	16470		16470			4900	11570
机动车、电子产品和日用产品修理业	万元							
其他服务业	万元	9000		9000				9000
(十六)教育	万元	86452		86452			51441	35011
(十七)卫生和社会工作	万元	31535		31535			21495	10040
卫生	万元	20853		20853			11813	9040
社会工作	万元	10682		10682			9682	1000
(十八)文化、体育和娱乐业	万元	67447		67447		100	12486	54861
新闻和出版业	万元							
广播、电视、电影和影视录音制作业	万元							
文化艺术业	万元	57247		57247			12486	44761
体育	万元	2300		2300		100		2200
娱乐业	万元	7900		7900				7900
(十九)公共管理、社会保障和社会组织	万元	55558		55558		16500	6060	32998
中国共产党机关	万元							
国家机构	万元	31450		31450		16500	1000	13950
人民政协和民主党派	万元							
社会保障	万元							
群众团体、社会团体和其他成员组织	万元	9910		9910			310	9600
基层群众自治组织	万元	14198		14198			4750	9448
本年新增固定资产	万元	1778505		1778505	5990	42367	393575	1336573
施工项目个数	个	874		874	2	14	135	723
# 本年新开工	个	740		740	2	11	112	615
本年投产项目个数	个	512		512	2	6	91	413
施工面积	万 m^2	95.74		95.74		5.93	33.40	56.41
# 住宅	万 m^2	1.58		1.58				1.58
竣工面积	万 m^2	3.94		3.94			0.93	3.01
# 住宅	万 m^2	0.36		0.36				0.36

4－12 农村非农户固定资产投资资金来源(2013年)

单位:万元

指 标	总计	中央	地方	省	市	县(市)	其他
本年资金来源合计	3446104		3446104	5990	170934	696305	2572875
上年末结余资金	38906		38906			1400	37506
本年资金来源小计	3407198		3407198	5990	170934	694905	2535369
国家预算内资金	265335		265335	1040	63527	141265	59503
# 中央预算资金							
国内贷款	67924		67924				67924
债券							
利用外资	28760		28760			500	28260
# 外商直接投资	25760		25760			500	25260
自筹资金	2914346		2914346	4950	97407	519528	2292461
# 企、事业单位自有资金	307693		307693		20000	4712	282981
其他资金来源	130833		130833		10000	33612	87221
本年各项应付款合计	173042		173042		3170	35850	134022
# 工程款	106716		106716		420	13700	92596

4－13 固定资产投资主要新增生产能力(或效益)(2013年)

指 标	单位	数 量
水力发电	万千瓦	105
其他发电	万千瓦	2.8
输电线路长度(110KV及以上)	公里	155
氮肥	吨/年	2000
塑料树脂及共聚物	吨/年	1980
合成橡胶	吨/年	400
新建公路	公里	294.4
# 高速公路	公里	27.2
一级公路	公里	54.6
二级公路	公里	211.5
改建公路	公里	306
# 高速公路	公里	
一级公路	公里	
二级公路	公里	250
新建独立公路桥梁	延长米	500
新建独立公路桥梁	座	1
新(扩)建公路客、货运站	个	6
新(扩)建公路客、货运站	平方米	11600

4-14 主要年份建筑业生产主要指标完成情况

项　　目	单位	2002 年	2003 年	2004 年	2005 年	2006 年	2007 年
一、企业个数	个	276	293	478	445	445	447
二、建筑业总产值	万元	2372581	3302864	4905041	5793596	7368797	9601564
1. 建筑工程产值	万元	1983462	2830648	4084230	4836578	6216932	8172834
2. 安装工程产值	万元	196146	172305	313637	301454	388116	601774
3. 其他产值	万元	192973	299911	507174	655564	763749	826956
三、竣工产值	万元	1863684	2617615	3179761	3976719	4504392	5528176
四、房屋建筑施工面积	万 m^2	2150.16	3434.15	5157.39	5597.62	6983.43	9500.70
# 本年新开工面积	万 m^2	1201.37	1970.87	2813.89	3017.74	3771.37	5237.54
# 实行投标承包面积	万 m^2	1674.58	2803.37	4342.58	4767.81	6106.65	8242.84
五、房屋建筑竣工面积	万 m^2	974.63	1473.58	2195.54	2431.57	2811.50	3045.60
六、年末自有施工机械设备							
1. 净值	万元	319690	361762	375249	330386	397547	446669
2. 总台数	台	85924	100282	109062	105340	117455	121980
3. 总功率	万千瓦	137.25	165.03	226.49	178.43	239.49	244.35
七、计算劳动生产率平均人数	万人	27.93	33.79	42.34	45.08	51.78	56.86

4-14 **续表**

项　　目	单位	2008 年	2009 年	2010 年	2011 年	2012 年	2013 年
一、企业个数	个	501	481	517	540	555	592
二、建筑业总产值	万元	11091958	13394211	17401686	21002701	23299080	27637110
1. 建筑工程产值	万元	9503215	11660263	15073216	18474160	20611794	23998080
2. 安装工程产值	万元	599862	606981	712116	814652	952003	1235752
3. 其他产值	万元	988881	1126967	1616354	1713889	1735283	2403279
三、竣工产值	万元	6881158	7996605	9003006	11581484	15036364	17642193
四、房屋建筑施工面积	万 m^2	10910.10	10998.63	15052.19	18325.65	19728.70	23775.93
# 本年新开工面积	万 m^2	4715.30	4736.42	7149.80	7299.01	6540.38	8813.35
# 实行投标承包面积	万 m^2	10179.80	10349.69	14298.23	14931.50	16099.54	19301.80
五、房屋建筑竣工面积	万 m^2	3565.23	3757.24	4267.59	4523.29	5005.64	6517.54
六、年末自有施工机械设备							
1. 净值	万元	568426	608749	610815	706808	533180	735361
2. 总台数	台	133226	136815	176855	160030	144560	146421
3. 总功率	万千瓦	278.69	327.69	368.86	422.21	424.80	414.55
七、计算劳动生产率平均人数	万人	64.95	64.42	72.74	75.98	78.62	91.27

4－15　建筑业企业生产情况(2013年)

项　　目	企业个数（个）	建筑业总产值（万元）	#装饰装修产　　值	#在外省完成的产值
总　　计	**592**	**27637110**	**1116438**	**11126115**
#国有及国有控股企业	85	13506910	445052	8403940
一、按登记注册类型分组				
内资企业	584	27428185	1014973	10980192
国有企业	33	3486349	139695	1892486
集体企业	11	244104	2402	4978
联营企业	1	14255	13204	1453
国有联营企业	1	14255	13204	1453
有限责任公司	267	16970163	592594	7486729
国有独资公司	8	1931352	78974	1100878
其他有限责任公司	259	15038811	513619	6385851
股份有限公司	37	2364235	130092	670086
私营企业	231	4232165	133085	904648
私营独资企业	2	233		
私营有限责任公司	214	3169319	111729	565860
私营股份有限公司	15	1062613	21356	338789
其他企业	4	116915	3902	19812
港、澳、台商投资企业	5	63510	24409	37124
合资经营企业(港或澳、台资)	4	24409	24409	5803
港、澳、台商独资经营企业	1	39101		31321
外商投资企业	3	145415	77057	108799
中外合资经营企业	2	77057	77057	62062
外资企业	1	68358		46737

			竣工产值 （万元）	房屋建筑 施工面积 （m^2）		
建筑工程 产　　值	安装工程 产　　值	其他产值			#本年新 开工面积	#实行投标 承包面积
23998080	**1235752**	**2403279**	**17642193**	**237759290**	**88133544**	**193017967**
12694449	436462	375999	8219809	119039981	35289052	91221173
23896614	1128293	2403279	17513344	237759290	88133544	193017967
3181398	148204	156747	2409272	15739605	5202283	14605423
212424	31680		190434	2402168	1142293	2354502
13849	71	335	781	9126	8047	3518
13849	71	335	781	9126	8047	3518
15191710	487475	1290978	10510179	157732773	54358653	123222062
1830150	62728	38474	771046	21994809	7657853	18433988
13361560	424747	1252504	9739133	135737964	46700800	104788074
1768196	155019	441020	1511199	20312668	8500080	15059570
3451146	302045	478974	2831481	40791646	18507238	37028254
	233					
2568653	230569	370097	2011732	28772219	14875497	25150211
882493	71243	108877	819749	12019427	3631741	11878043
77891	3800	35224	59997	771304	414950	744638
24409	39101		60491			
24409			21390			
	39101		39101			
77057	68358		68358			
77057						
	68358		68358			

4－15 续表1

项　　目	企业个数（个）	建筑业总产值（万元）	#装饰装修产　　值	#在外省完成的产值
二、按建筑业行业中类分组				
房屋建筑业	243	20169753	582025	7526538
土木工程建筑业	123	5930971	23025	3017238
铁路、道路、隧道和桥梁工程建筑	51	3964273	8120	1862202
水利和内河港口工程建筑	23	1292741		860254
工矿工程建筑	4	155292		118982
架线和管道工程建筑	22	350836	5515	136417
其他土木工程建筑	23	167830	9390	39384
建筑安装业	101	760495	22066	329818
电气安装	29	295978		104987
管道和设备安装	6	10518		3604
其他建筑安装业	66	453999	22066	221227
建筑装饰和其他建筑业	125	775891	489323	252521
建筑装饰业	84	548852	476896	191542
工程准备活动	10	57428		14985
提供施工设备服务	1	10071		45
其他未列明建筑业	30	159540	12427	45949
三、按企业资质等级分组				
施工总承包	326	25811773	601067	10572747
特　　级	10	10054579	58628	6551129
一　　级	104	11981411	397365	3621366
二　　级	128	3019095	112398	333634
三级及以下	84	756688	32675	66618
专业承包	266	1825337	515372	553368
一　　级	45	865519	431956	367319
二　　级	65	588224	30665	114698
三级及以下	156	371595	52751	71351

建筑工程产值	安装工程产值	其他产值	竣工产值（万元）	房屋建筑施工面积（m^2）	#本年新开工面积	#实行投标承包面积
17945490	362685	1861578	13221637	229600914	85467877	185446273
5197638	419398	313935	3684046	7188337	2191067	6868691
3673677	69547	221049	2408978	5081218	841366	4917393
1158025	61125	73591	838548	1044337	524432	1041787
149288	6003		66558	443015	443015	340123
80179	269731	926	275831	12766	12766	12766
136469	12992	18370	94131	607001	369488	556622
350852	294387	115256	333205	786893	292553	699465
34770	167111	94097	74612			
1	9393	1124	9147			
316081	117883	20035	249446	786893	292553	699465
504099	159282	112509	403305	183146	182047	3538
413397	100253	35202	301625	9146	8047	3538
50749		6679	55447			
3030	7041		290	174000	174000	
36923	51988	70629	45943			
23065630	704778	2041365	16613887	237615328	88082495	192881774
9522417	135608	396555	6570414	110215516	33802144	82991466
10304112	463368	1213931	7497378	95796210	39021352	86547425
2601214	83538	334343	1968511	26772059	12391172	19792041
637887	22264	96536	577584	4831543	2867827	3550842
932450	530973	361914	1028306	143962	51049	136193
580307	177103	108109	342668	9136	8047	3518
175541	258697	153986	483018	133805	42001	132655
176602	95174	99819	202620	1021	1001	20

4－15 续表2

项　　目	房屋建筑竣工面积（m^2）	年末自有施工机械设备			直接从事生产经营活动的平均人数(人)	期末从业人员（人）	工程技术人员（人）	一　级建造师（人）
		净值（万元）	总台数（台）	总功率（千瓦）				
总　　计	**65175397**	**735361**	**146421**	**4145456**	**912665**	**903987**	**83395**	**7696**
#国有及国有控股企业	26138557	332890	50287	1820206	403857	444401	26386	2779
一、按登记注册类型分组								
内资企业	65175397	733097	142971	4136433	905833	897527	82979	7611
国有企业	3610863	175796	36876	1261723	108597	143700	8498	1046
集体企业	746439	7357	1305	25475	8979	7229	832	66
联营企业	7553	104	55	2714	880	880	56	32
国有联营企业	7553	104	55	2714	880	880	56	32
有限责任公司	42550705	359585	52310	1869249	549960	520089	45797	4112
国有独资公司	3848332	67912	3618	76771	50161	49787	4837	473
其他有限责任公司	38702373	291674	48692	1792478	499799	470302	40960	3639
股份有限公司	6596495	36882	10267	274798	85545	75900	5884	762
私营企业	11384431	147032	41455	680464	146773	144644	21296	1571
私营独资企业					23	20	13	
私营有限责任公司	8283575	125946	38119	609417	114651	112291	17937	1258
私营股份有限公司	3100856	21086	3336	71047	32099	32333	3346	313
其他企业	278911	6342	703	22010	5099	5085	616	22
港、澳、台商投资企业		139	949	1625	2664	2766	283	38
合资经营企业(港或澳、台资)		4	1	28	975	1085	91	18
港、澳、台商独资经营企业		135	948	1597	1689	1681	192	20
外商投资企业		2125	2501	7398	4168	3694	133	47
中外合资经营企业		987	112	1829	1584	1027	77	19
外资企业		1138	2389	5569	2584	2667	56	28

4－15 续表3

项　　目	房屋建筑竣工面积（m²）	年末自有施工机械设备			直接从事生产经营活动的平均人数（人）	期末从业人员（人）	工程技术人员（人）	一　级建造师（人）
		净值（万元）	总台数（台）	总功率（千瓦）				
二、按建筑业行业中类分组								
房屋建筑业	63057924	420134	84055	2210609	667622	663499	56759	5105
土木工程建筑业	1811030	291626	49657	1766243	187380	183378	17809	1588
铁路、道路、隧道和桥梁工程建筑	1366743	155366	16144	767047	118405	114989	10681	874
水利和内河港口工程建筑	192844	115675	22533	907525	45572	45974	4428	411
工矿工程建筑	46875	7245	1056	24581	4990	4868	398	59
架线和管道工程建筑	12766	9233	9087	34711	11214	10101	1107	193
其他土木工程建筑	191802	4107	837	32379	7199	7446	1195	51
建筑安装业	298890	11730	7081	79139	28647	28970	4732	467
电气安装		2814	2811	9014	13553	13509	1458	165
管道和设备安装		704	265	5158	409	424	101	9
其他建筑安装业	298890	8212	4005	64967	14685	15037	3173	293
建筑装饰和其他建筑业	7553	11870	5628	89465	29016	28140	4095	536
建筑装饰业	7553	5178	3509	48043	19179	18929	2276	354
工程准备活动		2104	1030	14647	2665	2616	723	63
提供施工设备服务		173	120	2451	356	356	202	14
其他未列明建筑业		4416	969	24324	6816	6239	894	105
三、按企业资质等级分组								
施工总承包	65073212	704191	128861	3936145	843154	838081	74561	6590
特　　级	22999922	229841	33656	1381093	291253	298292	14890	1679
一　　级	30082850	297761	51948	1629546	408270	362830	32872	3358
二　　级	9683342	132261	24555	722145	115928	150053	20513	1334
三级及以下	2307098	44329	18702	203361	27703	26906	6286	219
专业承包	102185	31169	17560	209311	69511	65906	8834	1106
一　　级	7553	7079	6800	92387	30105	26339	3526	507
二　　级	93632	15425	6688	73186	21456	21823	2580	288
三级及以下	1000	8666	4072	43738	17950	17744	2728	311

4－16 主要年份建筑业财务状况

项　　目	单位	2000 年	2001 年	2002 年	2003 年	2004 年
一、年末资产负债						
流动资产合计	万元	914211	1240078	1441196	2034223	2497515
固定资产合计	万元	360626	451926	614357	657031	744062
固定资产原价	万元	527837	659004	871018	939419	1016557
# 生产经营用	万元	419152	501100	682669	773510	842984
累计折旧	万元	189469	231044	300016	346382	375197
# 本年折旧	万元	38804	40402	54481	53952	70832
资 产 合 计	万元	1370595	1806199	2227650	2878833	3506609
流动负债合计	万元	853779	1050956	1191476	1742514	2045453
长期负债合计	万元	119862	116959	150192	144163	184479
所有者权益合计	万元	396954	638284	885982	992156	1276677
# 实收资本	万元	292067	518656	669256	832230	1073970
二、损益及分配						
工程结算收入	万元	1091927	1598212	2148431	2990005	4435990
工程结算成本	万元	975647	1423143	1907419	2678074	3976472
工程结算税金	万元	32791	59999	76314	107282	150500
工程结算利润	万元	83489	115070	164698	204649	288449
管 理 费 用	万元	67681	85033	108210	142310	172786
利 润 总 额	万元	17429	31698	55111	54713	114030
# 应交所得税	万元	5028	8633	20169	18455	31436
应付利润	万元	2279	4220	15889	26681	49120
三、工资福利费						
本年应付工资总额	万元	168895	223499	249534	338100	544287
本年应付福利费总额	万元	16917	22705	26104	36159	61906
应付职工薪酬	万元					
四、建筑业增加值	万元	343269	470101	585824	610186	965292
五、亏损企业个数	个	33	39	57	45	114

2005 年	2006 年	2007 年	2008 年	2009 年	2010 年	2011 年	2012 年	2013 年
2837325	3314982	4270154	5122164	6252585	8001811	9709347	11483057	13600316
853474	987386	1242267	1408123	1458198	1337343	1296658	1577538	1547066
1014513	1184889	1612399	1785749	1962253	1875495	2026409	2152809	2341521
829613	1002572	1409999	1466618	1299391	1537300	—	—	—
373969	438718	551166	602533	694491	775604	891674	1010130	1125930
69070	72647	75814	132602	139803	172206	186788	187878	178722
3983250	4633015	5996227	7078559	8350689	10402388	12540899	14979997	17815511
2233802	2685378	3751735	4250492	5210629	6760187	7637066	8783469	10516791
300389	335771	402464	469312	556174	507208	753704	951942	1030037
1449059	1611867	1842028	2358755	2583886	3135023	4024090	4874075	5966979
1058647	1169051	1271429	1478953	1595580	1917221	2170676	2474991	2963173
5373740	6954650	8987932	10454726	12713365	16904511	19993351	21974786	26653588
4840714	6258321	8086699	9270280	11440235	15254694	18001663	19734193	23614205
192859	242343	320945	410904	444092	580124	694310	742423	978091
328120	428752	531138	721953	770303	1011895	—	—	—
197115	234888	271463	277710	329378	438016	507585	570283	793192
120833	181684	245663	477409	418620	574081	712628	828360	1129347
35207	49380	63394	63536	87801	91193	127590	163997	218115
33505	64611	77834	122978	187868	173645	—	—	—
658688	892361	972833	1412042	1183888	1573560	—	—	—
73090	105268	104317	187003	120383	137333	—	—	—
						1487379	1700926	4666217
—	—	2132700	2561400	3027543	4163506	4892120	5405771	5946348
100	107	82	50	69	82	65	101	69

4－17　建筑业企业财务状况(2013 年)

指　　标	资产总计	流动资产合计	应收工程款	#存货	固定资产合计	固定资产原价
总　　计	**17815511**	**13600316**	**3134079**	**3166045**	**1547066**	**2341521**
# 国有及国有控股企业	10211497	7654240	1660930	1922978	585791	1152571
一、按登记注册类型分组						
内资企业	17627591	13445629	3087535	3135208	1529545	2324390
国有企业	3136273	2163217	447659	460294	293261	605455
集体企业	142153	107868	4637	33847	12320	16330
联营企业	7589	7455		39	104	979
有限责任公司	10937923	8508701	2054803	2026573	796349	1171816
国有独资公司	1335846	922828	178796	234734	50182	64938
其他有限责任公司	9602077	7585873	1876007	1791840	746166	1106877
股份有限公司	1027207	763217	137034	150577	132164	134080
私营企业	2328450	1865294	438554	452462	277229	381673
私营独资企业	1952	1329	1	480	623	4
私营有限责任公司	1896505	1536448	348694	359514	229421	309255
私营股份有限公司	429994	327518	89859	92468	47185	72414
其他企业	47997	29878	4848	11415	18118	14058
港、澳、台商投资企业	69456	57125	6966	5959	6453	10161
合资经营企业(港或澳、台资)	38775	37792	2675	1384	901	1662
港、澳、台商独资经营企业	30681	19333	4291	4575	5552	8499
外商投资企业	118463	97562	39578	24879	11068	6969
中外合资经营企业	49718	40867	10600	19900	8018	1644
外资企业	68745	56695	28978	4978	3050	5326
二、按建筑业行业中类分组						
房屋建筑业	11312565	8584500	2008085	2018040	912479	1175755
土木工程建筑业	5139450	3934930	854666	891912	483144	973914
铁路、道路、隧道和桥梁工程建筑	3172180	2352610	502393	543684	257977	525947
水利和内河港口工程建筑	1434804	1154070	225125	300871	171820	364956
工矿工程建筑	68659	56314	36519	2863	8872	7957
架线和管道工程建筑	343922	268464	73409	29443	34416	61354
其他土木工程建筑	119886	103472	17221	15052	10060	13701
建筑安装业	648597	540950	152166	112976	42701	48846
电气安装	259031	231522	92492	38692	15274	21116
管道和设备安装	10827	8335	2094	806	1428	1474
其他建筑安装业	378740	301093	57580	73478	25999	26257
建筑装饰和其他建筑业	714898	539936	119162	143118	108742	143005
建筑装饰业	369031	324481	82031	83578	28600	25449
工程准备活动	71105	46515	11274	2491	9074	10968
提供施工设备服务	8048	6274	431	3908	1774	1774
其他未列明建筑业	266714	162666	25427	53142	69295	104815
三、按企业资质等级分组						
施工总承包	16133719	12240422	2790729	2924262	1368497	2093200
特　级	7368517	5269269	1112169	1473305	384630	750611
一　级	5928068	4779143	1081785	1042449	550914	886850
二　级	2335711	1809131	427694	341949	344172	370753
三级及以下	501423	382880	169081	66558	88781	84986
专业承包	1681792	1359894	343350	241784	178569	248320
一　级	651612	568795	148003	99881	47363	62730
二　级	496220	405869	120471	54774	42832	64555
三级及以下	533960	385230	74876	87129	88374	121035

单位:万元

累计折旧	#本年折旧	在建工程	流动负债合计	应付账款	非流动负债合计	负债合计	所有者权益合计	#实收资本
1125930	**178722**	**193555**	**10516791**	**3882073**	**1030037**	**11848532**	**5966979**	**2963173**
641937	100635	68782	7354198	3222345	797954	8154683	2056814	1028480
1117848	177568	185083	10394255	3836289	1030037	11725951	5901640	2932716
355598	44065	41374	1963739	680566	490813	2455868	680406	314157
5401	913	343	95580	12529	3874	99454	42699	33687
921	120	43	1407	275	187	1595	5994	6033
529463	100451	109031	6853511	2825553	446207	7508586	3429336	1647587
20057	6401	5292	1063518	330215	2303	1065821	270025	185206
509406	94050	103739	5789993	2495338	443905	6442765	3159311	1462381
61460	7912	5646	411230	80910	2456	432073	595133	231281
157493	22705	17090	1055577	226054	86499	1215164	1113286	686745
3	1	622	816	36		816	1136	
129206	20320	16158	853289	191176	43229	967557	928947	581261
28284	2384	310	201473	34842	43271	246791	183203	105484
7513	1403	11556	13211	10404		13211	34786	13226
5201	777	1493	41587	4973		41631	27825	16337
762	72		32943	4078		32987	5788	4337
4440	705	1493	8645	896		8645	22037	12000
2881	377	6980	80949	40810		80949	37514	14120
605	112	6980	39523	26592		39523	10195	8429
2276	265		41426	14218		41426	27319	5691
481029	89855	118529	6318908	2249408	549984	7125270	4187295	1871571
560285	75684	46912	3422895	1323269	461890	3911236	1228214	758671
291453	31726	12796	2251199	901997	289035	2544956	627223	452811
230072	37808	31141	894554	331207	157190	1058751	376054	186377
3629	617		46269	23694		48805	19854	14584
30915	4467	2655	174995	60359	15585	202554	141369	67620
4216	1067	320	55877	6012	80	56170	63715	37280
19529	3703	7441	380244	177524	2398	394140	254457	150643
8286	2051	1305	140506	64997	2	149888	109143	59587
534	98	319	4495	1909		5524	5302	4868
10709	1554	5817	235244	110618	2396	238728	140012	86188
65086	9480	20674	394745	131872	15765	417885	297013	182288
10733	1713	11254	239470	82798	3794	250384	118648	91980
6112	755		49584	6780	7436	57276	13829	12864
1044	85		2783		158	2941	5107	5100
47197	6927	9420	102907	42293	4378	107285	159429	72345
1009974	161211	164339	9572637	3533743	993988	10836702	5297017	2560275
409736	65246	43746	4974550	2182081	748032	5722582	1645935	605010
403041	66891	38081	3283737	1088358	179659	3611182	2316886	1141349
175031	22888	63051	1121104	201434	54886	1282432	1053279	625313
22166	6186	19462	193246	61870	11411	220506	280916	188603
115956	17511	29216	944155	348330	36048	1011830	669962	402898
31041	4308	9746	481651	203111	14399	497719	153893	115955
31626	4747	6009	258913	79342	645	275332	220888	121555
53289	8456	13461	203591	65876	21005	238779	295181	165389

4－17 续表 1

指　　标	国家资本	集体资本	法人资本	个人资本	港澳台资本	外商资本
总　　计	**412539**	**97532**	**1152229**	**1287849**	**6966**	**6058**
# 国有及国有控股企业	367372	2219	629930	28171	425	362
一、按登记注册类型分组						
内资企业	403257	97532	1148221	1283696	5	5
国有企业	177007	2172	134979			
集体企业		26087	7600			
联营企业	374			5659		
有限责任公司	210055	37886	757890	641755		
国有独资公司	61069		124137			
其他有限责任公司	148987	37886	633753	641755		
股份有限公司	14948	6364	37186	172783		
私营企业	873	25023	209565	451274	5	5
私营独资企业						
私营有限责任公司	873	25023	180006	375349	5	5
私营股份有限公司			29559	75925		
其他企业			1000	12226		
港、澳、台商投资企业	1275		4008	4093	6961	
合资经营企业(港或澳、台资)	1275		628	1273	1161	
港、澳、台商独资经营企业			3380	2820	5800	
外商投资企业	8007			60		6053
中外合资经营企业	8007			60		362
外资企业						5691
二、按建筑业行业中类分组						
房屋建筑业	112207	81991	683937	993437		
土木工程建筑业	233487	5491	362252	145576	6175	5691
铁路、道路、隧道和桥梁工程建筑	192885	17	190658	69250		
水利和内河港口工程建筑	29635	672	110857	45213		
工矿工程建筑	2183		6401	6000		
架线和管道工程建筑	8250	4042	31594	11867	6175	5691
其他土木工程建筑	533	760	22741	13245		
建筑安装业	25300	9349	40433	75552	5	5
电气安装	12714	1250	17398	28226		
管道和设备安装	200		1000	3668		
其他建筑安装业	12386	8099	22035	43658	5	5
建筑装饰和其他建筑业	41545	701	65608	73285	786	362
建筑装饰业	21017	7	27761	42047	786	362
工程准备活动	529		7257	5078		
提供施工设备服务				5100		
其他未列明建筑业	20000	695	30590	21060		
三、按企业资质等级分组						
施工总承包	332294	88550	1014862	1124570		
特　　级	103216		407661	94134		
一　　级	173985	50232	314965	602167		
二　　级	45720	29552	224003	326039		
三级及以下	9374	8766	68233	102230		
专业承包	80245	8982	137367	163279	6966	6058
一　　级	51034	1617	28893	33623	425	362
二　　级	7890	5244	51015	45554	6161	5691
三级及以下	21322	2121	57459	84102	380	5

单位:万元

营业收入	主营业务收入	营业成本	主营业务成本	营业税金及附加	主营业务税金及附加	其他业务利润	销售费用	管理费用
26653588	**26519005**	**23614205**	**23421641**	**978091**	**969656**	**19252**	**88753**	**793192**
12782065	12693534	11700976	11610588	379606	374922	13918	2765	347450
26447240	26312687	23447931	23255368	971161	962726	19238	87600	784057
3688198	3679323	3301505	3287182	105370	103600	2469	465	147396
244380	244166	221808	199345	10763	10720		1969	8454
14255	13948	13301	13030	678	678	35		246
15970161	15885019	14308191	14201755	580997	576600	14044	42226	374495
1622982	1606318	1467150	1461775	57312	56319	10843	112	49637
14347180	14278701	12841041	12739980	523685	520282	3202	42114	324858
2343315	2320470	1973951	1954401	104261	104085	7	6643	121559
4076708	4059567	3530914	3501392	163939	161890	2653	35761	130930
98	98	52	52	1	1			29
3109107	3092094	2663620	2634098	127432	125384	2531	32437	112093
967503	967376	867242	867242	36506	36505	122	3324	18808
110223	110194	98263	98263	5154	5154	30	536	978
61967	61952	52898	52898	2759	2759	14	1153	2100
22866	22851	20463	20463	815	815	14	61	1035
39101	39101	32434	32434	1943	1943		1092	1065
144382	144366	113376	113376	4171	4171			7035
76008	76008	69307	69307	2307	2307			3004
68374	68358	44069	44068	1864	1864			4031
18827511	18771055	16748974	16640950	730207	726622	15592	52896	446328
6257446	6187012	5538816	5458589	188715	184360	2714	20860	263620
3701307	3637164	3330377	3257962	119611	116390	-8	15655	117811
1822421	1819300	1586196	1580295	44090	43977	1511	2185	104557
156168	154893	142722	142012	5278	4462	45	29	5308
409631	408753	333139	332071	13147	13110	460	1827	29314
167919	166902	146382	146249	6590	6422	706	1164	6630
753209	749917	630331	629135	27526	27233	125	4180	41763
293095	292747	241816	241484	11284	11144	49	1705	17839
10544	10511	8099	8099	349	349	33	146	1466
449570	446659	380416	379552	15893	15740	44	2329	22458
815422	811021	696084	692967	31642	31442	820	10818	41482
536981	535760	476497	475883	23046	22989	265	5654	17854
85052	84208	66710	66365	2987	2843	165	260	8458
10071	10071	8165	8165	510	510			1386
183318	180982	144712	142553	5100	5100	391	4904	13784
24747865	24621805	22020846	21833896	908530	900746	17920	71135	678833
9538758	9514644	8646477	8637708	283044	281896	13218	3930	280592
11479968	11382143	10200083	10084591	465790	461362	2162	38601	259682
2977786	2974682	2550180	2488505	124636	122915	1710	22518	108122
751353	750336	624106	623091	35059	34573	830	6086	30437
1905724	1897199	1593358	1587745	69561	68909	1332	17618	114360
891999	889528	798577	796790	32389	32267	425	2962	39121
593978	593508	470735	470645	21644	21637	203	6515	41508
419747	414164	324046	320311	15528	15005	705	8142	33731

4－17 续表 2

指　　标	#税金	财务费用	利息收入	#利息支出	资产减值损失	公允价值变动收益
总　　计	**35264**	**155584**	**75087**	**172282**	**6563**	**254**
# 国有及国有控股企业	6108	69584	70576	110752	5399	223
一、按登记注册类型分组						
内资企业	35120	155249	75276	171986	6571	254
国有企业	2803	46545	21016	50861	6195	
集体企业	910	987	6	872		
联营企业	4	20	19	1		
有限责任公司	15412	73207	51332	92007	280	259
国有独资公司	779	9591	4092	12059	731	223
其他有限责任公司	14633	63616	47240	79948	－452	36
股份有限公司	6416	9575	2109	9397	38	
私营企业	9551	24834	790	18793	59	－5
私营独资企业		15		15		
私营有限责任公司	8918	20371	544	14451	59	－5
私营股份有限公司	633	4447	246	4327		
其他企业	23	83	6	56		
港、澳、台商投资企业	15	334	11	144		
合资经营企业(港或澳、台资)	6	－3	3			
港、澳、台商独资经营企业	9	337	7	144		
外商投资企业	129	2	－200	152	－8	
中外合资经营企业	6	199	7	142	－8	
外资企业	124	－197	－207	10		
二、按建筑业行业中类分组						
房屋建筑业	24147	86171	59423	116875	938	253
土木工程建筑业	7920	64184	14692	52024	6197	－5
铁路、道路、隧道和桥梁工程建筑	4394	49518	5109	35213	940	
水利和内河港口工程建筑	1563	13107	9617	15311	4364	
工矿工程建筑	101	421	68	417	144	
架线和管道工程建筑	1076	507	－176	452	684	
其他土木工程建筑	787	631	73	632	66	－5
建筑安装业	2013	2878	203	1515	－521	
电气安装	519	356	48	325	275	
管道和设备安装	11	48	5	53		
其他建筑安装业	1483	2475	150	1138	－796	
建筑装饰和其他建筑业	1184	2352	769	1868	－52	6
建筑装饰业	739	1097	60	483	－238	
工程准备活动	120	745	96	474	6	
提供施工设备服务	14	4				
其他未列明建筑业	311	506	614	912	180	6
三、按企业资质等级分组						
施工总承包	31057	150446	73383	167635	6332	259
特　级	6447	57161	67240	104813	4594	223
一　级	13481	66656	3734	42651	1313	30
二　级	9344	22092	2347	16245	423	6
三级及以下	1784	4537	61	3925	3	
专业承包	4207	5138	1704	4647	231	－5
一　级	1951	1874	790	1153	－371	
二　级	1387	1057	229	1322	195	
三级及以下	870	2207	685	2173	406	－5

单位:万元

投资收益	营业利润	营业外收入	补贴收入	营业外支出	利润总额	应交所得税	应付职工薪酬(本年贷方累计发生额)	建筑业企业在境外完成的营业收入
88774	**1118396**	**21300**	**2622**	**9076**	**1129347**	**218115**	**4666217**	**871109**
69989	353759	15770	2106	4308	364965	61615	2086080	788877
88774	1095867	20033	2622	8767	1105859	212474	4631430	871109
5082	85950	6215	482	1132	91032	13174	496962	554150
83	554			1	554	476	44538	
	11				11	5	2112	
82630	684950	11930	1780	5578	690876	131112	2836832	305848
11311	50472	2831		1549	51755	10325	220616	4137
71318	634478	9100	1780	4030	639122	120787	2616216	301711
41	127838	730	310	451	127866	28070	461392	
937	191437	1157	50	1595	190318	38345	757646	11111
	1			1			55	
-1420	151904	1155	50	1446	150931	30940	562046	11111
2357	39533	2		148	39387	7405	195545	
	5127			10	5203	1293	31947	
	2724	25		5	2744	650	14345	
	495				495	87	4910	
	2229	25		5	2249	562	9435	
	19805	1243		304	20744	4991	20442	
	1199	961		49	2111	159	3657	
	18606	282		255	18633	4832	16785	
82084	844156	12423	1524	5221	850915	164051	3507825	263262
6324	192658	5816	748	2344	195411	36880	902384	605986
5689	79580	3033	730	1646	80961	17453	569337	94984
588	73300	254		237	73318	9252	186878	511002
	2266	14			1566	247	28897	
73	31085	2479		429	33136	8384	79592	
-26	6426	35	18	31	6430	1544	37680	
83	46583	854	32	270	47326	11721	135797	1837
	19821	57		138	19740	4482	75019	
	350			12	441	79	1836	
83	26413	796	32	120	27145	7160	58942	1837
282	34999	2209	318	1241	35695	5462	120211	24
22	14237	1448		1069	14616	2685	74436	
	5888	45		55	5878	1581	12130	
	7				7	2	987	
261	14867	715	318	116	15195	1195	32658	24
89766	1005934	17845	2262	7005	1015599	194743	4345741	861642
69463	332424	9404	1969	3152	338675	58557	1531209	675564
21320	472777	6937	147	2473	477242	102978	2156535	150604
-1017	149464	1474	146	1360	149136	22789	528074	35473
	51270	31		20	50546	10419	129923	
-992	112461	3455	360	2071	113748	23371	320476	9467
-1209	23889	1751		191	25444	4547	136478	5790
243	52528	830		1419	51956	12721	98740	
-26	36044	874	360	461	36349	6104	85259	3678

5 财政、金融、保险

长沙统计年鉴

5－1 主要年份财政收支情况

单位:万元

年份	辖区内财政收入	#财政总收入	上划中央两税	地方财政收入	公共财政预算收入	国土收入	所得税净上划收入	公共财政预算支出
1994	…	231865	91711	140154	134875	5282		152093
1995	518409	287494	98314	189180	179864	9316		216021
1996	675251	374213	119022	255191	245965	9226		273809
1997	787809	375994	119610	256384	250306	6078		280728
1998	910694	422279	119613	302666	294507	8159		329659
1999	991512	454291	130630	323661	316691	6970		362715
2000	1096493	504342	150260	354082	344491	9591		414336
2001	1239745	617997	170220	447777	421620	26157		523252
2002	1369867	754759	204719	550040	460682	35768	53590	625493
2003	1612343	1027631	234356	793275	598930	114311	80034	784168
2004	2051400	1331234	287636	1043598	806555	104542	132501	1005542
2005	2524803	1730364	336548	1393816	1080572	135778	177466	1330503
2006	2966297	2171904	401804	1770100	1328345	183528	258229	1671873
2007	5062048	2663841	486275	2625198	1745761	550501	328936	2181733
2008	5989800	3188656	552269	3422139	2055700	933144	433295	2605584
2009	6856000	3729724	663675	4060314	2462933	1123813	473568	3140820
2010	8482000	5112800	830606	5063172	3142836	1346962	573374	4033349
2011	11014000	6889551	1024740		4257827	2395757		5208876
2012	12453330	7965760	1148368		4906482	2651327		6246207
2013	14203395	8838849	1330601		5366331	4114049		7018238

注:1. 2009 年以前财政总收入＝上划中央两税＋公共财政预算收入＋上划所得税;地方财政收入＝公共财政预算收入＋国土收入＋所得税净上划收入。

2. 2010 年以后财政总收入＝公共财政预算收入＋上划中央收入＋上划省级收入。

3. 从 2011 年开始不再按地方财政收入、所得税净上划收入口径统计。

4. 从 2012 年起,原一般预算收入和一般预算支出分别改名为公共财政预算收入和公共财政预算支出。

5－2 主要年份财政收支增长速度

单位:%

年 份	辖区内财政收入	# 财政总收入	上划中央两税	地方财政收入	# 公共财政预算收入	公共财政预算支出
1995	…	24.0	7.2	35.0	33.4	42.0
1996	30.3	30.2	21.1	34.9	36.8	26.8
1997	16.7	0.5	0.5	0.5	1.8	2.5
1998	15.6	12.3		18.1	17.7	17.4
1999	8.9	7.6	9.2	6.9	7.5	10.0
2000	10.6	11.0	15.0	9.4	8.8	14.2
2001	13.1	22.5	13.3	26.5	22.4	26.3
2002	10.5	22.1	20.3	22.8	22.0	19.5
2003	17.7	36.2	14.5	44.2	33.2	25.4
2004	27.2	29.5	22.7	31.6	34.7	28.2
2005	23.1	30.0	17.0	33.6	34.0	32.3
2006	17.5	25.5	19.4	27.0	22.9	25.7
2007		43.3	21.0	48.3	31.4	30.5
2008	18.3	19.7	13.6	30.4	17.8	19.4
2009	14.5	17.0	20.2	18.6	19.8	20.5
2010	23.7	28.1	25.2	27.2	31.2	28.4
2011	29.9	34.8	23.4		35.5	29.1
2012	13.1	15.6	12.1		15.2	19.9
2013	14.1	11.0 同口径为19.5	15.9		9.4 同口径为23.8	12.4

注:因口径变化,2006年、2007年辖区内公共财政预算收入不具可比性。

5－3 财 政 收 入

单位:万元

指　　标	2013 年	2012 年	2013 年比 2012 年 ±%
上划中央“两税”	1330601	1148368	15.9
公共财政预算收入	5366331	4906482	9.4 同口径为 23.8
增值税	338015	260885	29.6
营业税	1462161	1243894	17.5
企业所得税	425491	390218	9.0
企业所得税退税			
个人所得税	173762	157569	10.3
资源税	2768	2170	27.6
固定资产投资方向调节税			
城市维护建设税	343649	310127	10.8
房产税	141483	123215	14.8
印花税	69889	65943	6.0
城镇土地使用税	84172	89988	－6.5
土地增值税	295153	264841	11.4
车船税	41716	33931	22.9
耕地占用税	162054	108322	49.6
烟叶税	11767	13516	－12.9
契税	411357	302925	35.8
国有资本经营收入	6873	33657	－79.6
国有资源(资产)有偿使用收入	722495	446504	61.8
行政性收费	299071	771591	－61.2
罚没收入	93772	72877	28.7
专项收入	164858	127034	29.8
其他收入	115825	87275	32.7
基金收入	4604413	2827932	62.8

5－4 财 政 支 出

单位:万元

指 标	2013 年	2012 年	2013 年比 2012 年 ±%
公共财政预算支出	7018238	6246207	12.4
一般公共服务	1184876	955208	24.0
科学技术	202244	167458	20.8
交通运输	205248	161577	27.0
农林水事务	533732	400387	33.3
环境保护	214859	184592	16.4
城乡社区事务	1545246	1354076	14.1
文化体育与传媒	102290	76739	33.3
教育支出	1187445	1166756	1.8
医疗卫生支出	345888	308218	12.2
社会保障和就业	506539	536018	-5.5
公共安全	391250	344317	13.6
外交支出			
其他支出	598621	590861	1.3
基金支出合计	4557586	2608884	74.7

5-5 主要年份金融统计指标

单位:亿元

年份	各项存款余额	#单位存款	#城乡居民储蓄存款	各项贷款余额	#短期贷款	#中长期贷款	金融机构现金收入	金融机构现金支出
1994	235.31	92.38	132.80	180.85	145.33	24.21	551.17	524.00
1995	306.02	118.31	183.27	240.84	176.71	31.56	744.79	702.28
1996	399.57	171.89	218.20	350.59	233.68	57.65	975.52	925.51
1997	449.56	199.83	241.43	379.24	277.16	72.28	1089.89	1026.96
1998	594.69	236.92	269.43	468.90	279.30	111.78	1458.91	1385.18
1999	723.57	318.54	346.12	588.87	382.74	159.03	1713.90	1653.39
2000	826.18	375.55	373.22	631.57	378.29	184.48	2071.52	1999.02
2001	986.84	437.35	444.10	778.28	447.47	264.61	2700.00	2628.25
2002	1232.98	511.05	544.99	1207.42	555.09	550.23	3256.52	3199.36
2003	1598.70	675.87	704.85	1629.42	680.13	859.68	3879.22	3816.46
2004	1960.23	796.00	800.89	1851.38	775.58	1016.02	4693.52	4617.28
2005	2322.32	906.64	954.42	2055.35	751.94	1209.74	5224.37	5132.34
2006	2756.80	1119.62	1093.04	2482.50	854.34	1495.71	5643.60	5545.70
2007	3267.46	1407.68	1177.17	2982.40	967.88	1904.50	6733.67	6624.72
2008	3869.21	1596.72	1494.93	3516.27	1083.35	2275.10	6623.40	6521.09
2009	5325.84	2474.75	1881.32	5200.76	1201.37	3751.76	7701.77	7574.57
2010	6427.95	2867.63	2172.08	6353.68	1371.86	4846.59	9397.88	9269.14
2011	7364.26	4381.00	2526.93	7483.83	1708.80	5698.04		
2012	8800.66	5184.68	3004.07	8518.93	1957.10	6393.43		
2013	10148.76	5937.48	3507.51	9633.02	2331.67	7165.55		

注:从2011年开始人民银行不再统计金融机构现金收入和金融机构现金支出。

5-6 金融机构消费贷款

单位:万元

指标	2013年	
	年末余额	比年初±额
消费贷款总计	15423146	2040933
短期个人消费贷款	895417	-79203
住房贷款	264	-48
汽车贷款	8913	3401
助学贷款	1216	606
其他贷款	885025	-83162
中长期个人消费贷款	14527729	2120136
住房贷款	13139772	1979544
汽车贷款	154656	29486
助学贷款	109380	11803
其他贷款	1123922	99303

5－7 金融机构存贷款(本外币)

单位:亿元

指 标	2013年		指 标	2013年	
	年末余额	比年初±额		年末余额	比年初±额
各项存款	10148.76	1345.90	各项贷款	9633.02	1070.23
一、单位存款	5937.48	752.64	一、境内贷款	9587.60	1064.29
# 活期存款	2907.28	184.77	1. 短期贷款	2331.67	330.72
定期存款	1576.30	364.30	2. 中长期贷款	7165.55	772.13
二、个人存款	3507.51	500.41	3. 融资租赁		
三、财政性存款	430.51	60.53	4. 票据融资	82.33	-41.44
四、临时性存款	19.61	5.32	5. 各项垫款	8.04	2.89
五、委托存款	66.25	40.18	二、境外贷款	45.42	5.94
六、其他存款	187.40	-13.18			

5－8 金融机构存贷款(人民币)

单位:亿元

指 标	2013年		指 标	2013年	
	年末余额	比年初±额		年末余额	比年初±额
各项存款	10077.24	1343.61	各项贷款	9344.00	1033.07
一、单位存款	5891.58	751.89	一、境内贷款	9337.96	1033.72
# 活期存款	2874.72	181.99	1. 短期贷款	2235.72	345.67
定期存款	1572.11	362.54	2. 中长期贷款	7013.03	726.33
二、个人存款	3482.97	498.68	3. 融资租赁		
三、财政性存款	430.74	60.51	4. 票据融资	82.34	-41.45
四、临时性存款	18.71	5.81	5. 各项垫款	6.87	3.16
五、委托存款	66.19	40.17	二、境外贷款	6.04	-0.66
六、其他存款	187.04	-13.46			

5-9 财产保险公司业务主要指标(2013年)

单位:万元

指 标	保费收入	赔款支出
合 计	**643850**	**317991**
1. 企业财产保险	51241	16222
2. 家庭财产保险	2501	274
3. 机动车辆保险	485557	262657
4. 工程保险	10284	3461
5. 责任保险	18295	6925
6. 信用保险	15086	6884
7. 保证保险	19758	1956
# 机动车辆消费贷款保证保险		3
个人贷款抵押房屋保证保险	276	1
8. 船舶保险	459	263
9. 货物运输保险	4864	1996
10. 特殊风险保险	287	16
11. 农业保险	12191	9568
12. 健康险	3872	1203
13. 意外伤害保险	14374	4087
14. 其他险	5081	2479

5－10 人寿保险公司业务主要指标(2013 年)

单位:万元

指标	2013 年
一、原保险保费收入	745707
1. 寿险小计	623348
2. 意外伤害险小计	29586
(1)一年期以内业务	4219
(2)一年期业务	23307
(3)一年期以上业务	2059
3. 健康险小计	92772
二、赔付支出	183871
1. 赔款支出	20453
(1)意外伤害险	5325
一年期以内业务	230
一年期业务	5096
(2)一年期以内及一年期健康险	15127
个人业务	5911
团体业务	9216
2. 死伤医疗给付	30900
(1)寿险	10883
个人业务	10507
团体业务	375
(2)一年期以上健康险	20018
个人业务	9495
团体业务	10523
3. 满期给付	106043
(1)寿险	105648
个人业务	104702
其中:年金保险	472
团体业务	946
其中:年金保险	
(2)一年期以上健康险	395
个人业务	395
团体业务	
4. 年金给付	26475
(1)个人业务	22025
其中:年金保险	16681
(2)团体业务	4449
其中:年金保险	4446
三、退保金	113369
1. 寿险	110682
(1)个人业务	109519
其中:年金保险	7583
(2)团体业务	1163
其中:年金保险	1113
2. 一年期以上健康险	2688

6 物价指数

6-1　历年物价总指数

（以上年价格为100）

年份	商品零售价格指数		居民消费价格指数		服务项目价格指数	
	全市	#市区	全市	#市区	全市	#市区
1951		105.6				
1952		97.4				
1953		107.6		109.6		105.7
1954		104.8		104.8		100.5
1955		100.9		100.2		100.2
1956		100.2		99.9		94.4
1957		103.9		104.9		96.2
1958		98.5		98.6		99.7
1959		101.0		100.8		99.3
1960		103.0		102.7		100.0
1961		128.8		123.6		100.5
1962		92.2		93.2		103.4
1963		84.9		85.8		95.0
1964		95.4		95.3		94.2
1965		97.9		97.7		95.9
1966		100.1		99.4		92.8
1967		100.9		100.7		98.1
1968		99.7		99.7		100.0
1969		100.5		100.5		100.0
1970		99.3		99.4		100.0
1971		99.8		99.9		100.0
1972		99.9		99.9		99.9
1973		100.3		99.8		94.7
1974		99.8		99.6		97.9
1975		100.1		100.1		100.0
1976		100.0		99.9		97.8
1977		100.1		99.5		94.0
1978		99.9		99.6		96.4
1979		101.3		101.3		101.7
1980		107.7		107.2		101.7
1981		101.6		101.7		102.9
1982		101.8		101.7		101.1
1983		101.4		101.8		106.9
1984		103.5		103.7		106.1
1985		112.7		112.2		107.4

6－1 续表

年份	商品零售价格指数		居民消费价格指数		服务项目价格指数	
	全市	#市区	全市	#市区	全市	#市区
1986		105.3		105.4		106.5
1987		109.8		109.6		107.7
1988		124.9		123.7		111.2
1989		115.4		115.8		120.3
1990		100.2		101.5		113.3
1991		106.5		106.9		110.3
1992		111.8		114.0		128.5
1993		118.4		119.7		127.6
1994		119.0		123.8		133.7
1995		114.0		117.1		119.2
1996		105.4		106.9		111.6
1997		100.8		103.5		112.3
1998		98.5		101.2		112.6
1999		98.4		100.2		112.6
2000		100.7		101.7		111.1
2001		98.2		98.4		103.1
2002		98.6		99.2		102.2
2003		99.2		100.9		101.1
2004		101.3		103.2		102.4
2005		100.4		101.9		102.9
2006	101.2	101.1	101.2	101.1	101.2	101.0
2007	104.5	102.3	105.9	104.9	102.0	101.9
2008	106.3	103.9	106.3	105.2	101.3	101.4
2009	98.2	97.7	99.5	99.4	101.2	100.5
2010	103.5	103.8	103.1	102.9	101.9	101.3
2011	105.5	105.4	105.5	105.5	103.7	103.6
2012	101.7	101.5	102.0	102.3	101.5	102.1
2013	101.7	101.2	102.6	102.8	102.6	104.0

6-2 重要年份定基物价指数

年 份	基 期	居民消费价格指数	商品零售价格指数
1952	以 1950 年为 100		102.9
1957	以 1950 年为 100	124.0	121.7
	以 1952 年为 100	120.6	118.3
1965	以 1950 年为 100	136.5	136.1
	以 1952 年为 100	132.7	132.3
	以 1957 年为 100	110.1	111.8
1970	以 1950 年为 100	138.6	138.9
	以 1952 年为 100	134.7	135.0
	以 1957 年为 100	111.8	114.1
	以 1965 年为 100	101.5	102.1
1978	以 1950 年为 100	136.0	138.8
	以 1952 年为 100	132.2	134.9
	以 1957 年为 100	109.6	114.0
	以 1965 年为 100	99.6	102.0
	以 1970 年为 100	98.1	99.9
1980	以 1950 年为 100	147.7	151.4
	以 1952 年为 100	143.6	147.2
	以 1957 年为 100	119.1	124.4
	以 1965 年为 100	108.2	111.3
	以 1970 年为 100	106.6	109.0
	以 1978 年为 100	108.7	109.1
1990	以 1950 年为 100	308.8	309.1
	以 1952 年为 100	291.9	300.5
	以 1957 年为 100	249.0	254.0
	以 1965 年为 100	227.7	230.5
	以 1970 年为 100	224.1	225.9
	以 1978 年为 100	223.7	223.0
	以 1980 年为 100	205.9	204.4
2000	以 1950 年为 100	733.5	613.4
	以 1952 年为 100	713.2	596.3
	以 1957 年为 100	591.5	504.1
	以 1965 年为 100	537.3	450.9
	以 1970 年为 100	529.3	441.6
	以 1978 年为 100	539.6	442.1
	以 1980 年为 100	496.6	405.2
	以 1990 年为 100	241.3	198.3
	以 1995 年为 100	114.1	103.7
2005	以 1950 年为 100	759.8	605.3
	以 1952 年为 100	738.7	582.6
	以 1957 年为 100	612.7	492.4
	以 1965 年为 100	556.5	440.4
	以 1970 年为 100	548.3	431.4
	以 1978 年为 100	558.9	431.9
	以 1980 年为 100	514.3	395.8
	以 1990 年为 100	249.9	193.7
	以 1995 年为 100	118.2	101.3
	以 2000 年为 100	105.3	100.5

6－2 续表

年 份	基 期	居民消费价格指数	商品零售价格指数
2009	以1950年为100	842.5	635.5
	以1952年为100	819.2	611.6
	以1957年为100	679.5	517.0
	以1965年为100	617.2	462.0
	以1970年为100	607.9	452.9
	以1978年为100	619.8	453.4
	以1980年为100	570.4	415.5
	以1990年为100	277.1	203.4
	以1995年为100	131.0	106.4
	以2000年为100	119.5	105.6
	以2005年为100	111.9	106.6
2010	以1950年为100	866.9	659.6
	以1952年为100	843.0	634.8
	以1957年为100	699.2	536.6
	以1965年为100	635.1	479.6
	以1970年为100	625.5	470.1
	以1978年为100	637.8	470.6
	以1980年为100	586.9	431.3
	以1990年为100	285.1	211.1
	以1995年为100	134.8	110.4
	以2000年为100	123.0	109.6
	以2005年为100	116.9	111.5
2011	以1950年为100	914.6	695.2
	以1952年为100	889.3	669.1
	以1957年为100	737.7	565.6
	以1965年为100	670.0	505.5
	以1970年为100	659.9	495.5
	以1978年为100	672.9	496.0
	以1980年为100	619.2	454.6
	以1990年为100	300.8	222.5
	以2000年为100	129.7	115.5
	以2005年为100	121.5	117.5
	以2010年为100	105.5	105.4
2012	以1950年为100	935.6	705.6
	以1952年为100	909.8	679.1
	以1957年为100	754.7	574.1
	以1965年为100	685.4	513.1
	以1970年为100	675.1	502.9
	以1978年为100	688.4	503.4
	以1980年为100	633.4	461.4
	以1990年为100	307.7	225.8
	以2000年为100	132.7	117.2
	以2005年为100	124.3	119.3
	以2010年为100	108.1	106.8
2013	以1950年为100	961.8	714.1
	以1952年为100	935.3	687.2
	以1957年为100	775.8	581.0
	以1965年为100	704.6	519.3
	以1970年为100	694.0	508.9
	以1978年为100	707.7	509.4
	以1980年为100	651.1	466.9
	以1990年为100	316.3	228.5
	以2000年为100	136.4	118.6
	以2005年为100	127.8	120.7
	以2010年为100	112.6	109.3

6-3 商品零售价格指数(2013年)

(以上年价格为100)

项目	长沙市	#市区	项目	长沙市	#市区
商品零售价格总指数	**101.7**	**101.2**	15.其它食品	101.8	106.5
一、食品	104.2	104.0	二、饮料、烟酒	103.7	101.5
1.粮食	105.3	104.8	三、服装、鞋帽	102.4	102.3
2.淀粉及制品	105.1	105.1	四、纺织品	101.1	100.9
3.干豆类及豆制品	105.9	105.9	五、家用电器及音像器材	99.3	99.7
4.油脂	102.9	102.0	六、文化办公用品	99.9	100.2
5.肉禽及其制品	104.4	104.7	七、日用品	100.6	100.3
6.蛋	104.2	104.2	八、体育娱乐用品	101.6	101.0
7.水产品	103.8	105.0	九、交通、通信用品	98.0	96.6
8.菜	103.5	99.6	十、家具	102.4	103.8
9.调味品	104.2	104.2	十一、化妆品	100.7	100.6
10.糖	100.5	100.5	十二、金银珠宝	92.3	92.4
11.干鲜瓜果	107.5	102.2	十三、中西药品及医疗保健用品	102.4	102.5
12.糕点饼干面包	100.7	103.9	十四、书报杂志及电子出版物	100.8	100.1
13.液体乳及乳制品	102.7	98.8	十五、燃料	98.9	99.1
14.在外用膳食品	104.3	105.1	十六、建筑材料及五金电料	101.8	101.3

6－4 居民消费价格指数(2013年)

(以上年价格为100)

项　目	长沙市	#市区	项　目	长沙市	#市区
居民消费价格总指数	**102.6**	**102.8**			
一、食品	104.1	104.0	4.衣着加工服务费	115.1	126.1
1.粮食	105.3	104.8	四、家庭设备用品及维修服务	101.8	102.6
2.淀粉及制品	105.1	105.1	1.耐用消费品	100.5	100.8
3.干豆类及豆制品	105.9	105.9	2.室内装饰品	100.9	101.4
4.油脂	102.9	102.0	3.床上用品	100.4	100.4
5.肉禽及其制品	104.4	104.7	4.家庭日用杂品	101.8	102.4
6.蛋	104.2	104.2	5.家庭服务及加工维修服务	109.3	114.4
7.水产品	103.8	105.0	五、医疗保健和个人用品	101.4	101.8
8.菜	103.5	99.6	1.医疗保健	101.7	102.0
9.调味品	104.2	104.2	2.个人用品及服务	100.5	101.3
10.糖	100.5	100.5	六、交通和通信	100.0	99.3
11.茶及饮料	102.2	102.2	1.交通	100.1	98.8
12.干鲜瓜果	107.5	103.9	2.通信	99.8	100.0
13.糕点饼干面包	100.7	98.8	七、娱乐教育文化用品及服务	102.2	102.9
14.液体乳及乳制品	102.7	105.1	1.文娱用耐用消费品及服务	99.5	99.5
15.在外用膳食品	104.3	106.5	2.教育	102.7	103.2
16.其他食品	101.8	100.5	3.文化娱乐类	100.5	100.2
二、烟酒	104.3	101.1	4.旅游	104.9	107.7
1.烟草	105.2	100.5	八、居住	102.2	103.4
2.酒	102.6	102.4	1.建房及装修材料	101.7	100.6
三、衣着	102.6	102.8	2.住房租金	101.5	102.9
1.服装	102.9	102.6	3.自有住房	103.3	106.2
2.衣着材料	104.4	103.7	4.水、电、燃料	99.7	100.4
3.鞋袜帽	101.0	102.0			

6－5　城市居民消费价格定基指数(2013 年)

(以 2010 年价格为 100)

项　　目	以 2010 年价格为 100	项　　目	以 2010 年价格为 100
居民消费价格总指数	**112.6**		
一、食品	121.2	4. 衣着加工服务	145.6
1. 粮食	129.1	四、家庭设备用品及维修服务	107.9
2. 淀粉及制品	103.9	1. 耐用消费品	102.2
3. 干豆类及豆制品	121.3	2. 室内装饰	102.8
4. 油脂	121.6	3. 床上用品	100.9
5. 肉禽及其制品	126.3	4. 家庭日用杂品	107.2
6. 蛋	128.6	5. 家庭服务及加工维修服务	159.7
7. 水产品	124.8	五、医疗保健和个人用品	108.2
8. 菜	116.1	1. 医疗保健	108.0
9. 调味品	116.6	2. 个人用品及服务	108.5
10. 糖	107.3	六、交通和通信	101.3
11. 茶及饮料	106.4	1. 交通	103.0
12. 干鲜瓜果	128.3	2. 通信	99.0
13. 糕点饼干面包	97.5	七、娱乐教育文化用品及服务	111.1
14. 奶及奶制品	110.1	1. 文娱用耐用消费品及服务	99.7
15. 在外用膳食品	118.7	2. 教育	110.2
16. 其他食品	100.3	3. 文化娱乐用品	100.9
二、烟酒	104.0	4. 旅游及外出	136.4
1. 烟草	102.3	八、居住	114.4
2. 酒	107.6	1. 建房及装修材料	111.9
三、衣着	106.6	2. 住房租金	112.3
1. 服装	106.9	3. 自有住房	117.6
2. 衣着材料	105.1	4. 水、电、燃料	111.1
3. 鞋袜帽	103.9		

注:从 2011 年开始,居民消费价格定期指数以 2010 年作为基期。

6－6　城市商品零售价格定基指数(2013年)

(以2010年价格为100)

项　　目	以2010年价格为100	项　　目	以2010年价格为100
商品零售价格总指数	**109.3**		
一、食品	121.2	15.其它食品	100.3
1.粮食	129.1	二、饮料、烟酒	105.1
2.淀粉及制品	103.9	三、服装、鞋帽	105.9
3.干豆类及豆制品	121.3	四、纺织品	101.3
4.油脂	121.6	五、家用电器及音像器材	99.5
5.肉禽及其制品	126.3	六、文化办公用品	102.6
6.蛋	128.6	七、日用品	104.1
7.水产品	124.8	八、体育娱乐用品	103.9
8.菜	116.1	九、交通、通信用品	93.1
# 鲜菜	115.7	十、家具	108.9
9.调味品	116.6	十一、化妆品	101.7
10.糖	107.3	十二、金银珠宝	99.6
11.干鲜瓜果	128.3	十三、中西药品及医疗保健用品	109.0
12.糕点饼干面包	97.5	十四、书报杂志及电子出版物	100.1
13.奶及奶制品	110.1	十五、燃料	122.5
14.在外用膳食品	118.7	十六、建筑材料及五金电料	111.9

注:从2011年开始,商品零售价格定期指数以2010年作为基期。

6-7　居民消费价格指数(分月)(2013年)

(以上年同月为100)

项　　目	一月	二月	三月	四月	五月	六月	七月	八月	九月	十月	十一月	十二月
居民消费价格总指数	**101.0**	**102.0**	**101.4**	**101.9**	**101.7**	**102.3**	**102.8**	**103.2**	**104.0**	**104.0**	**103.8**	**103.5**
一、食品	100.2	103.2	101.3	103.2	102.3	103.1	104.0	105.8	107.6	107.3	106.4	105.2
1.粮食	103.8	104.2	105.2	105.5	105.2	105.1	106.0	105.9	105.7	105.7	105.8	105.6
2.淀粉及制品	101.4	102.9	105.5	105.5	104.7	106.0	106.2	106.6	105.9	105.8	105.7	105.5
3.干豆类及豆制品	105.1	104.5	105.7	105.8	105.1	105.7	105.4	105.5	106.3	106.6	107.4	107.3
4.油脂	101.2	102.4	103.5	103.5	103.2	103.0	103.4	103.9	103.0	102.8	102.5	102.7
5.肉禽及其制品	99.5	104.4	102.8	101.0	101.5	103.8	104.9	106.6	108.4	107.3	106.7	105.8
6.蛋	104.5	108.1	106.3	101.9	108.6	105.0	102.8	106.3	103.9	102.0	101.9	100.3
7.水产品	106.6	112.9	104.5	104.0	102.1	99.9	99.5	102.7	103.3	102.8	103.5	104.7
8.菜	95.6	100.2	84.2	100.2	94.2	95.7	99.8	111.6	121.6	123.5	117.0	106.9
9.调味品	107.2	107.1	101.2	101.1	101.1	101.1	103.8	103.8	105.2	106.6	106.6	105.4
10.糖	99.7	99.4	99.6	100.0	100.2	101.3	101.3	101.3	100.5	100.5	100.8	100.9
11.茶及饮料	102.7	101.2	102.4	103.1	102.5	101.8	102.1	101.6	102.1	102.6	102.4	102.4
12.干鲜瓜果	93.8	101.3	106.8	109.2	107.8	108.9	110.5	109.8	112.2	111.4	109.9	110.7
13.糕点饼干面包	101.0	101.5	101.5	100.5	100.5	100.3	101.7	100.9	100.9	100.0	99.8	99.6
14.液体乳及乳制品	99.8	100.6	100.5	102.4	102.8	102.4	102.6	103.6	104.3	104.4	104.0	104.9
15.在外用膳食品	102.1	102.2	104.5	104.7	104.9	104.9	104.9	104.3	104.7	104.7	104.7	104.7
16.其它食品	102.0	102.3	102.4	102.6	102.6	102.2	101.8	101.7	101.5	101.2	101.0	100.9
二、烟酒	105.8	105.4	105.2	104.8	105.2	105.7	105.9	104.3	104.0	103.1	102.8	100.1
三、衣着	101.9	101.9	102.3	102.8	102.8	102.9	102.9	102.7	102.9	103.0	102.9	102.8
四、家庭设备用品及维修服务	101.7	101.7	101.6	101.7	101.6	101.9	101.6	101.4	101.6	102.2	102.1	102.3
五、医疗保健和个人用品	101.7	101.7	101.7	101.3	101.3	101.1	100.8	101.2	101.3	101.5	101.6	101.5
六、交通和通信	99.3	99.7	99.4	98.7	98.6	100.0	100.8	100.8	100.5	100.3	100.7	101.4
七、娱乐教育文化用品服务	101.0	101.2	101.3	101.0	101.0	101.3	101.6	101.6	102.8	104.0	104.6	104.9
八、居住	101.7	101.1	101.3	101.4	101.9	102.7	103.2	102.5	102.6	102.5	102.7	103.0

注:本表数据为省反馈数据,包括县(市)、区数据。

6－8 城市居民消费价格指数(分月)(2013年)

(以上年同月为100)

项 目	一月	二月	三月	四月	五月	六月	七月	八月	九月	十月	十一月	十二月
居民消费价格总指数	**100.8**	**101.6**	**101.1**	**102.2**	**101.7**	**102.4**	**103.0**	**103.4**	**104.3**	**104.5**	**104.5**	**104.2**
一、食品	98.9	102.0	100.6	104.0	102.0	102.8	104.1	105.9	107.8	107.8	107.1	105.6
1.粮食	102.6	105.1	105.6	105.4	105.5	105.5	105.5	104.8	104.5	104.6	104.5	104.5
2.淀粉及制品	101.4	102.9	105.5	105.5	104.7	106.0	106.2	106.6	105.9	105.8	105.7	105.5
3.干豆类及豆制品	105.1	104.5	105.7	105.8	105.1	105.7	105.4	105.5	106.3	106.6	107.4	107.3
4.油脂	101.3	102.7	102.7	102.7	102.8	101.9	102.1	102.3	101.1	101.4	101.5	101.9
5.肉禽及其制品	99.4	103.4	102.6	102.1	102.9	104.2	105.2	107.6	109.0	107.6	106.9	105.6
6.蛋	104.0	109.5	104.9	104.1	107.2	102.9	102.4	107.1	105.3	102.7	101.6	98.8
7.水产品	108.4	111.8	107.6	105.8	103.0	104.2	104.2	103.6	103.0	103.2	102.9	103.2
8.菜	91.4	96.7	80.2	103.3	88.2	89.4	96.8	105.3	116.7	118.5	114.5	104.0
9.调味品	107.2	107.1	101.2	101.1	101.1	101.1	103.8	103.8	105.2	106.6	106.6	105.4
10.糖	99.7	99.4	99.6	100.0	100.2	101.3	101.3	101.3	100.5	100.5	100.8	100.9
11.茶及饮料	102.7	101.2	102.4	103.1	102.5	101.8	102.1	101.6	102.1	102.6	102.4	102.4
12.干鲜瓜果	87.8	93.9	101.1	103.4	103.6	106.1	106.0	106.9	108.5	109.7	111.1	111.7
13.糕点饼干面包	100.1	99.7	99.8	97.8	97.8	97.3	100.2	99.9	99.8	98.0	97.6	97.5
14.液体乳及乳制品	100.5	102.3	101.9	105.0	105.8	105.2	105.0	106.0	107.4	107.5	106.7	108.4
15.在外用膳食品	101.8	102.4	106.8	106.9	106.9	107.0	107.0	107.0	107.8	107.9	107.9	107.9
16.其它食品	100.0	100.3	100.4	100.5	100.5	100.5	100.5	100.5	100.8	100.8	100.5	100.5
二、烟酒	102.4	101.7	101.5	100.6	101.2	101.7	101.8	101.2	101.4	100.2	99.8	99.6
三、衣着	102.1	102.2	102.4	102.6	102.7	103.0	103.0	103.1	103.1	103.2	103.2	103.0
四、家庭设备用品及维修服务	102.7	102.7	102.6	102.6	102.3	102.9	102.6	102.4	102.3	102.8	102.7	103.1
五、医疗保健和个人用品	102.1	101.9	101.7	101.5	101.5	101.5	101.6	101.6	101.6	102.0	102.0	102.1
六、交通和通信	98.4	98.9	98.2	97.6	97.4	99.0	99.9	100.4	100.1	100.0	100.6	101.2
七、娱乐教育文化用品及服务	100.6	101.0	100.8	100.3	100.5	101.1	101.6	101.7	104.1	106.5	107.8	108.3
八、居住	103.3	102.1	102.6	103.0	103.7	104.6	104.4	103.3	103.6	103.4	103.1	103.4

6-9 商品零售价格指数(分月)(2013年)

(以上年同月为100)

项目	一月	二月	三月	四月	五月	六月	七月	八月	九月	十月	十一月	十二月
商品零售价格总指数	**100.9**	**101.6**	**100.6**	**100.7**	**100.5**	**101.4**	**102.2**	**102.5**	**102.9**	**102.7**	**102.5**	**102.3**
一、食品	100.4	103.3	101.5	103.2	102.3	103.1	104.1	105.9	107.7	107.4	106.6	105.4
1. 粮食	103.8	104.2	105.2	105.5	105.2	105.1	106.0	105.9	105.7	105.7	105.8	105.6
2. 淀粉及制品	101.4	102.9	105.5	105.5	104.7	106.0	106.2	106.6	105.9	105.8	105.7	105.5
3. 干豆类及豆制品	105.1	104.5	105.7	105.8	105.1	105.7	105.4	105.5	106.3	106.6	107.4	107.3
4. 油脂	101.2	102.4	103.5	103.5	103.2	103.0	103.4	103.9	103.0	102.8	102.5	102.7
5. 肉禽及其制品	99.5	104.4	102.8	101.0	101.5	103.8	104.9	106.6	108.4	107.3	106.7	105.8
6. 蛋	104.5	108.1	106.3	101.9	108.6	105.0	102.8	106.3	103.9	102.0	101.9	100.3
7. 水产品	106.6	112.9	104.5	104.0	102.1	99.9	99.5	102.7	103.3	102.8	103.5	104.7
8. 菜	95.6	100.2	84.2	100.2	94.2	95.7	99.8	111.6	121.6	123.5	117.0	106.9
9. 调味品	107.2	107.1	101.2	101.1	101.1	101.1	103.8	103.8	105.2	106.6	106.6	105.4
10. 糖	99.7	99.4	99.6	100.0	100.2	101.3	101.3	101.3	100.5	100.5	100.8	100.9
11. 干鲜瓜果	93.8	101.3	106.8	109.2	107.8	108.9	110.5	109.8	112.2	111.4	109.9	110.7
12. 糕点饼干面包	101.0	101.5	101.5	100.5	100.5	100.3	101.7	100.9	100.9	100.0	99.8	99.6
13. 液体乳及乳制品	99.8	100.6	100.5	102.4	102.8	102.4	102.6	103.6	104.3	104.4	104.0	104.9
14. 在外用膳食品	102.1	102.2	104.5	104.7	104.9	104.9	104.9	104.3	104.7	104.7	104.7	104.7
15. 其它食品	102.0	102.3	102.4	102.6	102.6	102.2	101.8	101.7	101.5	101.2	101.0	100.9
二、饮料、烟酒	104.8	104.3	104.3	104.2	104.4	104.8	105.1	103.6	103.4	102.8	102.6	100.5
三、服装、鞋帽	101.6	101.6	102.0	102.5	102.4	102.6	102.6	102.4	102.6	102.7	102.7	102.6
四、纺织品	100.9	100.8	101.0	101.3	101.3	101.3	101.2	101.0	101.2	101.1	101.1	101.2
五、家用电器及音像器材	99.2	99.2	99.2	99.3	99.3	99.3	99.2	99.3	99.2	99.6	99.6	99.6
六、文化办公用品	99.1	99.2	99.2	99.4	99.3	99.6	99.6	99.9	99.9	101.4	101.3	101.2
七、日用品	100.3	100.5	100.5	100.1	100.1	100.4	100.5	100.8	100.9	100.9	101.0	101.2
八、体育娱乐用品	101.1	101.1	101.5	101.4	101.6	101.4	101.5	101.6	102.0	102.1	102.1	102.0
九、交通、通信用品	96.5	96.8	96.6	96.6	96.7	97.8	98.7	99.0	99.0	99.1	99.9	100.0
十、家具	102.1	102.2	102.0	102.0	102.3	102.8	102.5	102.0	101.8	102.9	102.8	102.9
十一、化妆品	101.6	101.7	101.6	100.8	100.7	100.7	100.7	100.7	100.7	100.0	99.7	99.7
十二、金银珠宝	105.6	101.8	100.7	98.2	97.5	94.7	90.6	88.7	85.5	83.3	82.7	80.4
十三、中西药品及医疗保健用品	102.4	102.5	102.5	101.6	101.5	101.5	101.8	102.4	102.7	103.0	103.3	103.3
十四、书报杂志及电子出版物	101.3	101.3	101.3	101.3	101.3	101.0	101.1	100.1	100.1	100.1	100.1	100.1
十五、燃料	103.4	101.5	97.4	93.6	94.0	98.8	102.7	100.6	99.4	97.4	97.9	100.9
十六、建筑材料及五金电料	101.1	101.1	100.8	100.5	101.3	101.8	102.2	102.2	102.4	102.3	102.7	102.9

注:本表数据为省反馈数据,包括县(市)、区数据。

6－10 城市商品零售价格指数（分月）(2013年)

（以上年同月为100）

项　　目	一月	二月	三月	四月	五月	六月	七月	八月	九月	十月	十一月	十二月
商品零售价格总指数	**99.9**	**100.6**	**99.5**	**100.1**	**99.7**	**100.9**	**101.9**	**102.1**	**102.6**	**102.4**	**102.4**	**102.4**
一、食品	98.9	102.0	100.6	104.0	102.0	102.8	104.2	105.9	107.8	107.8	107.2	105.6
1. 粮食	102.6	105.1	105.6	105.4	105.5	105.5	105.5	104.8	104.5	104.6	104.5	104.5
2. 淀粉及制品	101.4	102.9	105.5	105.5	104.7	106.0	106.2	106.6	105.9	105.8	105.7	105.5
3. 干豆类及豆制品	105.1	104.5	105.7	105.8	105.1	105.7	105.4	105.5	106.3	106.6	107.4	107.3
4. 油脂	101.3	102.7	102.7	102.7	102.8	101.9	102.1	102.3	101.1	101.4	101.5	101.9
5. 肉禽及其制品	99.4	103.4	102.6	102.1	102.9	104.2	105.2	107.6	109.0	107.6	106.9	105.6
6. 蛋	104.0	109.5	104.9	104.1	107.2	102.9	102.4	107.1	105.3	102.7	101.6	98.8
7. 水产品	108.4	111.8	107.6	105.8	103.0	104.2	104.2	103.6	103.0	103.2	102.9	103.2
8. 菜	91.4	96.7	80.2	103.3	88.2	89.4	96.8	105.3	116.7	118.5	114.5	104.0
# 鲜菜	90.3	95.8	78.1	102.8	86.5	87.7	95.8	104.9	117.4	119.4	115.0	103.5
9. 调味品	107.2	107.1	101.2	101.1	101.1	101.1	103.8	103.8	105.2	106.6	106.6	105.4
10. 糖	99.7	99.4	99.6	100.0	100.2	101.3	101.3	101.3	100.5	100.5	100.8	100.9
11. 干鲜瓜果	87.8	93.9	101.1	103.4	103.6	106.1	106.0	106.9	108.5	109.7	111.1	111.7
12. 糕点饼干面包	100.1	99.7	99.8	97.8	97.8	97.3	100.2	99.9	99.8	98.0	97.6	97.5
13. 液体乳及乳制品	100.5	102.3	101.9	105.0	105.8	105.2	105.0	106.0	107.4	107.5	106.7	108.4
14. 在外用膳食品	101.8	102.4	106.8	106.9	106.9	107.0	107.0	107.0	107.8	107.9	107.9	107.9
15. 其它食品	100.0	100.3	100.4	100.5	100.5	100.5	100.5	100.5	100.8	100.8	100.5	100.5
二、饮料、烟酒	102.4	101.6	101.5	101.3	101.6	102.0	102.1	101.6	101.9	101.0	100.8	100.7
三、服装、鞋帽	101.6	101.7	101.9	102.1	102.2	102.5	102.5	102.6	102.6	102.7	102.8	102.7
四、纺织品	100.9	100.9	100.9	100.9	100.9	100.9	100.9	100.9	100.9	100.8	100.8	100.8
五、家用电器及音像器材	99.7	99.7	99.6	99.7	99.7	99.9	99.8	99.7	99.7	99.7	99.7	99.7
六、文化办公用品	99.3	99.5	99.5	99.9	99.7	100.3	100.5	100.5	100.5	100.9	100.7	100.6
七、日用品	100.2	100.7	100.6	99.4	99.3	99.7	100.0	100.8	100.7	100.6	100.7	101.1
八、体育娱乐用品	101.0	101.1	101.4	100.8	101.1	100.8	101.0	101.2	101.2	101.2	101.0	100.9
九、交通、通信用品	93.7	94.3	94.0	94.0	94.0	96.2	98.1	98.5	98.6	98.8	99.8	100.0
十、家具	102.9	103.0	102.7	102.6	103.4	104.6	104.2	103.5	102.9	105.1	105.1	105.3
十一、化妆品	101.9	102.0	101.9	100.3	100.3	100.3	100.2	100.2	100.2	100.2	99.6	99.6
十二、金银珠宝	105.5	100.0	99.5	98.2	95.6	93.4	90.6	91.1	88.0	84.9	83.0	81.1
十三、中西药品及医疗保健用品	101.6	101.5	101.3	101.5	101.9	102.1	102.6	102.8	103.0	103.4	104.1	104.2
十四、书报杂志及电子出版物	100.1	100.1	100.1	100.1	100.1	100.1	100.2	100.1	100.1	100.1	100.1	100.1
十五、燃料	103.7	101.5	95.7	92.6	93.9	99.8	104.0	100.1	99.6	97.8	99.0	102.7
十六、建筑材料及五金电料	101.1	101.1	100.7	100.5	100.9	100.9	101.3	101.9	101.9	101.8	101.9	101.7

6-11 主要商品零售平均价格(2013年)

单位:元

项 目	规 格 等 级	单 位	年平均价	年末价
面粉	富强粉	千克	4.49	4.67
大米	标一晚籼米	千克	4.38	4.38
菜籽油	精菜油散装	千克	12.14	12.14
猪肉	去骨统肉	千克	24.98	25.16
白糖	白砂糖一级	千克	13.30	13.30
饼干	混合饼干散装	千克	14.32	13.60
甲级卷烟	硬盒白沙牌烟	盒	5.63	5.50
果酒	天津王朝干红红葡萄酒瓶装	瓶	35.44	37.35
皮鞋	江苏产森达40码男鞋	双	509.00	509.00
内衣	三枪牌男式全棉套装	套	478.00	478.00
家具	沙发床	张	1700.96	1718.75
手机	诺基亚	部	4599.00	4599.00
电脑	惠普笔记本	台	3475.00	3475.00
空调	格力空调	台	3400.00	3400.00
微波炉	美的微波炉	台	1198.00	1198.00
汽车	福特蒙迪欧	辆	199800.00	199800.00
洗衣机	小天鹅	台	2694.54	2599.00
彩色电视机	海信彩电	台	7399.00	7399.00
电冰箱	海尔冰箱	台	1799.00	1799.00
肥皂	雕牌236克肥皂	条	4.30	4.30
洗衣粉	汰渍广州产	袋	12.80	12.80
洗发水	海飞丝洗发水	瓶	43.80	43.80
金饰品	24K金项链	克	366.69	308.50
液化石油气	民用(14.5公斤/瓶装)	千克	8.04	9.00
钢材	螺纹钢	吨	3808.75	3695.00

6－12 原材料、燃料、动力购进价格指数(2013 年)

(以上年价格为 100)

项　　目	2013 年	项　　目	2013 年
总指数	**98.4**		
1. 燃料、动力类	97.9	5. 木材及纸浆类	100.6
2. 黑色金属材料类	95.7	6. 建筑材料类及非金属矿类	98.5
# 钢材	94.8	7. 其他工业原材料及半成品类	98.8
其它	97.1	8. 农副食品类	102.8
3. 有色金属材料和电线类	95.1	9. 纺织原料类	99.2
4. 化工原料类	98.1		

6－13 工业生产者出厂价格指数(2013 年)

(以上年价格为 100)

项　　目	2013 年	项　　目	2013 年
总指数	**98.5**		
一、按轻重工业分		耐用消费品	99.7
1. 轻工业	101.3	三、按工业行业分	
以农产品为原料	101.6	1. 冶金工业	94.3
以非农产品为原料	100.0	2. 电力工业	100.8
2. 重工业	97.5	3. 煤炭及炼焦工业	90.1
采掘工业	94.4	4. 石油工业	99.2
原料工业	96.5	5. 化学工业	98.0
加工工业	98.3	6. 机械工业	99.5
二、按两大部类分		7. 建筑材料工业	98.8
1. 生产资料	97.7	8. 森林工业	102.9
采掘	94.4	9. 食品工业	102.2
原料	96.4	10. 纺织工业	99.0
加工	98.7	11. 缝纫工业	102.0
2. 生活资料	101.3	12. 皮革工业	102.1
食品	101.6	13. 造纸工业	97.7
衣着	101.7	14. 文教艺术用品工业	100.3
一般日用品	100.9	15. 其它工业	101.4

6－14 房地产价格指数(2013年)

项　　目	以上年同期为100	项　　目	以上年同期为100
一、土地交易价格指数	107.5	(3)其它住宅	
(一)居住用地	106.8	2.非住宅	
1.高档住宅用地	108.9	三、房屋租赁总计	106.3
2.普通住宅用地	103.9	(一)住宅	106.3
3.经济适用房用地	100.0	1.普通住宅	109.6
(二)工业用地	110.2	2.高档住宅	104.4
(三)商业营业用地	111.1	(1)别墅	
(四)其他用地	106.7	(2)高档公寓	
二、房地产销售价格指数		3.经济适用房	
(一)新建房		4.廉租房	
1.住宅	112.1	(二)办公楼	
(1)经济适用房		1.写字楼	
(2)普通住宅	112.3	2.普通办公用房	
①多层住宅		(三)商业营业用房	
②高层住宅		(四)厂房仓库房	
③其它		1.工业厂房	
(3)高档住宅		2.仓库	
①别墅		(五)其它	
②高档公寓		四、物业管理总计	100.2
2.非住宅		(一)住宅	100.3
(1)办公楼		1.普通住宅	100.3
①写字楼		2.高档住宅	100.2
②普通办公用房		3.经济适用房	
(2)商业用房		(二)办公楼	
(3)工业仓储用房		1.写字楼	
(4)其它		2.普通办公用房	
(二)二手房		(三)商业营业用房	
1.住宅	106.2	(四)厂房仓库房	
(1)高档住宅		1.工业厂房	
(2)多层住宅		2.仓库	

注:房地产销售价格指数为12月同比指数。

7 人民生活

长沙统计年鉴

7－1 历年城市居民调查户基本情况

年 份	调查户数(户)	平均每户家庭人口(人)	平均每一就业者负担人数(人)	月人均家庭总收入(元)	#可支配收入(元)	月人均消费性支出(元)	人均住房使用面积(m^2)
1980	100	3.70	1.68	44.26	43.47	39.41	7.67
1981	100	3.75	1.61	45.74	44.94	42.32	8.31
1982	100	3.75	1.60	47.05	46.25	41.68	8.93
1983	100	3.72	1.65	50.01	48.39	44.59	9.33
1984	100	3.70	1.67	55.92	55.01	47.63	10.10
1985	150	3.49	1.77	70.65	69.54	65.16	11.18
1986	150	3.44	1.82	81.99	80.87	74.59	11.85
1987	150	3.39	1.80	92.87	91.80	82.69	11.95
1988	200	3.46	1.76	118.89	117.80	114.72	11.51
1989	200	3.38	1.76	138.69	136.59	119.71	11.69
1990	200	3.30	1.71	148.74	147.51	124.64	12.07
1991	200	3.28	1.73	165.49	164.21	139.95	12.90
1992	200	3.20	1.76	208.10	206.80	162.79	13.53
1993	200	3.13	1.70	271.81	270.52	216.23	13.33
1994	200	3.39	1.60	341.58	339.08	291.85	13.22
1995	200	3.36	1.69	408.98	405.02	344.25	13.11
1996	200	3.31	1.65	470.22	440.74	391.40	13.93
1997	200	3.13	1.62	522.52	490.01	455.75	15.89
1998	200	3.07	1.57	558.43	522.84	465.38	16.66
1999	200	3.07	1.66	610.72	573.56	530.36	17.22
2000	200	3.07	1.64	670.92	627.48	587.55	18.23
2001	400	3.04	1.69	732.98	683.95	617.51	17.88
2002	400	2.99	1.85	802.87	751.72	654.52	17.82
2003	400	3.06	1.92	888.15	827.71	694.20	18.17
2004	400	3.05	1.85	993.93	918.38	752.63	18.80
2005	400	2.85	2.09	1114.26	1036.16	804.99	21.26
2006	400	2.81	2.06	1167.56	1160.34	889.98	21.40
2007	400	2.82	1.97	1472.43	1346.10	1023.99	21.64
2008	400	2.97	2.17	1611.48	1523.52	1080.00	21.23
2009	500	2.99	1.97	1859.38	1738.65	1287.28	29.33
2010	500	2.93	1.84	2062.92	1945.55	1380.25	30.88
2011	550	2.95	1.90	2364.69	2255.76	1505.76	33.10
2012	550	2.91	1.86	2698.07	2586.96	1636.59	33.08
2013	532	2.99	1.95	3007.87	2805.18	1862.18	41.42

注:1. 从2002年起,由于报表制度的变动,人均可支配收入应剔除出售财物收入、从1996年开始工资中扣除的各项社会保障支出,以及从1997年起的自有房房租折算收入。因此,本年鉴按新制度重新整理的(1980—2002年)各年的可支配收入额与原来相应年度出版的年鉴数据不一致,均以本年鉴数据为准。

2. 2012年以前数据为城市居民统计范围,从2013年起,因统计方法制度改革,统计范围调整为城镇居民统计范围,与往年数据不具有可比性。同时原人均住房使用面积指标调整为人均现住房建筑面积。

7-2 历年城市居民调查户消费性支出情况

单位:元

年份	全年人平消费性支出	食品支出	衣着支出	用品支出	燃料支出	非商品支出
1980	472.92	251.76	66.84	105.00	7.44	41.88
1981	507.90	286.69	66.61	106.92	7.68	40.00
1982	500.11	297.21	63.35	91.25	8.85	39.45
1983	535.13	316.86	73.00	96.07	8.77	40.43
1984	571.59	333.77	75.30	106.06	9.25	47.21
1985	781.95	424.80	112.76	173.87	11.29	59.23
1986	895.08	489.45	124.47	197.63	11.96	71.57
1987	992.32	561.30	129.40	204.93	11.41	85.28
1988	1376.64	672.13	173.07	402.32	12.25	116.87
1989	1436.52	788.83	184.73	307.20	17.79	137.97
1990	1495.68	823.29	202.33	287.72	22.06	160.28
1991	1679.40	879.93	227.33	357.18	24.01	190.95

年份	全年人平消费性支出	食品支出	衣着支出	家庭设备用品及服务支出	医疗保健支出	交通与通讯支出	教育、文化娱乐、服务支出	居住支出	杂项商品与服务支出
1992	1953.48	1003.40	279.11	192.23	41.82	54.19	209.56	96.17	77.00
1993	2594.76	1231.77	385.36	350.65	63.85	92.51	216.72	154.00	99.90
1994	3502.20	1631.27	480.54	349.40	79.85	244.79	414.00	191.03	111.32
1995	4131.00	2031.19	513.42	372.25	123.91	257.41	439.72	262.95	130.15
1996	4696.80	2232.78	544.73	421.61	177.78	259.58	554.83	326.48	179.01
1997	5469.01	2408.21	645.88	394.89	186.45	432.40	856.45	356.62	188.11
1998	5584.51	2373.27	623.44	328.60	203.83	381.40	878.38	569.29	226.30
1999	6364.34	2454.35	765.00	575.22	228.58	482.08	943.56	661.06	254.49
2000	7050.55	2454.14	682.88	777.38	265.72	581.84	1057.01	964.47	267.11
2001	7410.13	2511.51	714.80	623.10	393.60	727.55	1289.36	852.51	297.70
2002	7854.24	2535.96	777.00	565.80	489.96	795.24	1402.80	1035.84	251.64
2003	8330.40	2629.44	778.08	558.24	607.92	1115.40	1574.88	792.00	274.44
2004	9031.60	3017.27	850.22	484.81	662.11	1195.27	1606.43	924.38	291.11
2005	9659.85	3229.71	969.53	613.96	788.21	1209.39	1685.70	851.56	311.78
2006	10679.74	3481.27	1055.52	669.78	867.24	1398.33	1794.97	1089.36	323.27
2007	12287.83	4286.48	1249.64	732.62	973.67	1925.14	1739.61	1074.84	305.83
2008	12960.00	4779.86	1297.81	932.80	1166.20	1614.84	1450.07	1388.04	330.38
2009	15447.36	4987.99	1487.31	1388.59	1096.78	2604.82	1870.60	1673.08	338.19
2010	16562.95	5654.76	1500.48	1261.87	981.47	2780.31	2101.30	1813.19	469.57
2011	18069.10	6498.30	1953.41	1162.05	943.05	2915.54	2410.48	1700.71	485.55
2012	19639.08	7128.28	2253.87	1297.49	882.00	2950.06	2669.97	1815.96	641.46
2013	22346.17	6589.32	1804.08	1388.03	1255.07	2990.38	2498.87	5415.40	405.02

注: 1. 从2002年起由于报表制度的变动,人均消费性支出不包括在外就学子女费用和1997年开始的自有房房租折算支出,以及各类社会保障支出。旅游消费也从杂项商品与服务支出中按相关指标相应地调整到娱乐文教、食品、交通与通讯支出项目中。因此,本年鉴按新制度重新整理的(1988-2002年)各年的消费支出与分类支出额与原来相应年度出版的年鉴数据不一致,均以本年鉴数据为准。

2. 2012年以前数据为城市居民统计范围,从2013年起,由于统计方法制度改革,统计范围调整为城镇居民统计范围,与往年数据不具有可比性。

7-3 历年城市居民家庭全年人平主要食品、衣着及日用品消费量

指　标	单位	1980 年	1981 年	1982 年	1983 年	1984 年	1985 年	1986 年	1987 年	1988 年	1989 年	1990 年	1991 年	1992 年
粮食	公斤	146.8	143.1	144.0	144.3	142.4	139.5	138.8	135.1	137.1	137.2	134.1	119.2	114.1
油脂类	公斤	5.4	4.7	5.2	5.7	5.9	5.4	5.4	7.3	8.1	5.3	7.8	7.5	9.0
鲜菜	公斤	168.0	151.9	160.0	161.8	162.0	182.4	153.6	156.5	149.6	137.3	134.9	138.7	127.2
猪肉	公斤	22.6	27.2	26.3	28.0	26.7	29.0	28.6	29.8	28.4	24.0	24.2	23.6	20.1
家禽	公斤	1.0	1.0	1.2	1.6	1.6	2.3	2.8	1.7	2.3	2.6	2.2	3.3	3.5
鲜蛋	公斤	4.3	4.6	4.9	4.3	5.8	6.1	6.0	4.9	5.3	6.0	5.6	6.5	7.2
鱼	公斤	9.0	7.5	6.7	8.3	8.2	9.3	11.6	10.4	9.5	9.4	9.1	8.4	8.0
酒	公斤	3.2	3.0	3.1	4.0	4.1	5.4	6.4	5.8	5.3	4.1	3.9	3.7	3.2
糕点	公斤	4.3	4.5	4.6	4.6	4.4	4.4	4.3	4.0	3.8	3.5	3.6	3.6	3.2
鲜瓜果	公斤										32.3	31.8	36.9	35.2
碳酸饮料	公斤													0.8
茶叶	公斤										0.1	0.3	0.3	0.3
鲜乳品	公斤										0.8	0.6	1.5	1.9
奶粉	公斤													0.5
鞋类	双/人										2.5	2.8	3.1	3.0
男式服装	件/人													2.4
女式服装	件/人													2.9
煤炭	公斤/人	194.0	193.5	211.5	210.0	212.5	235.0	194.1	182.7	173.6	172.7	159.2	261.9	110.6
液化石油气	公斤/人	4.2	4.9	5.9	6.7	8.4	10.9	12.3	15.3	17.1	19.3	22.2	22.2	24.7
管道煤气	立方米/人													
管道天然气	立方米/人													
水	吨/人													28.6
电	度/人													115.1

7－3 续表1

指　标	单位	1993年	1994年	1995年	1996年	1997年	1998年	1999年	2000年	2001年	2002年
粮 食	公斤	108.4	107.7	106.8	105.5	101.8	101.4	93.7	95.9	96.6	93.0
#大米	公斤										
#面粉	公斤										
油脂类	公斤	7.6	7.8	7.7	8.1	10.3	10.0	9.1	9.8	9.9	10.8
食用植物油	公斤										
鲜菜	公斤	126.3	116.3	115.5	130.2	112.5	113.4	110.1	115.4	120.7	129.1
猪肉	公斤	19.7	18.1	19.2	19.2	18.5	18.8	17.0	17.9	17.1	21.2
家禽	公斤	4.1	5.8	6.0	7.3	9.0	9.5	10.2	10.6	11.3	9.9
鲜蛋	公斤	7.5	7.4	7.8	7.2	7.6	7.2	6.7	7.3	7.0	6.4
鱼	公斤	8.1	7.6	8.1	8.1	8.1	7.9	8.7	9.1	9.0	8.6
酒	公斤	3.7	4.8	5.3	4.3	3.8	4.4	4.3	4.8	4.4	4.1
糕点	公斤	3.4	4.1	3.7	3.9	4.1	3.8	3.9	3.9	3.5	3.5
鲜瓜果	公斤	29.6	32.7	36.0	34.8	42.7	50.3	51.6	55.5	59.3	57.6
碳酸饮料	公斤	0.8	0.7	0.7	0.7	0.7	0.7	1.0	1.4	1.1	1.8
茶叶	公斤	0.3	0.3	0.2	0.2	0.2	0.2	0.2	0.2	0.3	0.3
鲜乳品	公斤	0.9	0.3	0.1	0.3	1.0	1.7	2.0	3.4	4.5	7.8
奶粉	公斤	0.5	0.5	0.5	0.5	0.7	0.8	1.0	1.0	1.2	1.2
鞋类	双/人	3.0	2.9	3.0	3.0	3.0	2.9	3.1	2.9	2.9	3.1
服装	件/人	5.4	5.5	5.5	6.0	7.2	6.5	7.9	7.1	7.6	7.8
煤炭	公斤/人	67.1	69.6	37.4	31.3	31.0	25.6	20.6	20.3	32.9	34.0
液化石油汽	公斤/人	25.4	26.1	29.7	36.5	34.9	33.6	34.4	35.4	39.5	40.3
管道煤气	立方米/人		0.3	1.3	4.0	6.5	13.5	14.2	15.3	23.6	22.8
管道天然气	立方米/人										
水	吨/人	24.2	29.1	26.8	36.5	41.6	42.5	41.3	43.5	54.1	49.8
电	度/人	124.9	149.7	169.2	173.0	172.8	239.3	266.4	307.3	372.2	419.0

7－3 续表 2

指　标	单位	2003 年	2004 年	2005 年	2006 年	2007 年	2008 年	2009 年	2010 年	2011 年	2012 年	2013 年
粮 食	公斤	93.7	92.5	95.6	91.5	80.6	85.9	82.8	71.8	70.6	71.7	77.8
# 大米	公斤				47.3	50.1	58.0	58.0	49.7	46.8	45.6	59.0
# 面粉	公斤				2.1	2.6	2.9	2.2	2.6	2.8	3.1	2.3
油脂类	公斤	11.0	15.1	13.6	12.7	15.9	15.5	13.8	13.9	12.8	14.0	18.5
食用植物油	公斤				11.5	14.0	13.6	12.6	12.6	11.4	12.3	14.4
鲜菜	公斤	132.5	126.0	121.7	124.2	129.0	134.6	146.7	143.0	141.5	128.3	118.4
猪肉	公斤	21.0	23.4	24.8	26.1	24.5	23.9	24.6	24.8	25.3	23.5	27.6
家禽	公斤	7.7	6.7	7.6	7.8	8.0	8.5	9.3	11.7	10.2	9.8	9.7
鲜蛋	公斤	7.1	6.6	7.2	7.3	7.7	8.1	8.9	8.3	7.9	8.1	9.3
鱼	公斤	9.4	9.0	9.9	9.3	10.9	10.8	11.5	12.0	12.0	11.6	15.6
酒	公斤	3.9	4.4	5.6	6.3	6.1	5.6	5.1	5.2	4.1	3.6	6.6
糕点	公斤	3.6	3.0	3.9	3.6	3.8	2.7	3.0	3.1	3.0	3.6	4.5
鲜瓜果	公斤	59.9	56.9	51.0	60.3	62.3	54.0	83.6	57.1	53.0	55.5	59.2
碳酸饮料	公斤	1.4	1.2	0.9	1.0	0.8	1.1	1.1	1.1	0.8	0.7	—
茶叶	公斤	0.3	0.2	0.4	0.4	0.5	0.6	0.6	0.5	0.5	0.5	0.7
鲜乳品	公斤	12.4	13.5	10.5	9.7	8.3	5.8	6.2	8.7	6.3	5.4	8.8
奶粉	公斤	1.0	0.9	1.4	1.3	0.8	1.5	1.6	0.9	0.7	1.0	0.6
鞋类	双/人	3.0	2.6	3.1	3.2	3.1	2.7	3.8	3.0	3.2	3.2	3.2
服装	件/人	6.8	6.9	6.5	6.4	6.9	6.5	7.1	6.5	7.2	7.9	
煤炭	公斤/人	42.1	33.5	38.4	18.1	11.0	23.5	15.4	4.3	2.9	2.0	17.2
液化石油汽	公斤/人	38.8	36.4	40.0	28.5	26.5	23.0	25.0	19.7	14.4	16.5	19.4
管道煤气	立方米/人	17.5	24.1	35.5	32.4	33.3			3.6	6.9	5.1	1.3
管道天然气	立方米/人							39.1	65.2	68.4	73.7	114.2
水	吨/人	49.1	58.2	54.7	59.7	54.9	59.4	70.5	76.3	86.9	83.1	88.6
电	度/人	571.7	495.3	626.9	717.9	711.4	828.4	849.2	988.8	1004.9	987.4	1038.4

注:2012 年以前数据为城市居民统计范围,从 2013 年起,因统计方法制度改革,统计范围调整为城镇居民统计范围,与往年数据不具有可比性。

7－4 历年年末城市居民家庭平均每百户耐用消费品拥有量

指　标	单位	1980 年	1981 年	1982 年	1983 年	1984 年	1985 年	1986 年	1987 年	1988 年	1989 年	1990 年
摩托车	辆				2	2	2	2	1	1	1	1
助力车	辆											
家用汽车	辆											
洗衣机	台		1	7	18	32	56	65	73	83	86	90
电冰箱	台				1	1	5	9	17	45	61	68
彩色电视机	台				2	5	13	21	29	61	64	68
家用电脑	台											
组合音响	套										2	2
摄像机	架											
照相机	架	3	2	3	1	2	11	15	17	23	25	27
钢琴	架											
中高档乐器	件						5	6	13	8	9	9
微波炉	台											
空调器	台										1	
淋浴热水器	台											
消毒碗柜	台											
健身器材	套											
固定电话	部											
移动电话	部											

注：以上固定电话数据中，1992 年至 1998 年包含公费电话，其中括号中的数为剔除公费电话后的纯私费电话数。

7－4 续表 1

指　标	单位	1991 年	1992 年	1993 年	1994 年	1995 年	1996 年	1997 年	1998 年	1999 年	2000 年	2001 年
摩托车	辆		1	1	2	3	7	10	14	16	12	16
助力车	辆											
家用汽车	辆											0.5
洗衣机	台	89	91	97	97	103	105	98	101	102	102	102
电冰箱	台	80	85	86	87	87	88	91	97	100	93	96
彩色电视机	台	78	89	91	90	93	95	103	113	123	130	132
家用电脑	台							6	9	14	22	27
组合音响	套	5	7	9	11	13	15	17	28	36	37	40
摄像机	架							1	1	1		
照相机	架	31	28	30	39	42	35	38	44	51	46	49
钢琴	架		0.5	0.5	0.5	0.5	1	2	2	2		2
中高档乐器	件	7	10	13	11	10	11	11	13	17	14	13
微波炉	台							3	8	23	40	46
空调器	台	1	2	10	13	18	26	38	45	63	71	79
淋浴热水器	台		22	22	36	44	45	52	63	72	74	81
消毒碗柜	台											
健身器材	套							4	6	11	11	9
固定电话	部		6(1)	7(1)	22(13)	29(18)	45(33)	64(58)	72(71)	83(82)	85	93
移动电话	部							2	3	10	26	49

7－4 续表2

指　标	单位	2002年	2003年	2004年	2005年	2006年	2007年	2008年	2009年	2010年	2011年	2012年	2013年
摩托车	辆	14	18	18	19	19	13.5	9.0	7.2	3.2	2.9	2.2	33.5
助力车	辆	2	3	9	8	8	7.8	13.3	16.8	24.5	23.6	23.4	16.0
家用汽车	辆	0.8	0.8	1	4	6	8.8	10.3	14.6	23.6	29.7	36.5	37.7
洗衣机	台	101	102	102	101	101	101.0	100.0	97.8	100.8	102.7	101.4	97.1
电冰箱	台	96	97	94	94	97	99.5	97.8	97.3	100.4	102.6	103.0	97.2
彩色电视机	台	132	134	142	135	136	132.8	122.0	121.7	125.5	127.8	125.1	116.6
计算机	台	32	38	36	49	57	62.3	60.5	65.7	79.0	88.1	96.4	78.4
组合音响	套	41	41	45	41	40	40.5	30.8	32.6	38.5	39.3	39.9	17.8
摄像机	架	2	2	1	6	8	10.8	6.3	8.4	12.9	14.3	13.5	10.5
照相机	架	55	55	59	59	59	54.3	42.5	45.4	50.8	59.1	61.8	43.7
钢琴	架	4	4	5	3	2	1.8	3.8	4.2	5.6	5.0	3.7	
中高档乐器	件	12	9	8	12	12	9.8	3.3	4.2	4.8	3.2	4.8	4.2
微波炉	台	58	60	71	64	65	70.3	65.5	67.2	70.1	73.2	75	57.6
空调器	台	95	106	114	124	132	136.3	133	140.5	161.8	188.4	192.9	174.3
淋浴热水器	台	82	82	88	90	91	89.8	95.5	96.1	101.6	100.2	100.8	90.1
消毒碗柜	台	18	21	24	26	27	27.0	26.8	29.9	34.2	34.9	35.3	21.8
健身器材	套	4	4	5	9	9	5.8	7.3	5.2	6.1	6.3	6.3	4.4
固定电话	部	99	98	98	93	93	93.5	87.8	87.9	89.7	82.7	77.2	50.3
移动电话	部	84	109	141	149	159	167.0	166.5	177.5	202.5	215.5	224.4	221.4

注：1. 以上固定电话数据中，1992年至1998年包含公费电话，其中括号中的数为剔除公费电话后的纯私费电话数。
2. 2012年以前数据为城市居民统计范围，从2013年起，因统计方法制度改革，统计范围调整为城镇居民统计范围，与往年数据不具有可比性。2013年不再调查钢琴拥有量。

7-5 城镇居民调查户基本情况(2013年)

指标	合计	按人平月可支配收入比例分组				
		低收入户	中低收入户	中等收入户	中高收入户	高收入户
一、调查户数	532	107	107	106	106	105
二、家庭人口数	1591	404	332	329	268	257
平均每户(人/户)	2.99	3.78	3.10	3.10	2.53	2.45
三、常住劳动力人数						
(一)就业人口数	818	178	158	172	159	151
平均每户(人/户)	1.54	1.66	1.47	1.61	1.50	1.44
1.雇主人数	30	4	3	8	2	13
2.公职人员人数	65	9	10	8	13	25
3.事业单位人员人数	135	17	27	32	33	28
4.国有企业雇员人数	34	1	9	5	13	6
5.其他雇员人数	342	89	74	71	64	44
6.农业自营人数	62	24	8	16	8	6
7.非农自营人数	150	34	27	32	27	30
(二)未就业者人数	329	83	85	50	55	56
四、行政事业单位离退休人数	57	4	9	5	14	25
其他单位离退休人数	145	32	48	25	26	15
五、平均每一就业者负担人数	1.95	2.27	2.10	1.92	1.68	1.70
六、人平可支配收入(元)	33662.18	17716.67	24982.03	32004.30	40149.01	63984.29

7－6 年末城镇居民调查户主要消费品拥有量(2013 年)

指　　标	单位	合计	按人平月可支配收入比例分组				
			低收入户	中低收入户	中等收入户	中高收入户	高收入户
摩托车	辆	178	54	38	38	30	19
助力车	辆	85	23	18	16	15	14
家用汽车	辆	200	44	33	41	28	54
洗衣机	台	516	104	101	106	104	101
电冰箱	台	516	106	104	101	102	104
彩色电视机	台	620	135	117	122	119	127
计算机	台	416	70	76	78	88	104
组合音响	套	95	22	18	16	22	17
摄像机	架	56	5	10	14	12	15
照相机	架	233	34	37	47	55	60
其它中高档乐器	件	22	4	5	2	6	5
微波炉	台	306	52	55	57	67	75
空调	台	926	170	176	162	197	221
热水器	台	479	95	92	95	97	101
消毒碗柜	台	116	18	22	18	24	34
健身器材	套	24	4	5	2	5	8
固定电话	部	267	48	48	52	55	65
移动电话	部	1177	265	234	232	217	229

7-7 城镇居民家庭人平收支情况(2013年)

单位:元

指　　标	合　计	按人平月可支配收入比例分组				
		低 收入户	中　低 收入户	中　等 收入户	中　高 收入户	高 收入户
一、家庭人均总收入	36094.48	20208.64	26439.95	33640.04	42278.88	70333.51
二、非收入所得	1505.93	1013.02	629.52	975.40	1646.03	5121.96
1.出售资产所得	338.21	132.74	41.65	155.24	568.15	823.55
2.非经常性转移所得	1143.03	865.57	578.32	772.61	1077.88	4260.95
3.其他非收入所得	24.68	14.70	9.55	47.55		37.46
三、借贷性所得	1556.00	1571.09	454.54	1124.49	1527.82	3770.27
1.提取储蓄存款	1126.41	695.90	401.92	858.64	1417.77	2934.17
2.借入款	333.55	763.08	20.12	254.79	24.61	469.92
3.收回借出款	47.26	23.76	32.51	11.06	0.78	310.41
4.收回储蓄性保险本金						
5.住房贷款	13.18	18.93			58.11	
6.汽车贷款	2.05	6.52			0.79	
7.教育贷款	4.65				23.42	
8.其他贷款	18.23	62.89				
9.其他借贷所得	10.68				2.34	55.77
四、总支出	29753.95	18656.81	20910.08	27403.54	34442.20	56536.41
# 借贷性支出	2236.10	1376.11	1306.63	1796.42	3088.28	3893.85
1.存入储蓄款	1612.22	654.62	1185.28	1349.64	2256.29	2609.99
2.借出款	16.95	1.77			73.05	23.03
3.归还借款	108.56	22.55	64.10	81.34	242.85	465.37
4.购买有价证券	27.00	2.69			1.18	135.72
5.其他投资支出	0.65	0.39				2.82
6.归还住房贷款	456.09	667.94	54.94	354.33	483.58	656.93
7.归还汽车贷款	13.31	24.49			31.35	
8.归还教育贷款						
9.归还其他贷款						
10.其他借贷支出	1.31	1.67	2.32	11.11		

7－8 城镇居民家庭人平收入情况(2013 年)

单位:元

指　　标	合　计	按人平月可支配收入比例分组				
		低 收入户	中　低 收入户	中　等 收入户	中　高 收入户	高 收入户
家庭总收入	36094.48	20208.64	26439.95	33640.04	42278.88	70333.51
#可支配收入	33662.18	17716.67	24982.03	32004.30	40149.01	63984.29
一、工资性收入	17649.26	10549.25	14364.39	19603.45	22036.58	27773.23
1.工资	16159.86	8949.15	12718.64	17776.38	20331.66	27033.83
2.实物福利	82.17	20.78	77.27	84.80	92.34	120.46
3.其他	1407.23	1579.31	1568.48	1742.27	1612.59	618.95
二、经营净收入	4574.63	1247.34	1684.03	4623.11	3900.21	16299.38
三、财产净收入	4805.67	2108.59	3786.89	3542.48	6592.74	7949.36
1.利息净收入	301.78	－68.21	234.70	233.28	349.27	773.22
2.红利收入	324.33	95.50	88.37	222.10	242.54	951.13
3.储蓄性保险净收益	5.71					29.82
4.转让承包土地经营权租金净收入	17.88	33.79	13.86	24.90	8.13	0.32
5.出租房屋财产性收入	1885.96	742.65	1870.93	1285.22	2863.80	2594.46
6.出租机械、专利、版权等资产的收入	134.34	90.14	2.27	－11.17	476.88	145.38
7.其他财产净收入	7.68	9.32	19.34	0.56		0.52
8.房屋虚拟租金	2127.28	1202.15	1557.42	1787.59	2652.11	3454.52
四、转移净收入	6632.61	3811.49	5146.72	4235.25	7619.48	11962.31
(一)转移性收入	7565.92	4586.29	5825.29	5109.03	8808.92	13341.40
1.养老金或离退休金	6616.32	3806.39	4969.33	4378.24	7820.37	11423.70
2.社会救济和补助	70.63	134.10	145.07	31.35	12.74	8.88
3.政策性生活补贴	29.21	11.95	28.37	31.50	31.32	42.76
4.报销医疗费	58.01	5.94	5.43	18.97	20.60	261.63
5.家庭外出从业人员寄回带回收入	49.78	68.27	34.96	9.37	108.12	12.23
6.赡养收入	646.16	476.31	570.37	515.43	691.60	1175.38
7.其他经常转移收入	57.26	61.90	41.02	97.47	30.62	393.09
8.从政府和组织得到的实物产品和服务折价	12.51	5.28	7.64	17.81	11.12	23.73
9.现金政策性惠农补贴	26.05	16.16	23.10	8.90	82.42	
(二)转移性支出	933.30	774.80	678.58	873.78	1189.44	1379.09

7－9 城镇居民家庭人平支出情况(2013年)

单位:元

指标	合计	按人平月可支配收入比例分组				
		低收入户	中低收入户	中等收入户	中高收入户	高收入户
家庭人均总支出	29753.95	18656.81	20910.08	27403.54	34442.20	56536.41
一、消费支出	22346.17	13880.73	16402.73	21299.63	25654.18	37554.88
二、生产经营费用支出	739.11	509.96	335.10	441.39	796.61	3866.81
(一)第一产业经营费用支出	105.17	237.29	131.35	52.09	45.27	406.23
(二)第二产业经营费用支出	96.01	109.90	8.16	11.19		1354.73
(三)第三产业经营费用支出	537.93	162.78	195.60	378.11	751.34	2105.85
三、财产性支出	64.09	160.13	4.22	10.46	37.65	84.24
(一)生活贷款利息支出	61.78	158.82	4.22	10.46	37.65	74.12
1.住房贷款利息支出	27.13	98.13	2.95		6.30	1.14
2.其他生活贷款利息支出	34.65	60.70	1.26	10.46	31.35	72.98
(二)其他财产性支出	2.31	1.31				10.12
1.非储蓄性财产保险支出						
2.其他财产性支出	2.31	1.31				10.12
四、转移性支出	935.12	773.80	678.58	881.69	1188.80	1379.92
(一)个人所得税	23.34	38.28	12.21	4.26	33.18	20.40
(二)社会保障支出	596.01	358.30	491.04	607.36	783.46	840.29
1.个人缴纳的养老保险	382.76	224.77	278.76	370.56	552.05	572.23
2.个人缴纳的医疗保险	162.98	111.46	150.11	181.00	194.03	196.04
3.个人缴纳的失业保险	34.00	10.22	30.75	42.35	34.46	48.07
4.其他社会保障支出	16.27	11.86	31.42	13.45	2.92	23.96
(三)外来从业人员寄给家人的支出	1.24				10.51	
(四)赡养支出	141.36	78.91	93.18	141.79	272.70	278.54
(五)其他转移性支出	173.17	298.30	82.15	128.28	88.95	240.69
五、部分商业保险支出	128.36	89.87	41.53	73.06	216.77	197.58
六、购置资产及非经常性转移支出	3305.00	1866.21	2141.27	2900.90	3459.91	9559.14
七、借贷性支出	2236.10	1376.11	1306.63	1796.42	3088.29	3893.85

7－10 城镇居民家庭人平消费支出情况(2013年)

单位:元

指标	合计	按人平月可支配收入比例分组				
		低收入户	中低收入户	中等收入户	中高收入户	高收入户
全年人平消费支出	22346.17	13880.73	16402.73	21299.63	25654.18	37554.88
一、食品烟酒	6589.32	4098.30	5303.26	6327.52	7482.21	10176.78
二、衣着	1804.08	1004.02	1185.96	1847.86	2299.41	3193.52
三、生活用品及服务	1388.03	828.12	948.06	1283.68	1797.64	2550.17
四、医疗保健	1255.07	888.82	1137.32	1117.89	797.51	2268.02
五、交通与通讯	2990.38	1638.61	1794.20	2608.24	3994.40	5959.74
# 通信支出	1120.26	711.68	849.83	1091.68	1356.08	1699.98
六、教育文化娱乐	2498.87	1684.49	1819.32	2971.97	2054.68	4344.21
# 文化娱乐	1319.20	551.40	692.32	1565.22	1300.62	2649.51
# 教育	1179.40	1133.09	1125.87	1406.75	754.05	1694.11
七、居住	5415.40	3500.47	4040.75	4840.56	6859.50	8027.29
八、其他用品和服务	405.02	237.90	173.87	301.91	368.82	1035.15

7－11 城镇居民家庭人平主要食品及水电燃料消费量(2013年)

指标	单位	合计	按人平月可支配收入比例分组				
			低收入户	中低收入户	中等收入户	中高收入户	高收入户
大米	公斤	58.96	50.50	55.05	59.19	67.70	65.98
面粉	公斤	2.32	1.58	1.72	3.18	2.50	1.90
食用植物油	公斤	14.41	10.46	12.17	14.11	17.86	16.15
猪肉	公斤	27.64	21.48	25.02	28.05	31.69	31.09
牛肉	公斤	3.26	1.94	2.73	3.42	3.82	4.44
羊肉	公斤	1.17	0.51	0.80	1.19	1.55	1.56
鸡	公斤	5.53	3.71	5.15	4.90	6.71	6.44
鸭	公斤	2.90	1.70	2.74	3.13	3.00	3.33
鲜蛋	公斤	9.31	5.93	8.67	8.22	10.02	12.39
鱼	公斤	15.63	10.19	13.69	14.66	20.38	19.83
鲜菜	公斤	118.37	82.08	105.83	104.03	134.86	152.57
白酒	公斤	1.56	1.25	2.17	1.20	1.35	1.87
果酒	公斤	0.15	0.01	0.13	0.16	0.21	0.35
啤酒	公斤	4.92	2.88	3.32	5.17	6.32	5.65
茶叶	公斤	0.72	0.42	0.46	0.76	0.85	1.03
鲜瓜果	公斤	59.17	37.48	50.49	59.40	66.35	81.19
糕点	公斤	4.49	2.81	3.83	4.50	5.05	6.44
鲜乳品	公斤	8.77	5.39	7.59	8.16	8.55	12.63
奶粉	公斤	0.61	0.39	0.38	0.87	0.59	1.01
酸奶	公斤	3.15	1.48	2.32	2.89	4.08	5.23
水	吨	88.61	64.66	80.24	77.60	95.66	121.12
电	度	1038.42	708.22	868.65	949.23	1221.66	1400.55
煤炭	公斤	17.18	17.31	29.08	12.46	11.37	7.21
罐装液化石油汽	公斤	19.43	16.37	20.38	21.67	19.62	14.95

7－12 城镇居民家庭人平主要食品支出额(2013年)

单位:元

指标	合计	按人平月可支配收入比例分组				
		低收入户	中低收入户	中等收入户	中高收入户	高收入户
谷物	439.32	351.98	395.82	458.63	496.13	542.20
油脂类	278.93	224.09	258.56	273.89	312.79	305.32
猪肉	615.43	493.75	552.51	629.83	704.11	683.88
牛肉	159.55	93.78	133.25	163.09	190.68	221.79
羊肉	57.29	26.40	39.09	57.20	81.77	70.06
家禽	229.03	144.27	214.54	218.06	269.43	263.50
蛋类	115.32	72.02	100.43	107.23	123.25	159.70
鱼	227.93	147.30	196.31	221.61	281.37	297.25
鲜菜	671.80	477.64	568.54	617.37	755.83	887.02
白酒	132.77	71.84	132.91	116.25	122.21	297.54
果酒	9.21	1.56	3.95	15.55	14.15	20.65
啤酒	34.85	19.25	21.87	36.95	45.12	43.18
瓶装饮用水	6.77	5.24	4.88	5.58	8.64	11.71
茶叶	56.56	22.58	30.79	58.03	71.11	96.37
干鲜瓜果类	579.04	331.56	467.60	588.49	700.69	873.63
糕点类	85.17	54.27	69.17	88.11	100.11	123.09
鲜乳品	74.91	48.41	62.20	67.97	74.29	108.83
奶粉	80.40	40.50	35.62	119.89	66.68	161.01
酸奶	32.51	16.48	23.54	30.96	39.72	52.00
在外饮食	1183.09	594.17	724.65	1021.62	1273.51	2628.46

7-13 城镇居民家庭人平主要设备用品及水电燃料消费额(2013 年)

单位:元

指 标	合 计	按人平月可支配收入比例分组				
		低收入户	中低收入户	中等收入户	中高收入户	高收入户
摩托车	14.98	23.03	3.53	18.14	24.21	
助力车	19.13	11.08	26.78	17.94	0.56	38.31
洗衣机	33.00	11.81	23.70	28.51	40.94	75.87
电冰箱	47.83	31.28	13.66	74.12	26.26	91.36
彩色电视机	74.42	31.00	92.89	60.16	16.74	148.83
计算机	70.92		36.98	116.84	51.64	149.00
组合音响	0.45	2.07			0.69	0.96
摄像机						
照相机	22.65	0.55	20.44	30.75	3.10	56.65
微波炉	7.92	0.72	3.89	0.48	1.51	33.45
空调器	91.06	75.75	92.19	89.52	131.37	141.00
热水器	25.92	15.59	23.72	19.19	43.53	24.53
固定电话机	6.15	1.27	0.60	14.28	3.00	11.45
移动电话	257.71	151.23	127.58	231.52	329.30	509.23
水	211.26	140.02	185.65	181.27	241.04	282.57
电	680.62	453.90	549.35	632.75	820.79	915.19
煤炭	17.46	18.91	28.08	14.76	10.39	7.34
液化石油气	147.46	130.98	146.46	157.12	158.70	117.00
管道煤气	3.22	2.93	1.27	2.53	1.96	7.09

7-14 年末城镇居民家庭居住情况(2013年)

指　　标	单　位	合　计	比重(%)
总　　计	**户**	**529**	**100**
一、按人均可支配收入分组现住房建筑面积			
城镇低收入户	平方米	35	20.15
城镇中低收入户	平方米	40	20.16
城镇中等收入户	平方米	40	20.01
城镇中高收入户	平方米	51	19.93
城镇高收入户	平方米	52	19.76
二、现住房房屋来源			
1.租赁公房	户		
2.租赁私房	户	44	8.33
3.自建住房	户	185	35.07
4.购买商品房	户	142	26.82
5.购买房改住房	户	97	18.27
6.购买保障性住房	户	12	2.18
7.拆迁安置房	户	24	4.60
8.继承或获赠住房	户	4	0.76
9.免费借用房	户	3	0.52
10.雇主提供免费住房	户	2	0.38
11.其他来源	户	16	3.03
三、居住空间样式			
1.单栋楼房	户	177	33.52
2.单栋平房	户	16	3.07
3.四居室及以上单元房	户	48	9.05
4.三居室单元房	户	141	26.71
5.二居室单元房	户	129	24.31
6.一居室单元房	户	13	2.38
7.筒子楼或连片平房	户	4	0.76
8.其他	户	1	0.19
四、住户主要饮用水来源情况			
1.经过净化处理的自来水	户	435	82.32
2.受保护的井水和泉水	户	57	10.86
3.不受保护的井水和泉水	户	30	5.68
4.江河湖泊水	户	1	0.19
5.收集雨水	户		
6.桶装水	户	5	0.95
7.其他水源	户		

7－14 续表

指　　标	单 位	合 计	比重(%)
五、住宅有管道供水情况			
1. 管道供水入户	户	475	89.89
2. 管道供水至公共取水点	户	5	0.95
3. 没有管道设施	户	48	9.16
六、住户厕所类型			
1. 水冲式卫生厕所	户	510	96.55
2. 水冲式非卫生厕所	户	7	1.32
3. 卫生旱厕	户	2	0.38
4. 普通旱厕	户	3	0.61
5. 无厕所	户	6	1.14
七、住户洗澡设施情况			
1. 统一供热水	户	25	4.70
2. 家庭自装热水器	户	451	85.41
3. 其他	户	26	4.92
4. 无洗澡设施	户	26	4.97
八、住户主要取暖设备状况			
1. 由市政或小区集中供暖	户	22	4.21
2. 自行供暖	户	480	90.78
3. 无取暖设备	户	26	4.82
九、主要炊用能源状况			
1. 柴草	户	7	1.32
2. 煤炭	户	18	3.34
3. 罐装液化石油气	户	233	44.09
4. 管道液化石油气	户	7	1.32
5. 管道煤气	户	6	1.09
6. 管道天然气	户	244	46.18
7. 电	户	8	1.51
8. 燃料用油	户	1	0.19
9. 沼气	户		
10. 其他	户		
11. 无炊用行为	户	5	0.95
十、信息化调查(每百户)			
1. 接入互联网的移动电话	部	98	
2. 接入有线电视网络的电视机	台	90	
3. 接入互联网的计算机	台	65	

7－15 城乡(镇)居民分区、县(市)家庭人平收入情况(2013年)

指标	合计	芙蓉区	天心区	岳麓区
家庭人均总收入	30344.12	39112.48	41976.36	32202.99
#可支配收入	27235.99	35484.31	38082.66	31342.22
一、工资性收入	14268.76	13621.18	17231.29	20686.23
1.工资	12475.00	13226.43	16350.63	18127.10
2.实物福利	75.02	6.95	246.14	169.46
3.其他	1718.74	387.80	634.52	2389.68
二、经营净收入	5641.82	6248.61	4820.38	267.73
三、财产净收入	2848.77	10999.10	5207.09	2152.61
1.利息净收入	167.39	1597.30	291.87	
2.红利收入	323.48	598.55	158.44	6.16
3.储蓄性保险净收益	3.08	0.13		
4.转让承包土地经营权租金净收入	30.99			
5.出租房屋财产性收入	1083.16	6308.56	400.08	633.93
6.出租机械、专利、版权等资产的收入	87.44	14.29	708.03	
7.其他财产净收入	5.47	－1.88	29.30	25.29
8.房屋虚拟租金	1147.30	2482.15	3619.36	1487.23
四、转移净收入	4476.64	4615.43	10823.91	8235.64
(一)转移性收入	5138.76	5945.61	12237.28	9093.27
1.养老金或离退休金	3814.99	5396.57	10237.42	8718.00
2.社会救济和补助	66.37	11.04	62.55	73.58
3.政策性生活补贴	31.05	40.87	90.10	30.38
4.报销医疗费	64.94	244.40	10.94	21.17
5.家庭外出从业人员寄回带回收入	490.27	13.06	12.74	7.65
6.赡养收入	533.73	210.74	1778.53	182.79
7.其他经常转移收入	70.93	14.66	14.77	41.94
8.从政府和组织得到的实物产品和服务折价	9.53	14.27	29.31	4.72
9.现金政策性惠农补贴	56.96		0.93	13.04
(二)转移性支出	662.11	1330.18	1413.37	857.63

注:7－15表至7－17表芙蓉区、天心区、岳麓区、开福区和雨花区无农村调查点,均为城镇数据。

单位:元

开福区	雨花区	望城区	长沙县	浏阳市	宁乡县
32096.47	38428.25	26203.88	26235.14	30768.74	22612.67
30891.04	37147.01	23642.67	23539.36	24182.61	19852.42
13789.19	21788.52	15131.57	15225.64	10441.45	9216.44
12963.31	21481.30	14975.73	11073.94	7702.41	7389.60
13.54		24.18	21.92	20.27	223.71
812.34	307.22	131.66	4129.78	2718.78	1603.13
2166.38	5806.55	6342.09	5036.23	9547.47	5909.62
3036.32	2710.52	865.58	2442.05	1422.29	1106.84
22.06	-102.06	63.19	35.03	24.31	12.34
16.92		25.64	1172.16	374.55	81.42
	28.15				
62.03		39.51		34.92	103.58
818.39	289.82	221.35	1025.36	532.73	434.55
	66.41	104.16	1.84	44.43	110.87
23.14	-8.05	6.37	2.05	-0.49	4.23
2088.26	2436.25	405.36	205.60	411.35	359.85
11899.15	6841.42	1303.43	835.44	2771.40	3619.52
12594.94	7575.60	1573.39	996.51	3445.53	4081.80
12045.40	6695.91	761.25	394.41	960.11	1655.02
87.11	176.42	18.98	82.05	29.93	66.30
11.19	14.64	65.83	12.44	43.60	18.76
12.04		59.44	8.30	153.17	50.65
298.21		20.48	192.97	1251.57	1308.60
121.58	609.68	501.84	161.64	886.69	606.22
5.91			72.46	59.44	258.23
9.97			24.01	9.20	1.18
3.54	78.95	145.56	48.23	51.83	116.83
695.79	734.18	269.96	161.07	674.14	462.28

7－16 城乡(镇)居民分区、县(市)家庭人平支出情况(2013年)

指　　标	合　计	芙蓉区	天心区	岳麓区
家庭人均总支出	26485.22	33612.98	38052.67	19914.51
一、消费支出	17389.15	27487.22	28778.88	16592.67
二、生产经营费用支出	1975.33	1.26	2143.26	3.14
(一)第一产业经营费用支出	1386.53			3.14
(二)第二产业经营费用支出	126.01		323.39	
(三)第三产业经营费用支出	462.79	1.26	1819.86	
三、财产性支出	43.22	39.50		2.88
(一)生活贷款利息支出	41.37	37.62		
(二)其他财产性支出	1.85	1.88		2.88
四、转移性支出	662.83	1331.25	1429.99	857.63
(一)个人所得税	14.83	75.68	31.24	51.14
(二)社会保障支出	394.99	691.11	984.91	641.70
(三)外来从业人员寄给家人的支出	23.55			
(四)赡养支出	112.21	131.72	384.54	57.49
(五)其他转移性支出	117.26	432.73	29.30	107.30
五、部分商业保险支出	83.55	268.02	150.09	0.71
(一)意外伤害保险	10.30	2.03	5.37	0.25
(二)商业医疗保险(含大病保险)	19.48	113.66	24.70	0.46
(三)其他非储蓄性商业保险	25.29	63.87	114.91	
(四)其他储蓄性商业保险	28.47	88.47	5.12	
六、购置资产及非经常性转移支出	3620.40	2976.32	5161.97	2180.30
(一)购置资产支出	523.63	40.02	256.11	56.26
(二)非经常性转移支出	3096.77	2936.30	4905.86	2124.04
七、借贷性支出	2710.73	1509.41	388.47	277.18

单位:元

开福区	雨花区	望城区	长沙县	浏阳市	宁乡县
23603.05	34387.04	23543.74	17756.09	28713.74	26763.34
19806.89	27248.58	13019.42	12343.21	13262.01	12888.89
332.79	26.28	1677.10	1842.86	5911.99	2297.97
196.01		1660.40	1823.63	3914.42	1742.08
0.03		0.71		613.20	14.73
136.75	26.28	15.98	19.23	1384.37	541.15
9.55	138.30	2.53		130.94	8.96
9.35	130.25	2.53		130.45	5.92
0.21	8.05			0.49	3.04
693.88	734.01	269.96	161.07	674.14	462.28
2.88		0.17	14.81	1.56	0.42
651.09	643.53	201.40	73.54	211.91	248.68
	6.14				
30.48	41.54	25.27	32.35	212.39	135.60
9.43	42.80	43.11	40.36	248.27	77.58
14.33	222.25	100.46	14.65	81.81	7.67
1.79	65.11	4.03	2.21	8.56	2.11
12.55	32.44	26.55	5.31	2.55	0.73
	53.22	9.50	7.13	24.27	4.21
	71.48	60.38		46.44	0.61
2236.43	2942.23	6630.27	2253.53	4865.24	4091.22
93.35		889.59	215.05	1131.08	1182.06
2143.08	2942.23	5740.68	2038.48	3734.15	2909.16
509.17	3075.39	1844.01	1140.76	3787.62	7006.35

7－17 城乡(镇)居民分区、县(市)家庭人平消费支出情况(2013年)

单位:元

指　标	合　计	芙蓉区	天心区	岳麓区	开福区	雨花区
全年人均消费支出	17389.15	27487.22	28778.88	16592.67	19806.89	27248.58
一、食品烟酒	4864.60	8546.04	8335.09	4742.51	5913.90	8605.58
二、衣着	1338.20	1922.41	2339.12	1504.82	1398.65	2507.38
三、居住	4306.42	6587.38	6594.72	3726.98	4806.77	7042.86
四、生活用品及服务	1083.02	1582.27	2126.09	950.75	1272.68	1688.07
五、交通通信	2564.74	3117.68	4821.00	2467.39	1977.00	3123.39
六、教育文化娱乐	1859.24	3928.17	2175.27	2153.00	1584.57	2468.28
七、医疗保健	1075.85	1323.93	1348.42	708.53	2501.60	1516.86
八、其他用品和服务	297.09	479.35	1039.17	338.70	351.70	296.16

7－17 续表

指　标	望城区	长沙县	浏阳市	宁乡县
全年人均消费支出	13019.42	12343.21	13262.01	12888.89
一、食品烟酒	3213.34	3419.89	3200.65	2940.45
二、衣着	924.25	715.45	943.80	875.46
三、居住	2918.84	4092.31	3020.04	2899.39
四、生活用品及服务	913.05	704.67	763.97	882.61
五、交通通信	2226.67	1717.72	1971.23	3121.26
六、教育文化娱乐	1594.07	1089.79	1844.85	1388.30
七、医疗保健	984.33	463.51	1280.20	649.62
八、其他用品和服务	244.87	139.88	237.26	131.80

7－18 2000—2013年农村居民家庭调查户基本情况

项　目	单位	2000年	2005年	2006年	2007年	2008年	2009年	2010年	2011年	2012年
一、调查户数	户	560	1000	1000	1000	1000	1000	1000	980	690
常住人口	人	2249	3901	3887	3896	3833	3832	3836	3796	2648
年末人均住房面积	平方米	44.13	49.42	53.42	57.07	58.63	59.93	59.53	62.04	62.57
二、全年人均总收入	元	4558.39	7395.06	8215.63	9234.55	11097.88	12923.08	14920.03	18057.28	20648.09
（一）工资性收入	元	1107.30	2082.14	2657.13	3207.31	3707.79	4481.72	5354.01	6784.44	8751.13
（二）家庭经营收入	元	2935.69	4456.38	4659.24	5005.67	6090.95	6896.30	7623.05	8840.48	9243.61
1. 农业收入	元	1017.52	1239.05	1342.94	1439.64	1830.53	1994.15	2409.98	2800.08	3144.00
2. 林业收入	元	36.58	61.08	76.85	84.14	104.98	105.01	134.21	291.04	265.95
3. 牧业收入	元	1198.03	1958.27	1792.85	1888.64	2110.96	2262.87	2239.78	2809.87	2015.99
4. 渔业收入	元	58.40	74.09	80.74	65.91	81.98	103.27	106.29	70.71	64.02
5. 二、三产业收入	元	625.16	1123.89	1365.86	1527.34	1962.49	2430.99	2732.80	2868.79	3754.00
（三）转移性收入	元	471.08	576.88	616.14	701.38	891.75	1013.04	1346.19	1653.53	1762.10
（四）财产性收入	元	44.32	279.67	283.08	320.19	407.39	532.03	596.78	778.83	891.25
三、全年人均纯收入	元	3005.00	4908.00	5653.00	6613.36	8002.60	9431.90	11205.87	13400.42	15763.10
人均可支配收入	元	2941.00	4735.00	5438.00	6339.41	7631.67	8986.35	10639.78	12717.27	15056.55
四、全年人均总支出	元	4162.65	6773.50	7282.19	8276.29	9637.71	10635.68	11749.13	13628.59	15579.10
（一）家庭经营费用支出	元	1061.21	1934.15	1981.70	2038.91	2384.49	2692.48	2774.01	3160.06	3415.44
1. 种植业生产支出	元	225.53	336.98	353.94	366.87	397.07	471.17	524.36	638.03	691.33
2. 林业生产支出	元	1.97	8.26	10.96	18.72	15.48	27.22	32.46	62.55	193.75
3. 牧业生产支出	元	693.31	1203.10	1127.24	1075.98	1207.58	1263.44	1189.78	1426.63	1269.95
4. 渔业生产支出	元	15.02	21.98	22.69	29.72	30.26	30.95	28.34	19.49	20.44
5. 二、三产业支出	元	140.40	363.48	466.88	547.62	734.10	899.7	999.08	1013.37	1240.00
（二）购置生产用固定资产支出	元	71.83	141.00	142.32	174.31	201.11	156.08	204.65	218.36	274.25
（三）税费支出	元	76.13	15.83	14.20	9.35	20.62	14.20	31.56	4.34	4.84
（四）生活消费支出	元	2584.16	4166.23	4573.97	5413.68	6211.73	6826.35	7532.56	8579.29	10154.71
（五）其他	元	369.48	514.08	570.00	640.04	819.76	946.57	1206.36	1666.54	1729.86

7-18 续表

指　　标	单 位	2013 年
一、调查户数	户	308
常住人口	人	1091
年末人均住房建筑面积	平方米	61.97
三、总收入(未扣除生产费用)	元	23611.93
(一)工资性收入	元	10311.07
(二)经营性收入	元	10445.96
1.农业	元	1810.14
2.林业	元	846.74
3.牧业	元	4020.20
4.渔业	元	126.81
5.农林牧渔服务业	元	77.32
6.二、三产业经营收入	元	3564.74
(三)财产性收入	元	557.73
(四)转移性收入	元	2297.17
(五)非收入所得	元	1420.53
(六)借贷性所得	元	2782.60
四、全年人均总支出	元	22658.36
(一)消费支出	元	11585.76
(二)生产经营费用支出	元	3422.63
1.农业	元	705.81
2.林业	元	50.38
3.牧业	元	2062.18
4.渔业	元	32.02
5.农林牧渔服务业	元	36.29
6.二、三产业经营支出	元	535.95
(三)财产性支出	元	18.78
(四)转移性支出	元	344.05
(五)部分商业保险支出	元	31.08
(六)购置资产及非经常性转移支出	元	3989.66
(七)借贷性支出	元	3266.40

注:因统计方法制度改革,2013 年统计数据与以往年度数据不具有可比性。

7－19 农村居民家庭人均收入(2013年)

单位:元

项 目	全 市	#望城区	长沙县	浏阳市	宁乡县
全年人均总收入(未扣除生产费用)	23611.93	24098.88	23544.18	28400.67	20858.44
一、工资性收入	10311.07	14970.44	12419.39	7846.71	7905.19
1.工资	8160.98	14874.19	8082.49	6014.60	5961.91
2.实物福利	66.65	25.20	19.88	9.02	185.05
3.其他	2083.44	71.05	4317.02	1823.09	1758.24
二、经营性收入	10445.96	7614.09	8895.15	17079.61	9036.37
1.第一产业经营收入	6881.22	3966.25	8059.59	10098.61	5872.52
(1)农业收入	1810.14	1469.80	1152.39	1400.33	3009.10
(2)林业收入	846.74	88.76	2487.92	289.98	552.88
(3)牧业收入	4020.20	2112.80	4374.66	8060.48	2094.95
(4)渔业收入	126.81	282.02	14.52	225.29	100.95
(5)农林牧渔服务业	77.32	12.85	30.10	122.53	114.63
2.第二产业收入	1135.47	439.05	220.61	3035.04	876.42
(1)采矿业	20.52				67.30
(2)制造业	631.74			2490.58	27.77
(3)电力、热力、燃气及水生产和供应业					
(4)建筑业	483.21	439.05	220.61	544.45	781.35
3.第三产业收入	2429.26	3208.80	614.94	3945.96	2287.43
(1)批发和零售业	902.46	827.86	288.31	1719.58	761.23
(2)交通运输、仓储和邮政业	620.19	416.46	102.47	977.69	906.04
(3)住宿和餐饮业	381.99	1041.41		316.61	233.80
(4)房地产业	1.14				
(5)租赁和商务服务业	85.72	3.76	21.64	315.40	
(6)居民服务、修理和其他服务业	405.18	791.88	165.94	616.69	361.50
(7)其他	32.57	127.43	36.58		24.87
三、财产性收入	557.73	144.16	1183.92	281.75	410.65
四、转移性收入	2297.17	1370.20	1045.72	3192.61	3506.22
五、非收入所得	1420.53	3024.07	1029.55	2173.60	795.93
六、借贷性所得	2782.60	2561.83	660.14	3925.91	4242.31

注:7－19表至7－26表芙蓉区、天心区、岳麓区、开福区和雨花区无农村调查点。

7－20 农村居民家庭人均支出(2013 年)

单位:元

项　　　目	全　市	#望城区	长沙县	浏阳市	宁乡县
全年人均总支出	22658.36	22153.93	18577.76	26283.46	25361.03
一、消费支出	11585.76	11691.24	12420.32	11273.35	11289.05
(一)食品烟酒	2845.40	2780.86	3192.27	2800.19	2547.53
(二)衣着	792.77	783.83	586.86	802.10	698.07
(三)居住	3008.09	2749.98	4459.68	2561.35	2335.53
(四)生活用品及服务	725.93	930.31	684.00	685.38	765.52
(五)交通通信	2066.42	2141.15	1717.94	1317.91	3112.12
(六)教育文化娱乐	1110.40	1208.24	1123.94	1255.83	1096.44
(七)医疗保健	866.02	901.62	507.82	1638.20	604.85
(八)其他用品和服务	170.73	195.25	147.80	212.39	128.99
二、生产经营费用支出	3422.63	1909.99	2493.46	7033.04	2590.05
(一)第一产业经营费用支出	2886.68	1896.30	2466.68	5553.67	2118.02
1. 农业	705.81	406.39	279.22	459.03	1504.12
2. 林业	50.38	6.26	148.59	20.23	23.00
3. 牧业	2062.18	1411.30	2017.13	5028.47	451.87
4. 渔业	32.02	71.97	0.68	33.89	46.56
5. 农林牧渔服务业	36.29	0.38	21.06	12.06	92.46
(二)第二产业经营费用支出	161.14			621.91	18.06
1. 采矿业					
2. 制造业	128.37			512.97	
3. 电力、热力、燃气及水生产和供应业					
4. 建筑业	32.77			108.94	18.06
(三)第三产业经营费用支出	374.81	13.69	26.78	857.46	453.97
1. 批发和零售业	143.55	13.69	10.56	341.33	140.34
2. 交通运输、仓储和邮政业	139.48			303.47	208.35
3. 住宿和餐饮业	13.33			42.93	
4. 房地产业	1.43		6.00		
5. 租赁和商务服务业	12.44			47.52	1.81
6. 居民服务、修理和其他服务业	64.58		10.22	122.21	103.47
7. 其他					
三、财产性支出	18.78			61.65	10.99
四、转移性支出	344.05	218.35	197.08	332.89	374.05
五、部分商业保险支出	31.08	124.83	20.38	34.39	4.80
六、购置资产及非经常性转移支出	3989.66	6620.82	2440.89	4563.98	4322.03
七、借贷性支出	3266.40	1588.70	1005.63	2984.16	6770.06

7－21 农村居民家庭人平可支配收入(2013年)

单位:元

项　　目	全　市	#望城区	长沙县	浏阳市	宁乡县
可支配收入	19712.57	21462.02	20785.89	21034.74	17894.35
一、工资性收入	10311.07	14970.44	12419.39	7846.71	7905.19
(一)工资	8160.98	14874.19	8082.49	6014.60	5961.91
1.按月发放的工资	6047.80	9076.10	7048.20	3647.57	4243.90
2.补发工资	770.95	303.61	446.59	1918.23	469.31
3.不按月发放的奖金、津贴、过节费等	1342.23	5494.48	587.69	448.80	1248.70
(二)实物福利	66.65	25.20	19.88	9.02	185.05
1.从单位或雇主得到的实物产品折价	16.75	13.42	19.88	9.02	26.33
2.从单位或雇主得到的服务折价	49.90	11.78			158.71
3.单位或雇主实物福利报销所得					
(三)其他	2083.44	71.05	4317.02	1823.09	1758.24
1.住房公积金	4.71	17.77			8.02
2.辞退金	4.64		3.18		12.71
3.自由职业劳动所得(如稿费、翻译费)	68.93		243.93		10.04
4.安家费					
5.股票期权	243.22		1018.27		
6.其他劳动所得	1761.94	53.28	3051.64	1823.09	1727.47
二、经营净收入	6891.22	5195.58	6333.94	10046.56	6446.33
(一)第一产业经营净收入	3929.00	1903.27	5525.92	4544.94	3754.50
1.农业	1080.05	1013.61	834.86	941.30	1504.98
2.林业	794.63	82.51	2332.06	269.76	529.88
3.牧业	1929.27	636.91	2337.28	3032.01	1643.08
4.渔业	85.44	167.96	13.19	191.40	54.39
5.农林牧渔服务业	39.61	2.28	8.53	110.47	22.17
(二)第二产业经营净收入	974.00	436.42	220.61	2413.13	858.36
1.采矿业	20.52				67.30
2.制造业	503.37			1977.61	27.77
3.电力、热力、燃气及水生产和供应业					
4.建筑业	450.10	436.42	220.61	435.52	763.29
(三)第三产业经营净收入	1988.23	2855.89	587.41	3088.50	1833.47
1.批发和零售业	754.65	789.76	277.75	1378.25	620.89
2.交通运输、仓储和邮政业	476.41	393.27	102.47	674.22	697.69
3.住宿和餐饮业	336.68	949.72		273.67	233.80
4.房地产业	－0.29		－6.00		
5.租赁和商务服务业	73.28	3.76	21.64	267.87	－1.81
6.居民服务、修理和其他服务业	315.42	595.79	154.97	494.48	258.03
7.其他	32.08	123.59	36.58		24.87

7－21 续表

单位:元

项目	全市	#望城区	长沙县	浏阳市	宁乡县
三、财产净收入	557.73	144.16	1183.92	281.75	410.65
(一)利息净收入	10.05	70.15		11.75	-6.03
(二)红利收入	322.47		1085.24	217.84	28.67
1.集体分配的红利	260.69		1085.24		4.85
2.其他红利收入	61.78			217.84	23.82
(三)储蓄性保险净收益					
(四)转让承包土地经营权租金净收入	46.35			50.98	110.14
(五)出租房屋财产性收入	143.28	67.73	93.26		168.99
(六)出租机械、专利、版权等资产的收入	32.53		2.56	1.17	103.69
(七)其他财产净收入	2.89	6.27	2.86	-0.71	5.18
(八)房屋虚拟租金					
四、转移净收入	1952.55	1151.85	848.64	2859.72	3132.18
(一)转移性收入	2297.17	1370.20	1045.72	3192.61	3506.22
1.养老金或离退休金	535.35	552.29	236.19	497.13	930.29
2.社会救济和补助	61.37	24.25	106.41	24.35	80.81
3.政策性生活补贴	33.21	84.47	8.86	53.27	22.92
4.报销医疗费	73.05	36.35	11.56	205.30	46.80
5.家庭外出从业人员寄回带回收入	1005.97	26.28	268.78	1827.46	1577.58
6.赡养收入	402.10	477.70	225.14	518.01	510.99
7.其他经常转移收入	86.94		100.93	3.00	203.57
8.从政府和组织得到的实物产品和服务折价	6.04		23.90	1.08	0.21
9.现金政策性惠农补贴	93.15	168.86	63.95	63.00	133.06
(二)转移性支出	344.62	218.35	197.08	332.89	374.05

7－22　农村居民家庭人平消费支出(2013年)

单位:元

项　　目	全　市	#望城区	长沙县	浏阳市	宁乡县
消费支出	11585.76	11691.24	12420.32	11273.35	11289.05
一、食品烟酒	2845.40	2780.86	3192.27	2800.19	2547.53
二、衣着	792.77	783.83	586.86	802.10	698.07
三、居住	3008.09	2749.98	4459.68	2561.35	2335.53
四、生活用品及服务	725.93	930.31	684.00	685.38	765.52
五、交通通信	2066.42	2141.15	1717.94	1317.91	3112.12
#通信	442.79	637.51	443.63	368.96	400.27
六、教育文化娱乐	1110.40	1208.24	1123.94	1255.83	1096.44
#教育	837.41	881.83	1044.22	890.13	725.39
文化娱乐	272.25	326.41	76.62	365.70	371.06
七、医疗保健	866.02	901.62	507.82	1638.20	604.85
八、其他用品和服务	170.73	195.25	147.80	212.39	128.99

7－23 农村居民家庭人平粮食收支情况(2013年)

单位:公斤

项目	全市	#望城区	长沙县	浏阳市	宁乡县
一、主要农产品产量					
1.谷物	402.47	457.15	334.37	338.68	473.58
#小麦	1.47				4.82
水稻	387.68	454.08	282.58	336.44	468.76
玉米	6.38	3.07	22.71	2.24	
其他	6.95		29.08		
2.薯类	3.49	1.92	1.32	2.29	7.73
3.豆类	3.08	0.72	2.39	8.87	0.65
二、购买粮食					
(一)购买生产资料用粮食	75.50	14.85	220.84	0.80	57.88
1.种子用粮食	4.58	3.19	6.03	0.54	8.51
2.饲料用粮食	70.92	11.66	214.81	0.26	49.37
(二)购买生活用粮食					
1.谷物	57.41	31.53	108.04	42.41	42.32
#大米	33.68	20.03	89.47	15.43	14.63
稻谷	11.32	5.37	8.66	5.28	19.65
玉米	0.41	1.21	1.00		0.04
2.薯类	0.73	0.79	0.72		1.41
3.豆类	2.04	2.01	1.99	2.07	1.63
三、出售粮食					
1.谷物	271.41	254.55	171.05	105.69	537.00
2.薯类	0.25	0.81	0.15	0.02	0.34
3.豆类	0.06		0.13		0.09

7－24 农村居民家庭人平主要实物消费量(2013年)

单位:公斤

项　　目	全 市	#望城区	长沙县	浏阳市	宁乡县
一、粮食消费量	276.96	222.08	400.79	281.85	252.85
二、油脂类消费量	19.42	17.43	23.05	19.82	17.98
1.植物油	9.19	7.08	9.18	14.88	6.08
2.动物油	10.23	10.36	13.87	4.94	11.89
三、烟叶消费量	51.22	59.50	58.47	41.37	50.25
四、豆类消费量	3.17	2.76	2.71	4.93	2.11
五、蔬菜及菜制品消费量	186.13	245.55	92.95	237.15	227.40
六、瓜类	14.62	16.48	13.32	17.96	12.51
七、水果类	14.94	14.71	13.63	18.31	13.76
八、消费茶叶	0.46	0.75	0.55	0.46	0.36
九、坚果消费量	2.11	1.34	1.40	3.29	2.32
十、肉禽及其制品	37.10	34.50	41.80	37.04	35.05
1.猪肉	23.54	24.38	27.34	21.18	23.83
2.牛肉	1.12	0.75	1.14	0.49	0.94
3.羊肉	0.54	0.02	0.69	1.29	0.10
4.家禽	7.81	8.56	7.51	7.08	7.58
5.其他肉禽及制品	4.08	0.79	5.12	6.99	2.60
十一、蛋类及蛋制品	8.29	11.45	8.33	8.16	7.93
十二、奶和奶制品	4.49	5.18	3.18	3.36	5.91
十三、水产品	11.73	19.18	9.61	9.54	11.69
十四、食糖	6.32	7.04	5.06	4.26	7.83
十五、酒	6.79	7.39	7.78	4.07	8.39

7－25 农村居民家庭每百户耐用消费品拥有量(2013 年)

项目	单位	全市	#望城区	长沙县	浏阳市	宁乡县
1. 家用汽车	辆	23.6	29.0	25.7	26.5	10.0
2. 摩托车	辆	102.4	78.3	122.9	126.5	100.0
3. 助力车	台	26.3	62.3	8.6	2.9	18.6
4. 洗衣机	台	96.6	107.2	97.1	94.1	94.3
5. 电冰箱(柜)	台	92.3	100.0	97.1	92.6	81.4
6. 微波炉	台	17.8	27.5	18.6	10.3	17.1
7. 彩色电视机	台	123.4	140.6	122.9	125.0	112.9
#接入有线电视	台	72.6	105.8	72.9	55.9	57.1
8. 空调	台	91.6	123.2	98.6	79.4	71.4
9. 热水器	台	53.7	75.4	61.4	38.2	38.6
#太阳能热水器	台	8.4	2.9	24.3	7.4	2.9
10. 消毒碗柜	台	1.1		1.4		
11. 洗碗机	台	0.3		1.4		
12. 排油烟机	台	36.4	39.1	64.3	13.2	24.3
13. 固定电话	线	25.3	27.5	37.1	20.6	24.3
14. 移动电话	部	260.0	287.0	244.3	294.1	228.6
#接入互联网	部	68.0	85.5	78.6	94.1	8.6
15. 计算机	台	28.6	34.8	47.1	23.5	5.7
#接入互联网	台	23.9	33.3	37.1	20.6	5.7
16. 摄像机	台	1.0		1.4	2.9	
17. 照相机	台	10.3	10.1	24.3	2.9	1.4
18. 中高档乐器	架	1.0	2.9			
19. 健身器材	台					
20. 组合音响	套	18.1	18.8	28.6	17.6	5.7

7－26 农村居民抽样调查人口与就业期末情况(2013年)

单位:人

项目	全市	#望城区	长沙县	浏阳市	宁乡县
一、家庭常住人口	1105	256	264	253	222
二、家庭常住人口年龄状况					
1.5岁及以下	73	16	18	20	9
2.6－15岁	140	18	30	44	33
3.16－19岁	31	5	10	7	9
4.20－24岁	51	17	12	10	9
5.25－29岁	96	30	20	17	13
6.30－34岁	74	10	20	19	12
7.35－40岁	96	32	16	14	22
8.41－50岁	236	59	54	53	48
9.51－60岁	154	30	39	36	38
10.61－65岁	68	20	17	12	16
11.66岁及以上	87	19	28	21	13
三、由本户供养的在校学生	172	22	40	50	44
四、农村住户劳动力素质状况					
(一)整半劳动力数	792	203	190	159	163
(二)就业劳动力文化程度					
1.未上过学	2			2	
2.小学	162	46	41	37	31
3.初中	456	109	103	105	91
4.高中	138	34	40	11	37
5.大学专科	20	5	3	3	4
6.大学本科	13	9	2	1	
7.研究生	1		1		
五、农村住户劳动力就业状况					
(一)劳动力就业行业情况	674	186	140	141	148
1.一产业就业劳动力	270	55	75	39	78
2.非农产业就业劳动力	404	131	65	102	70
(1)二产业就业劳动力	237	56	40	80	42
(2)三产业就业劳动力	167	75	25	22	28

8 城市建设、环境保护

8－1 1999－2013年城市公共交通情况

指　　标	单位	1999年	2000年	2001年	2002年	2003年	2004年	2005年	2006年
一、全年客运总量	万人次	29310	33812	36321	34962	57656	76106	78161	83779
二、公共汽车营运情况									
公共汽车营运车辆数	辆	921	1150	1248	1351	1785	2357	2507	2722
年末营运线网长度	公里	617	704	750	813	1127	1460	1460	1617
年末营运线路条数	条	54	61	66	73	82	97	97	98
三、出租汽车营运情况									
出租汽车营运车辆数	辆	4305	5755	7192	6672	6257	6278	6279	6280

8－1 续表

指　　标	单位	2007年	2008年	2009年	2010年	2011年	2012年	2013年
一、全年客运总量	万人次	91967	105804	124460	101303	106159	106361	104103
二、公共汽车营运情况								
公共汽车营运车辆数	辆	3252	3259	3553	3557	3651	3775	4157
年末营运线网长度	公里	899	914	1018	1048	3195	3263	3484
年末营运线路条数	条	119	120	129	129	135	140	141
三、出租汽车营运情况								
出租汽车营运车辆数	辆	6280	6280	6280	6280	6420	6420	6915

注：1. 从2011年开始，表中数据含望城区。
2. 从2011年开始，公交车年末营运线网长度统计口径由单向统计变更为双向统计，按同口径计算，2010年为3173公里。

8－2　2000－2013年城市房屋发展状况及住房水平

指　　标	单位	2000年	2001年	2002年	2003年	2004年	2005年	2006年
一、城市房屋建筑面积	万 m^2	5283.28	5635.30	6132.40	6624.90	7352.00	8223.00	9021.62
#住宅	万 m^2	2839.76	3097.40	3447.20	3771.81	4268.30	4776.00	5280.36
人均住房建筑面积	m^2/人	18.6	19.6	21.5	23.2	25.3	27.2	28.3
二、年末危险住宅	万 m^2	24.23	35.41	35.41	33.29	31.73	27.73	26.15

8－2 续表

指　　标	单位	2007年	2008年	2009年	2010年	2011年	2012年	2013年
一、城市房屋建筑面积	万 m^2	9939.52	10891.33	10578.92	14940.70	16619.67	18583.00	17249.29
#住宅	万 m^2	5883.72	6561.62	9219.11	10581.09	11813.00	13267.00	11858.72
人均住房建筑面积	m^2/人	28.9	28.3	29.5	30.9	32.2	31.8	41.4
二、年末危险住宅	万 m^2	22.24	21.70	2.96	2.54	3.19	4.66	8.64

注：人均住房建筑面积统计指标2012年以前为城市统计口径，2013年开始调整为城镇统计口径。

8－3 2000－2013年城市自来水、供气、用电供应情况

指　　标	单位	2000年	2001年	2002年	2003年	2004年	2005年	2006年
一、自来水								
年末水厂个数	个	6	6	6	6	6	6	6
年末供水管道长度	公里	1087	1120	1188	1292	1338	1450	1529
年末供水总量	万吨	37399	39872	36748	38845	39819	41969	43328
# 生活用水	万吨	21246	22262	24199	29369	30105	31540	32441
年末水厂生产能力	万吨/日	132	157	165	165	165	165	165
二、供气情况								
1. 液化气								
液化气供气总量	吨	65700	70200	72306	75668	91500	92600	85000
# 生活用	吨	63796	68806	70870	74911	90584	91600	80300
液化气用气人口	万人	106.5	137.8	140.3	142.2	149.1	151.1	138.0
液化气储气能力	吨	3700	3700	3800	3800	3800	3800	3800
2. 天然气								
天然气供气总量	万 m^3						3418	11947
# 生活用	万 m^3						2238	3390
天然气用气人口	万人						25	68
天然气储气能力	万 m^3						10	10
三、供电								
全市用电总量	万度	480160	529409	591319	696000	722087	923856	1039585
# 工业用电	万度	221763	281711	310605	354800	375058	384129	345094
城乡居民生活用电	万度	136507	143681	235649	360300	276637	282458	423066
其中:市区用电总量	万度	313975	343137	375933	439000	430300	501464	602611
# 工业用电	万度	131522	156001	175375	201500	194500	193501	200408
# 居民生活用电	万度	105952	119738	163622	154200	215800	205719	277750

8－3 续表

指　　标	单位	2007年	2008年	2009年	2010年	2011年	2012年	2013年
一、自来水								
年末水厂个数	个	6	6	6	6	7	7	7
年末供水管道长度	公里	1659	1801	1925	2012	2323	3050	3300
年末供水总量	万吨	32840	44866	45144	46431	51224	41997	52739
# 生活用水	万吨	24630	24870	26597	26611	29243	29950	31263
年末水厂生产能力	万吨/日	167	167	167	180	221	265	270
二、供气情况								
1. 液化气								
液化气供气总量	吨	84000	82000	85000	83000	93000	76663	86492
# 生活用	吨	79500	78000	80000	77000	84300	63385	72573
液化气用气人口	万人	119.9	146.5	125.0	115.0	101.5	267.3	275.0
液化气储气能力	吨	4000	4000	4000	4000	4000	4000	4000
2. 天然气								
天然气供气总量	万 m^3	19254	26607	32948	39300	50363	64298	70321
# 生活用	万 m^3	4647	6192	10618	12500	19450	24911	26019
天然气用气人口	万人	90.1	90.9	164.7	192.0	246.1	264.7	311.9
天然气储气能力	万 m^3	10	10	100	100	100	100	100
三、供电								
全市用电总量	万度	1153430	1265685	1414653	1603152	1838972	2040474	2230032
# 工业用电	万度	368754	498417	456798	573315	675729	757802	881580
城乡居民生活用电	万度	456961	426619	564587	513122	587635	666846	718282
其中:市区用电总量	万度	637260	683642	817921	943789	1156205	1268341	1373249
# 工业用电	万度	167545	198858	185517	223612	308003	332841	383172
# 居民生活用电	万度	247098	273759	343932	344333	417589	464827	489662

8－4　2000－2013年城市环境卫生基本情况

指　　标	单位	2000年	2001年	2002年	2003年	2004年	2005年	2006年
一、道路清扫保洁面积	万 m^2	540	566	912	1200	1741	1912	2689
二、生活垃圾无害处理量	万吨		67.7	68.0	65.7	77.0	77.0	77.5
三、环卫专用车辆								
垃圾运输车	辆	156	148	160	173	219	182	199
真空吸粪车	辆	9	7	8	1	8	8	9
洒水车	辆	27	29	31	35	65	77	85
清扫车	辆							
专用集装式垃圾中转车	辆							
四、公共厕所	座	462	461	431	388	422	455	516
#本年新建	座	10	2	7	13	35	33	61
五、垃圾站	个	504	504	494	458	487	576	637
#本年新建	个	11	4	5	15	32	42	61

8－4 续表

指　　标	单位	2007年	2008年	2009年	2010年	2011年	2012年	2013年
一、道路清扫保洁面积	万 m^2	3033	2523	2638	2954	3543	3608	5238
二、生活垃圾无害处理量	万吨	85.6	101.5	107.3	117.3	143.2	169.4	160.0
三、环卫专用车辆								
垃圾运输车	辆	180	187	200	368	201	204	264
真空吸粪车	辆	9	10	6	10	4	4	2
洒水车	辆	104	99	99	104	133	170	296
清扫车	辆		43	45	52	82	73	124
专用集装式垃圾中转车	辆		25	27	40	40	48	60
四、公共厕所	座	545	490	542	551	543	567	566
#本年新建	座	29	24	52	9			
五、垃圾站	个	545	570	615	635	661	673	676
#本年新建	个	25	287	51	20			

8－5 2000－2013年市政设施基本情况

指　　标	单位	2000年	2001年	2002年	2003年	2004年	2005年	2006年
一、城市道路								
年末实有道路长度	公里	998	1098	1150	1188	1323	1415	1466
年末实有道路面积	万 m^2	928	1099	1575	1980	2385	2795	3002
二、年末实有永久性桥梁	座	71	71	73	73	76	77	77
三、年末实有下水道长度	公里	636	648	648	770	800	895	1046
四、路灯盏数	盏	16259	17309	26411	37215	43215	53468	64938

8－5 续表

指　　标	单位	2007年	2008年	2009年	2010年	2011年	2012年	2013年
一、城市道路								
年末实有道路长度	公里	1552	1608	1660	1781	2173	2342	2966
年末实有道路面积	万 m^2	3131	3320	3489	3618	4258	3958	4307
二、年末实有永久性桥梁	座	87	92	93	97	168	172	174
三、年末实有下水道长度	公里	1046	1186	1230	1842	2601	2169	2169
四、路灯盏数	盏	69731	77135	76200	79542	82423	87389	91393

8－6　2000－2013年城市园林、绿化情况

指　　标	单位	2000年	2001年	2002年	2003年	2004年	2005年	2006年
城市园林绿化覆盖面积	公顷	5508	5846	6094	6720	6949	7368	7876
城市园林绿地面积	公顷	5152	5541	5712	5712	5907	6244	6706
公共绿地面积	公顷	889	1006	1085	1229	1240	1381	1590
公园处数	处	10	11	12	14	14	18	19
公园面积	公顷	575	576	717	904	904	1143	1210

8－6 续表

指　　标	单位	2007年	2008年	2009年	2010年	2011年	2012年	2013年
城市园林绿化覆盖面积	公顷	8541	8818	9304	9857	10235	10729	11206
城市园林绿地面积	公顷	5656	7693	8134	8598	9188	9293	9611
公共绿地面积	公顷	1892	2142	2348	2522	2794	2804	2913
公园处数	处	21	21	22	22	22	23	24
公园面积	公顷	1302	1302	1323	1323	1323	1573	1581

说明：绿地面积、绿化覆盖面积均不含湿地面积。

8－7 1999－2013年城市环境污染和治理情况

指标	单位	1999年	2000年	2001年	2002年	2003年	2004年	2005年	2006年
一、工业废水排放总量	万吨	6037.6	5532.9	4992.2	4310.7	4006.7	4047	4065	4073
工业废水排放达标量	万吨	4381.9	4212.6	3956.9	3556.8	3510	3552	3562	3482
二、工业废气排放总量	万标 m^3	2405157	2624324	3252834	2762532	2501271	2679022	3078324	2891585
三、工业粉尘排放量	万吨	8.2	7.81	4.81	7.11	7.22	9.39	10.06	10.35
工业粉尘去除量	万吨	8.93	11.19	9.32	13.37	13.34	11.03	11.83	10.58
四、工业固体废物产生量	万吨	133.91	137.53	133.95	111.83	112.72	107.7	109.7	111.69
# 综合利用	万吨	96	101.79	120.83	105.64	99.67	94	98.4	102.94
五、工业锅炉数	台	433	407	392	351	318	324	307	273
# 达标数	台	386	359	321	285	245	257	243	267
六、工业炉窑数	台	496	465	477	430	371	262	222	226
# 达标数	台	251	232	149	150	309	124	117	118

8－7续表

指标	单位	2007年	2008年	2009	2010年	2011年	2012年	2013年
一、工业废水排放总量	万吨	4377	4162	3726	4336	4051	3777	4049
工业废水排放达标量	万吨	3704	3665	3354	3955			
二、工业废气排放总量	万标 m^3	2933547	5278500	5315831	6269499	10219789	5470000	6233559
三、工业粉尘排放量	万吨	10.29	13.48	13.35	10.52	1.59	1.20	1.90
工业粉尘去除量	万吨	19.15	20.08	19.19	12.62	198.59	131.69	114.10
四、工业固体废物产生量	万吨	107.3	183.6	154.6	148.8	177.6	103.5	100.5
# 综合利用	万吨	101.96	164.6	140.1	148.4	174.8	94.7	86.9
五、工业锅炉数	台	229	187	267	284	269	259	280
# 达标数	台	222	167	254	256			
六、工业炉窑数	台	251	213	232	219	108	116	108
# 达标数	台	194	163	178	151			

注:2011年起工业粉尘排放量(去除量)指标已改为工业烟粉尘排放量(去除量)。

9 农　业

9－1 历年农、林、牧、渔业总产值

（按现行价格计算）

单位：万元

年份	合计	农业	林业	牧业	渔业	服务业
1978	97658					
1980	99524					
1983	133455					
1984	139627					
1985	165803					
1986	180977					
1987	212304					
1988	274536					
1989	307534					
1990	365244					
1991	368160					
1992	409372					
1993	480104	237282	16083	205582	21157	
1994	725156	351689	17108	328777	27582	
1995	868362	426578	28951	375241	37592	
1996	1011363	509820	40193	416774	44576	
1997	1114485	561705	41906	460042	50832	
1998	1137969	596651	43425	446164	51729	
1999	1146402	635440	41800	413206	55956	
2000	1167935	628013	43598	442543	53781	
2001	1239985	672704	47407	464641	55233	
2002	1302245	700436	57148	486981	57680	
2003	1371608	694002	70917	527412	61035	18242
2004	1720668	825189	73635	734973	68050	18821
2005	1871313	926445	76257	771539	75967	21105
2006	1903000	994600	80300	712700	74700	40600
2007	2171300	1146600	94000	780900	103500	46100
2008	2818996	1367085	112079	1165305	122893	51634
2009	2946120	1465841	123699	1171296	127520	57764
2010	3236412	1735890	144988	1156629	137340	61565
2011	3877163	2082639	179791	1405473	142489	66770
2012	4197846	2303064	195535	1484271	145535	69441
2013	4546157	2518547	217452	1572730	161432	75996

注：1. 2003年开始农林牧渔服务业从规模以下工业中划归农业统计，同时种植业中的农民家庭兼营商品性工业产值划入规模以下工业中。

2. 2006年、2007年、2008年数据根据农业普查结果予以调整。

9－1 续表 1　　（按不变价格计算）　　单位：万元

年　份	合　计	农　业	林　业	牧　业	渔　业	服务业
	（按 1952 年不变价格计算）					
1949	17020	15081	390	1356	193	
1952	21728	18337	734	2084	573	
1957	27743	22819	504	4001	419	
	（按 1957 年不变价格计算）					
1957	27743	22819	504	4001	419	
1962	24328	21436	527	2084	281	
1965	29799	24251	663	4499	386	
1970	38426	31441	639	6115	231	
1971	43127	35736	1137	5982	272	
	（按 1970 年不变价格计算）					
1971	43127	35736	1137	5982	272	
1972	62622	50111	1576	10618	317	
1973	66813	54094	1730	10637	352	
1974	67157	54138	1777	10849	393	
1975	67676	54516	1675	11096	389	
1976	70920	57176	1536	11753	455	
1977	73598	59758	1771	11603	466	
1978	73800	58941	1911	12475	473	
1979	78000	61738	1726	13968	568	
1980	77400	59996	1789	14927	688	
	（按 1980 年不变价格计算）					
1980	98260	73690	3079	20109	1382	
1981	102770	76279	3380	21494	1617	
1982	115532	85345	3406	24870	1911	
1983	125664	93427	3253	26879	2105	
1984	129025	92077	3588	30767	2593	
1985	139379	93056	3819	39692	2812	
1986	147691	97645	3586	43193	3267	
1987	152161	100216	4491	43812	3642	
1988	159036	100182	4570	50212	4072	
1989	163414	102263	5623	51134	4394	
1990	167152	104672	4217	53793	4470	

9－1 续表 2　　（按不变价格计算）　　单位：万元

年 份	合 计	农 业	林 业	牧 业	渔 业	服务业
	（按 1990 年不变价格计算）					
1990	393694	222433	12668	143383	15210	
1991	407495	231266	13740	145338	17151	
1992	419479	222100	14341	163178	19860	
1993	442505	219393	15467	184955	22690	
1994	470439	227779	16548	201545	24567	
1995	500336	236182	23768	212214	28172	
1996	542354	267499	31460	213555	29840	
1997	584737	290795	35970	223452	34520	
1998	605182	293536	36341	238917	36388	
1999	623902	321588	34528	229693	38093	
2000	653582	336044	37905	238238	41395	
2001	692224	357291	37281	252324	45328	
2002	723725	375476	41428	259782	47039	
2003	746034	339273	57973	276659	53887	
2004	800454	361818	56654	305791	57070	
	（按可比价格计算）					
2005	1841526	882440	76519	791928	70443	20196
2006	1860893	950749	80731	713768	75825	39819
2007	1987611	1051292	87366	728379	77090	43483
2008	2318577	1179040	94567	887459	107671	49840
2009	3004722	1432889	110758	1276600	128220	56255
2010	3078386	1600565	130924	1152458	133944	60495
2011	3365918	1864808	159174	1136426	138659	66851
2012	4032356	2180591	192860	1443670	144529	70705
2013	4324845	2386699	204710	1503566	155792	74078

注：1. 根据湖南省统计局制定的 2004 年农林牧渔业综合统计报表制度规定，从 2004 年开始取消不变价计算农林牧渔业产值，改用可比价计算产值，用农产品价格指数缩减法计算农业发展速度。

2. 2006 年、2007 年、2008 年数据根据农业普查结果予以调整。

9－2 历年粮食总产量

单位:吨

年份	合计	稻谷	小麦	折粮薯类	杂粮	大豆
1949	742990	694100	2835	30400	10980	4675
1950	836155	774735	3165	37490	11290	9475
1951	924745	858455	3965	47375	10720	4230
1952	941680	879335	4900	36270	14185	6990
1953	959055	892065	6345	39730	13800	7115
1954	855385	784730	7735	44225	13730	4965
1955	1026360	925905	12220	69045	14845	4345
1956	982635	919265	9565	42550	9210	2045
1957	1002970	911700	4480	69455	13155	4180
1958	1054150	947910	8155	82070	10645	5370
1959	962480	861870	8325	70490	14745	7050
1960	657725	622300	7280	21100	6420	625
1961	607360	543910	7650	45385	9605	810
1962	833095	729930	11180	74505	15465	2015
1963	920345	853725	5960	40875	18485	1300
1964	936420	872145	5265	39790	17200	2020
1965	1010075	929350	7675	55745	13895	3410
1966	1145640	1098985	6355	29465	7265	3570
1967	1198540	1127455	9465	48510	9910	3200
1968	1252535	1189595	6660	46560	7195	2525
1969	1166505	1100210	6735	51155	6510	1895
1970	1308655	1249270	9515	40930	6040	2900
1971	1536300	1468475	8905	47170	7480	4270
1972	1453085	1370820	8100	61575	8200	4390
1973	1562770	1487460	7040	60010	5400	2860
1974	1550020	1493725	6245	43145	4035	2870
1975	1546080	1478850	8410	50855	5220	2745
1976	1543550	1471275	14965	49300	4835	3175
1977	1537670	1465765	11240	53105	4710	2850
1978	1898070	1829940	15135	44545	3300	5150
1979	1960495	1892480	13060	44880	5000	5075
1980	2028640	1970115	7885	42590	3565	4485

9－2 续表

单位:吨

年　份	合　计	稻　谷	小　麦	折粮薯类	杂　粮	大　豆
1981	1931885	1878290	8575	35120	5525	4375
1982	2334880	2269795	8630	44360	4735	7360
1983	2558240	2487825	7335	51200	4860	7020
1984	2443660	2373670	6565	48105	7915	7405
1985	2449215	2386240	5210	45600	5215	6950
1986	2518856	2458199	5550	37918	9536	7653
1987	2554153	2469708	5487	45653	24970	8335
1988	2535020	2453928	6436	42982	23901	7773
1989	2588563	2499928	7733	47108	24606	9188
1990	2641261	2542642	6094	50715	31949	9861
1991	2693046	2586304	7760	53322	33903	11757
1992	2548991	2440907	8370	53100	33969	12645
1993	2450080	2349086	7318	50828	26659	16189
1994	2534843	2412841	5801	62742	37218	16241
1995	2448028	2325133	4928	77917	24793	15257
1996	2737179	2597117	6905	77701	40598	14858
1997	2928132	2757668	9551	85889	58636	16388
1998	2618000	2443065	10211	90492	57497	16735
1999	2750152	2503557	9372	100343	121111	15769
2000	2623327	2405899	5324	98682	98444	14978
2001	2503041	2299943	6859	97099	86043	13097
2002	2119788	1908942	5245	116868	72908	15825
2003	2163732	1939536	3091	121342	82360	17403
2004	2520412	2300549	3498	125934	74045	16386
2005	2622817	2386731	3598	131021	82366	19101
2006	2424098	2344684	607	37223	32502	9082
2007	2439304	2363917	547	41246	24545	9049
2008	2480144	2405060	529	42925	23674	7956
2009	2489340	2354964	2048	69984	49384	12960
2010	2363578	2220198	1966	76435	50684	14295
2011	2445122	2289909	1977	76009	59803	17424
2012	2479354	2303806	2088	79026	75544	18890
2013	2442253	2298038	2137	49237	74453	18388

注:1. 2006 年、2007 年、2008 年数据根据农业普查结果予以调整。
2. 根据国家抽样调查情况,全省统一对 2010 年粮食产量数据进行了调整。

9-3 历年耕地面积

单位:千公顷

年份	合计	水田	旱地	每一农业人口占有耕地(亩)
1949	274.27	253.77	20.50	
1950	278.19	255.97	22.22	1.60
1951	282.98	258.87	24.11	1.60
1952	287.05	264.09	22.96	1.62
1953	291.23	265.75	25.48	1.62
1954	292.94	265.89	27.05	1.62
1955	297.80	266.27	31.53	1.63
1956	298.36	265.45	32.91	1.62
1957	295.05	260.49	34.56	1.61
1958	276.36	247.11	29.25	1.54
1959	271.76	241.87	29.89	1.56
1960	266.09	234.82	31.27	1.58
1961	261.71	235.12	26.59	1.55
1962	263.38	234.45	28.93	1.53
1963	261.97	235.25	26.72	1.47
1964	264.50	235.60	28.90	1.45
1965	265.87	235.99	29.88	1.41
1966	264.43	234.05	30.38	1.36
1967	263.07	231.56	31.51	1.32
1968	257.48	231.51	25.97	1.26
1969	260.65	231.72	28.93	1.22
1970	261.79	231.55	30.24	1.19
1971	261.47	231.93	29.54	1.18
1972	260.93	231.17	29.76	1.16
1973	260.49	230.51	29.98	1.14
1974	260.03	229.66	30.37	1.14
1975	258.92	228.44	30.48	1.09
1976	257.33	227.44	29.89	1.08
1977	257.11	227.22	29.89	1.06
1978	255.91	226.27	29.64	1.05
1979	255.49	225.86	29.63	1.05
1980	254.80	225.85	28.95	1.04

9－3 续表 单位:千公顷

年 份	合 计			每一农业人口占有耕地(亩)
		水 田	旱 地	
1981	254.31	225.74	28.57	1.03
1982	253.96	225.77	28.19	1.02
1983	253.30	225.11	28.19	1.01
1984	251.97	224.80	27.17	1.02
1985	250.05	223.64	26.41	1.00
1986	249.58	223.65	25.93	0.97
1987	249.04	223.33	25.71	0.96
1988	248.44	222.91	25.53	0.94
1989	248.20	222.69	25.51	0.92
1990	247.93	222.47	25.46	0.91
1991	248.07	222.58	25.49	0.91
1992	247.89	220.03	27.86	0.90
1993	246.89	219.37	27.52	0.90
1994	246.00	218.36	27.64	0.90
1995	245.77	218.18	27.59	0.89
1996	244.68	217.20	27.48	0.89
1997	244.07	216.70	27.37	0.88
1998	242.99	215.73	27.26	0.88
1999	242.14	215.26	26.88	0.87
2000	242.32	215.26	27.06	0.87
2001	242.53	215.48	27.05	0.87
2002	239.99	214.73	25.26	0.87
2003	237.10	215.20	21.90	0.86
2004	246.79	224.31	22.48	0.89
2005	246.90	220.43	26.47	0.88
2006	243.66	202.19	38.02	…
2007	262.20	226.24	35.96	1.01
2008	274.03	…	…	…
2009	278.07	245.62	32.45	1.05
2010	276.79	244.41	32.38	1.05
2011	275.65	243.33	32.32	1.04
2012	274.89	241.62	33.27	1.04
2013	274.15	241.42	32.73	1.04

9－4 历年牲猪、水产品生产情况

年 份	全年出栏肉猪(万头)	年末牲猪存栏(万头)	每一农业人口出栏肉猪(头)	水产品产量(吨)	#鱼 类(吨)	#虾贝类(吨)
1950	31.14	36.44	0.12	4945	4945	
1951	34.83	39.44	0.13	4865	4865	
1952	39.97	46.42	0.15	5335	5335	
1953	43.40	48.64	0.16	5840	5840	
1954	48.56	39.24	0.18	7320	7320	
1955	45.69	41.77	0.17	6300	6300	
1956	46.70	81.19	0.17	7105	7105	
1957	72.89	123.12	0.26	7195	7175	20
1958	73.25	102.37	0.27	6635	6580	55
1959	49.19	88.98	0.19	7055	6730	325
1960	37.64	66.15	0.15	6270	5780	490
1961	15.44	37.05	0.06	4180	4125	55
1962	14.09	55.42	0.05	3875	3575	300
1963	31.27	82.81	0.12	3815	3490	325
1964	73.35	79.57	0.27	5050	4355	700
1965	68.20	76.22	0.24	7620	6170	1450
1966	55.80	101.08	0.19	8130	6805	1325
1967	80.36	104.46	0.27	3950	3925	25
1968	92.58	104.17	0.30	4220	4190	30
1969	92.69	96.31	0.29	5950	5585	365
1970	80.19	129.8	0.24	5370	5365	5
1971	97.24	150.42	0.29	5845	5835	10
1972	147.12	162.8	0.44	5350	5205	145
1973	151.93	166.88	0.44	5535	5445	90
1974	155.31	166.56	0.45	6380	6375	5
1975	132.83	165.53	0.37	6490	6480	10
1976	149.60	182.02	0.42	7415	7340	75
1977	146.23	171.03	0.40	7555	7425	130
1978	147.47	170.29	0.40	7755	7575	180
1979	154.09	199.79	0.42	9995	9510	485
1980	184.47	185.29	0.50	11865	11185	680

9-4 续表

年份	全年出栏肉猪(万头)	年末牲猪存栏(万头)	每一农业人口出栏肉猪(头)	水产品产量(吨)	#鱼类(吨)	#虾贝类(吨)
1981	162.53	185.15	0.44	13195	12045	1150
1982	171.95	209.23	0.46	15520	14175	1345
1983	186.52	238.51	0.49	17025	16100	925
1984	230.25	245.42	0.62	21310	21140	170
1985	273.91	265.86	0.74	23265	22785	480
1986	306.75	283.68	0.81	27050	26572	478
1987	331.33	294.08	0.87	29983	29464	519
1988	370.10	307.93	0.93	33426	32983	443
1989	378.68	313.48	0.94	36079	35585	494
1990	399.12	328.75	0.98	36669	36184	485
1991	415.00	336.04	1.02	41276	40726	550
1992	480.11	358.38	1.17	47762	47198	564
1993	537.38	396.32	1.31	53917	53234	683
1994	560.84	385.31	1.37	56256	55128	1128
1995	592.63	369.33	1.43	61664	60719	679
1996	601.34	346.91	1.50	67887	66601	710
1997	608.33	355.90	1.53	75529	73663	851
1998	622.75	345.52	1.54	77425	75451	954
1999	596.75	322.08	1.52	82195	80965	771
2000	621.28	350.78	1.58	85191	83744	1015
2001	655.78	364.91	1.67	89965	88334	1208
2002	658.26	367.07	1.69	92874	90875	1502
2003	683.13	391.77	1.77	94235	91553	2104
2004	756.66	415.30	1.96	100128	97790	1805
2005	801.54	432.77	2.08	104201	101355	2249
2006	786.94	417.29	…	105074	102726	1764
2007	832.20	424.90	2.13	95302	93000	1537
2008	835.90	446.26	2.13	96395	94296	1442
2009	846.00	450.70	2.14	101443	99056	1738
2010	824.65	438.00	2.08	106571	104328	1819
2011	804.68	427.60	2.02	107154	104889	1563
2012	833.20	436.20	2.01	114084	111661	1643
2013	835.68	420.88	2.11	119349	116386	2336

9－5 农村基层组织情况与农业生产条件(2013年)

指标	单位	全市	芙蓉区	天心区
一、农村基层组织情况				
1. 乡镇个数	个	94		
# 镇个数	个	79		
2. 村(居)民委员会个数	个	1511	14	21
# 村委员会个数	个	1179	13	13
二、乡村人口与从业人员				
1. 乡村户数	万户	135.58	1.53	1.54
(1)农业户	万户	116.59	1.30	0.78
(2)非农业户	万户	18.99	0.23	0.76
2. 乡村人口数	万人	443.22	5.08	4.26
# 农业人口	万人	396.05	3.49	2.51
3. 乡村劳动力资源数	万人	291.50	3.81	1.52
4. 乡村从业人员数	万人	263.72	3.59	1.45
按性别分				
(1)男	万人	148.70	2.02	0.77
(2)女	万人	115.02	1.57	0.68
按国民经济行业分				
(1)农业从业人员	万人	103.20	0.02	0.41
(2)工业从业人员	万人	59.88	0.91	0.15
(3)建筑业从业人员	万人	34.45	0.75	0.32
(4)交运运输、仓储及邮政从业人员	万人	11.23	0.40	0.08
(5)信息传输、计算机服务和软件从业人员	万人	4.34	0.08	0.05
(6)批零零售业从业人员	万人	19.63	0.28	0.13
(7)住宿和餐饮业从业人员	万人	10.77	0.57	0.11
(8)其他从业人员	万人	20.22	0.58	0.20
三、农村基础设施				
1. 通自来水村个数	个	558	13	13
2. 通汽车村个数	个	1179	13	13
3. 通公共交通村个数	个	540	13	13
4. 通电话村个数	个	1179	13	13
5. 通宽带村个数	个	993	13	13
6. 通有线电视村个数	个	1145	13	13

岳麓区	开福区	雨花区	望城区	长沙县	浏阳市	宁乡县
3	1		11	17	33	29
3	1		10	17	27	21
102	58	37	159	297	401	422
87	30		125	218	318	375
9.36	3.97	2.83	15.71	25.09	37.01	38.54
8.30	2.98	2.45	13.62	20.23	32.98	33.95
1.06	0.99	0.38	2.09	4.86	4.03	4.59
27.86	12.61	9.90	51.40	81.28	129.36	121.47
25.10	8.80	8.50	46.26	69.77	119.14	112.48
17.63	7.71	5.80	32.21	52.71	79.88	90.23
16.35	5.76	4.50	30.88	48.21	75.86	77.12
9.70	3.19	2.50	17.02	27.02	42.73	43.75
6.65	2.57	2.00	13.86	21.19	33.13	33.37
6.89	1.50	1.90	12.40	22.32	27.61	30.15
2.22	1.02	0.50	3.71	10.34	23.65	17.38
2.73	1.34	0.60	6.20	5.79	6.66	10.06
0.82	0.54	0.24	0.86	1.88	2.76	3.65
0.34	0.20	0.05	0.29	0.65	1.17	1.51
1.18	0.29	0.60	1.71	3.20	5.94	6.30
0.92	0.37	0.33	0.96	1.77	2.98	2.76
1.25	0.50	0.28	4.75	2.26	5.09	5.31
53	30		76	109	103	161
87	30		125	218	318	375
39	30		64	193	89	99
87	30		125	218	318	375
87	30		125	218	228	279
87	30		125	188	318	371

9－5 续表

指　　标	单　位	全　市	芙蓉区	天心区
四、农业主要能源及物资消耗				
（一）农村电气化情况				
1. 农村用电量（不包括县办工业和城镇生活用电）	万千瓦小时	214623	6931	4086
2. 乡办水电站	个	32		
装机容量	千瓦	17490		
发电量	万千瓦小时	5981		
3. 村及村以下办水电站个数	个	25		
装机容量	千瓦	4328		
发电量	万千瓦小时	925		
（二）农用化肥施用量				
1. 按实物量计算	吨	638339	487	2952
（1）氮 肥	吨	226899	127	1080
（2）磷 肥	吨	141603	170	1044
（3）钾 肥	吨	78002	85	387
（4）复合肥	吨	191835	105	441
2. 按折纯量计算	吨	203067	160	897
（1）氮 肥	吨	59011	47	369
（2）磷 肥	吨	21001	24	137
（3）钾 肥	吨	38344	42	194
（4）复合肥	吨	84711	47	198
（三）农用塑料薄膜使用量	吨	7865	60	13
# 地膜使用量	吨	6064	11	10
地膜覆盖面积	公顷	71195	173	163
（四）农用柴油使用量	吨	52299	71	15
（五）农药使用量（实物量）	吨	9623	2	5
五、耕地面积情况				
（一）年初实有耕地面积	千公顷	274.89	0.18	0.71
（二）年内增加的耕地面积	千公顷	0.45		
# 新开荒地	千公顷	0.40		
园地改耕地	千公顷	0.05		
（三）年内减少的耕地面积	千公顷	1.19	0.01	0.07
# 国家建设占地	千公顷	0.92		
其它建设占地	千公顷	0.25	0.01	0.07
（四）年末实有耕地面积	千公顷	274.15	0.17	0.64
# 常用耕地面积	千公顷	270.56	0.17	0.64
1. 水 田	千公顷	241.42	0.05	0.58
2. 旱 地	千公顷	32.73	0.12	0.06
# 水浇地	千公顷	3.33	0.11	0.02
（五）年末耕地中国有单位的面积	千公顷	0.13		

岳麓区	开福区	雨花区	望城区	长沙县	浏阳市	宁乡县
6594	11968	12800	10042	100943	34517	26742
				2	25	5
				1050	13990	2450
				212	5284	485
					18	7
					3750	578
					715	210
22148	7026	2800	71567	116030	180959	234370
9217	4030	900	39907	42542	41741	87355
5835	996	712	18107	24581	35490	54668
3217	840	138	7292	10537	21686	33820
3879	1160	1050	6261	38370	82042	58527
8469	1999	918	16044	35016	63191	76373
4240	927	285	7045	9125	11124	25849
875	130	99	2535	3686	5315	8200
1608	420	69	3646	5165	10628	16572
1746	522	465	2817	17040	36124	25752
381	85	18	1013	795	2272	3228
307	80	16	973	602	1628	2437
5095	915	189	10899	8640	18071	27050
651	450		2134	8210	29184	11584
986	110	18	1069	1806	2350	3277
9.97	3.04	0.55	30.48	57.68	78.11	94.17
			0.04	0.14	0.11	0.16
			0.04	0.14	0.06	0.16
					0.05	
0.13		0.06	0.10	0.45	0.19	0.18
0.08		0.06	0.05	0.45	0.15	0.13
0.05			0.04		0.03	0.05
9.84	3.04	0.49	30.42	57.37	78.03	94.15
9.80	3.04	0.45	30.06	57.37	77.98	91.05
7.83	2.54	0.39	27.24	53.32	69.83	79.64
2.01	0.50	0.10	3.18	4.05	8.20	14.51
0.07	0.05	0.02			0.05	3.01
			0.08		0.05	

9－6 主要农产品生产情况(2013年)

指标	单位	全市	芙蓉区	天心区
农作物总播种面积	**千公顷**	**671.63**	**0.84**	**0.63**
一、粮食作物播种面积	千公顷	371.11	0.27	0.24
单　产	公斤/亩	439	419	480
总产量	吨	2442253	1697	1729
(一)谷物播种面积	千公顷	351.47	0.27	0.24
单　产	公斤/亩	449	419	480
总产量	吨	2365967	1697	1729
1.稻谷播种面积	千公顷	339.77	0.27	0.24
单　产	公斤/亩	451	419	480
总产量	吨	2298038	1697	1729
(1)早稻播种面积	千公顷	151.74	0.10	0.10
单　产	公斤/亩	417	391	455
总产量	吨	949622	586	683
# 杂交稻面积	千公顷	62.81	0.10	0.03
单　产	公斤/亩	419	391	340
总产量	吨	395155	586	153
优质稻面积	千公顷	117.70	0.10	0.06
单　产	公斤/亩	414	391	424
总产量	吨	731171	586	382
(2)中稻与一季晚稻播种面积	千公顷	30.57	0.07	0.14
单　产	公斤/亩	510	427	498
总产量	吨	233682	448	1046
# 杂交稻面积	千公顷	25.41	0.07	0.07
单产	公斤/亩	517	427	532
总产量	吨	196993	448	558
优质稻面积	千公顷	24.11	0.07	0.05
单　产	公斤/亩	515	427	497
总产量	吨	186130	448	373
(3)晚稻播种面积	千公顷	157.46	0.10	
单　产	公斤/亩	472	442	
总产量	吨	1114734	663	
# 杂交稻面积	千公顷	94.21	0.10	
单　产	公斤/亩	472	442	
总产量	吨	666761	663	
优质稻面积	千公顷	131.83	0.10	
单　产	公斤/亩	477	442	
总产量	吨	942650	663	

岳麓区	开福区	雨花区	望城区	长沙县	浏阳市	宁乡县
26.95	**5.8**	**0.31**	**102.74**	**145.57**	**185.05**	**203.74**
13.54	2.81	0.03	53.65	86.50	82.08	131.99
444	476	457	450	439	443	430
90128	20051	206	361988	569623	545299	851533
12.53	2.57	0.03	49.84	81.06	76.62	128.31
461	499	457	465	451	456	435
86691	19223	206	347500	548087	523884	836951
12.48	2.57	0.03	49.31	78.96	73.75	122.16
462	499	457	465	452	459	437
86510	19223	206	344146	535535	507785	801208
6.79	0.13	0.01	23.73	39.37	23.74	57.77
465	397	407	426	420	403	412
47324	775	61	151635	248031	143508	357019
2.85	0.13	0.01	3.02	12.60	22.09	21.98
345	397	407	426	430	412	430
14750	775	61	19288	81270	136501	141771
4.04	0.13	0.01	20.71	32.25	17.50	42.90
467	397	407	426	415	409	405
28300	775	61	132347	200756	107345	260618
0.26	2.30	0.01	0.23	0.27	26.01	1.28
399	506	504	471	504	512	504
1556	17457	76	1625	2041	199757	9677
0.14	2.10	0.01	0.04	0.27	21.86	0.85
546	525	504	504	504	517	500
1147	16537	76	302	2040	169510	6375
0.12	1.70	0.01	0.19	0.27	20.76	0.94
512	525	504	466	504	515	510
922	13387	76	1328	2040	160366	7191
5.43	0.14	0.01	25.35	39.32	24.00	63.11
462	472	460	502	484	457	459
37630	991	69	190886	285463	164520	434512
0.97	0.14	0.01	4.01	23.00	18.48	47.50
462	472	460	467	496	461	465
6715	991	69	28068	171120	127823	331312
3.21	0.14	0.01	21.34	34.33	20.10	52.60
464	472	460	493	493	467	464
22342	991	69	157818	253870	140801	366096

9－6 续表 1

指　　　　标	单　位	全　市	芙蓉区	天心区
2. 小麦播种面积	千公顷	0.75		
单　产	公斤/亩	190		
总产量	吨	2137		
3. 玉米播种面积	千公顷	10.16		
单　产	公斤/亩	415		
总产量	吨	63292		
# 杂交玉米播种面积	千公顷	5.76		
单　产	公斤/亩	427		
总产量	吨	36924		
4. 高粱播种面积	千公顷	0.26		
单　产	公斤/亩	226		
总产量	吨	882		
5. 其他谷物播种面积	千公顷	0.53		
单　产	公斤/亩	204		
总产量	吨	1618		
(1)其它春夏收杂粮播种面积	千公顷	0.09		
单　产	公斤/亩	211		
总产量	吨	285		
①大麦播种面积	千公顷	0.06		
单　产	公斤/亩	217		
总产量	吨	195		
②其他春夏收杂粮播种面积	千公顷	0.03		
单　产	公斤/亩	200		
总产量	吨	90		
(2)其它秋收杂粮播种面积	千公顷	0.44		
单　产	公斤/亩	202		
总产量	吨	1333		
①荞麦播种面积	千公顷	0.07		
单　产	公斤/亩	188		
总产量	吨	197		
②其他秋收杂粮播种面积	千公顷	0.37		
单　产	公斤/亩	205		
总产量	吨	1136		
(二)豆类播种面积	千公顷	8.32		
单　产	公斤/亩	217		
总产量	吨	27073		
1. 大豆播种面积	千公顷	4.71		
单　产	公斤/亩	260		
总产量	吨	18388		
2. 绿豆播种面积	千公顷	1.39		
单　产	公斤/亩	185		
总产量	吨	3858		
3. 蚕豌豆播种面积	千公顷	1.78		
单　产	公斤/亩	133		
总产量	吨	3554		
4. 红小豆播种面积	千公顷	0.12		
单　产	公斤	142		
总产量	吨	256		
5. 其他杂豆播种面积	千公顷	0.32		
单　产	公斤	176		
总产量	吨	843		

岳麓区	开福区	雨花区	望城区	长沙县	浏阳市	宁乡县
0.04					0.03	0.68
198					200	189
119					90	1928
0.01			0.51	2.01	2.33	5.30
413			422	404	422	416
62			3228	12181	14749	33072
			0.22	2.01	2.33	1.20
			430	404	422	475
25			1419	12181	14749	8550
			0.02	0.07	0.10	0.07
			420	271	20	420
			126	285	30	441
				0.02	0.41	0.10
				287	200	201
				86	1230	302
					0.05	0.04
					200	225
					150	135
					0.02	0.04
					200	225
					60	135
					0.03	
					200	
					90	
				0.02	0.36	0.06
				287	200	186
				86	1080	167
					0.01	0.06
					200	186
					30	167
				0.02	0.35	
				287	200	
				86	1050	
0.54	0.09		1.07	2.34	2.55	1.73
174	152		159	227	231	235
1412	205		2551	7811	8833	6087
0.14	0.06		0.38	1.41	1.70	1.02
230	158		202	260	263	288
483	142		1151	5499	6707	4406
0.08			0.02	0.17	0.62	0.50
235			220	226	180	168
282			66	576	1674	1260
0.28	0.03		0.64	0.60	0.13	0.10
122	140		130	142	119	147
512	63		1248	1278	232	221
				0.01	0.10	0.01
				107	147	133
				16	220	20
0.04			0.03	0.15		0.10
225			191	196		120
135			86	442		180

9－6 续表 2

指　　标	单　位	全　市	芙蓉区	天心区
(三)折粮薯类播种面积	千公顷	11.32		
单　产	公斤/亩	290		
总产量	吨	49237		
1.甘薯播种面积	千公顷	7.55		
单　产	公斤/亩	283		
总产量	吨	32095		
2.马铃薯播种面积	千公顷	3.77		
单　产	公斤/亩	303		
总产量	吨	17142		
#夏马铃薯播种面积	千公顷	1.64		
单　产	公斤/亩	324		
总产量	吨	7980		
二、油料播种面积	千公顷	50.40		
单　产	公斤/亩	114		
总产量	吨	85902		
1.花生果播种面积	千公顷	4.21		
单　产	公斤/亩	209		
总产量	吨	13217		
2.油菜籽播种面积	千公顷	45.78		
单　产	公斤/亩	105		
总产量	吨	72205		
#双低油菜籽播种面积	千公顷	37.73		
单　产	公斤/亩	103		
总产量	吨	58503		
3.芝麻播种面积	千公顷	0.41		
单　产	公斤/亩	77		
总产量	吨	476		
4.其他油料播种面积	千公顷			
单　产	公斤			
总产量	吨	4		
三、棉花播种面积	千公顷	0.60		
单　产	公斤/亩	112		
总产量	吨	1004		
四、生麻播种面积	千公顷	0.13		
单　产	公斤/亩	128		
总产量	吨	250		
#生苎麻播种面积	千公顷	0.12		
单　产	公斤/亩	129		
总产量	吨	233		
五、甘蔗播种面积	千公顷	0.11		
单　产	公斤/亩	1577		
总产量	吨	2602		

岳麓区	开福区	雨花区	望城区	长沙县	浏阳市	宁乡县
0.47	0.15		2.74	3.10	2.91	1.95
287	277		290	292	288	290
2025	623		11937	13575	12582	8495
0.27	0.12		2.23	1.89	1.89	1.15
280	272		288	281	283	281
1134	490		9634	7967	8023	4847
0.20	0.03		0.51	1.21	1.02	0.80
297	296		301	309	298	304
891	133		2303	5608	4559	3648
0.20			0.25	1.01		0.18
297			390	309		350
891			1463	4681		945
0.78	0.07		2.95	8.38	31.22	7.00
201	124		133	104	108	133
2329	130		5865	13020	50606	13952
0.06			0.14	0.57	1.02	2.42
266			233	181	205	215
239			489	1548	3136	7805
0.71	0.07		2.81	7.67	30.02	4.50
195	124		127	98	105	90
2077	130		5372	11270	47281	6075
0.15			0.09	7.47	30.02	
			172	98	105	
			232	10990	47281	
0.01				0.14	0.18	0.08
87				96	70	60
13				202	189	72
			4			
				0.02	0.32	0.26
				60	120	105
				18	576	410
			0.01		0.10	0.02
			140		130	113
			21		195	34
			0.01		0.10	0.01
			140		130	113
			21		195	17
					0.09	0.02
					1500	1770
			46		2025	531

9－6 续表3

指　　标	单　位	全　市	芙蓉区	天心区
六、烟叶播种面积	千公顷	11.76		
单　产	公斤/亩	148		
总产量	吨	26154		
1. 烤烟播种面积	千公顷	10.35		
单　产	公斤/亩	143		
总产量	吨	22135		
2. 晒(土)烟播种面积	千公顷	1.41		
单　产	公斤/亩	190		
总产量	吨	4019		
七、药材播种面积	千公顷	2.66		
单　产	公斤/亩	565		
总产量	吨	22528		
八、蔬菜播种面积(含菜用瓜)	千公顷	167.63	0.57	0.31
单　产	公斤/亩	2130	2012	2092
总产量	吨	5356376	17200	9728
九、瓜果类播种面积	千公顷	7.39		0.05
单　产	公斤/亩	2079		2373
总产量	吨	228109		1780
1. 西瓜播种面积	千公顷	5.76		0.04
单　产	公斤/亩	2232		2517
总产量	吨	191435		1510
2. 甜瓜播种面积	千公顷	1.43		0.01
单　产	公斤/亩	1606		1800
总产量	吨	33552		270
3. 草莓播种面积	千公顷	0.20		
单　产	公斤/亩	1041		
总产量	吨	3122		
十、其它农作物播种面积	千公顷	59.83		0.02
1. 青饲料播种面积	千公顷	15.49		0.02
2. 绿肥播种面积	千公顷	34.75		
3. 其他农作物播种面积	千公顷	9.59		
4. 其他农作物产量	吨	1356		
莲子(肉莲)	吨	554		
菱角	吨	569		
荸荠	吨	101		

岳麓区	开福区	雨花区	望城区	长沙县	浏阳市	宁乡县
0.01				0.05	5.04	6.66
87				185	150	147
13				139	11340	14662
0.01				0.04	5.04	5.26
87				218	150	135
13				131	11340	10651
				0.01		1.40
				53		191
				8		4011
			0.08	0.30	1.78	0.50
			237	630	592	480
			284	2834	15810	3600
11.55	2.45	0.28	32.72	34.95	40.84	43.96
1935	2250	1857	2021	2227	1975	2327
335239	82688	7800	991907	1167505	1209885	1534424
0.07	0.06		0.77	1.50	3.88	1.06
1943	500		2147	2385	1941	2040
2040	450		24793	53667	112945	32434
0.05	0.04		0.69	1.18	2.75	1.01
2134	433		2206	2726	2072	2081
1600	260		22832	48250	85456	31527
0.02	0.01		0.06	0.27	1.03	0.03
1436	933		1848	1078	1676	1740
431	140		1663	4367	25898	783
	0.01		0.02	0.05	0.10	0.02
	333		992	1400	1061	413
9	50		298	1050	1591	124
1.00	0.41		12.56	13.87	19.70	12.27
0.37	0.01		4.06	3.33	4.99	2.65
0.63	0.40		7.33	10.51	6.76	9.12
			1.17	0.03	7.95	0.50
			932	2	182	240
			432	2	50	70
			409			160
			91			10

9－7 茶叶、水果生产情况(2013年)

指 标	单 位	全 市	芙蓉区	天心区
一、茶叶产量	吨	28649		
绿茶	吨	17842		
青茶	吨	92		
红茶	吨	6908		
其它茶	吨	3807		
二、水果产量	吨	390082	15	1780
1. 园林水果	吨	161973	15	
柑	吨	31049		
桔	吨	69389	15	
橙	吨	1997		
柚	吨	6274		
桃	吨	12051		
猕猴桃	吨	203		
李子	吨	12146		
梨	吨	9379		
葡萄	吨	9859		
红枣(干枣折成鲜枣)	吨	390		
鲜柿子(柿饼折成鲜柿)	吨	5763		
枇杷	吨	541		
其他园林水果	吨	2934		
2. 瓜果类水果(西瓜、甜瓜、草莓)	吨	228109		1780
三、食用坚果	吨	8591		
板栗	吨	8591		
三、年末茶园面积	千公顷	13.91		
# 当年采摘	千公顷	12.73		
四、年末果园面积	千公顷	17.60		
# 柑桔园面积	千公顷	6.85		
桃园面积	千公顷	1.91		
猕猴桃园面积	千公顷	0.07		
梨园面积	千公顷	1.79		
葡萄园面积	千公顷	1.27		

岳麓区	开福区	雨花区	望城区	长沙县	浏阳市	宁乡县
94	5		640	21277	1587	5046
35	5		630	12134	1158	3880
			10		56	26
43				6383	2	480
16				2760	371	660
12100	1500		36359	86259	189281	62787
10060	1050		11566	32592	76336	30353
4562	270		346	2277	19597	3997
2896	370		7849	9936	29113	19210
198	2		82	442	1024	249
470	58		131	1545	3960	110
803	205		333	2836	6224	1650
	4		51		79	69
73			512	5960	2991	2610
124	20		463	2670	3902	2200
682	116		1446	5089	2286	240
72			2	196	112	8
137	5		16	440	5165	
33			1	60	442	5
10			336	1141	1442	5
2040	450		24793	53667	112945	32434
			55	6200	2316	20
			55	6200	2316	20
0.16	0.04		0.80	6.12	2.90	3.89
0.09	0.04		0.77	6.12	2.25	3.46
0.27	0.03		1.06	6.67	5.48	4.09
0.22	0.02		0.69	1.17	2.25	2.50
0.01	0.01		0.09	0.37	1.14	0.29
			0.01		0.03	0.03
0.01			0.05	0.47	0.92	0.34
0.03			0.22	0.45	0.42	0.15

9－8　畜牧业生产情况(2013年)

指　　标	单　位	全　市	芙蓉区	天心区
一、当年出栏猪头数	万头	835.68	1.65	4.90
1.出栏肉猪	万头	835.68	1.65	4.90
2.出口中仔猪	万头			
二、当年出售和自宰的肉用牛	万头	11.07		0.02
三、当年出售和自宰的肉用羊	万只	84.59		0.03
四、当年出售和自宰的肉用驴	匹	167.00		
五、当年出售和自宰的家禽(鸡鸭鹅)	万羽	5951.70	2.00	6.40
#鸡	万羽	5027.42	2.00	4.40
六、当年出售和自宰的肉用兔	万只	18.26		
七、当年出售和自宰的鹌鹑	羽	146337	75600	
八、当年出售和自宰的肉鸽	羽	261050		
九、当年出售和自宰的狗	只	160183	451	800
十、当年肉类总产量	吨	715068	1172	3351
1.猪肉产量	吨	602575	1122	3185
①肉猪肉产量	吨	602575	1122	3185
②出口中仔猪肉产量	吨			
2.牛肉产量	吨	12901		25
3.羊肉产量	吨	13431		5
4.驴肉产量	吨	14		
5.禽肉产量	吨	84579	40	128
#鸡肉产量	吨	67344	40	88
6.兔肉产量	吨	81		
7.其他肉产量	吨	1479	10	8
十一、当年牛奶产量	吨	6466	551	
十二、当年蜂蜜产量	吨	795		

岳麓区	开福区	雨花区	望城区	长沙县	浏阳市	宁乡县
40.65	17.50	1.30	111.81	218.89	198.78	240.20
40.65	17.50	1.30	111.81	218.89	198.78	240.20
0.16			0.42	2.13	2.39	5.95
0.36	0.01		1.05	2.53	70.06	10.55
					167.00	
71.85	16.00	2.10	310.78	270.60	1157.01	4114.96
57.96	10.40	1.38	219.45	220.50	778.00	3733.33
0.02			0.10	0.18	14.46	3.50
1520			9598	539	57220	1860
1388			6903	182895	53311	16553
2264			15552	38639	74407	28070
28152	11617	777	85802	169327	174767	240103
26829	11375	730	80503	161979	143910	172942
26829	11375	730	80503	161979	143910	172942
176			523	2470	2745	6962
54	2		167	380	11241	1582
					14	
1070	240	47	4453	4059	16198	58344
869	156	26	2853	3528	10892	48892
			1	4	26	50
23			155	435	625	223
			2613	1802	850	650
			4	27	721	43

9－8 续表

指　　标	单　位	全　市	芙蓉区	天心区
十三、当年蜂蜡产量	公斤	10079		
十四、当年禽蛋产量	吨	55486	11	310
1. 鸡鸭鹅禽蛋产量	吨	54719	1	310
# 鸡蛋产量	吨	44919	1	130
2. 其他禽蛋产量	吨	767	10	
十五、大牲畜存栏总头数	头	163509	300	90
1. 牛存栏	头	162861	300	90
(1)肉牛	头	114239		75
# 能繁母牛	头	35532		10
当年生仔牛	头	17385		3
(2)役用牛	头	46586		15
# 能繁母牛	头	16965		5
当年生仔牛	头	6947		1
(3)奶牛	头	2036	300	
# 能繁母牛	头	1291	250	
当年生仔牛	头	543	50	
2. 马存栏	匹	155		
# 能繁母马	匹	40		
当年生仔马	匹	16		
3. 驴存栏	头	342		
# 能繁母驴	头	67		
当年生仔驴	头	41		
4. 骡存栏	头	151		
# 当年生仔骡	头	30		
十六、生猪存栏	万头	420.88	1.00	2.80
# 能繁母猪	万头	52.26	0.07	0.11
十七、山羊存栏	万只	63.48		0.03
# 能繁母羊	万只	28.52		0.01
十八、养蜂箱数	箱	41965		
十九、兔存栏	万只	14.44		
二十、家禽存笼	万羽	2819.54	0.40	4.30
# 鸡	万羽	2393.91	0.40	2.70
# 蛋鸡	万羽	1267.77	0.03	2.00

岳麓区	开福区	雨花区	望城区	长沙县	浏阳市	宁乡县
			500	998	7206	1375
2200	350	74	14432	9785	10633	17691
2080	350	48	14047	9577	10615	17691
1160	280	22	9471	8197	9848	15810
120		26	385	208	18	
2388	220		6668	30656	43587	79600
2388	220		6668	30656	42939	79600
1080			3440	19756	22988	66900
140			1840	7902	8915	16725
55			1104	5215	2645	8363
1308	220		2342	10500	19701	12500
420	120		1338	3800	6672	4610
65			1004	1700	2131	2046
			886	400	250	200
			598	250	149	44
			288	150	28	27
					155	
					40	
					16	
					342	
					67	
					41	
					151	
					30	
22.70	8.50	0.49	57.22	114.86	93.63	119.68
1.63	0.95	0.03	6.78	13.89	11.85	16.95
0.29	0.01		2.38	3.12	47.55	10.10
0.16			1.53	0.92	22.00	3.90
			1993	1530	34332	4110
			0.05	0.05	9.64	4.70
77.81	13.50	1.60	355.53	291.20	890.00	1185.20
51.38	8.77	1.40	239.16	216.00	726.00	1148.10
26.43	3.62	0.30	158.99	97.20	314.00	665.20

9-9 渔业生产情况(2013年)

指标	单位	全市	芙蓉区	天心区
一、水产品总产量	吨	119349	350	2910
(一)淡水产品捕捞产量	吨	8606	10	
1. 鱼类(含鳝鱼、泥鳅)	吨	8264	10	
2. 甲壳类	吨	247		
3. 贝类	吨	87		
4. 其他类	吨	8		
(1)龟	公斤	470		
(2)鳖	公斤	452		
(3)其他	吨	7		
(二)淡水产品养殖产量	吨	110743	340	2910
1. 鱼类(含鳝鱼、泥鳅)	吨	108122	340	2900
2. 甲壳类	吨	1270		
3. 贝类	吨	732		
4. 其他类	吨	618		10
(1)珍珠	公斤	2386		
(2)龟	公斤	18200		
(3)鳖	公斤	278660		10000
(4)牛蛙	吨	298		
二、淡水养殖面积合计	千公顷	28.22	0.01	0.22
(一)池塘养殖	千公顷	19.38	0.01	0.22
# 精养池塘	千公顷	9.33	0.01	0.22
(二)湖泊养殖	千公顷	1.96		
# 粗养	千公顷	0.12		
(三)河沟养殖	千公顷	0.49		
(四)水库养殖	千公顷	6.19		
# 粗养	千公顷	1.49		
(五)其他养殖	千公顷	0.2		
附:1. 稻田养鱼面积	千公顷	2.12		
2. 稻田养殖成鱼面积	千公顷	1.07		
成鱼产量	吨	228		
3. 养殖水面中鱼种池面积	千公顷	0.63		

岳麓区	开福区	雨花区	望城区	长沙县	浏阳市	宁乡县
10617	2114	1350	24536	19240	23846	34386
312	14		2114	148	1871	4137
310	14		1782	148	1868	4132
2			245			
			87			
					3	5
						470
22						430
					3	4
10305	2100	1350	22422	19092	21975	30249
10301	2080	1350	20788	18735	21425	30203
3			921	345	1	
			472		260	
1	20		241	12	289	46
			2200			186
			10000			8200
600			217800	6000	27995	16265
			10	6	261	21
2.12	0.32	0.14	7.79	4.82	5.67	7.13
1.74	0.25	0.11	5.52	3.51	2.67	5.35
0.13	0.23	0.09	4.15	0.75	1.20	2.55
			1.43			0.53
			0.01			0.11
0.09			0.39	0.01		
0.26	0.06	0.03	0.32	1.30	3.00	1.22
0.01	0.06		0.07	1.00		0.35
0.03	0.01		0.13			0.03
0.01			0.08	0.01	0.53	1.49
			0.05		0.44	0.58
						228
0.05	0.02		0.01		0.28	0.27

9－10　农林牧渔业总产值(2013年)

指　　标	全　市		芙　蓉　区	
	按现行价格计算	按可比价格计算	按现行价格计算	按可比价格计算
农林牧渔业总产值	**4546157**	**4324845**	**13556**	**13059**
一、农业产值	2518547	2386699	10050	9696
1.谷物及其他作物	829589	819989	550	557
#粮食	711371	708412	550	557
(1)谷物	680289	680236	550	557
#小麦	432	435		
稻谷	630643	631153	450	457
玉米	14324	14333		
(2)折粮薯类	12825	12217		
(3)油料	51500	47612		
#花生	9188	6811		
油菜籽	40438	38942		
(4)豆类	18257	15959		
#大豆	10713	10171		
(5)棉花	1158	1159		
(6)生麻	114	113		
(7)糖料	310	301		
(8)烟草	64709	61944		
(9)其他农作物	428	449		
#饲料作物	187	188		
2.蔬菜园艺作物	1474116	1358869	9498	9137
(1)蔬菜	1216087	1118094	7362	6791
(2)食用菌(干鲜混合)	27632	27571	2137	2346
(3)花卉	25761	24900		
(4)盆景园艺	204636	188304		
3.水果、坚果、饮料和香料作物	192277	184991	3	3
#水果、坚果(含果用瓜)	86464	80213	3	3
#梨	2587	2467		
柑桔	17385	16745	3	3
茶及其他饮料	99829	98932		
4.中药材	22565	22850		
二、林业产值	217452	204710	3	3
(一)林木的培育和种植	68380	63282	3	3
1.育种育苗	39729	35832		

单位:万元

天心区		岳麓区		开福区		雨花区	
按现行价格计算	按可比价格计算	按现行价格计算	按可比价格计算	按现行价格计算	按可比价格计算	按现行价格计算	按可比价格计算
13993	**13427**	**236001**	**224620**	**71605**	**69772**	**20611**	**20188**
3992	3883	147921	140719	37428	36999	12738	12588
827	837	28134	28536	6104	5285	61	62
827	837	26610	27062	6104	5285	61	62
827	837	24902	25407	5752	4973	61	62
		27	26				
783	793	23561	24067	5565	4788	58	59
		15	15				
		729	697	237	230		
		1497	1448				
		181	181				
		1221	1173				
		980	958	115	82		
		288	275	93	82		
		27	26				
2149	2123	117372	109834	30831	31245	12677	12526
2149	2123	98963	97789	30771	31185	12677	12526
		410	410				
		18000	11635	60	60		
1016	923	2414	2349	493	468		
1016	923	2141	2074	454	427		
		32	26	4	4		
		1105	1078	128	125		
		273	275	39	41		
		7429	6697	107	98		
		5497	4799	107	98		
		4472	3774	7	7		

9－10 续表 1

指　　标	全　市		芙　蓉　区	
	按现行价格计算	按可比价格计算	按现行价格计算	按可比价格计算
2. 造林	4402	3754		
3. 抚育和管理	2810	2810		
4. 零星植树	13105	12552	3	3
5. 更新造林面积	8334	8334		
（二）竹木采运	56409	50767		
（三）林产品	92664	90661		
三、牧业产值	1572730	1503566	3073	2952
（一）牲畜饲养	90498	83833	353	353
1. 牛的饲养	31677	29099		
2. 羊的饲养	56003	51998		
3. 牛奶	2818	2737	353	353
（二）猪的饲养	1190221	1134412	2442	2557
# 肉猪	1190221	1134412	2442	2557
（三）家禽饲养	285776	279126	258	43
1. 肉禽	190552	190110	234	43
2. 禽蛋	95223	89015	24	
（四）其他畜牧业	6235	6195	20	
# 兔	33	33		
四、渔业产值	161432	155792	329	307
1. 鱼类	154205	148744	329	307
2. 虾蟹类	1380	1344		
3. 贝类	376	373		
4. 其他	5471	5331		
五、农林牧渔服务业	75996	74078	102	102

单位:万元

天心区		岳麓区		开福区		雨花区	
按现行价格计算	按可比价格计算	按现行价格计算	按可比价格计算	按现行价格计算	按可比价格计算	按现行价格计算	按可比价格计算
		1025	1025				
				100	91		
		1683	1650				
		248	248				
6314	6105	63564	61086	32070	30714	6168	6008
		1336	1060				
		926	712				
		411	348				
5816	5680	56475	55151	30765	29457	5968	5828
5816	5680	56475	55151	30765	29457	5968	5828
470	397	5660	4783	1305	1257	200	180
179	174	1700	1644	569	555	54	52
290	223	3960	3139	736	701	146	128
28	28	92	92				
3602	3357	10630	9907	1895	1857	1620	1510
3602	3357	10614	9892	1891	1854	1620	1510
		6	6				
		9	9	4	4		
85	82	6458	6210	105	105	85	82

9－10 续表 2

指　　　标	望　城　区		长　沙　县	
	按现行价格计算	按可比价格计算	按现行价格计算	按可比价格计算
农林牧渔业总产值	**572266**	**545230**	**1020848**	**970835**
一、农业产值	329825	314423	599171	567811
1. 谷物及其他作物	109528	109166	167935	166215
# 粮食	105993	105611	159181	157740
(1)谷物	101144	100778	149496	148444
# 小麦				
稻谷	95471	95073	140470	139473
玉米	646	629	3009	2956
(2)薯类	3379	3405	4001	3803
(3)油料	3156	3154	8359	8090
# 花生	383	383	1173	1173
油菜籽	2666	2666	6627	6366
(4)豆类	1469	1428	5684	5493
# 大豆	639	619	3283	3130
(5)棉花			104	104
(6)麻类	16	15		
(7)糖料	5	5		
(8)烟草			287	276
(9)其他农作物	359	381	5	4
# 饲料作物	122	123	2	1
2. 蔬菜园艺作物	209326	194528	337682	307492
(1)蔬菜	200660	185156	235618	210088
(2)食用菌(干鲜混合)	239	232	20468	20182
(3)花卉	1645	2002	13	13
(4) 盆景园艺	6782	7139	81584	77209
3. 水果、坚果、饮料和香料作物	10610	10327	91428	91735
# 水果、坚果(含果用瓜)	7802	7697	17221	16288
# 梨	144	142	679	566
柑桔	1191	1150	1990	1932
茶及其他饮料	2737	2563	70231	71559
4. 中药材	361	402	2126	2370
二、林业产值	6600	6533	29667	28147
(一)林木的培育和种植	3703	3703	25974	24630
1. 育种育苗	1725	1725	19685	19255

单位:万元

浏阳市		宁乡县	
按现行价格计算	按可比价格计算	按现行价格计算	按可比价格计算
1189719	**1130926**	**1407559**	**1336788**
649749	618347	727674	682233
222026	216582	294425	292750
158477	157873	253570	253385
149228	150877	248329	248303
20	20	386	390
137374	139087	226911	227357
3643	3579	7011	7154
3081	2683	1400	1400
31059	27590	7429	7330
2377		5073	5073
27801	26714	2123	2023
6168	4314	3841	3683
4004	3819	2405	2247
		1054	1054
89	88	9	9
236	228	69	68
32164	30802	32232	30840
1	1	62	62
1	1	62	62
348044	326402	406536	365581
268642	250439	359247	321996
2269	2296	2520	2515
15934	14933	7759	7542
61200	58733	37010	33528
59600	55285	26713	23902
47585	43317	10243	9484
1066	1066	662	662
9872	9589	3098	2868
10091	10088	16459	14407
20079	20079		
130506	124493	43141	38740
30680	27656	2415	2393
13840	11072		

9－10 续表 3

指　　标	望城区		长沙县	
	按现行价格计算	按可比价格计算	按现行价格计算	按可比价格计算
2.造林	277	277	3887	3240
3.抚育和管理	490	490	234	234
4.零星植树	1212	1212	2168	1902
5.更新造林面积				
(二)竹木采运	1061	1010	1127	1108
(三)林产品	1836	1819	2566	2409
三、牧业产值	193569	182878	355654	341169
(一)牲畜饲养	2277	2202	9693	7814
1.牛的饲养	1248	1228	6719	5476
2.羊的饲养	480	452	1817	1235
3.牛奶	549	521	1157	1103
(二)猪的饲养	158411	148519	321063	312836
# 肉猪	158411	148519	321063	312836
(三)家禽饲养	32490	31786	22901	18523
1.肉禽	9974	9689	7461	7221
2.禽蛋	22516	22097	15440	11302
(四)其他畜牧业	390	371	1997	1997
# 兔	3	3	15	15
四、渔业产值	34894	34347	22820	21304
1.鱼类	28913	28542	22288	20771
2.虾蟹类	940	903	433	433
3.贝类	297	294		
4.其他	4745	4609	99	99
五、农林牧渔服务业	7379	7050	13537	12405

单位:万元

浏阳市		宁乡县	
按现行价格计算	按可比价格计算	按现行价格计算	按可比价格计算
148	148	90	90
1011	1011	50	50
7347	7092	2275	2253
8334	8334		
31040	29878	21497	17120
68786	66958	19229	19228
345361	326420	566958	546235
51209	46775	25630	25630
7724	6623	15060	15060
42907	39575	10388	10388
578	578	182	182
236385	223907	372896	350477
236385	223907	372896	350477
54665	52636	167827	169522
32568	31529	137812	139204
22097	21108	30014	30318
3102	3102	606	606
16	16		
36207	33770	49436	49432
35918	33480	49030	49030
1	1		
80	80		
209	209	406	402
27896	27896	20350	20149

10

工　　业

长沙统计年鉴

10－1 历年工业总产值

单位:万元

年份	合计	# 大中型企业	# 国有工业	#集体工业	# 乡办工业	轻工业	重工业
1949	5791	…	433		…	4896	895
1950	9002	…	1630	39	…	7921	1081
1951	14892	…	4057	129	…	12945	1947
1952	20409	…	10400	201	…	17076	3333
1953	28847	…	14602	378	…	24199	4648
1954	30875	…	17846	714	…	24523	6352
1955	35450	…	19311	2234	…	28742	6708
1956	45732	…	36351	7660	…	35686	10046
1957	49355	…	39277	9360	…	39189	10166
			按1957年不变价格计算				
1957	46096	…	36541	8845		36868	9228
1958	80433	…	58213	22109	4659	59711	20722
1959	105816	…	75554	30262	4455	68870	36946
1960	120489	…	86411	34078	3508	68554	51935
1961	63898	…	46444	17333	1051	46572	17326
1962	53339	…	38507	14580	467	40256	13083
1963	54016	…	40829	12992	178	38672	15344
1964	64857	…	49533	15219	290	45358	19499
1965	79691	…	58891	20797	1277	51868	27823
1966	96285	…	68584	27701	3073	62743	33542
1967	87318	…	59683	27635	3151	57524	29794
1968	78585	…	51981	26604	3382	54247	24338
1969	97375	…	68078	29297	2194	60575	36800
1970	140654	…	104311	36343	2948	78545	62109
1971	150535	…	111997	38538	3577	81623	68912
			按1970年不变价格计算				
1971	132575	…	96260	36315	3577	72794	59781
1972	154173	48387	113309	40864	3627	86545	67628
1973	163927	50018	118714	45213	4691	93632	70295
1974	128974	34209	89526	39448	5633	82062	46912
1975	163374	51074	113325	50049	7181	94128	69246
1976	147984	37453	97010	50974	9479	88653	59331
1977	190006	50228	125967	64039	11791	106133	83873
1978	238489	55004	153188	85301	14509	132376	106113
1979	274260	63033	178564	95696	17671	155407	118853
1980	302624	69477	192773	108551	19593	180677	121947
1981	312240	67577	193803	117076	20046	199146	113094

10－1 续表

单位:万元

年份	合计	# 大中型企业	# 国有工业	#集体工业	# 乡办工业	轻工业	重工业
				按 1980 年不变价格计算			
1981	305989	65529	190040	114625	20357	197536	108453
1982	318933	68386	192110	124599	22348	204500	114433
1983	339270	80644	203733	135294	24694	213291	125979
1984	387985	108532	228587	158835	30208	239867	148118
1985	463521	139538	255540	207209	42044	279040	184481
1986	524318	179662	294463	218422	46225	301104	223214
1987	635046	227241	348228	271609	65890	364015	271031
1988	763387	275958	406300	329184	90309	418990	344397
1989	837404	307890	418981	369449	68336	465656	371748
1990	864295	332217	428900	388730	79207	481316	382979
				按 1990 年不变价格计算			
1990	1201241	519530	685839	461738	124188	680329	520912
1991	1389702	572449	751752	561615	167332	780430	609272
1992	1655135	646830	877163	716342	219372	856131	799004
1993	1923267	828288	907141	900189	345084	988828	934439
1994	2261762	917685	950930	664639	352342	1215599	1046163
1995(原规定)	2625906	888684	1072289	635231	388926	1458138	1167768
1995(新规定)	2465662	884923	1047582	887074	410523	1347777	1117885
1996	2874962	916152	1112524	1103270	492329	1465786	1409176
1997	3366581	1029812	1169371	1147896	518527	1655539	1711042
1998	3871568	1157742	1244845	1082559	490985	1812982	2058586
1999	4316798	1322030	1538019	990010		1990907	2325891
2000	4836651	1486342	1530512	914127		2235016	2601635
2001	5349642	1975827	1208526	1011082		2404381	2945261
2002	6079083	2522050	1318284			2412608	3666475
2003	7147780	2435058	1703105			2516350	4631430
				按当年价格计算			
2003	8034980	4075032	2273348			3438771	4596209
2004	10060596	4848325	2679230			4488562	5572034
2005	13006235	6193647	3151357			5802766	7203469
2006	16509547	7667315	3998824			5978281	10531266
2007	21546411	9933579	5289693			7461083	14085328
2008	35074824	17520328	10109994			14391159	20683665
2009	41618121	20436243	11793145			16262144	25355977
2010	54877395	28190353	15158744			21443162	33434233
2011	71273582	38750233	19293574			27958192	43315390
2012	82630847	42333662	21852534			32276868	50353979
2013	89380523	49570685	22108786			31876211	57504312

10－2 历年工业总产值指数

（以1949年为100）

年　份	工业总产值	#国有工业	轻工业	重工业
1949	100	100	100	100
1950	155.4	376.4	161.8	120.8
1951	257.2	937.0	264.4	217.5
1952	352.4	2401.8	348.8	372.4
1953	498.1	3372.3	496.3	519.3
1954	533.2	4121.5	500.9	709.7
1955	612.2	4459.8	587.1	749.5
1956	789.1	8395.2	728.9	1122.5
1957	852.3	9070.9	800.4	1135.9
1958	1487.1	14451.0	1296.4	2550.5
1959	1956.4	18755.9	1495.3	4547.5
1960	2227.7	21451.0	1488.4	6392.4
1961	1181.4	11529.6	1011.2	2132.5
1962	986.2	9559.1	874.0	1610.3
1963	998.7	10135.6	839.6	1888.6
1964	1199.1	12296.3	984.8	2400.0
1965	1473.4	14619.4	1126.1	3424.6
1966	1780.2	17025.6	1362.3	4128.5
1967	1614.4	14815.9	1248.9	3667.2
1968	1453.0	12903.9	1177.8	2995.6
1969	1800.4	16900.0	1315.2	4529.5
1970	2600.6	25894.7	1705.3	7544.6
1971	2783.3	27802.8	1772.2	8481.9
1972	3236.5	32726.1	2106.9	9595.6
1973	3441.3	34287.3	2279.4	9974.1
1974	2707.5	25857.0	1997.8	6656.3
1975	3429.7	32730.7	2291.5	9825.1
1976	3106.6	28018.7	2158.2	8418.3
1977	3988.8	36382.0	2583.7	11900.6
1978	5006.7	44180.5	3280.2	15302.0

10－2 续表 1　　（以 1949 年为 100）

年　份	工业总产值	# 国有工业	轻工业	重工业
1979	5757.7	51499.1	3860.0	17181.1
1980	6353.2	55597.1	4477.1	17585.4
1981	6555.0	55894.1	4934.7	16308.7
1982	6832.3	56502.9	5108.7	17208.0
1983	7268.0	59921.5	5328.3	18944.2
1984	8311.6	67231.5	5992.2	22273.4
1985	9929.8	75158.8	6970.8	27741.5
1986	11232.2	86606.8	7522.0	33566.0
1987	13604.2	102420.0	9093.6	40756.5
1988	16353.6	119500.0	10466.6	51789.0
1989	17939.4	123387.3	11764.7	56626.4
1990	18514.8	126305.5	12159.6	58332.8
1991	21419.6	138444.2	13948.7	68227.5
1992	25510.7	161540.1	15301.7	89446.2
1993	29643.5	167061.0	17673.5	104562.7
1994	34860.7	175125.0	21720.7	117057.9
1995	40473.3	181107.4	26043.1	130636.7
1996	47191.9	192334.7	28334.9	164732.8
1997	55261.7	202162.5	31990.1	199985.6
1998	63550.9	215210.6	35029.2	240582.7
1999	70859.3	237359.0	38462.1	271858.5
2000	79362.4	271506.4	43191.8	303937.8
2001	87774.8	214490.1	46474.4	344057.6
2002	99712.2	234008.7	46613.8	428351.1
2003	120950.9	302339.2	48618.2	541007.4
2004	151430.5	367946.9	63461.3	655863.3
2005	192771.0	484954.0	80215.1	847375.4
2006	251951.7	614921.7	101632.5	1129551.4
2007	328819.1	813425.8	126840.5	1510749.0
2008	433712.4	1002954.0	160326.4	2870788.7
2009	514643.1	1169945.8	181168.8	3519299.9
2010	618774.0	1515874.4	214431.6	4343423.3
2011	803787.4	1929708.1	279618.8	5629076.6
2012	931589.6	2186359.3	322680.1	6540987.0
2013	1007686.2	2202992.9	318674.6	7469816.0

10－2 续表 2 （以上年为 100）

年 份	工业总产值	# 国有工业	轻工业	重工业
1950	155.4	376.4	161.8	120.8
1951	165.4	248.9	163.4	180.1
1952	137.0	256.3	131.9	171.2
1953	141.3	140.4	141.7	139.5
1954	107.0	122.2	101.3	136.7
1955	114.8	108.2	117.2	105.6
1956	129.0	188.2	124.2	149.8
1957	107.9	108.0	109.8	101.2
1958	174.5	159.3	162.0	224.5
1959	131.6	129.8	115.3	178.3
1960	113.9	114.4	99.5	140.6
1961	53.0	53.7	67.9	33.4
1962	83.5	82.9	86.4	75.5
1963	101.3	106.0	96.1	117.3
1964	120.1	121.3	117.3	127.1
1965	122.9	118.9	114.4	142.7
1966	120.8	116.5	121.0	120.6
1967	90.7	87.0	91.7	88.8
1968	90.0	87.1	94.3	81.7
1969	123.9	131.0	111.7	151.2
1970	144.4	153.2	129.7	168.8
1971	107.0	107.4	103.9	110.0
1972	116.3	117.7	118.9	113.1
1973	106.3	104.8	108.2	103.9
1974	78.7	75.4	87.6	66.7
1975	126.7	126.6	114.7	147.6
1976	90.6	85.6	94.2	85.7
1977	128.4	129.8	119.7	141.4
1978	125.5	121.6	124.7	126.5
1979	115.0	116.6	117.4	112.0
1980	110.3	108.0	110.2	102.6
1981	103.2	100.5	110.2	92.1
1982	104.2	101.1	103.5	105.5
1983	106.4	106.1	104.3	110.1
1984	114.4	112.2	112.5	117.6
1985	119.5	111.8	116.3	124.6
1986	113.1	115.2	107.9	121.0
1987	121.1	118.3	120.9	121.4
1988	120.2	116.7	115.1	127.1
1989	109.7	103.1	111.1	107.9
1990	103.2	102.4	103.4	103.0

10－2 续表 3 （以上年为 100）

年 份	工业总产值	# 国有工业	轻工业	重工业
1991	115.7	109.6	114.7	117.0
1992	119.1	116.7	109.7	131.1
1993	116.2	103.4	115.5	116.9
1994	117.6	104.8	122.9	112.0
1995	116.1	112.8	119.9	111.6
1996	116.6	106.2	108.8	126.1
1997	117.1	105.1	112.9	121.4
1998	115.0	111.0	109.5	120.3
1999	111.5	110.3	109.8	113.0
2000	112.0	112.8	112.3	111.8
2001	110.6	79.0	107.6	113.2
2002	113.6	109.1	100.3	124.5
2003	121.3	129.2	104.3	126.3
2004	125.2	121.7	130.5	121.2
2005	127.3	131.8	126.4	129.2
2006	130.7	126.8	126.7	133.3
2007	130.5	132.3	124.8	133.7
2008	131.9	123.3	126.4	137.4
2009	118.7	116.7	113.0	122.6
2010	131.9	128.5	131.9	131.9
2011	129.9	127.3	130.4	129.6
2012	115.9	113.3	115.4	116.2
2013	108.2	100.8	98.8	114.2

10－3 全部工业总产值

单位:万元

指标	2013年		2012年	
	企业单位数(个)	按当年价格计算	企业单位数(个)	按当年价格计算
一、全部工业总产值	51570	89380523	60463	82630847
按是否国有控股分:				
国有及国有控股	99	22018786	81	21852534
其它经济	51471	67361737	60382	60778313
二、主营业务收入2000万元以上	2407	82891332	2282	70583246
#大　型	48	37956027	41	33977699
中　型	268	11614658	204	8355963
#轻工业	1127	28168102	1089	23843547
重工业	1280	54723230	1193	46739699
三、主营业务收入2000万元以下	49163	6489191	58181	12047601

注:全部工业总产值对应的企业单位数含个体工业单位数。

10－4 规模以上工业企业主要产品产量

产　　品	单　位	2013年	2012年	2013年为2012年的%
一、纺织工业产品				
纱	吨	76169	51410	148.2
布	万米	543	607	89.5
#纯化纤布	万米	257	357	72.0
棉布	万米	286	250	114.4
针棉织品折用纱线量	吨		160	
毛巾	万条	4770	3625	131.6
皮革服装	万件	43.76	52.47	83.4
服装	万件	4249	4089	103.9
二、轻工产品				
家用电冰箱	万台	20.04	16.50	121.5
家用洗衣机	万台	37.19	37.65	98.8
机制纸及纸板	吨	272229	267137	101.9
家具	万件	194.77	179.88	108.3
日用陶瓷	万件			
合成洗涤剂	吨	194826	152042	128.1
酱油	吨	220227	227975	96.6
卷烟	万箱	372.42	367.55	101.3
饮料酒	千升	130076	121440	107.1
#白酒	千升	60679	51925	116.9
啤酒	千升	67007	67768	98.9
糕点	吨			
乳制品	吨	184558	219800	84.0
塑料制品	万吨	26.48	20.24	130.8
皮鞋	万双			
食用植物油	吨	98545	100338	98.2
饲料	万吨	257.84	206.26	125.0

10－4 续表

产　　品	单　位	2013 年	2012 年	2013 年为 2012 年的%
三、石油化工产品				
农用化肥	万吨	2.10	1.84	114.1
化学农药(原药)	吨	16614	17524	94.8
涂料	吨	325305	287381	113.2
焰火制品	亿元	317.35	263.37	120.5
四、机械产品				
泵	万台	2.74	2.15	127.4
风机	万台	2.59	4.34	59.7
交流电动机	万千瓦	363.57	311.94	116.6
变压器	万千伏安	—	—	
电力电缆	万千米	132.35	128.74	102.8
显示器	万只	2.76	7.06	39.1
汽车	辆	257899	103943	248.1
金属切削机床	台	1800	2055	87.6
# 数控机床	台	184	206	89.3
工业锅炉	蒸发量吨	8257	12782	64.6
矿山设备	吨	39579	26987	146.7
起重设备	吨	945879	1031677	91.7
混凝土机械	台	45299	49575	91.4
铲土运输机械	台	30697	36107	85.0
压实机械	台	2856	3035	94.1
五、冶金、电力、煤炭工业产品				
发电量	万千瓦小时	587454	593623	99.0
# 水电	万千瓦小时	50486	59159	85.3
原煤	万吨	314.87	627.07	50.2
钢材	吨	148284	101586	146.0
铝材	吨	755081	679588	111.1
六、建材工业产品				
水泥	万吨	1423.19	1318.91	107.9
商品混凝土	万立方米	730.18	527.92	138.3

10-5 1998-2013年规模以上工业企业主要经济指标

指标	1998年	1999年	2000年	2001年	2002年	2003年
企业单位数(个)	602	672	657	744	895	1096
# 亏损企业	273	241	223	230	258	226
工业总产值(当年价格)	2656096	3098178	3301641	3700281	4441769	5643301
工业总产值(90年不变价格)	2017204	2471464	2779138	3191784	4122195	5476719
工业销售产值(当年价格)	2560872	3007318	3229826	3636080	4391451	5578889
工业增加值(当年价格)	990023	1071758	1178774	1325474	1603271	2031020
流动资产合计	1889708	2097902	2456692	2742156	3077790	3772809
存货	713805	726300	849283	917658	1073247	1291700
# 产成品	238900	259808	313282	314616	387805	443290
固定资产合计	1905649	2113116	2364939	2416425	2673026	2775924
固定资产原价合计	2337912	2590306	2909204	3153749	3496219	3817462
固定资产净值平均余额	1582335	1756358	1888985	2076331	2298696	2411178
资产总计	4277157	4722014	5406433	5891896	6629858	7582870
流动负债合计	1954242	2101611	2306733	2551023	2729096	3220482
负债合计	2666746	2859586	3148273	3328496	3637202	4148846
主营业务收入	2531715	2916883	3212467	3538980	4296915	5679012
主营业务成本	1714194	1963016	2171292	2399290	2944484	3842496
主营业务费用	111048	150292	164677	204212	256901	318318
主营业务税金及附加	322040	348163	370445	356460	356106	402640
营业利润	363206	455412	506053	579018	759425	1115558
利润总额	99866	176898	211786	240180	332138	470195
亏损企业亏损额	94747	79032	55843	60056	66425	60483
利税总额	595522	717684	789784	833951	936369	1157914
应交增值税	173616	192623	207553	237311	248126	285078

注:1. 从1998年起工业企业主要经济指标为规模以上工业企业(即年主营业务收入500万元以上独立核算工业企业)主要经济指标。
2. 2008年数据按第二次经济普查数据修正。
3. 从2011年起,规模以上工业企业统计标准由年主营业务收入500万元以上变更为2000万元及以上。

单位:万元

2004年	2005年	2006年	2007年	2008年	2009年	2010年	2011年	2012年	2013年
1464	1691	1920	2047	2575	2527	2617	2219	2282	2407
263	217	165	133	139	172	83	107	133	133
7699353	9733713	12717585	17326728	28153645	33728555	45716906	59756609	70583246	82891332
7594852	9551244	12673496	17105805	27807656	33256951	45390816	59014457	69289554	81506860
2718925	3523338	4411148	5845815	11296207	12360165	15722264	21092400	23098396	26532834
4574168	5102554	6357110	7761100	12471386	14094846	21065939	24386980	31078962	34637238
1607995	1838326	2267629	2564681	4130906	4820399	5985926	6907187	8391415	9349379
478979	507981	718122	1010958	1154176	1377478	1833303	1894490	2589496	2360520
3283857	3955661	4259095	5181152	9879593	12853030	13662049	14022082	16886035	
4300092	5051470	5542976	6435469	12819906	14421067	15780005	18563250	21314194	
2748064	3167717	3820512	4112795	7985703	10379476	11360425	13364154		
9251983	10675036	12728342	15679718	27347526	30867064	40568029	47623577	58250722	62596081
3871544	4505124	4881277	5891835	8910948	9765456	13402078	17902397	21572983	
5014353	5802134	6722111	8464062	14926586	16705263	21315603	25903355	32693115	33628362
7490187	9351579	12350206	17518483	27181162	32754428	45087877	58597585	68645424	77588408
5428851	6753573	8770195	12115525	19484114	23391354	33142414	42733271	51359043	59274178
393043	505709	646888							
580931	648061	714015	899198	2452071	2617761	3388886	4043661	4748995	5385138
558645	688131	1172544	1756969	3356097	4234120	5160913	5882254	5977448	5615275
569891	640280	950519	1704861	2924227	3341951	4962418	5632994	6084527	5896607
80676	62222	48274	161573	124990	101164	28593	157392	197853	190173
1498648	1770675	2236963	3396882	7033955	7464562	10647497	12249468	13531182	14311233
347826	482333	572429	792824	1657657	1504850	2296193	2558087	2697660	3029488

10－6 规模以上工业企业主要经济指标(2013 年)

指 标	企业单位数（个）	#亏损企业（个）	工业总产值（当年价格）	#新产品产 值	工业销售产值（当年价）
总 计	**2407**	**133**	**82891332**	**19606799**	**81506860**
按轻重行业分组					
轻工业	1127	42	28168102	1759519	28292395
重工业	1280	91	54723230	17847280	53214465
按登记注册类型分组					
内资企业	2265	103	75811877	17135500	74408259
国有企业	42	10	11304777	723178	11090732
集体企业	50	1	960875		944925
股份合作企业	26	2	482989	99994	463410
联营企业	11	1	89768	8536	89024
集体联营企业	4		32518	300	32193
国有与集体联营企业	7	1	57250	8236	56832
有限责任公司	466	36	23231352	7361915	22901007
国有独资公司	7	2	364208	101151	353335
其他有限责任公司	459	34	22867144	7260764	22547671
股份有限公司	90	10	11775267	5685073	11219590
私营企业	1397	39	25761829	2856218	24894243
私营独资企业	263	3	3558823	34245	3492798
私营合伙企业	134		1461713	48949	1432903
私营有限责任公司	920	33	18488907	2468270	17841694
私营股份有限公司	80	3	2252387	304754	2126848
其他企业	183	4	2205019	400586	2805330
港、澳、台商投资企业	67	12	3800492	1496344	3744759
合资经营企业(港或澳、台资)	40	7	2654077	997552	2669921
合作经营企业(港或澳、台资)	3		39511	185	39511
港、澳、台商独资经营企业	21	5	893125	443101	827314
港、澳、台商投资股份有限公司	3		213779	55507	208013
外商投资企业	75	18	3278963	974955	3353842
中外合资经营企业	44	9	1438719	591485	1424215
中外合作经营企业	3	2	18607	28	17217
外资企业	25	7	1642204	208609	1733890
外商投资股份有限公司	2		174834	174834	173981
其他外商投资企业	1		4600		4540

单位:万元

#出口交货值	流动资产合计	#应收账款	存货	#产成品	资产总计	负债合计
4164339	**34637238**	**10792131**	**9349379**	**2360520**	**62596081**	**33628362**
977349	9203052	1503182	4313082	654659	15966290	5463961
3186990	25434186	9288949	5036297	1705861	46629791	28164401
3038498	32311041	10211146	8853857	2202884	57475111	30874198
66896	6406031	982071	3618869	229099	12961818	6281786
14754	81450	21862	17107	8727	221208	100449
17082	142058	34345	20640	9137	282517	94412
2196	15643	5473	4238	1814	25836	8253
	1751	785	349	211	5258	1544
2196	13892	4688	3889	1603	20578	6709
1676300	10924486	4434150	2273482	787376	19957552	12624653
60078	365041	73696	76387	31658	1093169	849628
1616222	10559445	4360454	2197095	755718	18864383	11775026
455224	8402098	2927281	1511456	544898	11930749	5893024
606416	6056024	1713777	1350302	590217	11541669	5676134
115313	397494	105325	79127	54326	1077882	357725
57280	125694	44011	30575	16443	346590	125903
407025	4685249	1323664	923875	384628	8635250	4543180
26797	847587	240778	316725	134820	1481947	649327
199631	283252	92187	57763	31616	553763	195486
815600	1073229	281831	207350	74430	2114827	1165907
790467	538028	118199	118327	39946	1178195	805414
7734	3649	834	749	639	15182	1514
13698	461367	153883	74277	24945	796071	327765
3701	70186	8915	13998	8900	125379	31214
310242	1252968	299154	288172	83206	3006143	1588257
111551	629842	99822	126161	37113	1802060	1101925
9091	6653	1858	2229	1276	26061	21268
189600	501558	192642	149630	41931	1051918	446353
	114620	4673	10018	2787	125719	18583
	294	160	134	98	384	129

10－6 续表 1

指　　标	企业单位数（个）	#亏损企业（个）	工业总产值（当年价格）	#新产品产　值	工业销售产值（当年价）
按经济组织类型分组					
独资企业	401	26	18359804	1409133	18089658
国有企业	42	10	11304777	723178	11090732
集体企业	50	1	960875		944925
私营独资企业	263	3	3558823	34245	3492798
港澳台商独资经营企业	21	5	893125	443101	827314
外资企业	25	7	1642204	208609	1733890
合作合伙企业	360	9	4297607	558278	4847395
股份合作企业	26	2	482989	99994	463410
集体联营企业	4		32518	300	32193
国有与集体联营企业	7	1	57250	8236	56832
私营合伙企业	134		1461713	48949	1432903
合作经营企业（港或澳、台资）	3		39511	185	39511
中外合作经营企业	3	2	18607	28	17217
其他企业（内资）	183	4	2205019	400586	2805330
股份有限公司	175	13	14416267	6220168	13728431
股份有限公司（内资）	90	10	11775267	5685073	11219590
私营股份有限公司	80	3	2252387	304754	2126848
港澳台商投资股份有限公司	3		213779	55507	208013
外商投资股份有限公司	2		174834	174834	173981
有限责任公司	1470	85	45813054	11419221	44836836
国有独资公司	7	2	364208	101151	353335
私营有限责任公司	920	33	18488907	2468270	17841694
合资经营企业（港或澳、台资）	40	7	2654077	997552	2669921
中外合资经营企业	44	9	1438719	591485	1424215
其他有限责任公司	459	34	22867144	7260764	22547671
在总计中：国有控股企业	99	24	22018786	5938871	21307157
在总计中：大型企业	48	5	37956027	14571106	37167808
中型企业	268	18	11614658	2330437	11221427
小型企业	2054	110	32048274	2704056	31862662
在总计中：亏损企业		133	2414824	628974	2401420
在总计中：农村工业	97		1074443	2050	1055292

单位:万元

#出口交货值	流动资产合计	#应收账款	存货	#产成品	资产总计	负债合计
400261	7847900	1455783	3939010	359028	16108898	7514078
66896	6406031	982071	3618869	229099	12961818	6281786
14754	81450	21862	17107	8727	221208	100449
115313	397494	105325	79127	54326	1077882	357725
13698	461367	153883	74277	24945	796071	327765
189600	501558	192642	149630	41931	1051918	446353
293014	576949	178708	116194	60926	1249949	446836
17082	142058	34345	20640	9137	282517	94412
	1751	785	349	211	5258	1544
2196	13892	4688	3889	1603	20578	6709
57280	125694	44011	30575	16443	346590	125903
7734	3649	834	749	639	15182	1514
9091	6653	1858	2229	1276	26061	21268
199631	283252	92187	57763	31616	553763	195486
485722	9434491	3181647	1852197	691405	13663793	6592149
455224	8402098	2927281	1511456	544898	11930749	5893024
26797	847587	240778	316725	134820	1481947	649327
3701	70186	8915	13998	8900	125379	31214
	114620	4673	10018	2787	125719	18583
2985343	16777604	5975834	3441844	1249063	31573057	19075172
60078	365041	73696	76387	31658	1093169	849628
407025	4685249	1323664	923875	384628	8635250	4543180
790467	538028	118199	118327	39946	1178195	805414
111551	629842	99822	126161	37113	1802060	1101925
1616222	10559445	4360454	2197095	755718	18864383	11775026
554373	14684248	4027808	5093302	741643	25139665	12958689
2921618	23910594	7724801	7174418	1385944	41900596	23698839
493680	4514151	1210915	875307	370274	7888126	4161059
749042	6191552	1850027	1296646	602877	12771785	5754410
80987	1365613	276388	326373	121300	3253330	2437485
78578	64552	18883	10705	6190	154674	50969

10－6 续表 2

指　　标	企业单位数（个）	#亏损企业（个）	工业总产值（当年价格）	#新产品产　值	工业销售产值（当年价）
按行业大类分组					
采矿业	83	1	897143		886256
煤炭开采和洗选业	21	1	295274		289598
黑色金属矿采选业	7		66702		65019
有色金属矿采选业	8		72767		72692
非金属矿采选业	47		462400		458948
制造业	2289	128	79637281	19586285	78292517
农副食品加工业	145	10	3247279	148420	3177627
食品制造业	62	7	1520780	260661	1484135
酒、饮料和精制茶制造业	56	2	1332800	14185	1307865
烟草制品业	2		7780987		7713533
纺织业	26	3	624084	133173	612553
纺织服装、服饰业	27	2	596060	128759	589888
皮革、毛皮、羽毛及其制品和制鞋业	16		310815		306206
木材加工和木、竹、藤、棕、草制品业	21		208318	4506	205095
家具制造业	34	1	497150	25037	488663
造纸和纸制品业	74	2	969349	33522	955878
印刷和记录媒介复制业	59	1	1206507	12264	1178658
文教、工美、体育和娱乐用品制造业	16		219230	14669	214619
石油加工、炼焦和核燃料加工业	6	1	95255	2752	94855
化学原料和化学制品制造业	499	4	7130015	744276	7562445
医药制造业	66	4	2401231	361505	2334565
橡胶和塑料制品业	85	7	1487239	103257	1446662
非金属矿物制品业	218	11	4244554	811840	4120521
黑色金属冶炼和压延加工业	46	1	765201	133653	746770
有色金属冶炼和压延加工业	68	4	5010765	1428503	5127379
金属制品业	80	9	1916429	307243	1880421
通用设备制造业	203	12	4126581	814023	3916440
专用设备制造业	148	14	19081187	8049403	18394174
汽车制造业	107	16	4724797	1906771	4708727
铁路、船舶、航空航天和其他运输设备制造业	15		495132	218337	459287
电气机械和器材制造业	114	7	2972349	457410	2868409
计算机、通信和其他电子设备制造业	50	7	5459115	3124495	5280763
仪器仪表制造业	31	2	892147	328910	829416
其他制造业	7	1	133146	200	131439
废弃资源综合利用业	6		151342	13011	119677
金属制品、机械和设备修理业	2		37438	5502	35851
电力、热力、燃气及水生产和供应业	35	4	2356909	20514	2328087
电力、热力生产和供应业	9	1	1738927		1734851
燃气生产和供应业	10		346830		336378
水的生产和供应业	16	3	271153	20514	256858

单位:万元

#出口交货值	流动资产合计	#应收账款	存货	#产成品	资产总计	负债合计
	151941	21300	23112	17514	346671	134992
	48163	7062	5046	4582	116595	42211
	5809	719	1056	697	15912	4686
	10985	2679	4513	1315	30364	14020
	86984	10841	12497	10921	183800	74075
4164339	33688648	10605969	9249332	2332679	56153557	28483616
75739	428225	94300	126443	57249	999965	442670
	494307	39259	70698	19400	886799	256310
20862	340910	40033	94476	49396	758789	348873
29733	5022617	540042	3360731	173614	6861408	1387262
15850	205381	26980	76348	55891	436276	234285
15056	121334	27457	29807	16746	241212	95819
	29280	5182	11321	6073	56868	26578
	20319	7056	7372	5856	47163	13381
541	49689	14457	11927	5322	181861	74869
85	174105	53748	38177	17545	334338	156609
725	308501	89862	108855	50423	585451	297443
19559	28645	5653	14805	13110	55424	30084
	26246	10368	2337	697	42761	27141
886753	1102898	383633	262460	148385	2090752	967504
9920	642161	119741	125520	66882	1319242	450220
5050	320275	96542	80023	41120	873560	367764
12771	1305234	519402	152614	63592	2224549	1138775
39331	176865	67513	60938	29067	377980	185659
20515	914011	129481	155267	49649	1926524	1034859
24110	451266	129043	88669	39248	914951	326889
136258	1465200	415856	508042	182240	2476390	1235401
890416	14700822	6291157	2806588	913927	22325191	13487711
219062	2158102	552847	404192	103075	4213565	3088981
1449	347934	90750	86326	10317	682654	350768
24144	932267	310587	202585	111477	1562157	622434
1700930	1331999	348903	272951	85734	2707923	1468778
13415	521361	185863	71277	13015	836289	294610
	9780	3501	2481	1082	22765	10217
	18217	2811	2138	973	52326	21616
2069	40698	3946	13966	1573	58425	40105
	796649	164861	76935	10326	6095853	5009754
	350125	73150	37530	67	4620154	3976349
	101911	8164	21181	395	321199	211173
	344612	83547	18225	9864	1154499	822232

10－6 续表 3

指　　标	主营业务收入	主营业务成本	主营业务税金及附加	营业费用	管理费用
总　　计	**77588408**	**59274178**	**5385138**	**2877791**	**3269838**
按轻重行业分组					
轻工业	27001197	17051944	4912065	1045446	1156024
重工业	50587211	42222234	473073	1832345	2113814
按登记注册类型分组					
内资企业	70866162	53599517	5323712	2523509	2935042
国有企业	10081990	3386104	4612668	149907	530080
集体企业	874968	716028	8970	17778	20162
股份合作企业	459114	371748	10691	18610	23053
联营企业	80874	65062	1176	1088	2804
集体联营企业	31942	27042	774	371	598
国有与集体联营企业	48932	38021	402	717	2206
有限责任公司	22227191	18579672	226303	784650	982232
国有独资公司	422950	331047	2982	20244	47556
其他有限责任公司	21804241	18248626	223321	764406	934676
股份有限公司	11010139	9116713	76776	586715	351898
私营企业	23972349	19530390	328867	912680	963690
私营独资企业	3360243	2847512	60886	68420	66634
私营合伙企业	1395382	1092016	28774	43675	44952
私营有限责任公司	17215822	13987527	221661	693932	769020
私营股份有限公司	2000902	1603337	17546	106652	83085
其他企业	2159538	1833800	58262	52082	61123
港、澳、台商投资企业	3476870	2943897	29201	129326	157140
合资经营企业(港或澳、台资)	2550049	2251182	18942	76928	93245
合作经营企业(港或澳、台资)	39611	30937	433	1091	1084
港、澳、台商独资经营企业	708441	510746	9345	48203	55846
港、澳、台商投资股份有限公司	178769	151032	481	3104	6965
外商投资企业	3245376	2730765	32226	224956	177656
中外合资经营企业	1375114	1174183	24444	91946	90871
中外合作经营企业	16382	14737	673	208	1004
外资企业	1720620	1437548	6568	115025	80968
外商投资股份有限公司	128719	100119	495	17739	4631
其他外商投资企业	4540	4178	45	39	182

单位:万元

#税金	财务费用	#利息支出	营业利润	投资收益	利润总额	亏损企业亏损额
113745	**687863**	**803142**	**5615275**	**133065**	**5896607**	**190173**
35820	100884	87073	2556886	83682	2605490	16647
77925	586979	716069	3058389	49383	3291117	173526
106060	643779	754538	5361998	120217	5608714	67623
16642	181166	193450	1238108	65562	1388314	11224
1900	4157	3446	61952	20	56981	234
167	1729	1425	30707	918	21012	470
122	397	182	6712		7019	80
	299	79	2339		2339	
122	98	103	4374		4681	80
30628	229083	283815	1299868	3775	1391188	19893
1328	17485	18743	4283	582	8760	2225
29300	211599	265073	1295584	3193	1382428	17669
13863	23956	115849	828192	38766	801636	8910
40941	192686	150810	1781745	10090	1826960	24705
2438	23723	14560	244429	-541	247923	644
2863	7964	5367	149051	572	149036	
32205	139966	109857	1248508	9305	1283207	23210
3436	21034	21025	139758	754	146794	852
1798	10605	5562	114713	1086	115604	2107
4439	19575	20465	190357	5340	212023	8285
2320	15368	14035	80120	642	99087	6572
9	162		3978		2938	
1946	3110	5492	90966	4576	94119	1713
164	936	938	15293	123	15878	
3247	24509	28139	62920	7508	75871	114265
2154	21450	21772	-27986	7125	-18568	100642
153	978	979	-3323		-2851	3094
879	4012	5346	86591	126	89562	10530
59	-1935	36	7547	256	7636	
3	5	5	91		91	

10－6 续表 4

指　　标	主营业务收入	主营业务成本	主营业务税金及附加	营业费用	管理费用
按经济组织类型分组					
独资企业	16746261	8897936	4698437	399332	753689
国有企业	10081990	3386104	4612668	149907	530080
集体企业	874968	716028	8970	17778	20162
私营独资企业	3360243	2847512	60886	68420	66634
港澳台商独资经营企业	708441	510746	9345	48203	55846
外资企业	1720620	1437548	6568	115025	80968
合作合伙企业	4150901	3408299	100008	116754	134019
股份合作企业	459114	371748	10691	18610	23053
集体联营企业	31942	27042	774	371	598
国有与集体联营企业	48932	38021	402	717	2206
私营合伙企业	1395382	1092016	28774	43675	44952
合作经营企业(港或澳、台资)	39611	30937	433	1091	1084
中外合作经营企业	16382	14737	673	208	1004
其他企业(内资)	2159538	1833800	58262	52082	61123
股份有限公司	13318530	10971201	95298	714209	446580
股份有限公司(内资)	11010139	9116713	76776	586715	351898
私营股份有限公司	2000902	1603337	17546	106652	83085
港澳台商投资股份有限公司	178769	131032	481	3104	6965
外商投资股份有限公司	128719	100119	495	17739	4631
有限责任公司	43368176	35992564	491350	1647456	1935368
国有独资公司	422950	331047	2982	20244	47556
私营有限责任公司	17215822	13987527	221661	693932	769020
合资经营企业(港或澳、台资)	2550049	2251182	18942	76928	93245
中外合资经营企业	1375114	1174183	24444	91946	90871
其他有限责任公司	21804241	18248626	223321	764406	934676
在总计中:国有控股企业	20244582	11952572	4673384	603454	861030
在总计中:大型企业	36568413	25614232	4805441	1393241	1615873
中型企业	10794266	8602976	118958	525802	555616
小型企业	30156693	24997420	459772	957281	1096598
在总计中:亏损企业	2354899	2210284	20333	134001	146853
在总计中:农村工业	1023516	900898	26656	13210	18245

单位:万元

#税金	财务费用	#利息支出	营业利润	投资收益	利润总额	亏损企业亏损额
23804	216168	222294	1722047	69743	1876899	24343
16642	181166	193450	1238108	65562	1388314	11224
1900	4157	3446	61952	20	56981	234
2438	23723	14560	244429	-541	247923	644
1946	3110	5492	90966	4576	94119	1713
879	4012	5346	86591	126	89562	10530
5111	21833	13515	301838	2575	292759	5751
167	1729	1425	30707	918	21012	470
	299	79	2339		2339	
122	98	103	4374		4681	80
2863	7964	5367	149051	572	149036	
9	162		3978		2938	
153	978	979	-3323		-2851	3094
1798	10605	5562	114713	1086	115604	2107
17521	43990	137848	990790	39900	971944	9762
13863	23956	115849	828192	38766	801636	8910
3436	21034	21025	139758	754	146794	852
164	936	938	15293	123	15878	
59	-1935	36	7547	256	7636	
67306	405867	429479	2600510	20848	2754915	150317
1328	17485	18743	4283	582	8760	2225
32205	139966	109857	1248508	9305	1283207	23210
2320	15368	14035	80120	642	99087	6572
2154	21450	21772	-27986	7125	-18568	100642
29300	211599	265073	1295584	3193	1382428	17669
30764	217323	321576	1932762	80922	2049736	29485
43141	363042	540714	2702527	99036	2978016	118172
18088	116763	116346	848734	13584	864337	27748
52269	207528	145763	2061897	20445	2052143	44253
6576	41983	38640	-209487	-774	-190173	190173
457	2853	2367	51895	23	51606	

10－6 续表 5

指　　标	主营业务收入	主营业务成本	主营业务税金及附加	营业费用	管理费用
按行业大类分组					
采矿业	865572	691726	24058	30218	28940
煤炭开采和洗选业	290668	239801	7496	7954	10388
黑色金属矿采选业	64511	51467	1126	1061	3443
有色金属矿采选业	71411	54917	1182	2163	3157
非金属矿采选业	438982	345540	14254	19040	11953
制造业	75282846	57545914	5341502	2817759	3180542
农副食品加工业	3117123	2689787	21844	107215	92851
食品制造业	1418709	1093347	16338	105950	65726
酒、饮料和精制茶制造业	1227627	960272	14571	112056	39894
烟草制品业	7703386	1481939	4595789	110679	423704
纺织业	598600	472206	4961	48663	18127
纺织服装、服饰业	555524	437699	3657	32970	32657
皮革、毛皮、羽毛及其制品和制鞋业	299227	254136	2905	9255	9217
木材加工和木、竹、藤、棕、草制品业	202871	166661	1964	7798	9978
家具制造业	481024	389585	6193	14434	17143
造纸和纸制品业	944736	796103	18216	27267	28883
印刷和记录媒介复制业	1106190	908280	16264	30951	45669
文教、工美、体育和娱乐用品制造业	208679	160680	3537	10980	7773
石油加工、炼焦和核燃料加工业	96350	75508	2305	7459	4944
化学原料和化学制品制造业	6744920	5421748	191728	212184	236818
医药制造业	2300665	1738049	12999	210656	127732
橡胶和塑料制品业	1386306	1116186	20009	63284	68536
非金属矿物制品业	3899017	3064003	54492	138493	185066
黑色金属冶炼和压延加工业	733327	639906	6473	20178	26616
有色金属冶炼和压延加工业	5106335	4670860	26090	56220	94452
金属制品业	1887029	1569056	21734	60749	80348
通用设备制造业	3829854	3101992	45875	152475	193605
专用设备制造业	17659571	14609042	111927	833476	721200
汽车制造业	4666697	4033480	86853	230996	235447
铁路、船舶、航空航天和其他运输设备制造业	447779	341873	2744	14967	36142
电气机械和器材制造业	2697874	2236626	25106	89058	106696
计算机、通信和其他电子设备制造业	4975795	4385266	15230	50985	192088
仪器仪表制造业	692464	491954	6890	50919	58243
其他制造业	132143	108819	2229	2080	6257
废弃资源综合利用业	126336	101259	2566	4783	9993
金属制品、机械和设备修理业	36688	29589	13	578	4739
电力、热力、燃气及水生产和供应业	1439990	1036538	19578	29814	60356
电力、热力生产和供应业	844952	579179	12435	415	16941
燃气生产和供应业	306069	243042	2784	13658	17432
水的生产和供应业	288969	214317	4359	15741	25983

单位:万元

#税金	财务费用	#利息支出	营业利润	投资收益	利润总额	亏损企业亏损额
2130	5901	2921	79107	620	76944	3900
463	1071	1042	25258		23135	3900
18	935	422	6228		6171	
32	179	122	9098		9192	
1617	3717	1335	38523	620	38447	
109486	489097	603906	5436421	113818	5625081	183086
3497	16289	10821	172055	392	171685	5351
2504	1644	3365	122785	595	127718	2182
1871	7959	6008	95479	3743	94192	1050
12760	-14406		1113919	55712	1175534	
406	2538	2554	51156	46	51615	1364
356	5659	1176	40343	699	40498	1251
132	873	855	22737		22209	
122	994	304	13904	9	14572	
480	2675	2169	44572		44882	80
1183	6893	4310	55276	1199	54051	80
1987	6217	4909	98500	542	100054	298
323	3650	909	19552		19727	
42	1119	418	4982		1650	21
7134	51473	36873	487151	3967	463163	360
1875	9159	7086	198322	13571	187571	487
2534	13978	12191	96510	123	95910	1650
7012	43335	46838	368083	682	376764	4110
798	7073	6134	36578	8344	39331	69
6822	30617	30185	227753	86	243531	378
3279	11792	9581	138360	69	139814	2267
12293	34678	27009	296971	2408	295102	11876
14662	153810	305531	1075561	6519	1176034	6811
12935	48994	44447	29606	5523	52443	127460
1510	4459	4012	47900	636	48971	
4596	11819	11942	183764	555	160410	3003
5398	17813	17109	296966	3827	319996	12112
1890	6386	6493	77751	4574	88675	789
392	1000	776	10784		10879	37
34	904	183	6877		5888	
659	-296	-280	2226		2212	
2129	192866	196314	99747	18627	194582	3187
189	181647	181578	57053	12265	143028	73
239	2467	2482	29787	1731	30697	
1702	8752	12254	12908	4630	20857	3114

10－6 续表 6

指　　标	利税总额	本年应付职工薪酬总　额	本年应交增值税	全部从业人员年平均人数(人)	研究与开发人员(人)
总　　计	**14311233**	**3342648**	**3029488**	**617729**	**40049**
按轻重行业分组					
轻工业	9033365	1038167	1515810	228862	7245
重工业	5277868	2304481	1513678	388867	32804
按登记注册类型分组					
内资企业	13765304	2969934	2832879	550791	35657
国有企业	7099231	353713	1098250	37873	1897
集体企业	87583	33439	21632	9981	99
股份合作企业	43876	12546	12173	3284	96
联营企业	9584	2743	1389	799	50
集体联营企业	3455	697	343	249	3
国有与集体联营企业	6129	2046	1046	550	47
有限责任公司	2250057	1064507	632567	182877	12462
国有独资公司	22450	37973	10708	6573	267
其他有限责任公司	2227608	1026534	621859	176304	12195
股份有限公司	1274786	533907	396374	71519	10975
私营企业	2766594	855989	610767	218255	9055
私营独资企业	393674	120678	84865	36148	386
私营合伙企业	224399	73402	46589	19193	221
私营有限责任公司	1928059	581973	423192	144863	7287
私营股份有限公司	220461	79936	56121	18051	1161
其他企业	233593	113090	59727	26203	1023
港、澳、台商投资企业	343310	185148	102087	36856	2749
合资经营企业(港或澳、台资)	186652	137785	68623	27619	1924
合作经营企业(港或澳、台资)	4279	1161	908	465	
港、澳、台商独资经营企业	132426	40395	28961	7742	728
港、澳、台商投资股份有限公司	19954	5808	3595	1030	97
外商投资企业	202619	187566	94523	30082	1643
中外合资经营企业	37531	74134	31655	11398	587
中外合作经营企业	－1503	1542	674	307	15
外资企业	149104	104947	52974	17547	997
外商投资股份有限公司	17328	6849	9197	630	44
其他外商投资企业	159	95	23	200	

单位:万元

专业技术人员（人）	总资产贡献率（%）	资　产负债率（%）	流动资产周转率（次/年）	成本费用利润率（%）	产销率（%）
80777	**24.15**	**53.72**	**2.24**	**8.92**	**98.33**
20643	57.12	34.22	2.93	13.46	100.44
60134	12.85	60.4	1.99	7.04	97.24
74111	25.26	53.72	2.19	9.39	98.15
7154	56.26	48.46	1.57	32.69	98.11
743	41.15	45.41	10.74	7.52	98.34
273	16.03	33.42	3.23	5.06	95.95
85	37.8	31.94	5.17	10.12	99.17
26	67.22	29.36	18.24	8.26	99
59	30.28	32.6	3.52	11.4	99.27
26476	12.7	63.26	2.03	6.76	98.58
1685	3.77	77.72	1.16	2.1	97.01
24791	13.21	62.42	2.06	6.86	98.6
18200	11.66	49.39	1.31	7.95	95.28
18983	25.28	49.18	3.96	8.46	96.63
3169	37.87	33.19	8.45	8.25	98.14
1024	66.29	36.33	11.1	12.54	98.03
13415	23.6	52.61	3.67	8.23	96.5
1375	16.3	43.82	2.36	8.09	94.43
2197	43.19	35.3	7.62	5.91	127.22
4628	17.2	55.13	3.24	6.52	98.53
3984	17.03	68.36	4.74	4.07	100.6
6	28.18	9.97	10.86	8.83	100
544	17.32	41.17	1.54	15.23	92.63
94	16.66	24.9	2.55	9.8	97.3
2038	7.68	52.83	2.59	2.4	102.28
929	3.29	61.15	2.18	-1.35	98.99
13	-2.01	81.61	2.46	-16.84	92.53
1056	14.68	42.43	3.43	5.47	105.58
40	13.81	14.78	1.12	6.33	99.51
	42.71	33.46	15.44	2.06	98.7

10－6 续表 7

指　　标	利税总额	本年应付职工薪酬总　额	本年应交增值税	全部从业人员年平均人数(人)	研究与开发人员(人)
按经济组织类型分组					
独资企业	7862018	653171	1286682	109291	4107
国有企业	7099231	353713	1098250	37873	1897
集体企业	87583	33439	21632	9981	99
私营独资企业	393674	120678	84865	36148	386
港澳台商独资经营企业	132426	40395	28961	7742	728
外资企业	149104	104947	52974	17547	997
合作合伙企业	514228	204483	121461	50251	1405
股份合作企业	43876	12546	12173	3284	96
集体联营企业	3455	697	343	249	3
国有与集体联营企业	6129	2046	1046	550	47
私营合伙企业	224399	73402	46589	19193	221
合作经营企业(港或澳、台资)	4279	1161	908	465	
中外合作经营企业	－1503	1542	674	307	15
其他企业(内资)	233593	113090	59727	26203	1023
股份有限公司	1532528	626500	465287	91230	12277
股份有限公司(内资)	1274786	533907	396374	71519	10975
私营股份有限公司	220461	79936	56121	18051	1161
港澳台商投资股份有限公司	19954	5808	3595	1030	97
外商投资股份有限公司	17328	6849	9197	630	44
有限责任公司	4402300	1858398	1156036	366757	22260
国有独资公司	22450	37973	10708	6573	267
私营有限责任公司	1928059	581973	423192	144863	7287
合资经营企业(港或澳、台资)	186652	137785	68623	27619	1924
中外合资经营企业	37531	74134	31655	11398	587
其他有限责任公司	2227608	1026534	621859	176304	12195
在总计中:国有控股企业	8192793	869302	1469673	105584	11868
在总计中:大型企业	9691836	1849935	1908378	247684	23665
中型企业	1308351	553615	325056	124959	5985
小型企业	3306784	937518	794869	244704	10379
在总计中:亏损企业	－136392	162495	33448	36649	1490
在总计中:农村工业	100370	55363	22108	15148	664

单位:万元

专业技术人员（人）	总资产贡献率（%）	资产负债率（%）	流动资产周转率（次/年）	成本费用利润率（%）	产销率（%）
12666	50.19	46.65	2.13	18.28	98.53
7154	56.26	48.46	1.57	32.69	98.11
743	41.15	45.41	10.74	7.52	98.34
3169	37.87	33.19	8.45	8.25	98.14
544	17.32	41.17	1.54	15.23	92.63
1056	14.68	42.43	3.43	5.47	105.58
3598	42.22	35.75	7.19	7.95	112.79
273	16.03	33.42	3.23	5.06	95.95
26	67.22	29.36	18.24	8.26	99
59	30.28	32.6	3.52	11.4	99.27
1024	66.29	36.33	11.1	12.54	98.03
6	28.18	9.97	10.86	8.83	100
13	-2.01	81.61	2.46	-16.84	92.53
2197	43.19	35.3	7.62	5.91	127.22
19709	12.22	48.25	1.41	7.98	95.23
18200	11.66	49.39	1.31	7.95	95.28
1375	16.3	43.82	2.36	8.09	94.43
94	16.66	24.9	2.55	9.8	97.3
40	13.81	14.78	1.12	6.33	99.51
44804	15.3	60.42	2.58	6.89	97.87
1685	3.77	77.72	1.16	2.1	97.01
13415	23.6	52.61	3.67	8.23	96.5
3984	17.03	68.36	4.74	4.07	100.6
929	3.29	61.15	2.18	-1.35	98.99
24791	13.21	62.42	2.06	6.86	98.6
26003	33.87	51.55	1.38	15.03	96.77
45437	24.42	56.56	1.53	10.27	97.92
11671	18.06	52.75	2.39	8.82	96.61
23625	27.03	45.06	4.87	7.53	99.42
2943	-3	74.92	1.72	-7.51	99.44
1478	66.42	32.95	15.86	5.52	98.22

10－6 续表 8

指　　标	利税总额	本年应付职工薪酬总　额	本年应交增值税	全部从业人员年平均人数(人)	研究与开发人员(人)
按行业大类分组					
采矿业	137763	54677	36760	16610	67
煤炭开采和洗选业	47301	28906	16670	9704	27
黑色金属矿采选业	11442	4577	4145	1502	
有色金属矿采选业	14803	6848	4428	1450	28
非金属矿采选业	64217	14345	11517	3954	12
制造业	13868904	3202436	2902321	589728	39785
农副食品加工业	233591	78097	40061	22421	921
食品制造业	202921	66571	58865	14502	272
酒、饮料和精制茶制造业	140175	59831	31412	12928	259
烟草制品业	6759155	206827	987832	16049	185
纺织业	77138	20231	20562	6704	286
纺织服装、服饰业	61095	32088	16940	9774	325
皮革、毛皮、羽毛及其制品和制鞋业	40107	12898	14992	3411	57
木材加工和木、竹、藤、棕、草制品业	24426	9032	7890	2531	29
家具制造业	64128	20278	13053	5886	127
造纸和纸制品业	92417	37653	20150	9559	317
印刷和记录媒介复制业	148875	46475	32558	9286	262
文教、工美、体育和娱乐用品制造业	27499	9226	4236	2868	90
石油加工、炼焦和核燃料加工业	5957	1308	2002	389	17
化学原料和化学制品制造业	836831	318470	181940	89216	2305
医药制造业	266386	74919	65817	16017	1171
橡胶和塑料制品业	162447	53414	46527	10611	370
非金属矿物制品业	[illegible]	[illegible]	[illegible]	[illegible]	780
黑色金属冶炼和压延加工业	68289	38314	22485	8037	421
有色金属冶炼和压延加工业	377935	64730	108314	12539	935
金属制品业	214435	50553	52887	11335	796
通用设备制造业	437127	171583	96150	36414	1739
专用设备制造业	1869697	891556	581736	100838	15921
汽车制造业	265875	262513	126579	48061	2349
铁路、船舶、航空航天和其他运输设备制造业	71838	37878	20123	6415	819
电气机械和器材制造业	253204	80964	67689	19079	1513
计算机、通信和其他电子设备制造业	455312	373179	120085	76050	6150
仪器仪表制造业	130527	48233	34962	8470	1315
其他制造业	17395	1899	4287	524	23
废弃资源综合利用业	9537	4008	1083	706	5
金属制品、机械和设备修理业	2271	5389	46	1391	17
电力、热力、燃气及水生产和供应业	304566	85535	90407	11391	197
电力、热力生产和供应业	229376	44308	73913	5022	23
燃气生产和供应业	40716	16635	7235	2077	6
水的生产和供应业	34474	24592	9259	4292	168

单位:万元

专业技术人员(人)	总资产贡献率(%)	资产负债率(%)	流动资产周转率(次/年)	成本费用利润率(%)	产销率(%)
1089	40.58	38.94	5.7	10.17	98.79
444	41.46	36.2	6.04	8.93	98.08
43	74.56	29.45	11.11	10.84	97.48
96	49.15	46.17	6.5	15.22	99.9
506	35.67	40.3	5.05	10.11	99.25
78345	25.77	50.72	2.23	8.78	98.31
1818	24.44	44.27	7.28	5.91	97.86
722	23.26	28.9	2.87	10.08	97.59
1075	19.27	45.98	3.6	8.41	98.13
3632	98.51	20.22	1.53	58.72	99.13
546	18.27	53.7	2.91	9.53	98.15
486	25.82	39.72	4.58	7.96	98.96
299	72.03	46.74	10.22	8.12	98.52
125	52.43	28.37	9.98	7.86	98.45
368	36.45	41.17	9.68	10.59	98.29
652	28.93	46.84	5.43	6.29	98.61
1107	26.27	50.81	3.59	10.1	97.69
250	51.25	54.28	7.29	10.77	97.9
56	14.91	63.47	3.67	1.85	99.58
7487	41.79	46.28	6.12	7.82	106.06
1750	20.73	34.13	3.58	8.99	97.22
1279	19.99	42.1	4.33	7.6	97.27
2316	26.93	51.19	2.99	10.98	97.08
638	19.69	49.12	4.15	5.67	97.59
2504	21.18	53.72	5.59	5.02	102.33
1358	24.48	35.73	4.18	8.12	98.12
3686	18.74	49.89	2.61	8.47	94.91
25580	9.74	60.41	1.2	7.21	96.4
5051	7.36	73.31	2.16	1.15	99.66
1568	11.11	51.38	1.29	12.32	92.76
2086	16.97	39.84	2.89	6.56	96.5
10414	17.45	54.24	3.74	6.89	96.73
1211	16.38	35.23	1.33	14.6	92.97
44	79.82	44.88	13.51	9.21	98.72
9	18.58	41.31	6.93	5.03	79.08
228	3.41	68.64	0.9	6.39	95.76
1343	8.22	82.18	1.81	14.75	98.78
534	8.89	86.07	2.41	18.38	99.77
46	13.45	65.75	3	11.1	96.99
763	4.05	71.22	0.84	7.88	94.73

10－7 规模以上国有及国有控股工业企业主要经济指标(2013年)

指　　标	企业单位数（个）	#亏损企业（个）	工业总产值（当年价格）	#新产品产　值	工业销售产值（当年价）
总　　计	**99**	**24**	**22018786**	**5938871**	**21307157**
按轻重行业分组					
轻工业	19	4	8288242		8201375
重工业	80	20	13730544	5938871	13105782
按登记注册类型分组					
内资企业	93	23	21942979	5924879	21235042
国有企业	42	10	11304777	723178	11090732
股份合作企业	1		13039		13039
有限责任公司	39	12	1270777	224912	1249327
国有独资公司	7	2	364208	101151	353335
其他有限责任公司	32	10	906569	123761	895992
股份有限公司	10	1	9346877	4969279	8874712
其他企业	1		7510	7510	7233
港、澳、台商投资企业	2		43248	13993	40169
合资经营企业(港或澳、台资)	1		38025	13993	34947
合作经营企业(港或澳、台资)	1		5223		5223
外商投资企业	4	1	32560		31946
中外合资经营企业	4	1	32560		31946
按经济组织类型分组					
独资企业	42	10	11304777	723178	11090732
国有企业	42	10	11304777	723178	11090732
合作合伙企业	3		25771	7510	25494
股份合作企业	1		13039		13039
合作经营企业(港或澳、台资)	1		5223		5223
其他企业(内资)	1		7510	7510	7233
股份有限公司	10	1	9346877	4969279	8874712
股份有限公司(内资)	10	1	9346877	4969279	8874712
有限责任公司	44	13	1341361	238905	1316220
国有独资公司	7	2	364208	101151	353335
合资经营企业(港或澳、台资)	1		38025	13993	34947
中外合资经营企业	4	1	32560		31946
其他有限责任公司	32	10	906569	123761	895992
在总计中:国有控股企业	99	24	22018786	5938871	21307157
在总计中:大型企业	16	1	18856056	5773496	18182775
中型企业	24	7	911021	48444	899103
小型企业	57	16	1056982	116931	1030551
在总计中:亏损企业		24	246641	15243	239004

单位:万元

#出口交货值	流动资产合计	#应收账款	存货	#产成品	资产总计	负债合计
554373	**14684248**	**4027808**	**5093302**	**741643**	**25139665**	**12958689**
30563	5446610	646821	3420382	191750	7972368	2256277
523810	9237638	3380987	1672920	549893	17167297	10702412
551830	14629410	4003625	5083156	739094	25054393	12922129
66896	6406031	982071	3618869	229099	12961818	6281786
	2029	419	85	85	9029	3504
103019	996261	356541	250403	81415	2346890	1702887
60078	365041	73696	76387	31658	1093169	849628
42941	631220	282845	174017	49757	1253720	853260
381915	7208471	2658844	1212035	428154	9700582	4928786
	16619	5750	1763	341	36074	5166
	37537	16344	7596	1826	42689	23155
	36217	16144	7596	1826	40333	22614
	1320	200			2356	541
2543	17301	7840	2550	723	42583	13405
2543	17301	7840	2550	723	42583	13405
66896	6406031	982071	3618869	229099	12961818	6281786
66896	6406031	982071	3618869	229099	12961818	6281786
	19968	6369	1849	427	47459	9211
	2029	419	85	85	9029	3504
	1320	200			2356	541
	16619	5750	1763	341	36074	5166
381915	7208471	2658844	1212035	428154	9700582	4928786
381915	7208471	2658844	1212035	428154	9700582	4928786
105562	1049778	380524	260549	83964	2429806	1738906
60078	365041	73696	76387	31658	1093169	849628
	36217	16144	7596	1826	40333	22614
2543	17301	7840	2550	723	42583	13405
42941	631220	282845	174017	49757	1253720	853260
554373	14684248	4027808	5093302	741643	25139665	12958689
529069	13597777	3678267	4856466	668731	22746825	11318205
18996	588710	156560	136861	42851	1360626	1021955
6308	497761	192981	99974	30061	1032214	618529
7376	300830	81789	72252	29766	653939	432178

10－7 续表1

指　　标	企业单位数（个）	#亏损企业（个）	工业总产值（当年价格）	#新产品产　值	工业销售产值（当年价）
按行业大类分组					
采矿业	2	1	40026		39664
煤炭开采和洗选业	2	1	40026		39664
制造业	85	20	20194788	5938871	19484938
农副食品加工业	3	1	78744		76548
酒、饮料和精制茶制造业	3		47049		45476
烟草制品业	1		7769416		7701962
纺织业	2	1	7481		7495
纺织服装、服饰业	1		8809		8809
印刷和记录媒介复制业	2	1	104771		104771
化学原料和化学制品制造业	3	2	171293	76381	162999
医药制造业	2		141960		130904
非金属矿物制品业	14	2	481202	2018	474645
黑色金属冶炼和压延加工业	3		134056	77449	125987
有色金属冶炼和压延加工业	5	1	169426	20788	166461
金属制品业	3	1	213899	32459	209659
通用设备制造业	8	3	214658	74718	208992
专用设备制造业	5	2	8186103	4355581	7759197
汽车制造业	10	2	631443	298122	639325
铁路、船舶、航空航天和其他运输设备制造业	4		341472	137485	309433
电气机械和器材制造业	5	1	425557	177794	380071
计算机、通信和其他电子设备制造业	8	3	1021912	681282	926699
仪器仪表制造业	2		14783	4795	14774
金属制品、机械和设备修理业	1		30753		30731
电力、热力、燃气及水生产和供应业	12	3	1783973		1782555
电力、热力生产和供应业	4		1655961		1655961
燃气生产和供应业	2		18261		18261
水的生产和供应业	6	3	109751		108334

单位:万元

#出口交货值	流动资产合计	#应收账款	存货	#产成品	资产总计	负债合计
	25669	4058	4187	3964	38204	20668
	25669	4058	4187	3964	38204	20668
554373	14213977	3905905	5056953	737078	19861654	8440617
	20396	6162	9248	5034	51557	38430
830	11680	3618	5335	786	19220	9323
29733	5005146	534342	3360067	173614	6830700	1384673
	22018	222	935	576	27843	21001
	9002	752	2089	1002	10450	6830
	72818	26000	29970	5318	120051	66541
58956	116405	14404	44430	30650	217162	147486
	85543	11170	11383	4453	98413	68834
	246054	126339	39469	10655	431038	265276
3560	86900	32356	31725	12975	204601	103869
119	78703	22405	18052	5844	204375	149024
216	54268	17817	8831	5951	68380	27351
31151	311727	144359	104010	25955	478957	339190
333750	6628097	2482383	1090393	360365	8714424	4465481
47755	278957	92879	51520	23421	498940	338619
1449	252711	58618	76139	5543	454322	219398
3923	238354	88718	39165	27288	333570	112601
42933	643712	234860	116199	36216	1021300	623950
	18030	5958	7240	1433	26873	14872
	33460	2543	10755		49477	37869
	444601	117845	32163	601	5239808	4497403
	244156	68361	31629	67	4313905	3770390
	3349	619	85	85	11385	4045
	197096	48866	448	448	914518	722968

10－7 续表 2

指　　标	主营业务收入	主营业务成本	主营业务税金及附加	营业费用	管理费用
总　　计	**20244582**	**11952572**	**4673384**	**603454**	**861030**
按轻重行业分组					
轻工业	8198849	1877639	4598929	149903	460050
重工业	12045733	10074933	74455	453551	400980
按登记注册类型分组					
内资企业	20175435	11901425	4672906	597873	856132
国有企业	10081990	3386104	4612668	149907	530080
股份合作企业	13581	8954	72	2277	1147
有限责任公司	1330505	1103565	7413	48078	103775
国有独资公司	422950	331047	2982	20244	47556
其他有限责任公司	907554	772518	4431	27834	56219
股份有限公司	8742127	7397971	52612	397060	219825
其他企业	7233	4831	141	551	1305
港、澳、台商投资企业	40169	24129	422	5049	2243
合资经营企业(港或澳、台资)	34947	19690	318	5049	2156
合作经营企业(港或澳、台资)	5223	4439	104		88
外商投资企业	28977	27019	56	533	2655
中外合资经营企业	28977	27019	56	533	2655
按经济组织类型分组					
独资企业	10081990	3386104	4612668	149907	530080
国有企业	10081990	3386104	4612668	149907	530080
合作合伙企业	26037	18224	317	2828	2540
股份合作企业	13581	8954	72	2277	1147
合作经营企业(港或澳、台资)	5223	4439	104		88
其他企业(内资)	7233	4831	141	551	1305
股份有限公司	8742127	7397971	52612	397060	219825
股份有限公司(内资)	8742127	7397971	52612	397060	219825
有限责任公司	1394429	1150273	7786	53660	108586
国有独资公司	422950	331047	2982	20244	47556
合资经营企业(港或澳、台资)	34947	19690	318	5049	2156
中外合资经营企业	28977	27019	56	533	2655
其他有限责任公司	907554	772518	4431	27834	56219
在总计中:国有控股企业	20244582	11952572	4673384	603454	861030
在总计中:大型企业	18348333	10389054	4661656	526259	747757
中型企业	852589	663977	6381	44219	60569
小型企业	1043659	899542	5347	32976	52703
在总计中:亏损企业	248147	225342	1813	11722	36509

单位:万元

#税金	财务费用	#利息支出	营业利润	投资收益	利润总额	亏损企业亏损额
30764	**217323**	**321576**	**1932762**	**80922**	**2049736**	**29485**
14240	-2853	12756	1126619	56309	1196250	1618
16524	220176	308820	806143	24613	853486	27867
30670	216556	321454	1926278	80922	2043062	27088
16642	181166	193450	1238108	65562	1388314	11224
	72		1060		1058	
3511	33436	34343	50194	971	48011	11964
1328	17485	18743	4283	582	8760	2225
2183	15951	15600	45910	389	39251	9739
10506	1653	93410	636787	14436	605550	3900
11	229	252	130	-46	130	
93	71	122	8332		8433	
83	71	122	7741		7842	
9			592		592	
1	696		-1848		-1759	2397
1	696		-1848		-1759	2397
16642	181166	193450	1238108	65562	1388314	11224
16642	181166	193450	1238108	65562	1388314	11224
21	301	252	1781	-46	1780	
	72		1060		1058	
9			592		592	
11	229	252	130	-46	130	
10506	1653	93410	636787	14436	605550	3900
10506	1653	93410	636787	14436	605550	3900
3595	34203	34465	56086	971	54094	14361
1328	17485	18743	4283	582	8760	2225
83	71	122	7741		7842	
1	696		-1848		-1759	2397
2183	15951	15600	45910	389	39251	9739
30764	217323	321576	1932762	80922	2049736	29485
25175	165263	272746	1841084	79881	1957777	3900
3570	41245	38094	41625	-942	41585	13220
2019	10814	10736	50053	1984	50375	12365
1631	7735	8131	-26206	-1000	-29485	29485

10－7 续表 3

指　　标	主营业务收入	主营业务成本	主营业务税金及附加	营业费用	管理费用
按行业大类分组					
采矿业	39425	33840	636	1618	6138
煤炭开采和洗选业	39425	33840	636	1618	6138
制造业	19292496	11295269	4658892	588639	825348
农副食品加工业	89882	86869	16	1334	1241
酒、饮料和精制茶制造业	47470	39289	298	1289	2338
烟草制品业	7689332	1473758	4595632	110379	421350
纺织业	6487	6426	4	63	698
纺织服装、服饰业	8110	4379	54	729	3158
印刷和记录媒介复制业	97505	79969	277	2325	8621
化学原料和化学制品制造业	209930	168717	510	7243	16529
医药制造业	110287	75807	633	20866	5761
非金属矿物制品业	468227	381975	3512	15778	18667
黑色金属冶炼和压延加工业	139154	128274	565	4523	12451
有色金属冶炼和压延加工业	164523	141739	640	1587	6809
金属制品业	211221	190869	1106	1635	4703
通用设备制造业	213656	163402	1451	16031	33103
专用设备制造业	7636213	6479840	47390	336095	174556
汽车制造业	659588	582433	2635	23695	23522
铁路、船舶、航空航天和其他运输设备制造业	306595	216751	1638	11511	29470
电气机械和器材制造业	371673	301839	1029	14792	14497
计算机、通信和其他电子设备制造业	818822	740587	1391	16512	40953
仪器仪表制造业	12388	6923	101	2009	2603
金属制品、机械和设备修理业	31433	25425	11	244	4319
电力、热力、燃气及水生产和供应业	912661	623463	13856	13198	29544
电力、热力生产和供应业	759603	507002	11823	95	12066
燃气生产和供应业	18804	13393	177	2277	1234
水的生产和供应业	134254	103069	1856	10826	16244

单位:万元

#税金	财务费用	#利息支出	营业利润	投资收益	利润总额	亏损企业亏损额
	209	190	-1715		-3810	3900
	209	190	-1715		-3810	3900
30059	32266	133215	1888009	73272	1917476	22470
282	707	452	1348		1768	64
219	268	272	4106		4152	
12609	-14245		1110459	55712	1171734	
	21	21	-591	46	-591	658
	-9		-152		109	
345	1381	1466	6982		8459	298
12	6751	6348	5588	31	5674	146
89	711	37	6410		7234	
730	12427	10076	37461		37530	2121
347	3680	3497	-994	8287	1612	
91	3936	3651	9506	-5	10013	22
375	163	146	12279	-988	11287	842
1086	8391	7647	4513	90	-2000	6515
8808	-4893	84966	561052	5355	548278	1512
1024	5552	4759	27557	1241	25001	2684
1320	3353	3195	44579	610	45461	
587	-1227	713	40296	-85	14078	870
1402	5474	6136	15086	2978	25164	6739
98	114	121	642		643	
636	-288	-288	1884		1870	
705	184848	188171	46469	7650	136071	3114
	177554	177664	50251	7099	134486	
9	72		1651		1650	
696	7222	10507	-5434	551	-65	3114

10－7 续表4

指　　标	利税总额	本年应付职工薪酬总　额	本年应交增值税	全部从业人员年平均人数(人)	研究与开发人员(人)
总　　计	**8192793**	**869302**	**1469673**	**105584**	**11868**
按轻重行业分组					
轻工业	6798533	254679	1003355	22348	633
重工业	1394260	614623	466318	83236	11235
按登记注册类型分组					
内资企业	8182630	863117	1466662	104631	11818
国有企业	7099231	353713	1098250	37873	1897
股份合作企业	1640	851	510	199	
有限责任公司	101733	105329	46309	20783	871
国有独资公司	22450	37973	10708	6573	267
其他有限责任公司	79283	67356	35601	14210	604
股份有限公司	978525	402527	320363	45646	9023
其他企业	1500	696	1230	130	27
港、澳、台商投资企业	11592	2781	2737	343	
合资经营企业(港或澳、台资)	10844	2703	2685	311	
合作经营企业(港或澳、台资)	748	78	52	32	
外商投资企业	－1429	3404	275	610	50
中外合资经营企业	－1429	3404	275	610	50
按经济组织类型分组					
独资企业	7099231	353713	1098250	37873	1897
国有企业	7099231	353713	1098250	37873	1897
合作合伙企业	3889	1625	1792	361	27
股份合作企业	1640	851	510	199	
合作经营企业(港或澳、台资)	748	78	52	32	
其他企业(内资)	1500	696	1230	130	27
股份有限公司	978525	402527	320363	45646	9023
股份有限公司(内资)	978525	402527	320363	45646	9023
有限责任公司	111148	111436	49269	21704	921
国有独资公司	22450	37973	10708	6573	267
合资经营企业(港或澳、台资)	10844	2703	2685	311	
中外合资经营企业	－1429	3404	275	610	50
其他有限责任公司	79283	67356	35601	14210	604
在总计中:国有控股企业	8192793	869302	1469673	105584	11868
在总计中:大型企业	8017019	761096	1397585	83371	10246
中型企业	80153	62425	32188	13785	841
小型企业	95622	45780	39901	8427	781
在总计中:亏损企业	－19476	35601	8196	9107	412

单位:万元

专业技术人员(人)	总资产贡献率(%)	资产负债率(%)	流动资产周转率(次/年)	成本费用利润率(%)	产销率(%)
26003	**33.87**	**51.55**	**1.38**	**15.03**	**96.77**
4679	85.44	28.3	1.51	48.14	98.95
21324	9.92	62.34	1.3	7.65	95.45
25897	33.94	51.58	1.38	15.05	96.77
7154	56.26	48.46	1.57	32.69	98.11
	18.17	38.81	6.69	8.5	100
4235	5.8	72.56	1.34	3.73	98.31
1685	3.77	77.72	1.16	2.1	97.01
2550	7.57	68.06	1.44	4.5	98.83
14463	11.05	50.81	1.21	7.55	94.95
45	4.86	14.32	0.44	1.88	96.31
4	27.44	54.24	1.07	26.78	92.88
	27.19	56.07	0.96	29.08	91.9
4	31.75	22.96	3.96	13.07	100
102	-3.35	31.48	1.67	-5.69	98.12
102	-3.35	31.48	1.67	-5.69	98.12
7154	56.26	48.46	1.57	32.69	98.11
7154	56.26	48.46	1.57	32.69	98.11
49	8.72	19.41	1.3	7.45	98.93
	18.17	38.81	6.69	8.5	100
4	31.75	22.96	3.96	13.07	100
45	4.86	14.32	0.44	1.88	96.31
14463	11.05	50.81	1.21	7.55	94.95
14463	11.05	50.81	1.21	7.55	94.95
4337	5.99	71.57	1.33	4.02	98.13
1685	3.77	77.72	1.16	2.1	97.01
	27.19	56.07	0.96	29.08	91.9
102	-3.35	31.48	1.67	-5.69	98.12
2550	7.57	68.06	1.44	4.5	98.83
26003	33.87	51.55	1.38	15.03	96.77
22709	36.44	49.76	1.35	16.55	96.43
2032	8.69	75.11	1.45	5.13	98.69
1262	10.3	59.92	2.1	5.06	97.5
630	-1.73	66.09	0.82	-10.48	96.9

10－7 续表 5

指　　标	利税总额	本年应付职工薪酬总　额	本年应交增值税	全部从业人员年平均人数(人)	研究与开发人员(人)
按行业大类分组					
采矿业	302	12022	3476	3704	2
煤炭开采和洗选业	302	12022	3476	3704	2
制造业	7962533	799012	1386165	95118	11853
农副食品加工业	1972	1002	187	235	
酒、饮料和精制茶制造业	6662	2533	2212	469	
烟草制品业	6753231	204214	985865	14982	185
纺织业	－506	1486	82	649	6
纺织服装、服饰业	607	4837	445	861	25
印刷和记录媒介复制业	11299	14979	2563	1251	
化学原料和化学制品制造业	11233	14719	5049	2473	169
医药制造业	12759	7795	4892	1231	380
非金属矿物制品业	69266	14873	28224	3517	132
黑色金属冶炼和压延加工业	7378	15533	5201	2727	171
有色金属冶炼和压延加工业	16838	6076	6185	967	130
金属制品业	21834	4500	9441	903	51
通用设备制造业	5970	31634	6519	6011	318
专用设备制造业	875738	329340	280070	33281	7469
汽车制造业	48802	35539	21167	8478	507
铁路、船舶、航空航天和其他运输设备制造业	59325	24237	12226	3504	630
电气机械和器材制造业	22774	13796	7668	2417	313
计算机、通信和其他电子设备制造业	33857	64299	7302	9430	1321
仪器仪表制造业	1579	2615	835	438	46
金属制品、机械和设备修理业	1914	5005	33	1294	
电力、热力、燃气及水生产和供应业	229959	58268	80033	6762	13
电力、热力生产和供应业	219761	40347	73453	3941	
燃气生产和供应业	2389	929	562	231	
水的生产和供应业	7809	16992	6018	2590	13

单位:万元

专业技术人员（人）	总资产贡献率（%）	资产负债率（%）	流动资产周转率（次/年）	成本费用利润率（%）	产销率（%）
45	1.29	54.1	1.54	-9.11	99.1
45	1.29	54.1	1.54	-9.11	99.1
25154	40.76	42.5	1.36	15.05	96.48
7	4.7	74.54	4.41	1.96	97.21
70	36.08	48.5	4.06	9.61	96.66
3590	98.87	20.27	1.54	58.84	99.13
10	-1.74	75.42	0.29	-8.2	100.18
207	5.81	65.36	0.9	1.32	100
135	10.63	55.43	1.34	9.17	100
692	8.1	67.91	1.8	2.85	95.16
111	13	69.94	1.29	7.01	92.21
288	18.41	61.54	1.9	8.75	98.64
160	5.32	50.77	1.6	1.08	93.98
125	10.03	72.92	2.09	6.5	98.25
111	32.14	40	3.89	5.72	98.02
1049	2.84	70.82	0.69	-0.91	97.36
13099	11.02	51.24	1.15	7.85	94.78
1664	10.73	67.87	2.36	3.94	101.25
1189	13.76	48.29	1.21	17.41	90.62
155	7.04	33.76	1.56	4.27	89.31
2179	3.92	61.09	1.27	3.13	90.68
101	6.33	55.34	0.69	5.52	99.94
212	3.29	76.54	0.94	6.3	99.93
804	7.98	85.83	2.05	15.99	99.92
261	9.21	87.4	3.11	19.3	100
4	20.98	35.53	5.62	9.72	100
539	2	79.05	0.68	-0.05	98.71

10－8 规模以上大中型工业企业主要经济指标(2013年)

指　　标	企业单位数(个)	#亏损企业(个)	工业总产值(当年价格)	#新产品产　值	工业销售产值(当年价)
总　　计	**316**	**23**	**49570685**	**16901543**	**48389234**
按轻重行业分组					
轻工业	155	7	14259961	843054	14063447
重工业	161	16	35310724	16058489	34325787
按登记注册类型分组					
内资企业	273	14	44758299	14889626	43563340
国有企业	19	5	9669702	712247	9464233
集体企业	9		169399		165621
有限责任公司	65	4	16368565	6886202	16246910
国有独资公司	5	1	352478	101151	342742
其他有限责任公司	60	3	16016087	6785051	15904168
股份有限公司	28	2	10354169	5420798	9836552
私营企业	132	3	7463606	1581938	7107415
私营独资企业	20	1	417212	6185	409616
私营合伙企业	9		143237	3035	134117
私营有限责任公司	90	2	5674702	1353880	5432069
私营股份有限公司	13		1228455	218838	1131613
其他企业	20		732858	288442	742610
港、澳、台商投资企业	22	3	2252710	1164231	2184823
合资经营企业(港或澳、台资)	12	2	1414518	704353	1404404
港、澳、台商独资经营企业	8	1	704268	404371	652261
港、澳、台商投资股份有限公司	2		133924	55507	128158
外商投资企业	21	6	2559677	847686	2641072
中外合资经营企业	7	2	898606	483472	889488
外资企业	13	4	1491241	194385	1581754
外商投资股份有限公司	1		169830	169830	169830
按经济组织类型分组					
独资企业	69	11	12451822	1317188	12273485
国有企业	19	5	9669702	712247	9464233
集体企业	9		169399		165621
私营独资企业	20	1	417212	6185	409616
港澳台商独资经营企业	8	1	704268	404371	652261
外资企业	13	4	1491241	194385	1581754
合作合伙企业	29		876095	291477	876727
私营合伙企业	9		143237	3035	134117
其他企业(内资)	20		732858	288442	742610
股份有限公司	44	2	11886378	5864972	11266152
股份有限公司(内资)	28	2	10354169	5420798	9836552
私营股份有限公司	13		1228455	218838	1131613
港澳台商投资股份有限公司	2		133924	55507	128158
外商投资股份有限公司	1		169830	169830	169830
有限责任公司	174	10	24356390	9427906	23972870
国有独资公司	5	1	352478	101151	342742
私营有限责任公司	90	2	5674702	1353880	5432069
合资经营企业(港或澳、台资)	12	2	1414518	704353	1404404
中外合资经营企业	7	2	898606	483472	889488
其他有限责任公司	60	3	16016087	6785051	15904168

单位:万元

#出口交货值	流动资产合计	#应收账款	存货	#产成品	资产总计	负债合计
3415297	**28424745**	**8935716**	**8049725**	**1756218**	**49788722**	**27859898**
451358	7246212	919692	3853993	424432	11242272	3498324
2963939	21178533	8016024	4195732	1331786	38546450	24361574
2373761	26642965	8523265	7673272	1642288	46005831	25738088
66692	6207026	905191	3591641	219754	12669749	6096766
2490	24615	5260	3254	2339	72129	27873
1523866	9294665	3941846	1919045	640352	16914705	11064058
60078	360127	72803	74538	31658	1060665	834705
1463788	8934538	3869043	1844508	608694	15854040	10229353
394326	7993480	2814149	1434915	510743	11029689	5468102
366083	3012926	823503	704418	258697	5142521	3008800
71327	39992	13569	10810	5549	94542	31793
16537	33998	9372	6511	2055	88329	24454
261970	2263355	620288	411207	135733	3832028	2453623
16248	675580	180275	275891	115360	1127622	498930
20304	110254	33315	20000	10404	177038	72490
800531	817356	202690	136004	45311	1612089	924213
785003	335771	52503	69270	25798	798438	623551
11827	415558	141698	53304	10968	695429	272207
3701	66027	8490	13430	8545	118222	28455
241006	964424	209761	240449	68618	2170803	1197597
51539	397480	36528	88061	27296	1073770	770725
189467	454560	169320	143236	39019	977339	408289
	112384	3913	9153	2304	119694	18583
341804	7141751	1235037	3802243	277628	14509188	6836928
66692	6207026	905191	3591641	219754	12669749	6096766
2490	24615	5260	3254	2339	72129	27873
71327	39992	13569	10810	5549	94542	31793
11827	415558	141698	53304	10968	695429	272207
189467	454560	169320	143236	39019	977339	408289
36841	144252	42687	26510	12460	265367	96944
16537	33998	9372	6511	2055	88329	24454
20304	110254	33315	20000	10404	177038	72490
414275	8847472	3006827	1733388	636952	12395227	6014070
394326	7993480	2814149	1434915	510743	11029689	5468102
16248	675580	180275	275891	115360	1127622	498930
3701	66027	8490	13430	8545	118222	28455
	112384	3913	9153	2304	119694	18583
2622378	12291271	4651165	2487583	829179	22618940	14911956
60078	360127	72803	74538	31658	1060665	834705
261970	2263355	620288	411207	135733	3832028	2453623
785003	335771	52503	69270	25798	798438	623551
51539	397480	36528	88061	27296	1073770	770725
1463788	8934538	3869043	1844508	608694	15854040	10229353

10-8 续表 1

指　　标	企业单位数（个）	#亏损企业（个）	工业总产值（当年价格）	#新产品产　值	工业销售产值（当年价）
在总计中：国有控股企业	40	8	19767077	5821940	19081878
在总计中：大型企业	48	5	37956027	14571106	37167808
中型企业	268	18	11614658	2330437	11221427
在总计中：亏损企业		23	1699268	572855	1703763
在总计中：农村工业	7		178283	1110	176786
按行业大类分组					
采矿业	11	1	222442		218335
煤炭开采和洗选业	8	1	167212		163469
黑色金属矿采选业	1		15502		15138
有色金属矿采选业	2		39728		39728
制造业	298	22	48525506	16901543	47367948
农副食品加工业	14		733804	9554	707749
食品制造业	15	1	690150	211207	674200
酒、饮料和精制茶制造业	11	1	716407		701616
烟草制品业	2		7780987		7713533
纺织业	7	3	356502	131901	348056
纺织服装、服饰业	7	1	320075	128759	316171
皮革、毛皮、羽毛及其制品和制鞋业	3		162846		160927
木材加工和木、竹、藤、棕、草制品业	1		26562	3432	26350
家具制造业	4		170106	21108	168413
造纸和纸制品业	6		138422	10424	138569
印刷和记录媒介复制业	4		276535		269853
文教、工美、体育和娱乐用品制造业	4		65331	12468	62682
化学原料和化学制品制造业	60		1951112	341271	1904487
医药制造业	13		1101523	210406	1107070
橡胶和塑料制品业	9		486020	27904	491553
非金属矿物制品业	17	1	1421432	678732	1387847
黑色金属冶炼和压延加工业	5		205376	124127	195481
有色金属冶炼和压延加工业	6		3038712	1087936	3164906
金属制品业	7	1	295293	155442	297232
通用设备制造业	20	5	1380481	505217	1270092
专用设备制造业	20	1	17056022	7848948	16440215
汽车制造业	28	4	3627119	1688128	3673279
铁路、船舶、航空航天和其他运输设备制造业	3		311472	115346	277572
电气机械和器材制造业	14	2	801328	230155	744895
计算机、通信和其他电子设备制造业	13	2	4859454	3075566	4658320
仪器仪表制造业	4		461683	283432	415341
金属制品、机械和设备修理业	1		30753		30731
电力、热力、燃气及水生产和供应业	7		822737		802952
电力、热力生产和供应业	3		456046		456046
燃气生产和供应业	1		215717		207284
水的生产和供应业	3		150974		139621

单位:万元

#出口交货值	流动资产合计	#应收账款	存货	#产成品	资产总计	负债合计
548065	14186487	3834827	4993328	711582	24107451	12340160
2921618	23910594	7724801	7174418	1385944	41900596	23698839
493680	4514151	1210915	875307	370274	7888126	4161059
75134	834083	138685	214667	73608	2128652	1708320
8607	16528	2735	1774	1599	37928	17073
	55122	7580	8738	5312	124864	48426
	42370	5192	4518	4250	96176	36659
	2982				7725	2597
	9770	2387	4220	1062	20963	9169
3415297	27767019	8790790	7979061	1742156	44215609	23244866
75606	127323	22656	37247	16439	270410	121208
	371168	17196	43131	9512	600775	159198
20032	203757	17325	59540	38862	384336	183775
29733	5022617	540042	3360731	173614	6861408	1387262
15850	175179	18301	67531	50023	357693	194296
10677	77986	16419	22906	12771	147002	51771
	17440	1798	8363	4244	27782	15789
	1213	1189	24	22	4286	2258
	5859	2189	1906	953	34499	13613
	40621	6008	8311	5243	83318	52258
430	195627	59170	76364	37722	303253	175803
19559	5759	2119	1718	1296	16874	6827
324767	500950	162122	121771	65619	826596	472637
561	407665	55747	70821	35393	683223	238839
	135122	38555	35445	15342	416448	132830
2490	574254	268207	68025	21362	947886	508413
16422	94773	36760	35550	16440	221803	107974
2734	621610	40719	88788	20586	1326769	717639
3701	126649	37103	23321	9739	202296	71076
111810	792993	224111	334601	120232	1272041	707194
885751	14191335	6133561	2695478	869976	21413014	13100697
177678	1850447	449631	337119	74199	3627881	2773051
	227326	48134	68180	3291	414312	198043
21402	498386	171009	111407	63366	791866	298700
1682682	1069538	267441	242033	69968	2321495	1297341
13415	397963	150737	47997	5944	608868	218506
	33460	2543	10755		49477	37869
	602605	137346	61926	8750	5448249	4566606
	296425	68835	31664		4397048	3763022
	61668	4160	14321		244454	166899
	244512	64352	15941	8750	806747	636685

10－8 续表2

指　　标	主营业务收入	主营业务成本	主营业务税金及附加	营业费用	管理费用
总　　计	**47362678**	**34217208**	**4924399**	**1919043**	**2171489**
按轻重行业分组					
轻工业	13809472	6152063	4671951	618684	721347
重工业	33553206	28065145	252448	1300359	1450142
按登记注册类型分组					
内资企业	42858558	30507871	4882565	1614644	1915526
国有企业	9634433	2990490	4610547	136232	509576
集体企业	165459	134745	1150	4603	4750
有限责任公司	15734506	13185715	136327	581501	734140
国有独资公司	413086	322533	2945	19898	46241
其他有限责任公司	15321420	12863182	133382	561603	687900
股份有限公司	9689397	8026953	58292	532742	292726
私营企业	6918259	5546121	66043	340323	356301
私营独资企业	375961	306176	6201	13555	12246
私营合伙企业	133222	94120	2862	6559	7225
私营有限责任公司	5320082	4281192	49485	247835	294179
私营股份有限公司	1088995	864634	7495	72374	42651
其他企业	716505	623847	10207	19243	18033
港、澳、台商投资企业	1947898	1545109	16510	100037	120146
合资经营企业(港或澳、台资)	1312401	1096864	9342	57061	68055
港、澳、台商独资经营企业	535382	369777	6855	40198	45527
港、澳、台商投资股份有限公司	100115	78468	312	2778	6564
外商投资企业	2556222	2164229	25324	204362	135818
中外合资经营企业	859466	758571	18434	75453	59438
外资企业	1572188	1308405	6395	111221	72382
外商投资股份有限公司	124568	97253	495	17687	3998
按经济组织类型分组					
独资企业	12283423	5109593	4631148	305809	644480
国有企业	9634433	2990490	4610547	136232	509576
集体企业	165459	134745	1150	4603	4750
私营独资企业	375961	306176	6201	13555	12246
港澳台商独资经营企业	535382	369777	6855	40198	45527
外资企业	1572188	1308405	6395	111221	72382
合作合伙企业	849726	717966	13069	25801	25258
私营合伙企业	133222	94120	2862	6559	7225
其他企业(内资)	716505	623847	10207	19243	18033
股份有限公司	11003075	9067308	66594	625582	345939
股份有限公司(内资)	9689397	8026953	58292	532742	292726
私营股份有限公司	1088995	864634	7495	72374	42651
港澳台商投资股份有限公司	100115	78468	312	2778	6564
外商投资股份有限公司	124568	97253	495	17687	3998
有限责任公司	23226454	19322341	213589	961850	1155812
国有独资公司	413086	322533	2945	19898	46241
私营有限责任公司	5320082	4281192	49485	247835	294179
合资经营企业(港或澳、台资)	1312401	1096864	9342	57061	68055
中外合资经营企业	859466	758571	18434	75453	59438
其他有限责任公司	15321420	12863182	133382	561603	687900

单位:万元

#税金	财务费用	#利息支出	营业利润	投资收益	利润总额	亏损企业亏损额
61229	**479805**	**657060**	**3551260**	**112621**	**3842353**	**145920**
19026	22455	40134	1618956	73428	1690578	5388
42203	457350	616926	1932304	39193	2151775	140532
56040	451644	621221	3381870	104661	3654203	38791
15872	177293	190184	1217627	63470	1369921	10451
275	1077	968	19116		19070	
16576	188863	253073	868535	1129	962511	3705
1246	16977	18217	5137	582	8445	1927
15331	171886	234856	863398	547	954065	1778
12209	15494	108999	744968	33134	726460	6767
10844	67276	67079	490613	6928	534730	17868
98	2000	1724	30040		30094	589
395	718	761	21668	12	21561	
8904	49650	48338	369359	6556	406356	17280
1446	14908	16257	69545	361	76719	
264	1641	918	41011		41512	
2925	12510	15475	144747	5240	153362	6376
1518	9841	9919	53066	542	57521	5360
1243	2094	4618	80625	4576	84199	1016
164	576	938	11057	123	11641	
2264	15650	20364	24643	2720	34788	100753
1497	14213	15612	-62673	2398	-55591	95318
712	3412	4753	80360	65	83333	5435
56	-1974		6956	256	7046	
18201	185876	202246	1427768	68111	1586618	17491
15872	177293	190184	1217627	63470	1369921	10451
275	1077	968	19116		19070	
98	2000	1724	30040		30094	589
1243	2094	4618	80625	4576	84199	1016
712	3412	4753	80360	65	83333	5435
659	2359	1679	62680	12	63072	
395	718	761	21668	12	21561	
264	1641	918	41011		41512	
13874	29004	126194	832526	33874	821866	6767
12209	15494	108999	744968	33134	726460	6767
1446	14908	16257	69545	361	76719	
164	576	938	11057	123	11641	
56	-1974		6956	256	7046	
28495	262566	326941	1228286	10624	1370797	121663
1246	16977	18217	5137	582	8445	1927
8904	49650	48338	369359	6556	406356	17280
1518	9841	9919	53066	542	57521	5360
1497	14213	15612	-62673	2398	-55591	95318
15331	171886	234856	863398	547	954065	1778

10－8 续表 3

指　　标	主营业务收入	主营业务成本	主营业务税金及附加	营业费用	管理费用
在总计中:国有控股企业	19200922	11053031	4668037	570478	808327
在总计中:大型企业	36568413	25614232	4805441	1393241	1615873
中型企业	10794266	8602976	118958	525802	555616
在总计中:亏损企业	1686593	1595289	18478	107001	90414
在总计中:农村工业	176314	154310	3707	1953	6706
按行业大类分组					
采矿业	218550	175191	2606	7216	13172
煤炭开采和洗选业	163876	131592	1958	5346	8208
黑色金属矿采选业	15531	12242	213		2086
有色金属矿采选业	39143	31358	435	1870	2879
制造业	46015361	33266524	4904344	1890813	2115704
农副食品加工业	690751	571955	6402	38471	29538
食品制造业	632177	468340	3434	62707	32267
酒、饮料和精制茶制造业	645455	479645	5779	93294	21917
烟草制品业	7703386	1481939	4595789	110679	423704
纺织业	332707	241580	2131	44361	12389
纺织服装、服饰业	293630	214763	1054	24610	23286
皮革、毛皮、羽毛及其制品和制鞋业	159641	139317	1310	4017	4108
木材加工和木、竹、藤、棕、草制品业	26350	21975	882	322	321
家具制造业	163478	133341	3024	2956	4173
造纸和纸制品业	147484	123479	1896	7420	6409
印刷和记录媒介复制业	252151	198268	721	3918	16596
文教、工美、体育和娱乐用品制造业	62509	44333	1971	1217	1475
化学原料和化学制品制造业	1898583	1523395	43230	79269	90036
医药制造业	1092674	771223	5175	149649	72094
橡胶和塑料制品业	471337	385676	4990	26139	27655
非金属矿物制品业	1346153	991197	15565	37498	89485
黑色金属冶炼和压延加工业	203222	183700	812	6326	14598
有色金属冶炼和压延加工业	3166462	2900674	11770	30018	54825
金属制品业	286339	219649	2038	12391	16262
通用设备制造业	1249944	982020	8926	68695	82999
专用设备制造业	15802132	13119966	93715	776308	634051
汽车制造业	3636631	3159902	77204	197133	183955
铁路、船舶、航空航天和其他运输设备制造业	274636	195012	1364	9696	26332
电气机械和器材制造业	730624	570009	5206	38838	43530
计算机、通信和其他电子设备制造业	4412798	3932895	7551	32163	160971
仪器仪表制造业	302678	186848	2393	32475	38412
金属制品、机械和设备修理业	31433	25425	11	244	4319
电力、热力、燃气及水生产和供应业	1128767	775493	17450	21014	42613
电力、热力生产和供应业	756720	500506	11864	95	13907
燃气生产和供应业	194708	146976	2097	8606	13359
水的生产和供应业	177339	128010	3489	12313	15347

单位:万元

#税金	财务费用	#利息支出	营业利润	投资收益	利润总额	亏损企业亏损额
28745	206508	310840	1882709	78938	1999362	17120
43141	363042	540714	2702527	99036	2978016	118172
18088	116763	116346	848734	13584	864337	27748
4756	25011	24407	-161036	-901	-145920	145920
54	555	405	9600		9850	
292	886	825	20779		18966	3900
292	777	777	17296		15188	3900
	57		933		933	
	53	48	2550		2845	
59549	291775	466488	3447374	97326	3650430	142020
495	4622	4161	38065	1	34927	
520	-3304	726	66319	378	69568	687
653	1516	2641	47127	667	47108	1050
12760	-14406		1113919	55712	1175534	
90	1393	1705	31537	46	32029	1364
287	3378	879	24945		25132	1230
61	312	351	10577		10603	
	316	25	992		992	
87	861	827	15059		15129	
78	798	895	8318	1158	8361	
408	2004	1955	33236	542	35835	
103	977	453	9967		10132	
2208	23368	20631	119710	590	112753	
759	3811	3170	98828	12753	100701	
933	3618	3724	23875		26604	
1043	25178	31142	188847		191747	941
387	3765	3456	2072	8307	4678	
5035	18875	19993	150536	70	151066	
576	1756	1857	34237	-988	33686	842
2465	15331	11725	108415	2730	108444	9893
11737	141088	297375	930744	671	1031660	1356
9233	37296	36345	-15592	5133	8554	116485
1233	2938	2789	40289	610	40858	
2168	442	3503	63663	466	44181	1928
4510	13422	13113	252273	3907	272172	6246
1085	2710	3338	47535	4576	56109	
636	-288	-288	1884		1870	
1388	187144	189747	83107	15295	172957	
39	176795	177201	56216	12265	141096	
176	2205	2390	23522	1731	24560	
1173	8145	10157	3369	1298	7301	

10－8 续表4

指　　标	利税总额	本年应付职工薪酬总　额	本年应交增值税	全部从业人员年平均人数(人)	研究与开发人员(人)
总　　计	**11000186**	**2403550**	**2233434**	**372643**	**29650**
按轻重行业分组					
轻工业	7564196	576888	1201667	100065	3499
重工业	3435990	1826662	1031767	272578	26151
按登记注册类型分组					
内资企业	10634882	2092305	2098114	319356	25860
国有企业	7064313	341411	1083845	34860	1591
集体企业	29263	13826	9044	5300	22
有限责任公司	1552348	858458	453510	132662	9868
国有独资公司	21732	37219	10342	6437	267
其他有限责任公司	1530615	821239	443168	126225	9601
股份有限公司	1152389	494390	367637	62361	10352
私营企业	758554	348612	157781	78693	3846
私营独资企业	50932	32871	14637	8048	54
私营合伙企业	33993	13557	9571	2970	6
私营有限责任公司	559884	254172	104043	57832	2960
私营股份有限公司	113745	48012	29530	9843	826
其他企业	78016	35608	26298	5480	181
港、澳、台商投资企业	223437	156755	53565	30101	2582
合资经营企业(港或澳、台资)	93488	117086	26624	23102	1799
港、澳、台商独资经营企业	115265	34725	24211	6181	689
港、澳、台商投资股份有限公司	14684	4943	2731	818	94
外商投资企业	141867	154490	81755	23186	1208
中外合资经营企业	－17002	48111	20155	6293	213
外资企业	142132	99864	52403	16333	963
外商投资股份有限公司	16737	6515	9197	560	32
按经济组织类型分组					
独资企业	7401905	522698	1184140	70722	3319
国有企业	7064313	341411	1083845	34860	1591
集体企业	29263	13826	9044	5300	22
私营独资企业	50932	32871	14637	8048	54
港澳台商独资经营企业	115265	34725	24211	6181	689
外资企业	142132	99864	52403	16333	963
合作合伙企业	112009	49165	35869	8450	187
私营合伙企业	33993	13557	9571	2970	6
其他企业(内资)	78016	35608	26298	5480	181
股份有限公司	1297555	553860	409095	73582	11304
股份有限公司(内资)	1152389	494390	367637	62361	10352
私营股份有限公司	113745	48012	29530	9843	826
港澳台商投资股份有限公司	14684	4943	2731	818	94
外商投资股份有限公司	16737	6515	9197	560	32
有限责任公司	2188717	1277827	604331	219889	14840
国有独资公司	21732	37219	10342	6437	267
私营有限责任公司	559884	254172	104043	57832	2960
合资经营企业(港或澳、台资)	93488	117086	26624	23102	1799
中外合资经营企业	－17002	48111	20155	6293	213
其他有限责任公司	1530615	821239	443168	126225	9601

单位:万元

专业技术人员（人）	总资产贡献率（%）	资　产负债率（%）	流动资产周转率（次/年）	成本费用利润率（%）	产销率（%）
57108	**23.41**	**55.96**	**1.67**	**9.91**	**97.62**
10205	67.64	31.12	1.91	22.5	98.62
46903	10.51	63.2	1.58	6.88	97.21
51573	24.47	55.95	1.61	10.6	97.33
6765	57.26	48.12	1.55	35.92	97.88
394	41.91	38.64	6.72	13.14	97.77
20778	10.67	65.41	1.69	6.55	99.26
1638	3.77	78.7	1.15	2.08	97.24
19140	11.14	64.52	1.71	6.68	99.3
16795	11.44	49.58	1.21	8.19	95
6533	16.06	58.51	2.3	8.47	95.23
672	55.7	33.63	9.4	9.01	98.18
127	39.35	27.68	3.92	19.85	93.63
4930	15.87	64.03	2.35	8.34	95.72
804	11.53	44.25	1.61	7.71	92.12
308	44.59	40.95	6.5	6.26	101.33
4163	14.82	57.33	2.38	8.63	96.99
3608	12.95	78.1	3.91	4.67	99.28
464	17.24	39.14	1.29	18.4	92.62
91	13.21	24.07	1.52	13.17	95.69
1372	7.47	55.17	2.65	1.38	103.18
381	-0.13	71.78	2.16	-6.12	98.99
959	15.03	41.78	3.46	5.57	106.07
32	13.98	15.53	1.11	6.02	100
9254	52.41	47.12	1.72	25.4	98.57
6765	57.26	48.12	1.55	35.92	97.88
394	41.91	38.64	6.72	13.14	97.77
672	55.7	33.63	9.4	9.01	98.18
464	17.24	39.14	1.29	18.4	92.62
959	15.03	41.78	3.46	5.57	106.07
435	42.84	36.53	5.89	8.18	100.07
127	39.35	27.68	3.92	19.85	93.63
308	44.59	40.95	6.5	6.26	101.33
17722	11.49	48.52	1.24	8.16	94.78
16795	11.44	49.58	1.21	8.19	95
804	11.53	44.25	1.61	7.71	92.12
91	13.21	24.07	1.52	13.17	95.69
32	13.98	15.53	1.11	6.02	100
29697	11.12	65.93	1.89	6.32	98.43
1638	3.77	78.7	1.15	2.08	97.24
4930	15.87	64.03	2.35	8.34	95.72
3608	12.95	78.1	3.91	4.67	99.28
381	-0.13	71.78	2.16	-6.12	98.99
19140	11.14	64.52	1.71	6.68	99.3

10－8 续表5

指　　标	利税总额	本年应付职工薪酬总　额	本年应交增值税	全部从业人员年平均人数(人)	研究与开发人员(人)
在总计中:国有控股企业	8097172	823521	1429773	97156	11087
在总计中:大型企业	9691836	1849935	1908378	247684	23665
中型企业	1308351	553615	325056	124959	5985
在总计中:亏损企业	－103646	113344	23796	25570	614
在总计中:农村工业	23955	12658	10398	3570	68
按行业大类分组					
采矿业	38993	27214	17422	9328	20
煤炭开采和洗选业	29410	19562	12265	7239	
黑色金属矿采选业	2953	2012	1806	981	
有色金属矿采选业	6631	5640	3351	1108	20
制造业	10684142	2304767	2129368	354840	29522
农副食品加工业	53059	24816	11729	5765	706
食品制造业	105601	43110	32599	9122	93
酒、饮料和精制茶制造业	68485	39099	15599	7659	166
烟草制品业	6759155	206827	987832	16049	185
纺织业	46914	12556	12754	4103	250
纺织服装、服饰业	34276	22703	8089	6770	285
皮革、毛皮、羽毛及其制品和制鞋业	22961	6592	11048	1485	55
木材加工和木、竹、藤、棕、草制品业	2062	708	189	388	2
家具制造业	22757	4314	4605	1344	44
造纸和纸制品业	12898	5971	2641	1533	138
印刷和记录媒介复制业	44089	24288	7533	2965	46
文教、工美、体育和娱乐用品制造业	12963	4032	860	1515	20
化学原料和化学制品制造业	218112	112493	62129	28552	797
医药制造业	144049	49260	38173	9832	707
橡胶和塑料制品业	56329	27500	24734	3736	162
非金属矿物制品业	246409	52160	39098	8110	366
黑色金属冶炼和压延加工业	11854	20598	6364	3760	254
有色金属冶炼和压延加工业	207177	37625	44341	5964	525
金属制品业	44597	16426	8873	3124	80
通用设备制造业	144828	95788	27459	17946	478
专用设备制造业	1656112	838030	530738	88147	14647
汽车制造业	188403	217561	102644	37904	1707
铁路、船舶、航空航天和其他运输设备制造业	52234	20788	10012	3217	481
电气机械和器材制造业	72316	37793	22929	8470	679
计算机、通信和其他电子设备制造业	376432	347463	96709	71439	5568
仪器仪表制造业	78157	31265	19655	4847	1021
金属制品、机械和设备修理业	1914	5005	33	1294	
电力、热力、燃气及水生产和供应业	277051	71569	86645	8475	108
电力、热力生产和供应业	226513	41591	73554	4443	
燃气生产和供应业	32787	12862	6130	1213	
水的生产和供应业	17750	17117	6961	2819	108

单位:万元

专业技术人员（人）	总资产贡献率（%）	资　产负债率（%）	流动资产周转率（次/年）	成本费用利润率（%）	产销率（%）
24741	34.88	51.19	1.35	15.82	96.53
45437	24.42	56.56	1.53	10.27	97.92
11671	18.06	52.75	2.39	8.82	96.61
1699	-3.72	80.25	2.02	-8.03	100.26
228	64.23	45.01	10.67	6.02	99.16
252	31.89	38.78	3.96	9.65	98.15
152	31.39	38.12	3.87	10.41	97.76
24	38.22	33.62	5.21	6.49	97.65
76	31.86	43.74	4.01	7.87	100
55856	25.22	52.57	1.66	9.72	97.61
688	21.16	44.82	5.43	5.42	96.45
305	17.7	26.5	1.7	12.42	97.69
522	18.51	47.82	3.17	7.9	97.94
3632	98.51	20.22	1.53	58.72	99.13
313	13.59	54.32	1.9	10.69	97.63
221	23.91	35.22	3.77	9.45	98.78
113	83.91	56.83	9.15	7.18	98.82
6	48.69	52.69	21.73	4.32	99.2
100	68.36	39.46	27.9	10.7	99
199	16.55	62.72	3.63	6.05	100.11
358	15.18	57.97	1.29	16.23	97.58
188	79.51	40.46	10.85	21.11	95.94
2777	28.88	57.18	3.79	6.57	97.61
989	21.55	34.96	2.68	10.1	97.1
567	14.42	31.9	3.49	6	101.14
646	29.28	53.64	2.34	16.77	97.64
210	6.9	48.68	2.14	2.24	95.18
1855	17.12	54.09	5.09	5.03	104.15
238	22.96	35.13	2.26	13.47	100.66
1538	12.31	55.6	1.58	9.44	92
23985	9.12	61.18	1.11	7.03	96.39
4107	6.2	76.44	1.97	0.24	101.27
945	13.28	47.8	1.21	17.46	89.12
817	9.57	37.72	1.47	6.77	92.96
9550	16.78	55.88	4.13	6.58	95.86
775	13.38	35.89	0.76	21.54	89.96
212	3.29	76.54	0.94	6.3	99.93
1000	8.57	83.82	1.87	16.85	97.6
476	9.18	85.58	2.55	20.41	100
	14.39	68.27	3.16	14.35	96.09
524	3.46	78.92	0.73	4.46	92.48

10－9 规模以上工业企业主要能源按行业分组消费量(2013年)

行业	能源合计(吨标准煤)	原煤(吨)	其他洗煤(吨)	煤制品(吨)	焦炭(吨)	天然气(万立方米)	液化天然气(吨)	汽油(吨)
总计	**6151170**	**5411344**	**5623**	**11395**	**54823**	**22068**	**6753**	**79044**
采矿业	88936	58736						2653
1.煤炭开采和洗选业	65443	46621						2124
2.石油和天然气开采业								
3.黑色金属矿采选业	4159	988						75
4.有色金属矿采选业	4373	1788						147
5.非金属矿采选业	14961	9339						308
6.其他采矿业								
制造业	3931467	2780091	5623	11395	54823	22068	6753	75410
1.农副食品加工业	100360	56572	1733	2315		1017	5	3448
2.食品制造业	101241	65416				1474	8	1211
3.饮料制造业	75252	19503				2209		1395
4.烟草制品业	5367	3373				154		
5.纺织业	19100	10785				45		1393
6.纺织服装、鞋、帽制造业	13881	5584				154		921
7.皮革、毛皮、羽毛(绒)及其制品业	13277	7129						760
8.木材加工及木、竹、藤、棕、草制品业	10224	10252						168
9.家具制造业	10507	4719				97	70	638
10.造纸及纸制品业	213466	165165				315		779
11.印刷业和记录媒介的复制	41998	21669				502		1506
12.文教体育用品制造业	7051	3678				182		249
13.石油加工、炼焦及核燃料加工业	2824	2331				27		69
14.化学原料及化学制品制造业	264522	146026	3890	1356	1361	1619	1	5994
15.医药制造业	139219	146911				1020		3005
16.化学纤维制造业								
17.橡胶制品业和塑料制品业	74579	17581		12		1103	42	2495
18.非金属矿物制品业	1465943	1618473			942	1499	3977	7084
19.黑色金属冶炼及压延加工业	106380	1618473		2536	6849	429		1630
20.有色金属冶炼及压延加工业	318705	133781			547	4244		5699
21.金属制品业	59596	5821			2457	644		5206
22.通用设备制造业	146221	55285		5171	20042	706		8952
23.专用设备制造业	249889	77595		5	3652	1549	1398	7730
24.交通运输设备制造业	9574	521			1080	59	1103	326
25.电气机械及器材制造业	91732	24883			5259	413		5446
26.通信设备、计算机及其他电子设备制造业	188971	57000				416		2265
27.仪器仪表及文化、办公用机械制造业	18269	6808			4311	84		589
28.工艺品及其他制造业	7153	5725				55		264
29.废弃资源和废旧材料回收加工业	3792					25		120
电力、燃气及水的生产和供应业	2130767	2572516						981
1.电力、热力的生产和供应业	2089596	2572125						84
2.燃气生产和供应业	5641	327						249
3.水的生产和供应业	35530	64						648

煤油（吨）	柴油（吨）	燃料油（吨）	液化石油气（吨）	其他石油制品（吨）	热力（百万千焦）	电力（万千瓦时）	生物质废料用于燃料（吨）	其它工业废料用于燃料（吨）	其他燃料（吨标准煤）
1395	**122150**	**16949**	**4420**	**10999**	**5329272**	**1136541**	**70403**		**318**
5	5209					28838			
	1838					21431			
5	107					2587			
	228					2068			
	3036					2751			
1390	115161	16949	4420	10999	2819062	828945	70403		318
	2807		352		58933	26117	233		88
	1307				424684	13292			
	1189	11			81799	20619	14		
	64					666			
	1341					5528			
	521					4660			
	326				16543	4904			
5	872					1120			
	636					3139			
	440			77	950397	37310	22261		
	1475		1			12584			
	69					1250			
	183					352			
299	4145				608892	56390	38944		
	5468				69280	18447	4599		
	3441		2		138655	25774	4347		
	29860	104	32		18645	122960			
	2069		222			42884			
4	15163	16148	3623		67789	84076			
	3218		126			25968			
6	6488		11	199	52314	40823	4		
458	22620	21	23	10522		79027			42
	114					3863			
82	1760		8		309481	34113			170
54	790				11525	112093			
	461					4888			
	249					1283			
	1634					740			
	1780				2510210	278759			
	704				2510210	247836			
	609					3379			
	467					27543			

10－10　规模以上工业企业能源购进、消费及库存(2013年)

能源名称	计量单位	年初库存量	购进实物量	消费量合计	#生产消费	#原材料	年末库存量
原煤	吨	613615	5320685	5411344	5112700	298644	431246
其他洗煤	吨	36	5662	5623	5623		75
煤制品	吨	137	11431	11395	9080	2315	173
焦炭	吨	213	54898	54823	51487	3337	308
发生炉煤气	万立方米						
天然气(气态)	万立方米	20	22081	22068	20698	1370	33
液化天然气(液态)	吨	1	6753	6753	6150	603	1
汽油	吨	407	78842	79044	76942	2102	205
煤油	吨	176	1241	1395	1364	31	22
柴油	吨	5156	118516	122150	118814	3336	1551
燃料油	吨	11	16938	16949	16949		1
液化石油气	吨		4420	4420	4199	221	
润滑油	吨	137	7448	7474	7381	93	111
其他石油制品	吨	111	11038	10999	6776	4223	150
热力	百万千焦		2819062	5329272	5329272		
电力	万千瓦时		873130	1136541	1136541		
生物质废料用于燃料	吨	170	70333	70403	66056	4347	100
余热余压	百万千焦		3885	1644540	1644540		
其它燃料	吨标准煤		276	318	318		

11 运输和邮电

长沙统计年鉴

11－1 1995－2013年全社会客、货运输量

指　标	单位	1995年	2000年	2001年	2002年	2003年	2004年	2005年	2006年
一、货物运输量	万吨	6419	5910	7550	8766	10632	11066	10991	12478
#铁路	万吨	284	206	188	162	189	196	218	233
公路	万吨	5376	4972	6668	7929	9572	9831	9834	10905
水运	万吨	758	729	691	671	867	1035	934	1334
民航(吞吐量)	万吨	1.0	1.9	2.0	2.5	3.5	4.3	5.2	6.3
民航(发送量)	万吨	0.4	0.9	1.0	1.4	2.1	2.6	3.1	3.5
二、货物周转量	万吨公里	601306	1404785	1396492	799550	910771	1011770	1003793	1094995
#公路	万吨公里	306737	308200	322125	434100	445990	446428	447386	480520
水运	万吨公里	288791	1094511	1072216	58837	69841	124605	99596	142569
三、旅客运输量	万人	8935	9052	8578	10032	10609	11580	10895	11863
#铁路	万人	785	981	1070	984	942	1187	1218	1243
公路	万人	8021	7825	7242	8743	9351	10003	9228	10022
水运	万人	44	43	44	45	17	9	7	3
民航(吞吐量)	万人	160	203	222	260	299	380	442	595
民航(发送量)	万人	79	101	111	130	149	191	221	281
四、旅客周转量	万人公里	348951	348315	398125	739488	835591	978328	995729	1073632
#公路	万人公里	267579	275029	322154	393873	457038	496035	469947	506305
水运	万人公里	6325	3580	3094	4103	2362	1459	1211	467

11－1 续表

指　标	单位	2007年	2008年	2009年	2010年	2011年	2012年	2013年
一、货物运输量	万吨	16184	17158	21074	22947	25651	26145	28048
#铁路	万吨	244	164	158	167	172	157	149
公路	万吨	13994	14651	18084	19270	21788	23139	24627
水运	万吨	1939	2336	2669	3369	3529	2668	3080
民航(吞吐量)	万吨	6.9	7.1	8.7	10.8	11.5	11.1	11.8
民航(发送量)	万吨	3.6	3.7	4.5	6.0	6.0	5.6	5.9
二、货物周转量	万吨公里	1296332	1323224	1769962	2192493	2571162	3016629	3340723
#公路	万吨公里	517363	535795	1036295	1285375	1609109	2061286	2352483
水运	万吨公里	277565	287962	210498	369090	408774	425713	485042
三、旅客运输量	万人	11919	13488	31304	33983	35525	36440	37922
#铁路	万人	1305	1442	1479	1642	1816	1954	2088
公路	万人	9934	11334	28868	31257	33102	33847	35143
水运	万人			16	18	15	1	
民航(吞吐量)	万人	680	713	942	1066	1183	1278	1390
民航(发送量)	万人	341	355	471	535	592	638	691
四、旅客周转量	万人公里	1190289	1249445	1747800	1945489	2454122	2544691	2767006
#公路	万人公里	540261	596745	1060178	1130385	1206736	1236101	1304296
水运	万人公里			116	141	125	9	

注：1. 公路运输量、周转量从2009年起将出城的公交车和的士纳入了统计调查范围，与以往年份口径不同。

2. 2011年以前，民航货物运输量和旅客运输量按货邮吞吐量和旅客吞吐量统计；从2011年开始，按货邮发送量和旅客发送量统计。

11－2 陆运工具情况

单位:辆

指标	2005年	#私人	2006年	#私人	2007年	#私人	2008年	#私人	2009年	#私人
一、汽车	190684	126289	233388	163162	298280	221801	375305	290783	520622	403195
1.载客汽车	149154	104718	188563	138760	239870	184369	308420	245501	441276	347324
2.载货汽车	38759	20309	41492	23002	45384	26878	50298	31898	62932	43213
3.其它汽车	2771	1262	3333	1400	13026	10554	16587	13384	16414	12658
二、摩托车	221983	215481	221008	215401	218738	213957	219100	215313	253653	249451
1.普通	216528	210112	216475	210932	214406	209680	215010	211275	251639	247474
2.轻便	5455	5369	4533	4469	4332	4277	4090	4038	2014	1977
三、拖拉机	8759	8759	10351	10351	12112	12112	12763	12757	15098	15098
1.大型	20	20	439	439	725	725	4700	4699	5641	5641
2.小型	8739	8739	9912	9912	11387	11387	8063	8058	9210	9210
四、挂车	607	155	648	140	751	154	842	181	2324	313

11－2 续表

指标	2010年	#私人	2011年	#私人	2012年	#私人	2013年	#私人
一、汽车	672275	546834	826223	689957	1001039	856813	1189387	1055542
1.载客汽车	572881	473654	712671	604727	876321	761391	1058547	953004
2.载货汽车	82361	59529	96161	71360	107715	82028	114695	89766
3.其它汽车	17033	13651	17391	13870	17003	13394	16145	12772
二、摩托车	312693	308761	340740	337480	375796	372928	365006	363903
1.普通	310253	306358	339181	335933	373989	371126	363081	361983
2.轻便	2440	2403	1559	1547	1807	1802	1925	1920
三、拖拉机	18172	18172	20002	20002	22949	22949	25954	25954
1.大型	6464	6464	6814	6814	7819	7819	8980	8980
2.小型	11422	11422	12832	12832	14493	14493	15900	15900
四、挂车	2873	560	3521	750	4049	942	4391	1160

11－3 市区旅客发送量(2013年)

单位:万人

指标	合计	一季度	二季度	三季度	四季度
总计	**4934.34**	**1109.66**	**1272.68**	**1329.65**	**1222.35**
铁路	2088.27	432.43	557.24	583.24	515.36
公路	2155.19	526.00	541.66	553.05	534.48
水运					
民航	690.88	151.23	173.78	193.36	172.51

11－4 公路里程与桥梁情况(2013年)

指标	单位	合计	国运公路	省运公路	市县公路	乡公路	村道
一、通车里程	公里	15829.96	503.66	2589.14	2070.61	2707.57	7959.00
#已绿化里程	公里	11478.50	473.24	2273.29	1718.43	2108.31	4905.23
高级、次高级路面	公里	11981.22	503.66	2462.22	1897.44	2332.41	4785.50
中级路面	公里	3848.74		126.93	173.17	375.15	3173.49
二、常年养护里程	公里	15795.52	469.69	2589.14	2070.13	2707.57	7958.99
三、桥梁	米	159822.58	24871.75	101225.95	11002.98	7651.80	15070.10
	座	2624	266	823	354	386	795

11－5 电信业务基本情况(2013 年)

指　　标	单　位	2011 年	2012 年	2013 年
销售营业网点数	处	9641	8374	5401
自办营业网点数	处	504	244	202
电信业务代办营业网点数	处	9137	8130	5199
电信设备				
光缆线路长度	公里	137803	161811	173035
# 长途光缆线路长度	公里	2285	2366	3031
移动电话基站	个	11835	15785	19408
互联网宽带接入端口	万个	176.88	239.23	202.57
电信主要业务				
固定电话通话时长	万分钟	485460	381235	350914
移动电话通话时长	万分钟	[illegible]	1576710	1860675
移动短信业务量	万条	961969	978921	867866
移动电话年末用户	万户	898.48	984.45	1086.50
# GSM 用户	万户	849.45	885.94	775.35
3G 移动电话用户	万户	98.52	216.70	380.96
固定本地电话年末用户	万户	214.43	211.65	194.70
# 普通电话用户	万户	169.98	170.83	163.54
公用电话用户	万户	30.33	30.23	21.76
PHS 用户	万户	14.00	10.00	8.50

11－6 邮政业务基本情况(2013 年)

指标	单位	合计	市区	#望城区	长沙县	浏阳市	宁乡县
一、邮政局、所总计	处	492	139	35	51	36	37
自办局、所	处	484	131	33	51	36	37
代办所	处	8	8	2			
三、邮路							
单程长度邮路	公里	43011	316	316	110		156
农村投递线路	公里	1325				768	557
四、邮政设备和其他服务点							
自备火车箱	辆	9	9				
汽车	辆	272	209	18	27	21	15
邮筒信箱	个	309	173	51	50	50	36
五、邮政主要业务							
函件	万件	2080.05	1943.57	99.69	51.75	63.58	21.15
包件	万件	87.88	75.8	5.53	6.32	3.26	2.50
汇票	万张	95.31	47.39	9.99	27.69	11.15	9.08
订销报纸期发数	万份	46.59	24.82	4.95	7.62	8.95	5.20
订销报纸累计数	万份	11211.73	5806.85	1286.99	1841.65	2272.81	1290.42
订销杂志期发数	万份	28.93	20.13	2.05	3.44	2.48	2.88
订销杂志累计数	万份	544.33	379.81	48.81	70.71	44.64	49.17

注:邮政局、所总计和其中自办局所有 229 个社会快递网点暂时无法分到市区和县(市)。邮区中心局有一段单程长度邮路 42429 公里,无法分到市区和县(市)。

11－7 1998－2013年邮电通信网及邮电业务量

指标	单位	1998年	1999年	2000年	2001年	2002年	2003年	2004年	2005年
邮电通信网									
年末邮电局、所	处	853	451	706	782	774	782	808	1008
年末邮路长度	公里	41006	40191	53435	55443	68991	48091	48647	53609
邮电业务量									
邮电业务总量	万元	210369	267068	349844	499322	695514	546699	650301	802762
函件	万件	5666	8738	8399	13901	17292	18000	3684	3919
报刊期发数	万份	136	155	171	183	164	84	73	86
年末固定电话用户	万户	56.38	74.65	108.47	126.44	136.41	159.87	189.17	218.56
年末无线移动电话用户	万户	21.78	35.46	58.78	97.87	146.01	196.79	242.33	316.85
国际互联网用户	万户	0.93	2.00	14.60	22.44	55.87	58.09	60.94	63.93

11－7 续表

指标	单位	2006年	2007年	2008年	2009年	2010年	2011年	2012年	2013年
邮电通信网									
年末邮电局、所	处	1066	1027	963	885	860	717	497	686
年末邮路长度	公里	52368	69748	77458	43065	50671	51771	62291	43011
邮电业务量									
邮电业务总量	万元	1067203	1454623	1386790	1506054	846295	1049349	1149802	1353237
函件	万件	3597	2986	3530	4928	4248	4175	3431	2080
报刊期发数	万份	64	35	38	54	56	62	44	47
年末固定电话用户	万户	254.20	269.73	216.52	221.09	210.40	214.43	211.65	194.70
年末无线移动电话用户	万户	370.87	450.79	632.75	644.13	780.21	898.48	984.45	1086.50
国际互联网用户	万户	88.29	73.72	62.35	75.63	90.78	115.60	134.25	142.98

注：1. 从2010年开始，邮电业务总量按2010年不变价格计算，2013年邮电业务总量包含社会快递业务总量，与以前年度数据不具有可比性。
2. 2013年年末邮电局、所包含229个社会快递网点，以前年度不包含社会快递网点。
3. 2013年年末邮路长度统计口径调整，2012年同口径数据应为39642公里。

11－8 民用车辆拥有量(2013年)

单位:辆

指　　标	总　计	营　运	非营运	总计中: #进口	#个人	#新注册
合　　计	**1590414**	**132063**	**1457305**	**74707**	**1452235**	**254049**
一、汽车	1189387	96028	1092319	74611	1055542	225543
1. 载客汽车	1058547	24792	1032715	74432	953004	206469
# 大型	9675	7291	2231	116	26	1582
中型	7114	1426	4801	248	1713	912
小型	1018096	16055	1002041	73543	928808	202861
微型	23662	20	23642	525	22457	1114
# 轿车	726898	14332	712566	30605	672179	136389
2. 载货汽车	114695	63147	51548	109	89766	17792
# 重型	22581	20606	1975	55	12688	6149
中型	7457	6395	1062	1	5890	542
轻型	84438	36089	48349	53	70986	11101
微型	219	57	162		202	
# 普通载货	50347	16680	33667	31	42123	6431
3. 其他汽车	16145	8089	8056	70	12772	1282
# 三轮汽车	4134	2542	1592		4118	51
低速货车	5367	3966	1401	1	5206	223
三、摩托车	365006	257	364749	96	363903	21177
1. 普通	363081	257	362824	96	361983	21050
2. 轻便	1925		1925		1920	127
四、拖拉机	25954	25951	3		25954	5831
五、挂车	4391	4154	237		1160	603
六、其他类型车	5676	5676			5676	895

注:2013年全市机动车驾驶员1776128人,其中:汽车驾驶员1656044人。

12 国内外贸易、对外经济和旅游

长沙统计年鉴

12－1 历年社会消费品零售总额

单位:万元

年份	全市	市区	县区
1978	77191	45539	31652
1979	95027	56574	38453
1980	112891	66721	46170
1981	123518	73330	50188
1982	133437	77260	56177
1983	150016	88953	61063
1984	184280	113789	70491
1985	243928	159701	84227
1986	284219	187672	96547
1987	335287	222449	112838
1988	441905	299143	142762
1989	482953	331689	151264
1990	513871	363110	150761
1991	564467	404684	159783
1992	649946	469391	180555
1993	819319	592123	227196
1994	1147852	858308	289544
1995	1658020	1256370	401650
1996	1951814	1478084	473730
1997	2273476	1730180	543296
1998	2599228	1969477	629751
1999	2998120	2267977	730143
2000	3492966	2669100	823866
2001	4064366	3105442	958924
2002	4717720	3602472	1115247
2003	5413075	4090296	1322779
2004	6403344	4868325	1535019
2005	7485700	5722359	1763341
2006	8774300	6742687	2031613
2007	10583200	8194711	2388489
2008	13087545	10147164	2940381
2009	15229971	11798735	3431236
2010	18120800	13934435	4186365
2011	21259112	16689148	4569964
2012	24547118	19249096	5298022
2013	28019735	21934793	6084942

注:根据第一次全国经济普查结果对1994－2004年社会消费品零售总额进行了调整,根据第二次全国经济普查结果对2005－2008年社会消费品零售总额进行了调整。因方法制度改革,从2010年开始取消行业分组中的“其他”,由于基数调整,从2010年开始发展速度不能直接计算取得。

12－2 分行业社会消费品零售总额

单位:万元

年 份	全 市	批发零售业	住宿餐饮业	其 他
1993	819319	610886	45708	162725
1994	1147852	859649	78355	209848
1995	1658020	1280314	100764	276942
1996	1951814	1485447	123176	343192
1997	2273476	1754880	162508	356088
1998	2599228	1956167	246606	396456
1999	2998120	2210101	339621	448399
2000	3492966	2570810	402656	519500
2001	4064366	3516625	508612	39129
2002	4717720	4063137	612654	41929
2003	5413075	4628513	736867	47696
2004	6403344	5457088	890904	55352
2005	7105700	6010590	1105000	69791
2006	8774300	7399489	1296058	78753
2007	10583200	8919020	1575314	88866
2008	13087545	11030860	1953855	102830
2009	15229971	12908257	2205145	116569
2010	18120800	16098960	2021840	
2011	21259112	18919810	2339302	
2012	24547118	21877371	2669747	
2013	28019735	25225898	2793837	

注:根据第一次全国经济普查结果对1994－2004年社会消费品零售总额进行了调整,根据第二次全国经济普查结果对2005－2008年社会消费品零售总额进行了调整。因方法制度改革,从2010年开始取消行业分组中的“其他”,由于基数调整,从2010年开始发展速度不能直接计算取得。

12－3 限额以上批发、零售、住宿和餐饮业基本情况(2013年)

指　　标	法人企业数（个）	产业活动单位数（个）	年末从业人数（人）
总　　计	**1706**	**3668**	**178260**
批发业	694	930	41259
内资企业	689	922	40058
国有企业	5	10	648
集体企业	2	2	15
有限责任公司	200	271	14122
股份有限公司	27	127	7778
私营企业	439	496	16862
其他企业	16	16	633
港、澳、台商投资企业	3	5	1050
外商投资企业	2	3	151
零售业	669	2091	79354
内资企业	647	1904	69810
国有企业	5	7	199
集体企业	4	10	330
股份合作企业	1	1	40
有限责任公司	204	576	34139
股份有限公司	17	270	9427
私营企业	415	1039	25665
其他企业	1	1	10
港、澳、台商投资企业	11	159	4138
外商投资企业	11	28	5406
住宿业	162	172	28747
内资企业	156	166	27189
国有企业	25	26	4389
集体企业	4	4	738
联营企业	1	1	100
有限责任公司	77	82	13946
股份有限公司	9	9	2421
私营企业	40	44	5595
港、澳、台商投资企业	3	3	882
外商投资企业	3	3	676
餐饮业	181	475	28900
内资企业	172	332	20505
国有企业	3	3	316
集体企业	1	1	25
有限责任公司	93	176	10356
股份有限公司	2	2	111
私营企业	70	147	9338
其他企业	3	3	359
港、澳、台商投资企业	4	16	453
外商投资企业	5	127	7942

12－4 限额以上批发和零售业法人企业商品购进、销售和库存(2013年)

单位:万元

指标	商品购进额	#进口	商品销售额	批发	#出口	零售	期末商品库存额
总计	**39096551**	**1405792**	**36676466**	**21704157**	**566005**	**14972309**	**2678992**
一、批发业	26673605	561012	22458778	20672274	552845	1786504	1530899
1.按登记注册类型分组							
内资企业	26197294	560504	21903843	20144404	531210	1759440	1503316
国有企业	1009840	48331	1265873	1265802	3918	71	128668
集体企业	6809		7525	6077		1449	325
有限责任公司	9068769	87830	9413562	8943397	256144	470165	518101
股份有限公司	9696212	38658	4410869	4148731	99429	262138	313960
私营企业	6377684	385686	6769320	5749242	171718	1020078	538937
其他企业	37981		36694	31156		5538	3325
港、澳、台商投资企业	213503		270995	270995	21635		12968
外商投资企业	262808	508	283940	256875		27064	14616
2.按国民经济行业分组							
农、林、牧产品批发	474115	9053	496083	485660	28598	10424	59490
食品、饮料及烟草制品批发	2692649	13185	3109054	2963256	68852	145798	361433
纺织、服装及家庭用品批发	1272999	16107	1283534	1110765	92074	172770	115577
文化、体育用品及器材批发	822141	5766	912095	796549	90582	115546	75089
医药及医疗器材批发	3220929	50450	3446337	2907690	59	538647	268981
矿产品、建材及化工产品批发	16901117	377869	11854872	11234580	234288	620292	522756
机械设备、五金产品及电子产品批发	1204018	69308	1264112	1100973	38392	163138	120736
其他批发业	85638	19274	92691	72802		19889	6839

12－4 续表

指　　标	购进商品额	#进口	销售商品额	批发	#出口	零售	期末商品库存额
二、零售业	12422946	844780	14217689	1031883	13160	13185806	1148093
1. 按登记注册类型分组							
内资企业	11544858	823952	13296581	1031629	13160	12264951	1032101
国有企业	12851		12615	852		11763	3715
集体企业	36829		38882	3299		35583	2356
股份合作企业	20501		20500			20500	1
有限责任公司	5308746	356949	5578018	502892		5075126	473314
股份有限公司	1564685	28501	2866675	242500		2624175	44328
私营企业	4600258	438502	4778972	282086	13160	4496886	508289
其他企业	987		919			919	98
港、澳、台商投资企业	443175	20828	459907	109		459798	79941
外商投资企业	434913		461201	145		461056	36051
2. 按国民经济行业分组							
综合零售	2808358		2906585	30235		2876350	213778
食品、饮料及烟草制品专门零售	271381	14068	273421	40773		232648	41249
纺织、服装及日用品专门零售	339975	452	353191	37382		315810	55757
文化、体育用品及器材专门零售	621814	11126	695067	120266	13160	574800	61325
医药及医疗器材专门零售	1318530	355	1351699	371083		980615	95302
汽车、摩托车、燃料及零配件专门零售	5956338	818770	7437092	281049		7156043	606063
家用电器及电子产品专门零售	698931		768835	114692		654142	53806
五金、家具及室内装饰材料专门零售	245774	10	268756	2160		266596	14928
货摊、无店铺及其他零售业	161845		163043	34242		128801	5884

12－5 限额以上住宿和餐饮业法人企业经营情况(2013年)

单位:万元

指　　标	营业额	客房收入	餐费收入	商品销售收入	其他收入
总　　计	**1123079**	**241651**	**792416**	**31095**	**57918**
一、住宿业	550916	224472	259908	18407	48129
1.按登记注册类型分组					
内资企业	527957	212293	251637	18407	45620
国有企业	71835	27345	34103	4227	6161
集体企业	18123	5959	7181	4292	690
联营企业	3536	883	2601	4	47
有限责任公司	272728	106263	133696	7712	25057
股份有限公司	54089	20859	25380	497	7353
私营企业	107645	50983	48675	1675	6312
港、澳、台商投资企业	12082	5843	5066		1172
外商投资企业	10877	6336	3205		1337
2.按国民经济行业分组					
旅游饭店	467062	185650	223958	14810	42644
一般旅馆	53968	26314	20597	3589	3468
其他住宿业	29887	12508	15353	9	2017
二、餐饮业	572163	17178	532508	12687	9789
1.按登记注册类型分组					
内资企业	436733	17178	404828	5046	9682
国有企业	2767	743	1634	40	350
集体企业	797	425	297	37	38
有限责任公司	233135	6987	220858	1927	3364
股份有限公司	2262	135	2127		
私营企业	191243	8650	173620	3043	5930
其他企业	6529	238	6291		
港、澳、台商投资企业	8980		8110	762	108
外商投资企业	126449		119570	6879	
2.按国民经济行业分组					
正餐服务	401286	17178	362549	11925	9633
快餐服务	168680		167762	762	156
饮料及冷饮服务	443		443		
其他餐饮业	1754		1754		

12－6 限额以上零售业、住宿业和餐饮业连锁经营情况(2013 年)

指 标	单 位	合 计		直营店		加盟店	
		2013 年	2012 年	2013 年	2012 年	2013 年	2012 年
门店总数	个	2290	2197	1275	1157	1015	1040
营业面积	平方米	1647797	1513628	1515402	1378877	132395	134751
经营餐饮业务餐位数	个	56173	56062	36838	37326	19335	18736
从业人员	人	43688	40536	36168	33646	7520	6890
商品购进总额	万元	3599513	3448595	3506520	3376055	92994	72540
# 统一配送商品购进额	万元	2645488	2440635	2565172	2376292	80316	64344
商品销售总额	万元	3688636	3240174	3597634	3164380	91002	75794
# 零售额	万元	3032611	2644826	2941609	2569032	91002	75794
营业额	万元	230174	192755	191164	167405	39010	25350
# 餐费收入和商品销售额	万元	230174	192755	191164	167405	39010	25350

12－7 限额以上批发企业主要财务状况(2013年)

指标	法人企业数(个)	执行《2006年企业会计准则》企业数(个)	流动资产合计	#存货	固定资产合计
总计	**694**	**576**	**7408825**	**1356220**	**731605**
1.按登记注册类型分组					
内资企业	689	571	7336404	1330832	722014
国有企业	5	4	348516	113695	81695
集体企业	2	2	1409	147	215
有限责任公司	200	163	3008651	509075	220479
股份有限公司	27	21	956534	248507	255875
私营企业	439	367	3009765	457217	155579
其他企业	16	14	11528	2190	8170
港、澳、台商投资企业	3	3	39618	12968	394
外商投资企业	2	2	32803	12421	9198
2.按行业分组					
农、林、牧产品批发	18	15	282472	56546	27514
食品、饮料及烟草制品批发	120	102	1097242	242449	263365
纺织、服装及家庭用品批发	55	41	682638	215516	12998
文化、体育用品及器材批发	61	56	398351	62987	17584
医药及医疗器材批发	90	76	1283562	249492	75673
矿产品、建材及化工产品批发	212	183	3218575	419345	299022
机械设备、五金产品及电子产品批发	126	91	419090	104177	32544
其他批发业	12	12	26894	5710	2905

单位:万元

固定资产原价	累计折旧	#本年折旧	资产总计	流动负债合计	负债合计	所有者权益合计	#实收资本	主营业务收入
984253	**276490**	**58091**	**9749096**	**6697532**	**7103947**	**2645150**	**1392538**	**19095851**
969825	271634	56947	9661298	6620775	7026712	2634586	1390424	18620895
148899	67204	8146	486070	136342	136342	349728	16659	1090266
256	41	17	1625	1234	1362	263	262	6484
251472	54203	11270	4064485	2898076	3091599	972886	531944	7992236
359460	103469	21105	1611309	895037	974438	636871	332812	3720690
200597	45696	15905	3476371	2681023	2812743	663628	501920	5806908
9141	1021	502	21439	9063	10228	11210	6826	34310
913	539	74	40018	31451	31928	8089	114	232242
13515	4317	1070	47781	45307	45307	2475	2000	242715
46383	18869	2313	367653	207511	221159	146494	69886	433085
346460	102442	18089	1887692	806321	999234	888458	210972	2719767
18389	5418	1299	754693	648334	669582	85112	34540	1108524
26158	8597	2151	677394	374403	379809	297585	194235	797619
95851	20188	8141	1436675	1132884	1158803	277872	179546	2934670
398608	103822	21729	4066916	3110927	3255475	811441	585666	9925797
48396	16053	4038	526789	397513	399665	127124	111846	1097549
4007	1102	331	31284	19640	20220	11064	5847	78841

12－7 续表

指　　标	主营业务成本	主营业务税金及附加	其他业务利润	销售费用	管理费用
总　　计	**17688579**	**110045**	**29586**	**462489**	**348385**
1. 按登记注册类型分组					
内资企业	17246840	109190	29480	445536	345103
国有企业	860167	49443	748	29933	49706
集体企业	5483	60		721	210
有限责任公司	7511104	30405	11793	185094	101292
股份有限公司	3480143	5725	2667	68532	85140
私营企业	5362202	22779	14272	159984	107507
其他企业	27741	778		1273	1248
港、澳、台商投资企业	210475	539		12032	2421
外商投资企业	231263	316	105	4921	861
2. 按行业分组					
农、林、牧产品批发	411957	318	2136	7570	10247
食品、饮料及烟草制品批发	2216181	58179	3485	140049	123599
纺织、服装及家庭用品批发	1004479	3212	891	53802	21754
文化、体育用品及器材批发	680290	6986	1768	27733	21091
医药及医疗器材批发	2718164	17383	4575	95794	47224
矿产品、建材及化工产品批发	9558410	17741	10059	94318	96303
机械设备、五金产品及电子产品批发	997372	5263	5476	41263	26290
其他批发业	71726	964	1195	1960	1878

单位:万元

#税金	财务费用	#利息支出	营业利润	利润总额	应交所得税	应付职工薪酬(本年贷方累计发生额)	应交增值税
16832	**107406**	**99701**	**460243**	**409295**	**71313**	**272716**	**232582**
16490	107654	99667	447928	396814	70133	263934	225578
2173	-2062	-2114	106123	116267	29222	20705	38739
6	15	2	-3	3	1	82	189
6152	35011	36810	128541	121895	18038	91591	89494
2265	26054	28073	65024	60327	10131	67363	24456
5737	48252	36610	144478	95217	12190	80984	71456
157	385	286	3766	3105	551	3210	1244
81	-209	34	6818	6824	212	6299	4004
261	-38		5497	5657	968	2483	3001
221	3598	4934	4904	7834	309	7326	3819
4232	21632	22261	179181	187585	41993	87982	67363
812	1323	700	23422	25402	5080	30853	15837
976	-3069	3410	64014	37924	1509	20774	17932
2295	13209	12405	51069	33951	5990	39367	32813
6996	66631	52055	109800	89413	12903	60564	79044
1230	3793	3828	26246	24927	3226	24873	15035
71	291	107	1607	2258	303	977	740

12－8 限额以上零售企业主要财务状况(2013年)

指　　标	法人企业数(个)	执行《2006年企业会计准则》企业数(个)	流动资产合计	#存货	固定资产合计
总　　计	**669**	**549**	**4233311**	**991961**	**781781**
1. 按登记注册类型分组					
内资企业	647	532	3860615	938490	711207
国有企业	5	5	11238	2995	559
集体企业	4	3	10405	2377	5033
股份合作企业	1	1	1	1	5264
有限责任公司	204	170	1938054	397483	316554
股份有限公司	17	16	552460	115154	212528
私营企业	415	336	1348391	420459	170842
其他企业	1	1	66	21	427
港、澳、台商投资企业	11	6	194532	26229	21144
外商投资企业	11	11	178164	27242	49430
2. 按行业分组					
综合零售	68	57	1376590	220930	406962
食品、饮料及烟草制品专门零售	35	33	118800	27479	15482
纺织、服装及日用品专门零售	46	35	143625	65506	14574
文化、体育用品及器材专门零售	46	35	255404	42563	13661
医药及医疗器材专门零售	35	29	554532	79128	23963
汽车、摩托车、燃料及零配件专门零售	318	261	1524305	505018	271732
家用电器及电子产品专门零售	76	60	167449	37526	17940
五金、家具及室内装修材料专门零售	37	33	56659	8432	14511
货摊、无店铺及其他零售业	8	6	35947	5379	2956

单位:万元

固定资产原价	累计折旧	#本年折旧	资产总计	流动负债合计	负债合计	所有者权益合计	#实收资本	主营业务收入
1206291	**418819**	**107436**	**5907026**	**4042907**	**4320109**	**1586917**	**866809**	**12159495**
1072384	359529	99363	5350159	3761042	3986535	1363625	728752	11367189
2164	1605	139	12439	4772	4829	7610	3120	11451
6150	1118	724	17235	12758	12854	4381	1546	33436
5484	220	15	7852	7836	7836	16	500	16500
488502	196676	58679	2551910	1909669	2019414	532496	251487	4783589
325427	93632	18332	1048951	507627	543209	505742	204626	2448880
244209	66257	21456	1711260	1318347	1398344	312916	267274	4072548
448	21	18	514	33	50	464	700	786
30355	9212	2359	289523	128836	177000	112523	68046	396099
103551	50078	5714	267343	153030	156575	110769	70012	396207
629917	251289	64884	2158114	1338975	1472357	685757	240614	2512964
17951	3174	1313	199387	120953	128078	71308	37777	233527
19993	5411	2055	197939	129881	163531	34408	22419	298674
29064	15663	2572	288422	139524	140713	147708	81768	607831
34200	10477	2440	669954	554940	558805	111150	61802	1156912
427110	119714	31649	2032968	1510394	1585330	447638	354331	6336904
24824	6943	1733	202695	147797	152851	49844	39689	648754
16168	2037	575	106454	64449	75114	31341	20909	222944
7066	4110	215	51093	35995	43329	7764	7500	140984

12－8 续表

指　　标	主营业务成本	主营业务税金及附加	其他业务利润	销售费用	管理费用
总　　计	**10859883**	**50332**	**117177**	**679499**	**355928**
1. 按登记注册类型分组					
内资企业	10214707	45550	106659	601673	306987
国有企业	9320	86	295	780	1419
集体企业	29988	67	180	2209	1419
股份合作企业	16060	905		93	82
有限责任公司	4248581	21380	54052	311085	150020
股份有限公司	2210280	9772	33929	101081	48308
私营企业	3699815	13303	18204	186422	105737
其他企业	663	38		4	2
港、澳、台商投资企业	325069	2066	3522	40790	17757
外商投资企业	320108	2716	6997	37036	31184
2. 按行业分组					
综合零售	2109521	20701	85283	219085	144325
食品、饮料及烟草制品专门零售	189030	1912	8564	33854	13291
纺织、服装及日用品专门零售	238201	2580	1776	39429	14420
文化、体育用品及器材专门零售	471275	3912	4591	73584	25905
医药及医疗器材专门零售	1017078	4813	1960	64303	27702
汽车、摩托车、燃料及零配件专门零售	5930754	10285	10189	181699	102932
家用电器及电子产品专门零售	572299	3086	3629	47921	19262
五金、家具及室内装修材料专门零售	199296	2847	733	16689	4976
货摊、无店铺及其他零售业	132429	196	453	2936	3115

单位:万元

#税金	财务费用	#利息支出	营业利润	利润总额	应交所得税	应付职工薪酬(本年贷方累计发生额)	应交增值税
16773	**64143**	**61090**	**305434**	**269236**	**53890**	**385273**	**200959**
14454	60187	56533	276802	248057	47215	344023	178416
21	-32	21	-94	719	93	851	346
37	-2	3	-66	528	61	1368	892
58	221	221	-178	-178		150	127
5250	24931	26200	91589	92587	17604	174649	79478
2441	4768	7549	115853	101517	18896	51077	39092
6646	30298	22539	69621	52806	10559	115881	58436
1	2		77	77	3	47	45
1213	4313	4234	15250	11247	2743	18937	10968
1107	-357	324	13383	9933	3931	22313	11576
7026	10646	14176	111826	114068	29329	141586	52138
497	1491	1340	3182	17448	1950	15179	5557
281	1635	973	5854	1864	1963	19273	7624
494	-404	1474	25211	28879	883	33297	16332
1047	9900	10223	33676	24230	3050	31217	17307
6207	38032	30999	113533	70616	13688	109276	79062
697	1865	1333	10390	9547	2231	27356	13369
360	678	523	-799	-112	494	4821	3234
165	302	50	2562	2697	302	3268	6336

12－9　限额以上住宿企业主要财务状况(2013年)

指　　标	法人企业数(个)	执行《2006年企业会计准则》企业数(个)	流动资产合计	#存货	固定资产合计
总　　计	**162**	**118**	**592363**	**22444**	**708121**
1.按登记注册类型分组					
内资企业	156	113	539078	21259	617884
国有企业	25	18	52394	4801	80991
集体企业	4	3	16781	440	6283
联营企业	1	1	2015	8	1063
有限责任公司	77	56	139842	10156	393689
股份有限公司	9	7	230087	1698	63315
私营企业	40	28	97960	4156	72544
港、澳、台商投资企业	3	2	47633	499	23139
外商投资企业	3	3	5652	686	67098
2.按行业分组					
旅游饭店	121	90	360079	20746	671212
一般旅馆	30	20	9032	691	9649
其他住宿服务	11	8	223251	1007	27260

单位：万元

固定资产原价	累计折旧	#本年折旧	资产总计	流动负债合计	负债合计	所有者权益合计	#实收资本	主营业务收入
1158488	**450612**	**59800**	**1660879**	**777789**	**1142807**	**518072**	**377300**	**549976**
1018028	400118	54472	1512512	679300	1024176	488336	322958	527277
119278	42162	5942	152094	63994	79597	72497	78176	71975
21366	15084	1097	24355	5152	5152	19202	6219	18123
1796	733	75	3078	927	1070	2008	362	3536
603392	209796	28353	657558	376834	464154	193404	176123	273034
138188	74873	9626	481649	123903	303732	177917	32066	53837
134009	57470	9379	193779	108490	170471	23308	30012	106773
54618	31749	2897	74000	40765	43765	30235	28162	11960
85842	18744	2431	74367	57724	74866	-498	26180	10739
1074077	402552	51564	1225318	638783	838876	386442	347344	466883
18365	8787	1505	27033	18744	19575	7458	11123	53199
66046	39273	6732	408528	120262	284356	124172	18833	29895

12－9 续表

指　　标	主营业务成本	主营业务税金及附加	销售费用	管理费用	#税金
总　　计	**188462**	**26989**	**133182**	**194035**	**9296**
1. 按登记注册类型分组					
内资企业	178921	25695	129467	183283	8826
国有企业	33170	2528	18133	18785	681
集体企业	4396	938	4197	6962	116
联营企业	2122	54	369	407	12
有限责任公司	87168	14164	72229	103930	5793
股份有限公司	13580	2942	7470	20052	1237
私营企业	38486	5068	27069	33148	989
港、澳、台商投资企业	3843	705	3127	6544	285
外商投资企业	5699	590	588	4209	185
2. 按行业分组					
旅游饭店	147700	23122	121353	176027	8407
一般旅馆	30144	2220	10478	8695	336
其他住宿服务	10618	1648	1351	9313	553

单位:万元

财务费用	#利息支出	营业利润	利润总额	应交所得税	应付职工薪酬(本年贷方累计发生额)
36845	**32635**	**-13632**	**-3890**	**3913**	**126901**
33780	29510	-8063	1612	3913	119966
296	291	-593	-580	368	18565
240	62	1391	1392		2364
31	31	524	524		599
18146	16119	-22307	-9578	2591	61706
8353	8334	16126	15978	950	13212
6714	4673	-3204	-6124	4	23521
955	1006	-3212	-3177		3832
2110	2120	-2357	-2324		3103
28326	24305	-27700	-17920	3843	111309
385	203	1334	1246	63	8408
8133	8127	12734	12785	7	7185

12－10 限额以上餐饮企业主要财务状况(2013年)

指标	法人企业数（个）	执行《2006年企业会计准则》企业数(个)	流动资产合计	#存货	固定资产合计
总计	**181**	**145**	**155484**	**24172**	**178102**
1.按登记注册类型分组					
内资企业	172	139	140268	19112	160755
国有企业	3	2	1257	261	5017
集体企业	1	1	22	2	733
有限责任公司	93	83	70229	9273	43427
股份有限公司	2	2	1884	19	308
私营企业	70	49	66503	9426	110050
其他企业	3	2	374	130	1221
港、澳、台商投资企业	4	2	2808	175	1418
外商投资企业	5	4	12408	4886	15929
2.按行业分组					
正餐服务	169	135	136279	18885	150016
快餐服务	9	8	18877	4978	27614
饮料及冷饮服务	2	1	295	281	125
其他餐饮业	1	1	32	29	347

单位:万元

固定资产原价	累计折旧	#本年折旧	资产总计	流动负债合计	负债合计	所有者权益合计	#实收资本	主营业务收入
238031	**63870**	**17837**	**442554**	**248628**	**323077**	**119477**	**126020**	**568247**
208996	52274	15320	381399	194938	268725	112674	121428	432980
5082	65	14	6938	784	957	5981	6080	2704
852	120	43	821	39	455	366	219	797
69606	27310	5383	151141	90217	128088	23053	41844	230267
462	154	24	2342	1792	1792	550	550	2262
131764	24425	9727	218426	101351	136574	81851	72405	190492
1231	200	130	1731	754	858	873	330	6458
2199	889	182	6411	6239	6255	156	1455	8818
26837	10707	2335	54745	47451	48097	6648	3138	126449
196800	50918	15214	356928	183682	248758	108170	112325	397360
40683	12869	2599	84805	64640	73784	11021	13409	168709
180	61	2	421	117	345	75	75	425
369	22	22	401	190	190	211	211	1754

12－10 续表

指　　标	主营业务成本	主营业务税金及附加	销售费用	管理费用	#税金
总　　计	**314299**	**29293**	**156467**	**61373**	**3567**
1. 按登记注册类型分组					
内资企业	239085	22025	120451	49930	3553
国有企业	1055	76	749	799	17
集体企业	572	60		19	12
有限责任公司	131581	11667	58232	28940	1440
股份有限公司	1149	119	851	133	1
私营企业	100604	9803	59387	19469	2000
其他企业	4124	300	1233	570	85
港、澳、台商投资企业	6462	291	1216	673	4
外商投资企业	68752	6978	34800	10770	10
2. 按行业分组					
正餐服务	229776	20318	97421	47350	3471
快餐服务	83304	8879	58718	13754	94
饮料及冷饮服务	250	17	117	19	2
其他餐饮业	969	79	211	250	1

单位:万元

财务费用	#利息支出	营业利润	利润总额	应交所得税	应付职工薪酬(本年贷方累计发生额)
8642	**5367**	**-670**	**-4438**	**3143**	**106015**
7486	5346	-3953	-6779	2494	79859
12		12	12	7	996
12	1	133	133	22	109
2873	2040	-1316	-1823	1364	41115
79		-67	-54	33	688
4494	3292	-2930	-5179	1065	35823
16	13	215	131	4	1128
156		20	28	18	1529
1000	21	3262	2313	631	24627
6928	4875	-2509	-4595	2528	72936
1700	489	1586	-84	541	32811
14	4	8	-5	1	170
1		245	245	74	99

12－11　商品交易市场情况(2013年)

指　　标	市场数(个)	总摊位数(个)	年末出租摊位数(个)	成交额(万元)
总　　计	**325**	**80906**	**70997**	**16901211**
一、综合市场	119	31988	26427	8088072
综合贸易市场	119	31988	26427	8088072
工业消费品综合市场	11	15118	11682	4968090
农产品综合市场	71	9977	9179	2722176
其他综合市场	37	6893	5566	397806
二、专业市场	206	48918	44570	8813139
生产资料市场	19	9156	7519	3245721
建材市场	12	4839	3677	399774
化工材料及制品市场	2	1169	734	120039
金属材料市场	1	1600	1600	2420000
机械设备市场	3	918	878	285908
其他生产资料市场	1	630	630	20000
农产品市场	64	6628	6157	1193287
粮油市场	5	609	551	20361
肉禽蛋市场	4	373	320	6517
水产品市场	1	313	300	439670
蔬菜市场	27	3182	3072	656221
干鲜果品市场	1	200	192	28500
其他农产品市场	26	1951	1722	42018
食品、饮料及烟酒市场	6	679	667	29972
茶叶市场	1	211	211	8692
烟酒市场	1	175	175	13500
其他食品饮料及烟酒市场	4	293	281	7780
纺织、服装、鞋帽市场	40	12110	10630	363109
布料及纺织品市场	5	441	386	8866
服装市场	31	11270	9913	340815
其他纺织服装鞋帽市场	4	399	331	13428
日用品及文化用品市场	13	2465	2212	173068
小商品市场	4	769	714	36970
文具市场	2	165	165	36568
图书、报刊杂志市场	1	423	423	85625
其他日用品及文化用品市场	6	1108	910	13905
电器、通讯器材、电子设备市场	21	3210	2871	359013
家电市场	3	294	294	9887
通讯器材市场	13	878	826	53533
计算机及辅助设备市场	5	2038	1751	295593
家具、五金及装饰材料市场	24	6312	6278	912026
家具市场	6	619	619	45016
装饰材料市场	13	3792	3762	651107
五金材料市场	2	1625	1625	197235
其他装修市场	3	276	272	18668
汽车、摩托车及零配件市场	10	7229	7173	2341649
汽车市场	5	1188	1163	1927050
摩托车市场	1	127	102	20726
机动车零配件市场	4	5914	5908	393873
花、鸟、鱼、虫市场	3	555	552	169585
花卉市场	2	480	480	168685
其他花鸟鱼虫市场	1	75	72	900
旧货市场	5	498	453	23709
古玩、古董、字画市场	4	466	435	22859
其他旧货市场	1	32	18	850
其他专业市场	1	76	58	2000

亿元商品交易市场情况(2013年)

续表

指　　标	年末出租摊位个数(个)	成交额(万元)
总　　计	**45664**	**16249773**
1. 粮油、食品、饮料、烟酒类	11231	5438698
2. 服装、鞋帽、针纺织品类	7472	529162
3. 化妆品类	253	38105
4. 金银珠宝类	4	15
5. 日用品类	652	236644
6. 五金、电料类	2631	900540
7. 体育、娱乐用品类	121	31562
8. 书报杂志类	330	64162
9. 电子出版物及音像制品类	172	35046
10. 家用电器和音像器材类	646	282716
11. 中西药品类	282	150481
12. 文化办公用品类	1611	487878
13. 家具类	1247	320599
14. 通讯器材类	508	65321
15. 煤炭及制品类	1	51
16. 木材及制品类	340	15050
17. 石油及制品类	1	69
18. 化工材料及制品类	911	122546
19. 金属材料类	1677	2422731
20. 建筑及装潢材料类	5588	1482433
21. 机电产品及设备类	1425	575372
22. 汽车类	6884	2646536
23. 种子饲料类	3	106
24. 其他类	1674	403950

12－12 三资企业利用外资情况

单位:万美元

项 目	项目个数		合同外资		实际利用外资	
	2013年	2012年	2013年	2012年	2013年	2012年
外商直接投资合计	**150**	**94**	**259474**	**222262**	**340043**	**297666**
中外合资企业	33	27	22259	72292	85565	38916
中外合作企业	2	1	29298	－42	733	4852
外资企业	115	65	212471	143961	242480	243529
外商投资股份制		1	－4554	6051	11265	10369

12－13 利用外资按行业和主要国别(地区)分

单位:万美元

项 目	项目个数		合同外资		实际利用外资	
	2013年	2012年	2013年	2012年	2013年	2012年
合 计	**150**	**94**	**259474**	**222262**	**340043**	**297666**
一、按行业分						
1. 农、林、牧、渔业	3	5	6216	9682	9668	8391
2. 采矿业				19		
3. 制造业	63	50	147548	158365	156226	182946
4. 电力、燃气及水的生产和供应业	2		8292	2614	28373	15126
5. 建筑业	2	1	2610	126	320	4365
6. 交通运输、仓储和邮政业	7	3	6046	5792	6540	3804
7. 信息传输、计算机服务和软件业	6	1	3664	2894	4553	518
8. 批发和零售业	21	9	22680	1051	22698	868
9. 住宿和餐饮业	1	2	－299	1381	322	296
10. 金融业	7	1	15868	394	14005	200
11. 房地产业	4	3	34458	29482	74580	71043
12. 租赁和商务服务业	25	10	7775	2872	20000	5830
13. 科学研究、技术服务和地质勘查业	5	3	1491	5826	2100	3281
14. 水利、环境和公共设施管理业	1	1	2720	567		508
15. 居民服务和其他服务业	1	2	2	459	158	14
16. 卫生、社会保障和社会福利业		1		79		
17. 文化、体育和娱乐业	2	2	403	659	500	476
二、按主要国别(地区)分						
# 香港	88	54	194238	160588	204770	192786
台湾省	12	4	4053	47	6127	7233
新加坡	8	3	8041	5343	6448	4967
美国	8	4	8011	3123	11143	5520
日本	5	6	7122	25280	29455	10367
加拿大	5	3	2841	4128	1963	2489
德国	4	3	944	401	2742	3041
萨摩亚	4		4330		699	
韩国	3		4320		1518	300
马来西亚	2		2	－30	504	7831
英国	2	2	2467	8	2316	
法国	2		81	－538	13	3856

12－14 对外贸易进出口总值

单位:万美元

项目	2008 年	2009 年	2010 年	2011 年	2012 年	2013 年
进出口总额	**516781**	**411800**	**608928**	**748934**	**869252**	**989253**
1. 出口	347939	244587	355144	408396	517382	616591
2. 进口	168842	167213	253784	340538	351870	372662

12－15 主要进出口商品总值

单位:万美元

指标	2009 年		2010 年		2011 年		2012 年		2013 年	
	出口	进口	出口	进口	出口	进口	出口	进口	出口	进口
一、机电产品	91032	122933	151877	185791	199566	244953	267416	240107	324236	184437
# 金属制品	14481	3049	29513	3623	28278	3308	32312	4519	33266	4242
机械产品	33862	46044	47107	62090	73283	73989	87328	65196	78851	56804
电器及电子产品	15989	21871	41329	26818	51543	30840	76725	33319	117915	43779
运输工具	24517	42168	29041	81399	40547	121267	52903	118130	70147	61057
仪器仪表	1162	9722	1639	11683	2769	15377	7113	18385	5801	18489
二、高新技术产品	12827	21301	36733	32483	47976	50011	91467	47401	117481	63738
# 生物技术	154		179	4	226		65		53	
生命科学技术	5621	2407	7360	3023	7008	3712	12162	4014	12744	4797
光电技术	457	2550	647	3676	758	4952	732	7490	766	6928
计算机与通信技术	1765	2078	15245	2151	29416	2297	66129	7216	95237	14949
电子技术	3527	4661	12184	5411	9061	7069	8980	7511	5688	9569
计算机集成制造技术	753	9004	871	17353	1228	26306	2614	19719	2511	17085
航空航天技术	466	557	191	809	133	5545	192	1135	240	10189
三、农产品	21113	11800	24313	12565	30902	13270	34800	11820	34618	16486

12－16 进出口商品主要产销国别(地区)总值

单位:万美元

国家(地区)	2013年		2013年比2012年±%	
	出口	进口	出口	进口
#合 计	**616591**	**372662**	**19.2**	**5.9**
香 港	113787	2012	48.0	307.6
美 国	58884	23650	11.9	36.0
德 国	19196	61058	12.1	－22.2
日 本	18012	50558	－4.5	－52.6
韩 国	17890	24360	－4.7	37.3
澳大利亚	9237	24558	－7.5	234.9
俄罗斯联邦	17843	13397	39.7	585.6
泰 国	22191	5511	66.9	156.9
荷 兰	15617	8862	－16.1	157.7
印度尼西亚	21896	1585	36.3	50.8
南 非	7493	14820	－18.8	2235.1
马来西亚	18852	3199	86.0	28.8
台湾省	7635	13929	38.8	23.5
意大利	10661	10544	9.6	－12.0
安哥拉	1063	20106	－1.8	175.0
印 度	15217	4782	13.9	31.6
新加坡	16515	2198	99.6	84.4
巴 西	17355	458	－8.9	44.6
阿联酋	12703	3434	45.2	1113.3
加拿大	11617	1300	28.3	－51.8

12－17 外派劳务按区、县(市)分组

单位:人

项　　目	2008 年	2009 年	2010 年	2011 年	2012 年	2013 年
合　　计	**8710**	**9760**	**10860**	**12504**	**10764**	**14354**
芙蓉区	555	568	684	758	716	1441
天心区	558	575	610	752	665	600
岳麓区	552	567	428	720	553	518
开福区	555	570	619	719	743	977
雨花区	562	574	695	790	712	1134
望城区	520	592	831	1210	993	1560
长沙县	554	561	600	754	663	1030
浏阳市	761	827	1157	1206	1260	1849
宁乡县	597	688	1050	1227	1200	1662
长沙高新区	220	241	303	451	434	461
长沙经开区	220	241	300	450	425	438
宁乡经济技术开发区						254
长沙国家生物产业基地						205
其　　他	3056	3756	3583	3467	2400	2225

说明:2013 年,我市新增了两家外派劳务考核单位,即宁乡经济技术开发区、长沙国家生物产业基地。“其他”栏目统计的是省属企业外派劳务人数。

12－18 旅游业基本情况

项　　目	单　位	2008年	2009年	2010年	2011年	2012年	2013年
一、接待旅游者总人数	万人次	3297.2	3894.5	4854.6	6013.6	8088.1	9602.3
接待国内游客	万人次	3242.3	3836.7	4784.4	5930.1	7982.9	9485.4
接待海外游客	人次	549216	578221	702141	835241	1051912	1169711
外国人	人次	374422	380709	459228	527389	650966	716129
港澳台胞	人次	174794	197512	242913	307852	399946	453582
二、旅游业总收入(人民币)	亿元	300.2	355.8	458.0	582.9	783.1	1006.3
国内旅游收入(人民币)	亿元	271.2	324.8	422.3	543.5	741.1	958.0
旅游创汇(美元)	万美元	42381	45322	52878	62493	66453	77902
三、接待海外旅游者人天数	万人天	231.2	243.4	264.4	351.6	378.3	417.6
# 外国人	万人天	157.6	160.3	169.9	222.0	234.3	257.7
四、旅行社总数	个	172	178	199	214	245	245
出境组团社	个	19	13	13	16	21	22
非出境组团社	个	153	165	186	198	224	223
五、星级饭店总数	个	86	85	84	82	83	82
五星级	个	10	10	12	12	12	12
四星级	个	17	20	21	21	22	23
三星级	个	45	45	42	41	41	40
二星级	个	14	10	9	8	8	7
星级饭店客房总数	间	14581	15052	15723	15650	16453	16441

12－19 接待国际游客按国别(地区)分

单位:人次

国别(地区)	2008年	2009年	2010年	2011年	2012年	2013年
接待国际游客总数	549216	578221	702141	835241	1050912	1169711
港澳台胞	174794	197512	242913	307852	399946	453582
港澳同胞	92662	89985	102978	122087	165220	211821
台　　胞	82132	107527	139935	185765	234726	241761
外国人	374422	380709	459228	527389	650966	716129
# 美　　国	63350	31332	40439	45926	50678	56711
日　　本	34617	43147	56104	48293	56748	53690
韩　　国	182625	198901	225929	250273	307595	346822
加 拿 大	6061	6929	8184	10266	14011	15550
西 班 牙	1221	1325	1865	3580	4880	5026
马来西亚	10036	11135	13141	12167	19045	20568
新 加 坡	8988	10781	12302	18896	23136	25124
德　　国	6538	7527	9709	17341	20841	22716
法　　国	5456	6869	8675	10387	13453	14663
瑞　　典	521	596	930	1571	1988	2186
英　　国	7341	8906	10853	15035	20079	22287
澳大利亚	3796	4241	5670	11211	15278	16805
俄 罗 斯	3291	4478	5123	14522	22052	23154

13 服务业

长沙统计年鉴

13－1 规模以上服务业企业财务状况(2013年)

指　　标	单位个数（个）	资产总计	固定资产原值	本年折旧
总　　计	**927**	**50079693**	**8016810**	**544494**
交通运输、仓储和邮政业	129	6259199	1959280	121898
道路运输业	78	4279612	1001825	67610
水上运输业	6	93782	89736	7862
航空运输业	3	1262552	661293	29607
装卸搬运和运输代理业	25	136959	28719	3896
仓储业	10	200931	72925	6024
邮政业	7	285363	104782	6899
信息传输、软件和信息技术服务业	110	4924693	2876970	249587
电信、广播电视和卫星传输服务	20	3965270	2741696	240481
互联网和相关服务	6	119885	78586	3850
软件和信息技术服务业	84	839538	56688	5256
房地产业	133	201395	70060	2930
物业管理	122	183361	67698	2628
房地产中介服务	11	18034	2362	302
租赁和商务服务业	204	30376329	1671380	67699
租赁业	9	106280	8503	459
商务服务业	195	30270049	1662877	67240
科学研究和技术服务业	174	2902213	403379	28537
研究和试验发展	18	450439	48616	3121
专业技术服务业	141	1962548	333131	24222
科技推广和应用服务业	15	489226	21632	1194
水利、环境和公共设施管理业	9	344512	213837	7458
水利管理业	2	307883	203118	6526
生态保护和环境治理业	1	19343	2040	64
公共设施管理业	6	17286	8679	868
居民服务、修理和其他服务业	31	93949	29023	2288
居民服务业	24	85172	25668	1991
机动车、电子产品和日用产品修理业	4	6343	2246	149
其他服务业	3	2434	1109	148
教育	13	43876	26315	1326
教育	13	43876	26315	1326
卫生和社会工作	37	236286	110850	6572
卫生	36	223934	106085	6550
社会工作	1	12352	4765	22
文化、体育和娱乐业	87	4697243	655721	56200
新闻和出版业	31	2011980	246617	12454
广播、电视、电影和影视录音制作业	27	2529475	275038	36353
文化艺术业	7	27882	21914	939
体育	8	29242	22733	1389
娱乐业	14	98664	89419	5065

单位:万元

负债合计	所有者权益合计	营业收入	#主营业务收入	营业成本	#主营业务成本
24844541	**25235153**	**8890834**	**8384207**	**5931307**	**5818825**
4258610	2000589	1375168	1315481	1143713	1129865
3081045	1198567	711139	668347	553405	548215
45236	48546	22470	22066	21028	21028
724560	537992	116188	116166	92025	92019
65965	70994	250204	249978	242993	238800
162324	38607	105834	91932	93290	89501
179480	105883	169333	166992	140972	140302
2318299	2606394	1493738	1450992	772760	723186
1683248	2282022	1156877	1116532	554161	505640
87303	32581	58515	58515	31283	31283
547748	291791	278346	275945	187316	186263
139251	62144	184640	179666	105058	104477
134011	49350	148695	143721	94826	94245
5240	12794	35945	35945	10232	10232
15097252	15279078	2544570	2482233	1769803	1763816
95588	10692	19121	18900	11719	11719
15001664	15268386	2525449	2463333	1758084	1752097
1476223	1425990	1658205	1641304	1252488	1245903
149714	300725	63628	55682	47490	46864
1150914	811634	1451637	1442682	1074867	1068908
175595	313631	142940	142940	130131	130131
112034	232478	39212	39212	30346	30346
96435	211448	30127	30127	23491	23491
10259	9084	2134	2134	1526	1526
5340	11946	6951	6951	5329	5329
76922	17027	78645	78439	50793	47055
73358	11814	68163	68132	42441	42410
2305	4038	7420	7245	5866	2159
1259	1175	3062	3062	2486	2486
16737	27139	34949	34949	18836	18836
16737	27139	34949	34949	18836	18836
210473	25812	202788	202336	119371	118659
203257	20676	199695	199243	117326	116614
7216	5136	3093	3093	2045	2045
1138742	3558501	1278921	959596	668141	636684
368315	1643665	424961	418830	298582	296459
698796	1830679	783906	470755	343878	314544
13449	14433	14856	14821	8551	8551
22878	6364	9716	9716	4756	4756
35304	63360	45482	45474	12374	12374

13 - 1 续表

指　　标	营业税金及附加	#主营业务税金及附加	三项费用合计	#税金
总　　计	**209302**	**207274**	**1816754**	**21637**
交通运输、仓储和邮政业	26036	25286	201951	4007
道路运输业	16790	16289	108975	1325
水上运输业	328	261		2
航空运输业	2973	2973	27701	1955
装卸搬运和运输代理业	1879	1838	11689	80
仓储业	644	503	13006	22
邮政业	3422	3422	40580	623
信息传输、软件和信息技术服务业	42487	42327	444951	3691
电信、广播电视和卫星传输服务	36170	36051	360652	3197
互联网和相关服务	1180	1180	17297	9
软件和信息技术服务业	5137	5096	67002	485
房地产业	10421	10401	59860	978
物业管理	8510	8490	42627	957
房地产中介服务	1911	1911	17233	21
租赁和商务服务业	73287	72661	455508	5902
租赁业	611	598	3941	53
商务服务业	72676	72063	451567	5849
科学研究和技术服务业	38070	38027	253264	3426
研究和试验发展	610	610	23709	174
专业技术服务业	37140	37097	217219	3099
科技推广和应用服务业	320	320	12336	153
水利、环境和公共设施管理业	1028	1027	2230	146
水利管理业	685	685	0	143
生态保护和环境治理业	7	7	660	2
公共设施管理业	336	335	1570	1
居民服务、修理和其他服务业	2795	2795	24201	89
居民服务业	2692	2692	22391	64
机动车、电子产品和日用产品修理业	39	39	1386	15
其他服务业	64	64	424	10
教育	884	875	10782	24
教育	884	875	10782	24
卫生和社会工作	247	247	52582	104
卫生	247	247	51626	104
社会工作			956	
文化、体育和娱乐业	14053	13630	303194	3274
新闻和出版业	7107	7092	88670	2983
广播、电视、电影和影视录音制作业	4266	3858	182767	85
文化艺术业	195	195	6487	2
体育	626	626	4682	26
娱乐业	1859	1859	20588	178

单位:万元

营业利润	利润总额	应交所得税	本年应付职工薪酬	应　交增值税	从业人员平均人数（人）
1107729	**1299752**	**290617**	**1228387**	**65451**	**175994**
-2338	30477	21429	281555	6225	47911
27846	53886	15275	122565	3655	23697
-4075	-3482	72	7363	146	1161
-5191	-155	3908	35888	757	4354
-2598	-2914	484	24647	472	4567
-1266	231	416	4122	119	729
-17054	-17089	1274	86970	1076	13403
245255	254430	165379	170568	7265	19783
214391	219810	159983	97882	11	9911
8808	9133	3497	11639	574	1602
22056	25487	1899	61047	6680	8270
10629	11104	3052	83574	871	21761
4181	4656	1443	65458	871	18894
6448	6448	1609	18116		2867
365148	486267	65587	152613	15234	22295
3113	2787	121	2418	115	518
362035	483480	65466	150195	15119	21777
124434	140590	23193	296677	17286	32195
-14980	-2002	1344	20198	1015	2509
121454	124738	21325	271947	16088	28989
17960	17854	524	4532	183	697
2543	2644	22	4200	2796	811
2885	2888		1907	2796	242
-58	-58	6	98		17
-284	-186	16	2195		552
669	1708	211	43020	274	8121
440	1480	127	40997	12	7476
134	133	42	787	142	176
95	95	42	1236	120	469
4514	4191	547	11863	123	2247
4514	4191	547	11863	123	2247
30661	30938	5863	49210		6123
30569	30852	5863	48836		6091
92	86		374		32
326212	337404	5335	135111	15378	14747
51915	58868	1449	62625	8750	7148
264330	267496	701	58584	6481	4544
-446	487	41	3859	73	653
-247	-319	60	2649	5	630
10660	10872	3084	7394	69	1772

14

教育和科技

长沙统计年鉴

14－1 历年高等学校情况

单位:人

年 份	学校数(所)	招生数	毕业生数	在 校 学生数	校本部 教职工数
1949	2	…	…	2685	1359
1950	2	…	428	2450	1558
1952	4	3240	973	6109	1604
1953	5	2836	1399	6490	2256
1955	6	2636	2054	8374	2834
1957	6	3448	1551	13557	3923
1958	10	8083	2494	18839	4407
1960	21	10354	2955	29104	6462
1962	12	3006	4528	25477	7756
1965	9	4973	5435	19412	8038
1966	8	196	1198	18972	8330
1970	7	2288	7688	5837	8486
1975	8	6357	5757	18390	13474
1976	8	5425	6590	16620	13953
1977	8	7168	5902	16544	14830
1978	8	6937	4619	18895	15778
1979	11	7369	4235	21549	16382
1980	11	6702	817	28491	16719
1981	10	7994	761	30720	12815
1982	11	6592	11459	25641	14168
1983	12	8498	7186	26600	15110
1984	14	9783	6346	30035	16193
1985	23	13831	6661	37182	18734
1986	21	11178	7632	40458	19886
1987	21	13121	11333	43114	20510
1988	22	14472	11103	46022	21902
1989	22	12550	12896	46444	21956
1990	21	12787	12726	46041	22297

14－1 续表

单位：人

年份	学校数(所)	招生数	毕业生数	在校学生数	校本部教职工数
1991	21	13327	12953	45810	22655
1992	21	15470	12404	48050	18244
1993	21	18769	11737	55810	18270
1994	21	18455	12857	61641	18531
1995	21	19532	15911	64866	18222
1996	21	20013	16365	67420	18205
1997	20	21444	17119	72020	18473
1998	20	23570	17484	78050	18408
1999	23	35823	19152	94493	19913
2000	23	49391	19777	125582	21165
2001	29	54329	21289	158158	24568
2002	30	73379	29094	201881	26331
2003	37	94527	48597	268613	29145
2004	39	107979	60985	329424	33950
2005	45	130337	79277	394399	37698
2006	45	132662	97149	418132	39378
2007	48	147825	108698	454288	47887
2008	49	155192	129419	483917	49401
2009	48	158215	130626	504111	50509
2010	48	149977	140840	508254	50267
2011	50	148780	143310	516765	50930
2012	50	157679	151428	523174	50902
2013	50	169685	153703	573447	51339

14－2 历年中等职业学校情况

单位:人

年 份	学校数(所)	招生数	毕业生数	在 校 学生数	校本部 教职工数
1949	16	…	…	2296	513
1950	19	638	311	4955	283
1952	12	2227	708	6069	887
1953	11	1532	1246	6305	966
1955	10	2307	1135	5445	872
1957	16	1573	2057	10006	1900
1958	28	10438	2131	17457	2046
1960	32	11685	1699	28055	2229
1962	15	112	1751	8302	1827
1965	21	3420	2734	7771	2188
1966	12	132	899	5756	1894
1970	8	540	187	676	922
1975	21	3647	2582	9871	2722
1976	21	2964	4040	8171	2878
1977	21	5162	5529	7519	4149
1978	23	5509	2342	9782	3853
1979	30	4497	302	14492	4149
1980	31	4737	5699	12641	4408
1981	31	5054	6512	11425	4928
1982	32	5687	4110	13436	5508
1983	33	6398	4696	14762	5658
1984	32	6521	5746	15621	5622
1985	32	8469	5869	18218	4851
1986	34	6841	6160	18366	4898
1987	39	8457	8701	18681	6111
1988	40	10427	6002	23037	6074
1989	39	9256	5994	26152	6915
1990	40	8140	8581	25626	7926

14-2 续表　　　　单位:人

年　份	学校数(所)	招生数	毕业生数	在校学生数	校本部教职工数
1991	42	9540	8613	26480	7118
1992	43	13091	8536	30554	6157
1993	43	19526	8352	39202	6399
1994	42	16944	7153	47272	6689
1995	42	18477	9508	55438	6352
1996	47	23704	14060	66195	7065
1997	46	27215	16186	76808	6856
1998	47	29772	20282	85987	6899
1999	40	21406	15752	70406	4395
2000	40	19334	24192	84113	5238
2001	40	19478	25748	77270	5378
2002	24	22100	25465	64948	2588
2003	105	45505	30059	107475	6041
2004	112	48194	30227	116187	5697
2005	104	43902	36938	112698	4858
2006	84	42673	41176	123870	5935
2007	81	43490	51593	113018	5855
2008	78	39042	38980	99693	6141
2009	79	65028	39894	137568	6417
2010	67	41159	53368	113709	5708
2011	59	46540	35083	115596	4794
2012	50	43426	47767	120945	4890
2013	50	40367	30648	108232	4379

注:2003 年开始,中等职业教育报表制度改革,现行报表制度包括前普通中专、职业高中。2002 年及以前年份的数据是中等专业学校情况。

14-3 历年普通中学情况

单位:人

年份	学校数(所)	招生数	毕业生数	在校学生数	教职工数
1949	45	…	…	11347	1237
1950	38	4540	2352	10335	819
1952	40	7938	3387	23222	1289
1953	37	9950	5667	26384	1674
1955	37	11441	10172	31460	2199
1957	112	13864	10640	49484	3256
1958	164	25254	10224	49804	3105
1960	101	31992	12295	68205	3648
1962	129	22928	12152	51605	3933
1965	159	30945	17115	75367	5424
1966	293	21095	21298	71433	4598
1970	289	65230	29904	107921	6091
1975	567	136529	74396	237176	13796
1976	1473	198464	94903	331353	19991
1977	1148	192835	125324	372679	23992
1978	662	147133	159281	331109	22128
1979	676	116981	150239	268246	19564
1980	457	80492	52928	234707	19137
1981	466	82847	71738	215852	19292
1982	453	77146	58458	212388	18274
1983	438	65438	53829	199172	17887
1984	412	80035	56619	214658	18001
1985	422	80871	60933	221971	17916
1986	427	77229	53806	236055	18508
1987	433	87389	66953	245438	19421
1988	429	77029	67441	235257	19597
1989	429	82389	65762	238878	19915
1990	438	87892	72833	242065	20133

14－3 续表

单位:人

年　份	学校数(所)	招生数	毕业生数	在　校 学生数	教职工数
1991	422	86487	69188	243473	20309
1992	418	86754	68457	246662	20769
1993	421	88993	71579	248075	21347
1994	409	98763	70133	262655	21768
1995	391	106990	72276	284050	22231
1996	379	106047	78143	298924	23364
1997	379	108558	88071	309415	23737
1998	383	119832	95489	319792	24418
1999	379	131057	95136	345200	25946
2000	377	141865	97009	384192	26636
2001	368	149566	109141	413043	27330
2002	355	153589	124346	436307	27567
2003	358	132957	134525	432826	28429
2004	347	111583	144961	395687	27783
2005	339	102616	150972	345167	26814
2006	322	95515	130686	307095	25580
2007	310	99466	110263	292979	24888
2008	298	98650	97313	289960	24582
2009	291	102405	94639	295269	24924
2010	284	111383	96302	307427	24716
2011	280	114280	93657	325136	26871
2012	284	121302	100267	343769	28063
2013	285	126082	107723	357139	28057

14-4 历年小学情况

单位:人

年份	学校数(所)	招生数	毕业生数	在校学生数	教职工数
1949	2640	…	…	147114	7810
1950	2378	…	…	154514	7881
1952	3685	79618	28137	309698	10697
1953	2787	61714	30528	315487	10753
1955	2487	95171	39718	340451	11270
1957	2737	95487	50993	440851	12179
1958	4073	102730	49306	517473	13467
1960	3768	106735	54607	541157	14664
1962	3475	95669	51696	401229	14214
1965	4755	116549	47117	593692	17203
1966	4485	80245	62524	574329	16919
1970	3575	132014	73946	464530	17310
1975	3668	138992	106360	727790	26935
1976	2693	144455	152006	703398	26093
1977	2787	134963	135165	673741	25873
1978	3231	136850	118693	680090	25719
1979	3069	133973	127970	685466	26752
1980	3244	122705	119369	673804	27056
1981	3272	126340	128653	667152	27046
1982	3253	110548	113744	649570	26687
1983	3268	102405	98641	641960	27525
1984	3276	98470	101218	629737	27503
1985	3270	92389	100920	616305	27098
1986	3257	91033	104750	601606	26521
1987	3260	91680	107676	583871	26929
1988	3241	98996	85465	578286	28119
1989	3243	97335	95557	576904	27973
1990	3212	92649	96433	570704	28193

14－4 续表

单位:人

年　　份	学校数(所)	招生数	毕业生数	在　校 学生数	教职工数
1991	3201	93372	90896	563850	28290
1992	3181	100555	90813	568617	28363
1993	3135	108385	87421	567721	28982
1994	3048	112303	92437	602788	28792
1995	3014	116075	93875	623662	28283
1996	2925	112256	88836	646190	28765
1997	2779	85984	90517	642950	28373
1998	2710	56648	99459	599897	27902
1999	2486	43026	109414	535127	27221
2000	2154	43689	113714	466515	25133
2001	1830	50945	114425	399513	22187
2002	1719	54293	112215	342110	20548
2003	1580	59466	87744	313587	19762
2004	1433	63519	59049	318024	19330
2005	1272	63328	46516	338655	20475
2006	1217	68104	44977	366100	21593
2007	1162	69292	52844	382981	21954
2008	1126	67278	55007	395059	22479
2009	1055	67924	61722	403562	22443
2010	1024	73977	66404	413498	22391
2011	987	74333	66371	425405	20865
2012	938	78853	69948	439532	21410
2013	937	84508	71078	457894	21800

14-5 历年高考录取人数

单位:人

年份	报名人数	大学录取人数	本科	专科	大学录取率(%)
1978	54649	2491			4.56
1979	32487	1362			4.19
1980	25700	1711	1407	304	6.66
1981	8537	1136	937	199	13.31
1982	5779	1142	969	173	19.76
1983	6986	2273	862	1411	32.54
1984	7501	3049	1846	1203	40.65
1985	9480	4320	2213	2107	45.57
1986	9308	3799	2008	1791	40.81
1987	9618	4431	2388	2043	46.07
1988	10358	5219	2201	3018	50.39
1989	16418	2674	1113	1561	16.29
1990	19248	3242	1705	1537	16.84
1991	17941	3032	1419	1613	16.90
1992	17455	4504	2028	2476	25.80
1993	15317	5569	2265	3304	36.36
1994	14642	6061	2367	3694	41.39
1995	13006	6073	2573	3500	46.69
1996	13765	5886	2577	3309	42.76
1997	13864	6003	3002	3001	43.30
1998	15241	6855	3469	3386	44.98
1999	16207	10383	5720	4663	64.06
2000	18953	12037	6108	5929	63.51
2001	22893	15177	8319	6858	66.30
2002	28965	21179	10619	10560	73.12
2003	32482	26197	11540	14657	80.65
2004	37886	30726	13020	17706	81.10
2005	50750	38871	16131	22740	76.59
2006	53845	33922	16557	17365	63.00
2007	62871	42250	18966	23284	67.20
2008	66149	43072	20618	22454	65.11
2009	56494	41603	22003	19600	73.64
2010	46553	38393	22187	16206	82.47
2011	42002	34432	21240	13192	81.98
2012	43969	35557	22888	12669	80.87
2013	46790	37710	23781	13929	80.59

14－6 历年高校研究生数

单位：人

年份	培养博士学位				培养硕士学位			
	机构(个)	招生人数	毕业人数	在学人数	机构(个)	招生人数	毕业人数	在学人数
1983	3	8		13	7	324	87	676
1984	3	7		22	7	389	31	1030
1985	4	24	1	44	7	751	224	1552
1986	4	36		80	7	645	342	1853
1987	5	47	10	112	9	670	424	2094
1988	6	73	14	174	9	587	750	1910
1989	4	62	22	212	9	518	637	1771
1990	6	70	42	237	9	578	621	1696
1991	6	92	62	260	9	540	606	1606
1992	7	89	43	282	9	567	445	1694
1993	7	114	102	337	9	702	513	1791
1994	8	191	78	431	9	899	497	2144
1995	7	205	73	544	9	878	564	2425
1996	8	219	90	676	10	1036	703	2779
1997	7	226	129	748	9	962	850	2789
1998	7	285	189	838	9	1198	829	3110
1999	7	479	196	1114	9	1559	1021	3708
2000	5	575	155	1534	6	2411	945	5158
2001	7	794	239	2142	10	3732	1383	8335
2002	5	899	285	2669	6	4075	1331	9501
2003	6	1350	371	3317	10	5983	2272	13390
2004	6	1553	493	4628	11	7585	3163	18214
2005	7	1602	577	5669	11	8237	3943	22657
2006	7	1645	773	6538	11	9463	5612	26663
2007	11	1687	948	7238	11	9988	7081	29670
2008	10	1723	1088	7889	10	10360	8062	31602
2009	10	1776	1136	8489	10	12157	9260	34686
2010	10	1809	1411	8863	10	12865	9521	37487
2011	10	1878	1297	9365	10	13128	10299	39679
2012	10	1918	1399	9935	10	13497	11611	40636
2013	10	1948	1429	10302	10	14052	12392	41788

14－7 历年技工学校情况

单位：人

年份	学校数(所)	招生数	毕业生数	在校学生数	教职工数
1979	23	3700	1552	4614	913
1980	26	2579	1739	6672	1362
1981	28	1784	4218	4179	1646
1982	27	192	3357	1693	1562
1983	24	1230	1787	1551	1471
1984	21	1181	227	2596	1246
1985	19	1337	1318	2931	1386
1986	23	2557	1390	4671	1658
1987	22	2809	1549	5792	1717
1988	22	3678	2402	7140	1837
1989	25	2894	2198	7283	1951
1990	25	3451	3197	8002	2075
1991	24	3973	3024	8989	2095
1992	28	4543	3321	10381	2245
1993	32	5140	3655	11785	2318
1994	31	5112	4264	12951	2398
1995	34	4742	5342	12575	2416
1996	41	5024	5840	13581	2412
1997	40	4850	5793	12686	2696
1998	41	3528	5566	10541	2642
1999	43	2819	4127	9331	2700
2000	43	3791	3407	7706	2418
2001	42	5562	2940	9870	2613
2002	30	5155	2968	12257	2158
2003	32	8262	3478	14942	2026
2004	33	8729	6215	14810	2069
2005	32	10676	4902	18845	2050
2006	32	9221	5841	18736	1876
2007	24	9634	6502	20208	1923
2008	24	12095	7643	22666	2016
2009	26	15271	11206	32981	3124
2010	26	14549	7354	33685	2897
2011	26	10143	10645	26250	2340
2012	23	6366	7391	18003	1537
2013	24	3551	4392	10308	1310

14－8 高考录取情况(2013年)

单位:人

项 目	全 市	市 区	县市	长沙县	浏阳市	宁乡县
报名人数	46790	26865	19925	6132	6078	7715
录取总人数	37710	21077	16633	4880	5201	6552
总录取率(%)	80.59	78.46	83.48	79.58	85.57	84.93
录取总人数中						
本 科	23781	14661	9120	2316	3408	3396
专 科	13929	6416	7513	2564	1793	3156
录取总人数中						
文 科	12764	6995	5769	1824	1685	2260
理 科	18621	10704	7917	1827	2784	3306
职高对口	1685	683	1002	717	106	179
音 乐	1607	967	640	192	191	257
美 术	2405	1524	881	216	292	373
体 育	628	204	424	104	143	177
附:保送生(本科)	215	213	2		1	1
单招生	3648	3054	594	425	40	129
本科	1737	1681	56	11	5	40
专科	1911	1373	538	414	35	89

注:1. 录取总人数中:音乐含文、理音乐;美术含文、理美术;体育含文、理体育。
2. 录取总人数中不包括保送生和单招生人数。

14－9 大学基本情况(2013年)

单位:人

项 目	学校数(所)	招生人数	在校学生数	毕业生数	校本部教职工数	专任教师
大学合计	50	169685	573447	153703	51339	31683
综合大学	15	58914	199822	52278	21919	12156
理工院校	12	37155	127548	37696	9762	6366
农业院校	2	10328	38050	9639	3505	1909
医药院校	4	12156	44474	6774	3726	2794
师范院校	2	9640	29741	8982	1944	1473
财经院校	7	18408	59524	16505	3857	2709
林业院校	1	6886	26695	5864	2228	1491
其他院校	7	16079	47131	15556	3512	2247
成人高校普通本专科		119	462	409		

14－10 成人高等学历教育基本情况(2013 年)

单位:人

项目	合计	小计	#职工大学	#广播电视大学	#教育学院	#管理干部学院	普通高等学校
学校数(所)	—	5	2	1	1	1	
在校学生数	105559	1823	789	951	83		103736
本年招生数	54435	855	395	414	46		53580
本年毕业生数	39072	1169	332	793	44		37903
教职员工数	751	751	70	608	73		
#专任教师	324	324	57	208	59		

14－11 普通中学、小学情况(2013 年)

单位:人

项目	学校数(所)	招生人数	毕业生人数	在校学生人数	教职工人数	专任教师人数
普通中学	285	126082	107723	357139	28057	24827
市区	105	66131	54341	186988	14598	12353
县(市)	180	59951	53382	170151	13459	12474
合计中:教育和集体办	263	114822	96692	323247	24486	22032
民办	13	8319	8303	25245	2594	1941
其他部门办	9	2941	2728	8647	977	854
小学合计	937	84508	71078	457894	21800	21251
市区	341	43565	33068	224392	10693	10473
县(市)	596	40943	38010	233502	11107	10778
合计中:教育和集体办	919	80082	65585	430382	20543	20230
民办	11	3327	4274	20880	930	734
其他部门办	7	1099	1219	6632	327	287

14－12 特殊教育学校情况(2013年)

单位:人

项目	盲、聋、哑学校	工读学校
学校数(所)	4	1
班数(个)	58	6
毕业生数	88	210
招生数	112	50
在校学生数	1160	70
教职工数	240	46
专任教师数	193	41

14－13 幼儿园情况(2013年)

单位:人

项目	园数(所)	班数(个)	在园幼儿数	教职工数	#教师	#保育员
总计	**1345**	**8112**	**215706**	**22756**	**9588**	**6922**
其中:公办	264	2566	78153	6288	2417	2313
市区	608	3865	94961	13720	6140	3543
县(市)	737	4247	120745	9036	3448	3379
长沙县	229	1190	31804	3132	1417	892
浏阳市	295	1546	48390	2703	1183	799
宁乡县	213	1511	40551	3201	848	1688

14－14 规模以上工业企业R&D活动人员情况(2013年)

项目	有R&D活动的单位数(家)	R&D人员(人)	#全时人员	R&D人员折合全时当量(人年)
总计	**444**	**42225**	**34788**	**35954**
按区县(市)分组:				
芙蓉区	21	606	513	417
天心区	21	1188	1099	1026
岳麓区	86	12668	12183	11692
开福区	8	609	426	551
雨花区	32	2113	1221	1338
望城区	59	3193	2522	2230
长沙县	84	17297	13289	15833
浏阳市	35	1928	1342	1327
宁乡县	98	2623	2193	1542
按执行部门分组:				
科研机构				
高等学校				
工业企业	444	42225	34788	35954
非工业企业				
事业单位				
按登记注册类型分组:				
内资企业	407	39552	32313	34214
国有	9	1512	546	899
集体	2	68	67	68
股份合作				
国有联营				
集体联营				
国有与集体联营				
其他联营				
国有独资公司	5	763	695	698
其他有限责任公司	122	18178	13218	16280
股份有限公司	41	11722	11374	10881
私营独资	4	61	47	59
私营合伙	2	39	36	31
私营有限责任公司	193	5655	4862	4016
私营股份有限公司	27	1496	1413	1271
其他企业	2	58	55	10
港、澳、台商投资企业	16	1316	1279	784
外商投资企业	21	1357	1196	956

14－15 续表

项　　目	有R&D活动的单位数(家)	R&D人员(人)	#全时人员	R&D人员折合全时当量(人年)
按工业行业大类分组：				
煤炭开采和洗选业				
石油和天然气开采业				
黑色金属矿采选业				
有色金属矿采选业				
非金属矿采选业				
其他采矿业				
农副食品加工业	14	509	452	359
食品制造业	10	425	372	334
酒、饮料和精制茶制造业	5	126	110	91
烟草制品业	1	291	83	193
纺织业	7	185	132	167
纺织服装、服饰业	2	403	235	340
皮革、毛皮、羽毛及其制品和制鞋业				
木材加工及木、竹、藤、棕、草制品业	1	7	5	7
家具制造业	3	58	49	37
造纸及纸制品业	3	166	144	41
印刷和记录媒介复制业	8	201	187	95
文教、工美、体育和娱乐用品制造业	5	138	127	118
石油加工、炼焦及核燃料加工业	1	12	10	12
化学原料及化学制品制造业	35	1324	1009	944
医药制造业	38	1708	1551	1435
化学纤维制造业				
橡胶和塑料制品业	8	221	213	199
非金属矿物制品业	18	434	394	303
黑色金属冶炼及压延加工业	9	307	256	147
有色金属冶炼及压延加工业	17	1392	1316	861
金属制品业	21	536	496	294
通用设备制造业	55	2359	1810	1685
专用设备制造业	57	22916	19032	22052
汽车制造业	27	2398	1898	1739
铁路、船舶、航空航天和其他运输设备制造业	7	733	696	618
电气机械及器材制造业	34	1050	915	777
计算机、通信和其他电子设备制造业	30	2435	2073	1806
仪器仪表制造业	19	912	894	737
其他制造业	3	62	55	48
废弃资源综合利用业				
金属制品、机械和设备修理业	2	148	101	140
电力、热力的生产和供应业	1	612	48	300
燃气生产和供应业	1	94	77	59
水的生产和供应业	2	63	48	15

14－15 规模以上工业企业按活动类型分 R&D 经费内部支出情况(2013 年)

项　　目	R&D 经费内部支出(万元)	#基础研究支出	#应用研究支出	#试验发展支出
总　　计	**1094428**	**153**	**17596**	**1076679**
按区县(市)分组:				
芙蓉区	10519		1627	8893
天心区	59243		65	59178
岳麓区	339804		1318	338485
开福区	15207			15207
雨花区	38974	130	5864	32980
望城区	63223		1383	61840
长沙县	401574	23	2719	398832
浏阳市	108854		4535	104318
宁乡县	57031		86	56945
按执行部门分组:				
科研机构				
高等学校				
工业企业	1094428	153	17596	1076679
非工业企业				
事业单位				
按登记注册类型分组:				
内资企业	988757	153	16852	971753
国有	16696		5265	11431
集体	1188			1188
股份合作				
国有联营				
集体联营				
国有与集体联营				
其他联营				
国有独资公司	50291	130	83	50078
其他有限责任公司	439672	23	4100	435550
股份有限公司	308109		3512	304597
私营独资	1607			1607
私营合伙	231			231
私营有限责任公司	144214		3807	140407
私营股份有限公司	26492		86	26406
其他企业	258			258
港、澳、台商投资企业	45031		744	44287
外商投资企业	60640			60640

14－15 续表

项　　目	R&D经费内部支出(万元)	#基础研究支出	#应用研究支出	#试验发展支出
按工业行业大类分组：				
煤炭开采和洗选业				
石油和天然气开采业				
黑色金属矿采选业				
有色金属矿采选业				
非金属矿采选业				
其他采矿业				
农副食品加工业	12733			12733
食品制造业	8455		86	8369
酒、饮料和精制茶制造业	3289		1627	1663
烟草制品业	6046		5170	877
纺织业	3591			3591
纺织服装、服饰业	4624			4624
皮革、毛皮、羽毛及其制品和制鞋业				
木材加工及木、竹、藤、棕、草制品业	270			270
家具制造业	405			405
造纸及纸制品业	3716			3716
印刷和记录媒介复制业	3993			3993
文教、工美、体育和娱乐用品制造业	2123			2123
石油加工、炼焦及核燃料加工业	438			438
化学原料及化学制品制造业	33962	130	833	32999
医药制造业	46458		3256	43202
化学纤维制造业				
橡胶和塑料制品业	7123			7123
非金属矿物制品业	23591			23591
黑色金属冶炼及压延加工业	7242			7242
有色金属冶炼及压延加工业	33699		425	33274
金属制品业	7656		230	7427
通用设备制造业	51866		1879	49987
专用设备制造业	546851		947	545905
汽车制造业	82698		1864	80834
铁路、船舶、航空航天和其他运输设备制造业	13574	23	409	13142
电气机械及器材制造业	27253			27253
计算机、通信和其他电子设备制造业	134440		279	134161
仪器仪表制造业	13669		499	13170
其他制造业	1539			1539
废弃资源综合利用业				
金属制品、机械和设备修理业	528			528
电力、热力的生产和供应业	4730		95	4635
燃气生产和供应业	6192			6192
水的生产和供应业	1674			1674

14－16 规模以上工业企业按经费来源分 R&D 经费内部支出情况(2013 年)

项　　目	R&D 经费内部支出（万元）	#政府资金	#企业资金	#境外资金	#其他
总　　计	**1094428**	**48943**	**1043472**		**2012**
按区县(市)分组：					
芙蓉区	10519	173	10347		
天心区	59243	9745	49498		
岳麓区	339804	7653	332076		75
开福区	15207	419	14788		
雨花区	38974	1313	37538		123
望城区	63223	8551	54672		
长沙县	401574	18306	383268		
浏阳市	108854	1069	105969		1815
宁乡县	57031	1715	55316		
按执行部门分组：					
科研机构					
高等学校					
工业企业	1094428	48943	1043472		2012
非工业企业					
事业单位					
按登记注册类型分组：					
内资企业	988757	44652	942093		2012
国有	16696	2193	14502		
集体	1188		1188		
股份合作					
国有联营					
集体联营					
国有与集体联营					
其他联营					
国有独资公司	50291	10275	39894		123
其他有限责任公司	439672	18902	418979		1791
股份有限公司	308109	5189	302920		
私营独资	1607	52	1555		
私营合伙	231	10	222		
私营有限责任公司	144214	5102	139088		24
私营股份有限公司	26492	2928	23564		
其他企业	258	0	184		75
港、澳、台商投资企业	45031	814	44217		
外商投资企业	60640	3478	57162		

14－16 续表

项　　目	R&D经费内部支出（万元）	#政府资金	#企业资金	#境外资金	#其他
按工业行业大类分组：					
煤炭开采和洗选业					
石油和天然气开采业					
黑色金属矿采选业					
有色金属矿采选业					
非金属矿采选业					
其他采矿业					
农副食品加工业	12733	362	10580		1791
食品制造业	8455	172	8283		
酒、饮料和精制茶制造业	3289	56	3233		
烟草制品业	6046	17	6029		
纺织业	3591	50	3541		
纺织服装、服饰业	4624	17	4607		
皮革、毛皮、羽毛及其制品和制鞋业					
木材加工及木、竹、藤、棕、草制品业	270	45	225		
家具制造业	405	30	375		
造纸及纸制品业	3716	30	3686		
印刷和记录媒介复制业	3993	9	3984		
文教、工美、体育和娱乐用品制造业	2123	113	2010		
石油加工、炼焦及核燃料加工业	438		438		
化学原料及化学制品制造业	33962	1514	32326		123
医药制造业	46458	1715	44719		24
化学纤维制造业					
橡胶和塑料制品业	7123	27	7097		
非金属矿物制品业	23591	425	23166		
黑色金属冶炼及压延加工业	7242	267	6975		
有色金属冶炼及压延加工业	33699	442	33257		
金属制品业	7656	410	7246		
通用设备制造业	51866	4238	47554		75
专用设备制造业	546851	13002	533850		
汽车制造业	82698	9506	73193		
铁路、船舶、航空航天和其他运输设备制造业	13574	2313	11261		
电气机械及器材制造业	27253	2467	24786		
计算机、通信和其他电子设备制造业	134440	10537	123903		
仪器仪表制造业	13669	1006	12663		
其他制造业	1539	125	1414		
废弃资源综合利用业					
金属制品、机械和设备修理业	528	20	508		
电力、热力的生产和供应业	4730		4730		
燃气生产和供应业	6192		6192		
水的生产和供应业	1674	30	1644		

14－17 规模以上工业企业按支出用途分 R&D 经费内部支出情况(2013 年)

项　　目	R&D 经费内部支出（万元）	经常费支出	#人员劳务费	资产性支出	#仪器和设备
总　　计	**1094428**	**1004024**	**361119**	**90403**	**86001**
按区县(市)分组:					
芙蓉区	10519	9923	3271	597	593
天心区	59243	52233	8221	7010	6966
岳麓区	339804	302992	88834	36812	33574
开福区	15207	14786	4903	421	386
雨花区	38974	37434	10388	1540	1465
望城区	63223	56364	10414	6859	6567
长沙县	401574	384584	189233	16990	16538
浏阳市	108854	95291	27058	13563	13399
宁乡县	57031	50418	18796	6613	6512
按企业规模分组:					
大型企业	816693	756631	283153	60061	56596
中型企业	125752	110714	35265	15038	14739
小型企业	134249	120592	34868	13657	13069
微型企业	17734	16087	7834	1647	1597
按登记注册类型分组:					
内资企业	988757	905286	334957	83472	79095
国有	16696	16509	5422	187	176
集体	1188	905	219	283	283
股份合作					
国有联营					
集体联营					
国有与集体联营					
其他联营					
国有独资公司	50291	44012	5060	6279	6279
其他有限责任公司	439672	414389	191786	25283	24765
股份有限公司	308109	274532	84539	33577	30401
私营独资	1607	1450	268	157	134
私营合伙	231	187	109	44	44
私营有限责任公司	144214	129166	37526	15048	14551
私营股份有限公司	26492	23879	9839	2613	2461
其他企业	258	257	189	1	
港、澳、台商投资企业	45031	43214	9154	1817	1809
外商投资企业	60640	55525	17007	5115	5098

14－17 续表

项　　目	R&D经费内部支出（万元）	经常费支出	#人员劳务费	资产性支出	#仪器和设备
按工业行业大类分组：					
煤炭开采和洗选业					
石油和天然气开采业					
黑色金属矿采选业					
有色金属矿采选业					
非金属矿采选业					
其他采矿业					
农副食品加工业	12733	12577	4879	156	142
食品制造业	8455	7955	2579	500	471
酒、饮料和精制茶制造业	3289	3139	685	151	107
烟草制品业	6046	5965	2834	81	81
纺织业	3591	2890	650	701	701
纺织服装、服饰业	4624	4364	2277	259	249
皮革、毛皮、羽毛及其制品和制鞋业					
木材加工及木、竹、藤、棕、草制品业	270	210	30	60	60
家具制造业	405	405	242		
造纸及纸制品业	3716	2086	817	1630	1630
印刷和记录媒介复制业	3993	3678	891	315	315
文教、工美、体育和娱乐用品制造业	2123	1570	454	553	552
石油加工、炼焦及核燃料加工业	438	437	51	1	1
化学原料及化学制品制造业	33962	29789	10035	4173	4049
医药制造业	46458	40462	12534	5996	5614
化学纤维制造业					
橡胶和塑料制品业	7123	7048	3154	75	75
非金属矿物制品业	23591	20834	2126	2757	2745
黑色金属冶炼及压延加工业	7242	5297	2372	1944	1926
有色金属冶炼及压延加工业	33699	30267	2975	3432	3411
金属制品业	7656	7373	2710	283	203
通用设备制造业	51866	48797	15053	3069	3032
专用设备制造业	546851	508849	224674	38003	34620
汽车制造业	82698	76985	20821	5714	5600
铁路、船舶、航空航天和其他运输设备制造业	13574	12915	4143	659	577
电气机械及器材制造业	27253	24495	5983	2757	2733
计算机、通信和其他电子设备制造业	134440	118698	28857	15742	15741
仪器仪表制造业	13669	12778	5663	890	888
其他制造业	1539	1408	568	132	132
废弃资源综合利用业					
金属制品、机械和设备修理业	528	498	187	30	30
电力、热力的生产和供应业	4730	4730	769		
燃气生产和供应业	6192	6192	1817		
水的生产和供应业	1674	1333	292	341	317

14－18 规模以上工业企业办科技机构情况(2013年)

项目	企业办科技机构(个)	企业办科技机构人员(人)	#博士	#硕士	机构经费支出(万元)
总计	**386**	**23869**	**515**	**5858**	**458315**
按区县(市)分组:					
芙蓉区	6	106	9	18	1380
天心区	2	69		2	1103
岳麓区	101	7412	133	1482	75772
开福区	12	291	10	36	8399
雨花区	25	1050	83	250	21981
望城区	72	2934	73	437	81457
长沙县	85	9589	117	3301	224672
浏阳市	31	668	49	153	19898
宁乡县	52	1750	41	179	23653
按企业规模分组:					
大型企业	83	15941	220	4697	334955
中型企业	85	4120	93	513	54664
小型企业	177	3017	164	512	56960
微型企业	41	791	38	136	11736
按登记注册类型分组:					
内资企业	358	22144	477	5540	411945
国有	8	520	59	140	12175
集体	1	17	1	1	55
股份合作					
国有联营					
集体联营					
国有与集体联营					
其他联营					
国有独资公司	2	243	12	72	6775
其他有限责任公司	92	9722	127	3334	262751
股份有限公司	56	6313	102	1202	51493
私营独资	6	58		1	310
私营合伙	6	38	6	11	192
私营有限责任公司	163	4385	142	597	68050
私营股份有限公司	23	838	28	176	9978
其他企业	1	10		6	166
港、澳、台商投资企业	13	1057	19	209	33112
外商投资企业	15	668	19	109	13258

14－18 续表

项目	企业办科技机构（个）	企业办科技机构人员（人）	#博士	#硕士	机构经费支出（万元）
按工业行业大类分组：					
煤炭开采和洗选业					
石油和天然气开采业					
黑色金属矿采选业					
有色金属矿采选业					
非金属矿采选业					
其他采矿业					
农副食品加工业	16	366	11	33	5929
食品制造业	7	342	14	76	8055
酒、饮料和精制茶制造业	4	70	1	8	546
烟草制品业	1	66	7	18	7836
纺织业					
纺织服装、服饰业	12	560	8	22	6774
皮革、毛皮、羽毛及其制品和制鞋业					
木材加工及木、竹、藤、棕、草制品业					
家具制造业					
造纸及纸制品业	2	145		3	749
印刷和记录媒介复制业	5	152	1	14	3488
文教、工美、体育和娱乐用品制造业	7	78	7	15	362
石油加工、炼焦及核燃料加工业	1	12		2	712
化学原料及化学制品制造业	34	986	45	168	22544
医药制造业	30	1064	67	233	27046
化学纤维制造业					
橡胶和塑料制品业	7	137		13	1880
非金属矿物制品业	16	283	9	69	4176
黑色金属冶炼及压延加工业	8	127	8	35	3088
有色金属冶炼及压延加工业	11	1346	12	157	59476
金属制品业	7	153	16	28	1993
通用设备制造业	42	1750	24	196	16128
专用设备制造业	83	10516	138	3980	203494
汽车制造业	21	1288	13	149	21898
铁路、船舶、航空航天和其他运输设备制造业	3	586	20	63	8013
电气机械及器材制造业	26	995	20	72	17425
计算机、通信和其他电子设备制造业	18	1233	19	158	14230
仪器仪表制造业	19	1177	22	217	17092
其他制造业	2	39	1	8	1057
废弃资源综合利用业	2	25		3	739
金属制品、机械和设备修理业	1	20		1	202
电力、热力的生产和供应业	1	353	52	117	3386
燃气生产和供应业					
水的生产和供应业					

14－19 规模以上工业企业科技活动产出情况(2013年)

项目	新产品产值(万元)	新产品销售收入(万元)	#出口	专利申请数(件)	拥有发明专利数(件)
总计	**19864709**	**18831765**	**1380597**	**7416**	**5119**
按区县(市)分组:					
芙蓉区	621717	614636		137	67
天心区	665585	509315	33234	265	158
岳麓区	6255329	5991058	357089	2784	2301
开福区	222368	218571	4135	38	23
雨花区	2957840	2898779	57214	469	343
望城区	1282454	1224409	12381	356	157
长沙县	5419578	5012527	86250	2150	1557
浏阳市	1374302	1359611	801678	469	211
宁乡县	1065536	1002860	28616	748	302
按企业规模分组:					
大型企业	15397003	14671885	1285984	4480	2183
中型企业	2867781	2689951	38007	822	1833
小型企业	1510086	1387729	52651	1815	981
微型企业	89840	82200	3955	299	122
按登记注册类型分组:					
内资企业	18069236	17162589	1371518	7051	4944
国有	2702825	2667372	13289	313	81
集体				2	2
股份合作					
国有联营					
集体联营					
国有与集体联营					
其他联营					
国有独资公司	650998	491748	68916	222	240
其他有限责任公司	6442547	6238173	873121	2078	1383
股份有限公司	5370859	5082117	358444	2728	2168
私营独资	4147	4052		1	
私营合伙				5	1
私营有限责任公司	2512717	2361445	48606	1235	825
私营股份有限公司	377604	310418	9141	426	239
其他企业	7540	7263		41	5
港、澳、台商投资企业	844905	830214	6065	268	96
外商投资企业	950568	838962	3015	97	79

14－19 续表

项目	新产品产值(万元)	新产品销售收入(万元)	#出口	专利申请数(件)	拥有发明专利数(件)
按工业行业大类分组：					
煤炭开采和洗选业					
石油和天然气开采业					
黑色金属矿采选业					
有色金属矿采选业					
非金属矿采选业					
其他采矿业					
农副食品加工业	35767	31568		50	26
食品制造业	259083	211067		38	54
酒、饮料和精制茶制造业	37189	36664	1322	3	3
烟草制品业	2680116	2646269	10182	57	47
纺织业	131901	121522	644	33	5
纺织服装、服饰业	129683	129025		14	1
皮革、毛皮、羽毛及其制品和制鞋业					
木材加工及木、竹、藤、棕、草制品业	3174	2674	800	3	
家具制造业	21108	20686		5	3
造纸及纸制品业	30540	27960		9	33
印刷和记录媒介复制业	41173	40206		47	31
文教、工美、体育和娱乐用品制造业	2012	1971		13	6
石油加工、炼焦及核燃料加工业	2752	2712			3
化学原料及化学制品制造业	646696	626993	57886	378	388
医药制造业	354241	347757	1970	279	83
化学纤维制造业					
橡胶和塑料制品业	10594	9351	3015	97	46
非金属矿物制品业	738421	710824		62	1452
黑色金属冶炼及压延加工业	208831	209970	13065	15	17
有色金属冶炼及压延加工业	1583047	1554221		210	85
金属制品业	269776	256829	9839	110	62
通用设备制造业	680825	572438	79672	331	380
专用设备制造业	8382812	8117112	329704	3912	1710
汽车制造业	1107668	943112	35798	367	113
铁路、船舶、航空航天和其他运输设备制造业	150025	120907	985	105	125
电气机械及器材制造业	312868	276023	4318	227	96
计算机、通信和其他电子设备制造业	1688216	1463315	826688	440	156
仪器仪表制造业	335382	330159	2641	307	146
其他制造业	15311	15311		12	2
废弃资源综合利用业					
金属制品、机械和设备修理业	5502	5120	2069	10	1
电力、热力的生产和供应业				266	31
燃气生产和供应业				1	1
水的生产和供应业				15	13

14－20 规模以上工业企业R&D项目和新产品开发项目情况(2013年)

项目	R&D项目数(项)	R&D项目人员(人)	R&D项目经费内部支出(万元)	新产品开发项目数(项)	新产品开发经费支出(万元)
总计	**3501**	**38461**	**942561**	**3633**	**1263242**
按区县(市)分组:					
芙蓉区	62	522	9053	49	6789
天心区	71	989	56404	91	59598
岳麓区	1215	12139	300768	1324	371659
开福区	75	573	14194	57	16680
雨花区	294	1852	35592	215	33508
望城区	242	2869	51201	235	193834
长沙县	1195	15449	329861	1240	417032
浏阳市	141	1797	105765	211	109131
宁乡县	206	2271	39723	211	55011
按企业规模分组:					
大型企业	2248	27041	711893	2212	973379
中型企业	512	5210	105798	557	131825
小型企业	598	5038	110331	691	135988
微型企业	143	1172	14539	173	22050
按登记注册类型分组:					
内资企业	3336	36023	854327	3465	1158364
国有	171	1322	13258	85	8437
集体	2	65	945	1	135
股份合作					
国有联营					
集体联营					
国有与集体联营					
其他联营					
国有独资公司	108	611	48770	111	52524
其他有限责任公司	1412	16191	372439	1494	592312
股份有限公司	1059	11259	273683	1134	326302
私营独资	4	55	1473	2	1123
私营合伙	19	36	183	1	80
私营有限责任公司	449	5075	122524	520	155677
私营股份有限公司	108	1353	20816	115	21539
其他企业	4	56	236	2	234
港、澳、台商投资企业	72	1201	40830	67	38613
外商投资企业	93	1237	47404	101	66266

14－20 续表

项　　目	R&D 项目数(项)	R&D 项目人员(人)	R&D 项目经费内部支出(万元)	新产品开发项目数(项)	新产品开发经费支出(万元)
按工业行业大类分组：					
煤炭开采和洗选业					
石油和天然气开采业					
黑色金属矿采选业					
有色金属矿采选业					
非金属矿采选业					
其他采矿业	40	461	10360	48	15655
农副食品加工业	44	391	6943	35	6203
食品制造业	17	116	3041	5	1305
酒、饮料和精制茶制造业	63	206	5323	2	115
烟草制品业	85	173	3390	103	4324
纺织业	19	382	4613	22	3112
纺织服装、服饰业					
皮革、毛皮、羽毛及其制品和制鞋业	1	6	235	1	270
木材加工及木、竹、藤、棕、草制品业	3	49	173	2	288
家具制造业	42	157	2111	38	3025
造纸及纸制品业	17	184	3609	14	3756
印刷和记录媒介复制业	22	129	1540	5	3524
文教、工美、体育和娱乐用品制造业	7	11	438	9	598
石油加工、炼焦及核燃料加工业	175	1214	28374	178	28301
化学原料及化学制品制造业	238	1585	42924	270	48252
医药制造业					
化学纤维制造业	18	201	5790	34	7831
橡胶和塑料制品业	41	389	21136	46	28333
非金属矿物制品业	25	284	4990	37	6721
黑色金属冶炼及压延加工业	122	1187	27936	84	146840
有色金属冶炼及压延加工业	46	473	5884	48	7241
金属制品业	147	2066	45590	168	59077
通用设备制造业	1726	21111	461957	1775	557890
专用设备制造业	98	2165	66015	112	104864
汽车制造业	50	650	12441	44	14441
铁路、船舶、航空航天和其他运输设备制造业	109	977	23278	141	26595
电气机械及器材制造业	193	2151	130568	248	152846
计算机、通信和其他电子设备制造业	54	819	10435	85	22666
仪器仪表制造业	4	57	1217	4	1539
其他制造业				5	483
废弃资源综合利用业	3	130	481	3	528
金属制品、机械和设备修理业	78	601	4730	56	1673
电力、热力的生产和供应业	12	84	6192	11	4949
燃气生产和供应业	2	52	848		
水的生产和供应业					

14－21 大中型工业企业 R&D 活动人员情况(2013 年)

项目	有 R&D 活动的单位数（家）	R&D 人员（人）	#全时人员	R&D 人员折合全时当量(人年)
总计	**134**	**35292**	**28876**	**31470**
按区县(市)分组:				
芙蓉区	3	147	114	97
天心区	7	728	680	619
岳麓区	30	11183	10974	10777
开福区	3	522	351	487
雨花区	9	1647	808	1011
望城区	14	2435	1888	1700
长沙县	34	15834	11984	14772
浏阳市	10	1306	847	1057
宁乡县	24	1490	1230	950
按执行部门分组:				
科研机构				
高等学校				
工业企业	134	35292	28876	31470
非工业企业				
事业单位				
按登记注册类型分组:				
内资企业	116	33192	26869	30106
国有	5	1366	410	794
集体	1	16	15	16
股份合作				
国有联营				
集体联营				
国有与集体联营				
其他联营				
国有独资公司	5	763	695	698
其他有限责任公司	29	16008	11383	14963
股份有限公司	20	10848	10640	10314
私营独资	1	17	15	17
私营合伙				
私营有限责任公司	47	3295	2877	2558
私营股份有限公司	8	879	834	746
其他企业				
港、澳、台商投资企业	9	1117	1091	665
外商投资企业	9	983	916	699

14－21 续表

项　　目	有 R&D 活动的单位数（家）	R&D 人员（人）	#全时人员	R&D 人员折合全时当量（人年）
按工业行业大类分组：				
煤炭开采和洗选业				
石油和天然气开采业				
黑色金属矿采选业				
有色金属矿采选业				
非金属矿采选业				
其他采矿业				
农副食品加工业	3	255	247	216
食品制造业	6	354	319	306
酒、饮料和精制茶制造业	3	92	81	60
烟草制品业	1	291	83	193
纺织业	3	155	110	139
纺织服装、服饰业	2	403	235	340
皮革、毛皮、羽毛及其制品和制鞋业				
木材加工及木、竹、藤、棕、草制品业				
家具制造业	1	26	23	14
造纸及纸制品业	1	131	113	20
印刷和记录媒介复制业	3	141	136	66
文教、工美、体育和娱乐用品制造业				
石油加工、炼焦及核燃料加工业				
化学原料及化学制品制造业	6	607	417	494
医药制造业	10	1226	1145	1121
化学纤维制造业				
橡胶和塑料制品业	4	166	162	154
非金属矿物制品业	2	185	176	120
黑色金属冶炼及压延加工业	3	175	164	76
有色金属冶炼及压延加工业	5	1080	1061	671
金属制品业	4	137	132	70
通用设备制造业	18	1500	1049	1217
专用设备制造业	17	21909	18233	21440
汽车制造业	14	2096	1619	1545
铁路、船舶、航空航天和其他运输设备制造业	2	501	477	449
电气机械及器材制造业	8	608	545	469
计算机、通信和其他电子设备制造业	10	1794	1508	1264
仪器仪表制造业	4	602	602	534
其他制造业				
废弃资源综合利用业				
金属制品、机械和设备修理业	1	130	92	123
电力、热力的生产和供应业	1	612	48	300
燃气生产和供应业	1	94	77	59
水的生产和供应业	1	22	22	10

14－22 大中型工业企业按活动类型分R&D经费内部支出情况(2013年)

项目	R&D经费内部支出(万元)	#基础研究支出	#应用研究支出	#试验发展支出
总计	**942445**	**153**	**9157**	**933135**
按区县(市)分组:				
芙蓉区	2668			2668
天心区	49847		65	49783
岳麓区	317789		269	317521
开福区	13961			13961
雨花区	31290	130	5719	25441
望城区	36224		897	35327
长沙县	372650	23	1904	370723
浏阳市	87336		218	87118
宁乡县	30680		86	30594
按执行部门分组:				
科研机构				
高等学校				
工业企业	942445	153	9157	933135
非工业企业				
事业单位				
按登记注册类型分组:				
内资企业	861128	153	8900	852076
国有	15589		5265	10324
集体	135			135
股份合作				
国有联营				
集体联营				
国有与集体联营				
其他联营				
国有独资公司	50291	130	83	50078
其他有限责任公司	395229	23	812	394395
股份有限公司	295364		1058	294306
私营独资	929			929
私营合伙				
私营有限责任公司	87251		1596	85655
私营股份有限公司	16340		86	16254
其他企业				
港、澳、台商投资企业	30019		258	29761
外商投资企业	51298			51298

14－22 续表

项　　目	R&D经费内部支出(万元)	#基础研究支出	#应用研究支出	#试验发展支出
按工业行业大类分组：				
煤炭开采和洗选业				
石油和天然气开采业				
黑色金属矿采选业				
有色金属矿采选业				
非金属矿采选业				
其他采矿业				
农副食品加工业	4401			4401
食品制造业	6746		86	6660
酒、饮料和精制茶制造业	1305			1305
烟草制品业	6046		5170	877
纺织业	2957			2957
纺织服装、服饰业	4624			4624
皮革、毛皮、羽毛及其制品和制鞋业				
木材加工及木、竹、藤、棕、草制品业				
家具制造业	117			117
造纸及纸制品业	2384			2384
印刷和记录媒介复制业	3442			3442
文教、工美、体育和娱乐用品制造业				
石油加工、炼焦及核燃料加工业				
化学原料及化学制品制造业	18739	130	18	18591
医药制造业	27784		197	27587
化学纤维制造业				
橡胶和塑料制品业	6565			6565
非金属矿物制品业	17679			17679
黑色金属冶炼及压延加工业	3805			3805
有色金属冶炼及压延加工业	16928		425	16503
金属制品业	2059			2059
通用设备制造业	37793		621	37172
专用设备制造业	529632		363	529270
汽车制造业	76224		1378	74846
铁路、船舶、航空航天和其他运输设备制造业	9507	23	28	9457
电气机械及器材制造业	17422			17422
计算机、通信和其他电子设备制造业	125419		279	125140
仪器仪表制造业	8291		499	7793
其他制造业				
废弃资源综合利用业				
金属制品、机械和设备修理业	279			279
电力、热力的生产和供应业	4730		95	4635
燃气生产和供应业	6192			6192
水的生产和供应业	1373			1373

14－23 大中型工业企业按经费来源分R&D经费内部支出情况(2013年)

项目	R&D经费内部支出(万元)	#政府资金	#企业资金	#境外资金	#其他
总计	**942445**	**37394**	**904904**		**147**
按区县(市)分组:					
芙蓉区	2668	7	2662		
天心区	49847	9530	40317		
岳麓区	317789	3690	314099		
开福区	13961	20	13941		
雨花区	31290	738	30430		123
望城区	36224	7407	28816		
长沙县	372650	15025	357624		
浏阳市	87336	371	86941		24
宁乡县	30680	606	30074		
按执行部门分组:					
科研机构					
高等学校					
工业企业	942445	37394	904904		147
非工业企业					
事业单位					
按登记注册类型分组:					
内资企业	861128	33278	827704		147
国有	15589	1947	13642		
集体	135		135		
股份合作					
国有联营					
集体联营					
国有与集体联营					
其他联营					
国有独资公司	50291	10275	39894		123
其他有限责任公司	395229	13635	381595		
股份有限公司	295364	3506	291858		
私营独资	929	30	899		
私营合伙					
私营有限责任公司	87251	1414	85814		24
私营股份有限公司	16340	2472	13868		
其他企业					
港、澳、台商投资企业	30019	799	29220		
外商投资企业	51298	3318	47980		

14－23 续表

项　　目	R&D经费内部支出（万元）	#政府资金	#企业资金	#境外资金	#其他
按工业行业大类分组：					
煤炭开采和洗选业					
石油和天然气开采业					
黑色金属矿采选业					
有色金属矿采选业					
非金属矿采选业					
其他采矿业					
农副食品加工业	4401		4401		
食品制造业	6746	135	6611		
酒、饮料和精制茶制造业	1305	36	1269		
烟草制品业	6046	17	6029		
纺织业	2957		2957		
纺织服装、服饰业	4624	17	4607		
皮革、毛皮、羽毛及其制品和制鞋业					
木材加工及木、竹、藤、棕、草制品业					
家具制造业	117		117		
造纸及纸制品业	2384	20	2364		
印刷和记录媒介复制业	3442		3442		
文教、工美、体育和娱乐用品制造业					
石油加工、炼焦及核燃料加工业					
化学原料及化学制品制造业	18739	458	18159		123
医药制造业	27784	564	27196		24
化学纤维制造业					
橡胶和塑料制品业	6565	27	6539		
非金属矿物制品业	17679	90	17589		
黑色金属冶炼及压延加工业	3805	120	3685		
有色金属冶炼及压延加工业	16928		16928		
金属制品业	2059	189	1870		
通用设备制造业	37793	2258	35535		
专用设备制造业	529632	11037	518596		
汽车制造业	76224	9287	66937		
铁路、船舶、航空航天和其他运输设备制造业	9507	1582	7925		
电气机械及器材制造业	17422	734	16688		
计算机、通信和其他电子设备制造业	125419	9932	115487		
仪器仪表制造业	8291	862	7430		
其他制造业					
废弃资源综合利用业					
金属制品、机械和设备修理业	279		279		
电力、热力的生产和供应业	4730		4730		
燃气生产和供应业	6192		6192		
水的生产和供应业	1373	30	1343		

14－24 大中型工业企业按支出用途分R&D经费内部支出情况(2013年)

项目	R&D经费内部支出(万元)	经常费支出	#人员劳务费	资产性支出	#仪器和设备
总计	**942445**	**867345**	**318417**	**75099**	**71335**
按区县(市)分组:					
芙蓉区	2668	2644	624	24	23
天心区	49847	43230	4733	6617	6573
岳麓区	317789	283203	81375	34586	31587
开福区	13961	13690	4526	271	258
雨花区	31290	30838	7650	452	452
望城区	36224	31938	6433	4286	4185
长沙县	372650	361874	180004	10776	10376
浏阳市	87336	74079	21923	13257	13095
宁乡县	30680	25849	11149	4831	4786
按企业规模分组:					
大型企业	816693	756631	283153	60061	56596
中型企业	125752	110714	35265	15038	14739
小型企业					
微型企业					
按登记注册类型分组:					
内资企业	861128	790923	297150	70205	66449
国有	15589	15440	4763	149	139
集体	135	110	55	25	25
股份合作					
国有联营					
集体联营					
国有与集体联营					
其他联营					
国有独资公司	50291	44012	5060	6279	6279
其他有限责任公司	395229	374217	178653	21012	20549
股份有限公司	295364	263011	79573	32353	29333
私营独资	929	905	77	24	6
私营合伙					
私营有限责任公司	87251	78796	24004	8456	8240
私营股份有限公司	16340	14432	4964	1908	1878
其他企业					
港、澳、台商投资企业	30019	28416	8095	1602	1594
外商投资企业	51298	48006	13173	3292	3292

14－24 续表

项目	R&D经费内部支出（万元）	经常费支出	#人员劳务费	资产性支出	#仪器和设备
按工业行业大类分组：					
煤炭开采和洗选业					
石油和天然气开采业					
黑色金属矿采选业					
有色金属矿采选业					
非金属矿采选业					
其他采矿业					
农副食品加工业	4401	4286	2878	115	115
食品制造业	6746	6340	1963	407	385
酒、饮料和精制茶制造业	1305	1261	360	44	26
烟草制品业	6046	5965	2834	81	81
纺织业	2957	2292	480	665	665
纺织服装、服饰业	4624	4364	2277	259	249
皮革、毛皮、羽毛及其制品和制鞋业					
木材加工及木、竹、藤、棕、草制品业					
家具制造业	117	117	104		
造纸及纸制品业	2384	764	539	1620	1620
印刷和记录媒介复制业	3442	3135	622	308	308
文教、工美、体育和娱乐用品制造业					
石油加工、炼焦及核燃料加工业					
化学原料及化学制品制造业	18739	16553	4706	2186	2184
医药制造业	27784	23234	8025	4550	4364
化学纤维制造业					
橡胶和塑料制品业	6565	6490	2917	75	75
非金属矿物制品业	17679	15317	964	2362	2362
黑色金属冶炼及压延加工业	3805	3570	1592	236	236
有色金属冶炼及压延加工业	16928	13937	1401	2991	2991
金属制品业	2059	1991	689	68	63
通用设备制造业	37793	37442	11129	351	330
专用设备制造业	529632	493886	219285	35746	32381
汽车制造业	76224	71609	18916	4616	4527
铁路、船舶、航空航天和其他运输设备制造业	9507	9400	2173	107	105
电气机械及器材制造业	17422	15351	3353	2072	2052
计算机、通信和其他电子设备制造业	125419	109913	24290	15506	15505
仪器仪表制造业	8291	7883	4119	409	408
其他制造业					
废弃资源综合利用业					
金属制品、机械和设备修理业	279	279	91		
电力、热力的生产和供应业	4730	4730	769		
燃气生产和供应业	6192	6192	1817		
水的生产和供应业	1373	1044	124	328	305

14－25 大中型工业企业办科技机构情况(2013年)

项目	企业办科技机构(个)	企业办科技机构人员(人)	#博士	#硕士	机构经费支出(万元)
总计	**168**	**20061**	**313**	**5210**	**389619**
按区县(市)分组:					
芙蓉区	1	24	1	2	85
天心区	1	29		2	982
岳麓区	52	6509	89	1317	63692
开福区	2	217	1	21	7439
雨花区	8	787	71	201	18076
望城区	20	2091	31	260	56094
长沙县	51	8719	87	3211	212669
浏阳市	11	344	16	97	12156
宁乡县	22	1341	17	99	18426
按企业规模分组:					
大型企业	83	15941	220	4697	334955
中型企业	85	4120	93	513	54664
小型企业					
微型企业					
按登记注册类型分组:					
内资企业	158	18689	290	4945	359887
国有	8	520	59	140	12175
集体	1	17	1	1	55
股份合作					
国有联营					
集体联营					
国有与集体联营					
其他联营					
国有独资公司	2	243	12	72	6775
其他有限责任公司	38	8709	81	3204	246591
股份有限公司	45	5910	75	1121	47265
私营独资	1	18			78
私营合伙					
私营有限责任公司	47	2698	44	284	39053
私营股份有限公司	16	574	18	123	7896
其他企业					
港、澳、台商投资企业	6	861	15	171	18809
外商投资企业	4	511	8	94	10923

14－25 续表

项　　目	企业办科技机构（个）	企业办科技机构人员（人）	#博士	#硕士	机构经费支出（万元）
按工业行业大类分组：					
煤炭开采和洗选业					
石油和天然气开采业					
黑色金属矿采选业					
有色金属矿采选业					
非金属矿采选业					
其他采矿业					
农副食品加工业	7	279	9	16	4500
食品制造业	4	300	9	54	6875
酒、饮料和精制茶制造业	3	62		7	426
烟草制品业	1	66	7	18	7836
纺织业					
纺织服装、服饰业	12	560	8	22	6774
皮革、毛皮、羽毛及其制品和制鞋业					
木材加工及木、竹、藤、棕、草制品业					
家具制造业					
造纸及纸制品业	2	145		3	749
印刷和记录媒介复制业	3	134		8	3013
文教、工美、体育和娱乐用品制造业					
石油加工、炼焦及核燃料加工业					
化学原料及化学制品制造业	8	540	18	88	16795
医药制造业	12	659	31	151	17752
化学纤维制造业					
橡胶和塑料制品业	2	70		9	934
非金属矿物制品业	1	116	1	35	2123
黑色金属冶炼及压延加工业	4	93	7	24	2243
有色金属冶炼及压延加工业	3	1205	5	140	45336
金属制品业	1	68	2	6	1140
通用设备制造业	24	1430	13	156	11682
专用设备制造业	51	9797	111	3886	196305
汽车制造业	10	958	8	104	16356
铁路、船舶、航空航天和其他运输设备制造业	1	468	5	38	5779
电气机械及器材制造业	8	803	7	39	13510
计算机、通信和其他电子设备制造业	7	1020	10	111	11557
仪器仪表制造业	3	935	10	178	14550
其他制造业					
废弃资源综合利用业					
金属制品、机械和设备修理业					
电力、热力的生产和供应业	1	353	52	117	3386
燃气生产和供应业					
水的生产和供应业					

14－26 大中型工业企业科技活动产出情况(2013年)

项　　目	新产品产值(万元)	新产品销售收入(万元)	#出口	专利申请数(件)	拥有发明专利数(件)
总　　计	**18264783**	**17361836**	**1323991**	**5302**	**4016**
按区县(市)分组:					
芙蓉区	469777	467345		60	
天心区	610509	455002	33234	209	114
岳麓区	6049827	5809711	345881	2242	2011
开福区	212308	210499		12	19
雨花区	2823475	2776330	54159	363	229
望城区	979229	922212	11581	160	102
长沙县	5178710	4833795	81738	1688	1331
浏阳市	1263868	1257369	792168	101	17
宁乡县	677082	629573	5231	467	193
按企业规模分组:					
大型企业	15397003	14671885	1285984	4480	2183
中型企业	2867781	2689951	38007	822	1833
小型企业					
微型企业					
按登记注册类型分组:					
内资企业	16878650	16097234	1317926	5076	3906
国有	2694901	2658439	13289	311	81
集体				2	2
股份合作					
国有联营					
集体联营					
国有与集体联营					
其他联营					
国有独资公司	650998	491748	68916	222	240
其他有限责任公司	6075948	5930426	864414	1553	1142
股份有限公司	5245534	4963035	356921	2459	2052
私营独资	4147	4052			
私营合伙					
私营有限责任公司	1924175	1831609	14387	360	343
私营股份有限公司	282947	217926		169	46
其他企业					
港、澳、台商投资企业	531701	521088	6065	180	73
外商投资企业	854433	743514		46	37

14－26 续表

项　　目	新产品产值(万元)	新产品销售收入(万元)	#出口	专利申请数(件)	拥有发明专利数(件)
按工业行业大类分组:					
煤炭开采和洗选业					
石油和天然气开采业					
黑色金属矿采选业					
有色金属矿采选业					
非金属矿采选业					
其他采矿业					
农副食品加工业	31525	30607		13	5
食品制造业	219770	173556		30	27
酒、饮料和精制茶制造业	33442	32957	1322	3	3
烟草制品业	2680116	2646269	10182	57	47
纺织业	131901	121522	644	30	3
纺织服装、服饰业	129683	129025		14	1
皮革、毛皮、羽毛及其制品和制鞋业					
木材加工及木、竹、藤、棕、草制品业					
家具制造业	21108	20686			
造纸及纸制品业	1200	1200		7	18
印刷和记录媒介复制业	30824	29858		11	11
文教、工美、体育和娱乐用品制造业					
石油加工、炼焦及核燃料加工业					
化学原料及化学制品制造业	459749	451161	47959	59	174
医药制造业	290147	282848		173	20
化学纤维制造业					
橡胶和塑料制品业	6989	5807		23	9
非金属矿物制品业	707123	680031		12	1412
黑色金属冶炼及压延加工业	190483	190471	13065	11	17
有色金属冶炼及压延加工业	1285641	1274097		170	56
金属制品业	182039	173550	3701	20	6
通用设备制造业	559190	485467	73144	89	204
专用设备制造业	8162009	7925972	329351	3478	1548
汽车制造业	975743	819476	16188	165	68
铁路、船舶、航空航天和其他运输设备制造业	115346	86510		64	106
电气机械及器材制造业	151672	122205	3440	80	27
计算机、通信和其他电子设备制造业	1646758	1426244	822381	317	106
仪器仪表制造业	252326	252318	2615	191	103
其他制造业					
废弃资源综合利用业					
金属制品、机械和设备修理业				3	
电力、热力的生产和供应业				266	31
燃气生产和供应业				1	1
水的生产和供应业				15	13

14－27 大中型工业企业R&D项目和新产品开发项目情况(2013年)

项目	R&D项目数(项)	R&D项目人员(人)	R&D项目经费内部支出(万元)	新产品开发项目数(项)	新产品开发经费支出(万元)
总计	**2760**	**32251**	**817691**	**2769**	**1105205**
按区县(市)分组:					
芙蓉区	6	120	2635	6	2237
天心区	47	567	47546	54	48308
岳麓区	973	10771	282224	1038	340515
开福区	49	494	13384	43	15022
雨花区	256	1439	29258	171	23381
望城区	169	2186	27589	142	176851
长沙县	1081	14109	306353	1111	382575
浏阳市	71	1240	86560	95	88728
宁乡县	108	1325	22142	109	27587
按企业规模分组:					
大型企业	2248	27041	711893	2212	973379
中型企业	512	5210	105798	557	131825
小型企业					
微型企业					
按登记注册类型分组:					
内资企业	2645	30339	751260	2642	1008322
国有	156	1195	12440	62	6405
集体	1	14	135	1	135
股份合作					
国有联营					
集体联营					
国有与集体联营					
其他联营					
国有独资公司	108	611	48770	111	52524
其他有限责任公司	1194	14252	338284	1204	540516
股份有限公司	950	10455	263257	1018	312268
私营独资	1	16	883	1	929
私营合伙					
私营有限责任公司	191	3014	75629	208	88747
私营股份有限公司	44	782	11863	37	6797
其他企业					
港、澳、台商投资企业	52	1014	26570	60	37052
外商投资企业	63	898	39860	67	59831

14－27 续表

项　　目	R&D项目数(项)	R&D项目人员(人)	R&D项目经费内部支出(万元)	新产品开发项目数(项)	新产品开发经费支出(万元)
按工业行业大类分组：					
煤炭开采和洗选业					
石油和天然气开采业					
黑色金属矿采选业					
有色金属矿采选业					
非金属矿采选业					
其他采矿业					
农副食品加工业	11	246	3837	15	6405
食品制造业	26	328	5710	16	4379
酒、饮料和精制茶制造业	5	85	1174	5	1305
烟草制品业	63	206	5323	2	115
纺织业	80	147	2784	100	4079
纺织服装、服饰业	19	382	4613	22	3112
皮革、毛皮、羽毛及其制品和制鞋业					
木材加工及木、竹、藤、棕、草制品业					
家具制造业	1	21	43		
造纸及纸制品业	36	125	789	37	2735
印刷和记录媒介复制业	9	134	3131	9	3442
文教、工美、体育和娱乐用品制造业				1	2284
石油加工、炼焦及核燃料加工业					
化学原料及化学制品制造业	108	570	15473	103	19496
医药制造业	188	1157	25934	205	28902
化学纤维制造业					
橡胶和塑料制品业	12	153	5268	15	5632
非金属矿物制品业	19	176	15699	21	19799
黑色金属冶炼及压延加工业	10	160	3051	22	3092
有色金属冶炼及压延加工业	87	914	13722	51	141092
金属制品业	5	129	1825	4	1524
通用设备制造业	69	1293	34169	79	39311
专用设备制造业	1635	20214	449554	1672	536927
汽车制造业	71	1894	60666	83	98257
铁路、船舶、航空航天和其他运输设备制造业	26	438	9248	23	10194
电气机械及器材制造业	72	583	14870	77	16072
计算机、通信和其他电子设备制造业	91	1545	123476	117	136700
仪器仪表制造业	25	534	5532	22	13449
其他制造业					
废弃资源综合利用业					
金属制品、机械和设备修理业	1	114	279	1	279
电力、热力的生产和供应业	78	601	4730	56	1673
燃气生产和供应业	12	84	6192	11	4949
水的生产和供应业	1	18	600		

15 文化、体育、卫生

15－1　历年文化事业发展情况

单位：个

年　份	电影放映单位	#电影院影剧院	艺术表演团体	艺术表演观众人数（万人）	公共图书馆	文化馆
1949	7	7	9	…	1	1
1950	6	…	9	…	1	2
1952	6	6	10	…	1	3
1955	6	…	12	…	1	6
1957	16	7	14	…	2	8
1960	24	…	14	…	3	7
1962	21	10	17	…	3	8
1965	102	13	19	…	4	10
1966	151	…	4	…	4	10
1970	138	…	4	…	4	10
1975	292	…	13	…	4	10
1976	370	18	13	…	5	10
1977	459	…	13	…	5	10
1978	484	31	13	351	5	10
1979	503	…	14	…	5	11
1980	510	38	14	506	5	11
1981	504	42	14	431	6	11
1982	506	33	14	432	6	11
1983	537	43	14	323	6	11
1984	780	41	14	271	6	11
1985	844	42	14	207	7	11
1986	822	42	14	186	7	11
1987	818	42	14	154	7	11
1988	817	50	12	87	7	11
1989	802	48	12	70	7	11
1990	807	47	12	118	7	11
1991	812	46	12	127	7	11
1992	771	48	12	61.9	7	11
1993	657	34	12	55	7	11
1994	641	32	12	125.3	7	11
1995	644	29	12	130.3	7	11
1996	589	30	12	146	7	11
1997	580	31	13	132	7	11
1998	581	32	13	171.1	7	11
1999	485	32	13	167.3	7	11
2000	458	20	13	121	7	11
2001	458	20	13	…	7	11
2002	…	…	12	57	7	10
2003	…	…	12	272	7	10
2004	…	…	12	210.2	7	10
2005	…	…	12	247	12	10
2006	…	…	12	115	12	10
2007	…	…	12	216.1	12	10
2008	…	…	12	357.2	12	10
2009	…	…	12	203.7	12	10
2010	…	…	12	271.2	12	10
2011	…	…	12	193.7	12	10
2012	…	…	9	166.1	12	10
2013	…	…	9	149.3	12	10

注：由于放映市场的变化，电影放映单位无法统计。

15－2 历年出版事业发展情况

年份	书籍		课本（万册）	杂志		报纸	
	种数（种）	总印数（万册）		种数（种）	总印数（万册）	种数（种）	总印数（万册）
1951	113	482		3	43		
1952	112	1626		4	245	17	6786
1954	110	589	1563	1	6	10	4503
1955	143	877	1853	2	52	10	5403
1957	267	975	2844	4	169	11	6530
1958	764	5467	3622	6	371	23	19317
1960	676	1361	5070	7	402	16	33318
1962	186	495	2735	2	150	12	6983
1965	233	2549	4568	2	211	7	17000
1970	132	10717	4242			6	10028
1975	185	7640	8618	4	1535	8	33861
1976	134	8373	5974	8	1643	8	38365
1977	88	7384	6606	8	2101	8	36931
1978	134	1983	12102	13	2680	3	30057
1979	317	4736	10614	26	3592	3	31120
1980	426	8563	11190	30	3182	5	20830
1981	568	13442	13002	41	2343	7	29838
1982	780	16082	13595	56	2189	11	33089
1983	985	15300	13882	61	2160	11	45705
1984	998	15818	14000	85	2836	23	55911
1985	1270	18850	16288	124	5149	35	59431
1986	1274	10532	19132	131	5247	38	53400
1987	1482	14073	18757	137	5931	40	60134
1988	2157	37293	23396	146	6037	31	55743
1989	2157	35055	19728	145	4968	31	37317
1990	1892	32135	21393	144	5144	28	40325
1991	1969	35086	21392	146	6349	32	47414
1992	2124	36436	20686	149	7700	32	37592
1993	2069	33503	19726	165	7899	36	57677
1994	2249	29597	18693	162	7288	36	47815
1995	2357	33677	20146	178	7636	36	55721
1996	2734	39390	21957	180	7700	33	43698
1997	2893	37512	22139	180	7515	36	48190
1998	3262	36375	22489	171	8695	30	54831
1999	3341	30680	21171	183	12271	31	62613
2000	3156	24844	18342	198	10404	44	62354
2001	2612	24851	18007	203	9867	46	69194
2002	2866	32556	23135	213	10844	46	71169
2003	3123	29554	19222	219	12391	44	87814
2004	3353	12345	18830	192	18958	37	78802
2005	3218	8228	21000	202	10925	38	75309
2006	3221	6832	20838	198	9622	38	78381
2007	2535	8231	22735	181	8143	37	75636
2008	4230	12577	16342	184	8467	36	76080
2009	4421	14084	11820	204	11271	42	100554
2010	6222	18783	12202	201	12540	42	101861
2011	8362	21427	12858	205	12140	40	94019
2012	9237	22052	13831	205	12496	40	102698
2013	10064	23745	11890	204	12804	39	105924

注：因新闻出版统计口径变化，从2007年开始，一套书只按一本书计算。

15－3 历年市、县属广播事业发展情况

年 份	市台平均日播音时间（时°分′）	市电台覆盖率（%）	县、区广播台、站（个）	市电视台每周播出时间（时°分′）	市电视台覆盖率（%）
1956			1		
1957			3		
1958	8°30′	…	3		
1960	6°30′	…	3		
1961	6°30′	…	3		
1962			…		
1965			3		
1970			4		
1975			4		
1976			4		
1977			4		
1978			5		
1979			5		
1980	8°30′	…	5		
1981	11°05′	89.7	5		
1982	11°05′	90	5		
1983	10°00′	46.1	5		
1984	10°30′	63	5		
1985	10°45′	76	5	16°	23.6
1986	11°25′	70	5	22°	23
1987	11°25′	67.1	5	56°	23
1988	11°25′	70	5	35°	50
1989	11°30′	…	5	56°	80
1990	11°30′	…	5	56°	90
1991	11°20′	…	5	56°	90
1992	11°30′	92.7	5	56°	95
1993	16°30′	95	5	56°	98
1994	16°45′	95	5	56°	98
1995	16°30′	95	5	42°	98
1996	36°30′	96	4	78°	95
1997	49°30′	95	4	125°30′	85.61
1998	36°30′	95	4	174°30′	88.39
1999	36°30′	95	4	238°00′	97.3
2000	37°40′	95	4	206°30′	97.3
2001	43°00′	96.5	4	456°	98.1
2002	54°30′	96.41	4	543°	97.23
2003	60°00′	96.46	4	817°	97.57
2004	64°00′	96.78	4	817°	97.82
2005	89°00′	96.88	4	858°	97.88
2006	82°12′	96.91	4	893°56′	97.9
2007	91°30′	96.93	4	916°00′	97.92
2008	139°46′	99.1	4	970°24′	98.48
2009	140°11′	99.14	4	1057°22′	98.49
2010	140°11′	99.14	4	1060°47′	98.49
2011	139°48′	99.3	4	1078°30′	98.61
2012	142°6′	99.3	4	1096°58′	98.62
2013	147°6′	99.32	4	1115°54′	98.68

15－4　历年市县训练体育干部、举办运动会情况

单位:人

年　份	训练体育干部			举办运动会（次）	参赛人次
	合　计	# 裁判员	# 社会体育指导员		
1978	815	455	100	46	…
1979	538	330		43	17168
1980	1367	385	650	64	19263
1981	1967	1030	424	115	38496
1982	1802	496	768	118	37696
1983	1045	515	252	99	47746
1984	1318	606	192	130	32596
1985	745	160	336	266	66424
1986	1390	425	655	280	74000
1987	2126	599	263	467	92404
1988	1468	579	125	428	69558
1989	2642	764	380	728	164013
1990	1278	800	267	1149	563139
1991	2233	1563	86	2357	503469
1992	1540	1161	22	444	83537
1993	941	277	34	144	57401
1994	938	539		128	79684
1995	2162	352	1387	283	148479
1996	2504	450	1343	384	194981
1997	1292	373	174	152	263015
1998	1401	548	99	219	75255
1999	2480	956	307	206	84579
2000	2165	785	136	163	116958
2001	1959	608	321	149	33203
2002	865	361	150	35	22700
2003	2223	1689	370	14	489300
2004	238	60	75	28	30000
2005	776	76	700	26	12000
2006	547	58	489	200	300000
2007	3285	60	3225	214	320000
2008	5215	65	5150	301	450000
2009	5952	73	5879	334	480000
2010	2136	11	2125	…	…
2011	1058	32	1026	…	…
2012	451	51	400	…	…
2013	1049	49	1000	…	…

15－5 历年卫生事业发展情况

年份	机构数（个）	# 医院、卫生院	床位数（张）	# 医院、卫生院	卫生工作人员（人）	# 卫生技术人员	# 执业医师和执业助理医师
1949	34	14	747	…	1468	1253	…
1952	522	38	1478	…	4167	2367	…
1957	993	41	3312	…	8412	4645	…
1962	992	…	8081	…	9171	7880	…
1963	986	122	8177	…	10070	7725	…
1965	1035	138	8454	5713	11235	8779	…
1966	993	152	9746	6613	11112	7944	…
1970	768	192	8165	4437	10451	7857	4130
1972	937	304	9276	7842	15749	11345	4949
1975	1066	313	11760	9705	18694	13854	6637
1976	1131	241	12132	11017	19687	14656	7233
1977	1192	316	12410	9941	20447	15416	7370
1978	1195	248	12976	11036	21583	16068	7247
1979	1205	323	13343	10851	23075	16722	8018
1980	1250	290	13356	11974	24637	18266	8435
1981	1337	284	13842	11179	26031	19044	8947
1982	1348	255	14000	11283	26755	19805	9305
1983	1330	317	14051	11521	27787	20979	9668
1984	1397	317	14385	11728	29053	22031	10286
1985	1403	291	13743	11503	29620	21611	10187
1986	1319	290	14940	12085	30196	22106	10034
1987	1388	285	15287	12640	30542	22813	10519
1988	1312	284	16158	13619	31960	23918	11386
1989	1397	300	17823	14281	32871	24606	11868
1990	1346	297	18349	14766	34190	26307	12423
1991	1258	300	19352	15705	34834	26546	12297
1992	1323	300	19968	16470	35549	27092	12225
1993	1009	303	20681	17031	34894	25543	11296
1994	1215	305	20878	17245	36473	26875	12210
1995	1100	205	21378	17594	37115	27553	12107
1996	1295	235	20991	17797	37434	27706	11825
1997	1218	246	20751	18240	38107	27966	11526
1998	1281	249	20569	17974	37954	28579	12070
1999	1216	256	21342	18492	38336	28840	12639
2000	1036	263	20590	17281	36225	27460	12345
2001	1086	265	22538	18998	35303	28187	12310
2002	1127	282	22487	20621	34795	27102	11172
2003	1291	282	23405	21024	38415	29909	11655
2004	1440	258	24360	22264	35937	28142	11412
2005	1519	260	27395	25501	37711	28943	12088
2006	1557	252	28845	27240	40681	31180	12692
2007	2259	265	31891	30046	47340	37402	14683
2008	2385	252	35547	31563	50599	40232	15831
2009	2709	265	41603	35909	55564	44888	17153
2010	2655	255	42629	39983	59738	48791	18258
2011	2680	255	47036	42954	66104	53030	19100
2012	4270	254	51285	46382	69011	55978	20268
2013	4690	279	57919	52507	76479	62123	22936

注：1. 2001 年（含）以前“执业医师和执业助理医师”指标统计口径为“医生”。

2. 2007 年卫生系统新的报表制度将医务室、社区卫生服务中心、社区卫生服务站均统计到“卫生机构”中，故数据增加较大。

3. 2012 年卫生系统新的报表制度将村卫生室、门诊部、诊所（医务室）、专业公共卫生机构、其他医疗卫生机构均统计到“卫生机构”中，故数据增加较大，按 2011 年同口径数据为 2902 个。

15-6 医疗机构诊疗人数(2013年)

类别	医疗机构数(个)	总诊疗人次数(万人次)	#门诊人次数
总计	**4690**	**3693.7**	**3260.8**
#医院合计	169	1932.8	1646.2
#卫生院合计	110	301.6	279.4
#社区卫生服务机构	251	395.0	348.8
社区卫生服务中心	55	253.2	221.2
社区卫生服务站	196	141.8	127.6

15-7 医疗机构入院、出院人数(2013年)

单位:万人

类别	健康检查人数	入院人数	出院人数
总计	**335.0**	**188.3**	**187.2**
#医院合计	155.2	133.8	133.0
#卫生院合计	61.6	30.7	30.5
#社区卫生服务机构	88.5	8.2	8.0
社区卫生服务中心	53.2	8.1	7.9
社区卫生服务站	35.3	0.1	0.1

16 区县（市）主要经济和社会指标

长沙统计年鉴

16－1 区县(市)年末户籍户数和人口数(2013年)

单位:人

区县(市)	年末总户数(户)	年末总人口	男性	女性	非农业人口	未落常住户人口
全市	**2140434**	**6628122**	**3346546**	**3281576**	**2495548**	
市区合计	1018565	2992513	1494332	1498181	2045436	
芙蓉区	133473	406273	201228	205045	376360	
天心区	143610	392340	197603	194737	354306	
岳麓区	206704	624428	311520	312908	372989	
开福区	171007	441605	215559	226046	355272	
雨花区	186608	565405	286666	278739	502504	
望城区	177163	562462	281756	280706	84005	
县(市)合计	1121869	3635609	1852214	1783395	450112	
长沙县	255784	818874	411060	407814	125085	
浏阳市	418351	1439697	738286	701411	158961	
宁乡县	447734	1377038	702868	674170	166066	

16－2 历年分区县(市)年末户籍人口

单位:人

区县(市)	2000年	2001年	2002年	2003年	2004年	2005年	2006年
全　　市	**5831894**	**5870933**	**5954592**	**6017624**	**6103844**	**6209248**	**6309958**
市区合计	2468095	2514547	2596319	2667525	2727127	2796806	2863151
芙蓉区	313987	323035	334844	345817	359797	370498	381843
天心区	356518	369082	386443	401010	417866	422118	429104
岳麓区	314706	326408	353719	376124	386266	395385	416715
开福区	376771	381347	388545	395399	399750	410326	415841
雨花区	392160	407798	426222	444211	460967	488149	502593
望城区	713953	706877	706546	704964	702481	710330	717055
县(市)合计	3363799	3356386	3358273	3350099	3376717	3412442	3446807
长沙县	735402	735958	734198	734731	737560	745179	755524
浏阳市	1320593	1318343	1318611	1325928	1332120	1345410	1355160
宁乡县	1307804	1302085	1305464	1289440	1307037	1321853	1336123

16－2 续表

区县(市)	2007年	2008年	2009年	2010年	2011年	2012年	2013年
全　　市	**6373561**	**6417367**	**6468350**	**6501248**	**6566185**	**6606166**	**6628122**
市区合计	2899802	2907423	2932712	2939662	2967851	2979005	2992513
芙蓉区	397760	408441	406271	406641	409726	408872	406273
天心区	421136	412568	407537	400566	398395	396222	392340
岳麓区	431013	617889	625527	627763	630265	626976	624428
开福区	416085	411404	414841	419868	426620	433334	441605
雨花区	521494	515499	537499	540510	550721	556458	565405
望城区	712314	541622	541037	544314	552124	557143	562462
县(市)合计	3473759	3509944	3535638	3561586	3598334	3627161	3635609
长沙县	764869	775815	781972	788566	803861	813395	818874
浏阳市	1363979	1380303	1393501	1407104	1423524	1436248	1439697
宁乡县	1344911	1353826	1360165	1365916	1370949	1377518	1377038

16－3 历年分区县(市)年末常住人口

单位:人

区县(市)	2000年	2001年	2002年	2003年	2004年	2005年	2006年
全　　市	**6138719**	**6200800**	**6268778**	**6283499**	**6290000**	**6393000**	**6465000**
市区合计	2809222	2893445	2951137	2983298	2989399	3058600	3106181
芙蓉区	390074	410289	417362	417794	419095	431600	440809
天心区	396827	428547	437439	442319	443619	448100	455086
岳麓区	409939	423318	438665	443720	444820	455300	464847
开福区	423645	433394	442120	454530	455530	467600	474851
雨花区	502388	524477	537598	546496	547796	570000	577828
望城区	686349	673420	677953	678439	678539	686000	692760
县(市)合计	3329497	3307355	3317641	3300201	3300601	3334400	3358819
长沙县	774707	763529	769660	770218	770318	778300	786069
浏阳市	1307572	1303121	1303096	1306304	1306404	1319400	1328470
宁乡县	1247218	1240705	1244885	1223679	1223879	1236700	1244280

16－3 续表

区县(市)	2007年	2008年	2009年	2010年	2011年	2012年	2013年
全　　市	**6529200**	**6585600**	**6642200**	**7040709**	**7090700**	**7146600**	**7221400**
市区合计	3186529	3201568	3247658	3615684	3650800	3676000	3711400
芙蓉区	447418	460403	460700	523989	528200	530600	533300
天心区	460588	451650	452296	475196	479000	479300	481600
岳麓区	482435	673884	694057	801720	811800	812200	813800
开福区	484299	479420	484405	567140	572900	579700	588400
雨花区	623601	617161	634000	723989	731300	740800	748200
望城区	688188	519050	522200	523650	527600	533400	546100
县(市)合计	3342671	3384032	3394542	3425025	3439900	3470600	3510000
长沙县	790656	803428	805249	979420	986700	998600	1008600
浏阳市	1310784	1329107	1333923	1279469	1284600	1285500	1295100
宁乡县	1241231	1251497	1255370	1166136	1168600	1186500	1206300

注:2010年为人口普查以后的年报数,比以前年度数据有较大的增加。

16－4 区县(市)人口自然变动情况(2013年)

区县(市)	出生人口（人）	死亡人口（人）	自然增长人数（人）	出生率（‰）	死亡率（‰）	自然增长率（‰）
全　　市	**83357**	**52090**	**31267**	**12.60**	**7.87**	**4.73**
市区合计	36757	15728	21029	12.31	5.27	7.04
芙蓉区	4095	1257	2838	10.05	3.08	6.96
天心区	4083	1708	2375	10.36	4.33	6.02
岳麓区	8519	3927	4592	13.62	6.28	7.34
开福区	5290	1990	3300	12.09	4.55	7.54
雨花区	6437	1868	4569	11.48	3.33	8.15
望城区	8333	4978	3355	14.89	8.89	5.99
县(市)合计	46600	36362	10238	12.83	10.01	2.82
长沙县	12053	10632	1421	14.77	13.03	1.74
浏阳市	19555	14243	5312	13.60	9.90	3.69
宁乡县	14992	11487	3505	10.89	8.34	2.54

16－5 区县(市)人口机械增长情况(2013年)

区县(市)	迁入人数（人）	迁出人数（人）	机械增长人数（人）	机械增长率（‰）	自然、机械净增人数（人）	净增率（‰）
全　　市	**91667**	**73030**	**18637**	**2.82**	**49904**	**7.54**
市区合计	75019	57545	17474	5.85	38503	12.90
芙蓉区	10135	9486	649	1.59	3487	8.56
天心区	12304	12101	203	0.51	2578	6.54
岳麓区	18208	22058	－3850	－5.84	1245	1.89
开福区	11177	2642	8535	19.51	11835	27.05
雨花区	19308	9877	9431	16.81	14000	24.96
望城区	3887	1381	2506	4.76	5358	10.18
县(市)合计	16648	15485	1163	0.32	11401	3.14
长沙县	7651	3723	3928	4.81	5349	6.55
浏阳市	4794	5018	－224	－0.16	5088	3.54
宁乡县	4203	6744	－2541	－1.84	964	0.70

16－6　区县(市)地区生产总值(2013年)

单位:万元

指　　标	芙蓉区	天心区	岳麓区	开福区	雨花区	望城区	长沙县	浏阳市	宁乡县
地区生产总值	8680941	5916837	7166944	6006764	13002999	4274940	9759923	9242905	8350486
第一产业	9096	10523	179663	37240	14320	325545	650130	786662	932328
第二产业	1534769	2317481	4030615	1492164	8081809	3144502	6959554	6639462	5755171
工业	1106969	1425372	3481914	873729	7243403	2548257	6072725	6047084	5234725
建筑业	427800	892109	548701	618435	838406	596245	886829	592378	520446
第三产业	7137076	3588833	2956666	4477360	4906870	804893	2150239	1816781	1662987
交通运输、仓储和邮政业	814215	80590	114872	253129	175498	67920	303288	211245	122785
批发和零售业	1945232	689302	258646	869414	871775	81210	295652	396919	263401
住宿和餐饮业	366502	283569	144825	258535	240626	80807	149678	189866	202307
金融业	1074326	349125	169830	529096	459282	37095	120441	111213	78645
房地产业	193033	175977	367025	302111	336776	179136	344616	212490	265104
营利性服务业	1344689	1442868	454534	1577973	1316043	47194	357874	241939	255765
非营利性服务业	1399079	567402	1446934	687102	1506871	311531	578690	453109	474980

16－7　区县(市)地区生产总值增长速度(2013年)

单位:%

指　　标	芙蓉区	天心区	岳麓区	开福区	雨花区	望城区	长沙县	浏阳市	宁乡县
地区生产总值	11.8	12.3	11.0	13.0	9.5	13.7	10.8	14.5	14.1
第一产业	-35.2	-18.2	-2.1	-14.1	-39.4	4.4	4.5	4.3	4.4
第二产业	14.6	10.9	9.6	10.5	9.5	14.5	10.4	16.8	16.6
工业	17.1	11.7	9.7	12.3	10.0	16.2	10.6	17.8	17.6
建筑业	9.0	9.7	9.1	8.3	6.1	8.5	8.9	7.8	7.4
第三产业	11.3	13.4	14.0	14.0	9.6	14.2	13.6	10.4	10.3
交通运输、仓储和邮政业	7.2	9.1	7.2	8.2	5.2	6.2	6.4	7.4	7.7
批发和零售业	8.2	9.1	9.2	10.7	5.5	12.9	15.3	8.3	10.2
住宿和餐饮业	1.9	5.1	4.3	5.8	-1.1	8.1	8.5	6.6	8.7
金融业	19.2	24.4	19.4	18.6	15.1	15.1	16.3	13.5	15.3
房地产业	-1.3	6.7	16.1	3.0	6.4	24.9	11.1	6.7	7.5
营利性服务业	14.1	16.3	18.9	23.4	11.2	8.8	12.2	15.6	15.2
非营利性服务业	13.9	12.3	14.0	4.6	12.2	13.7	20.6	13.4	9.9

16－8 区县(市)规模以上工业企业主要经济指标(2013年)

单位:万元

区县(市)	资产	负债	主营业务收入	利润	利税	增加值
全　　市	**62596081**	**33628362**	**77588408**	**5896607**	**14311233**	**26532834**
芙蓉区	1197620	485473	3674513	292975	458498	834631
天心区	6122195	4801475	3078481	256185	382562	1039495
岳麓区	12551494	6330457	10211934	847618	1281209	3088583
开福区	1566139	751805	1811041	142896	212928	444336
雨花区	9044256	2743289	10515087	1272400	6909427	7133280
望城区	4113376	2397253	6397562	260403	423362	1644963
长沙县	19880358	12862854	15659983	806866	1426176	4710662
浏阳市	3571390	1513649	12652151	801329	1301020	4056251
宁乡县	4549253	1742109	13587657	1215936	1916050	3580634

16－9 区县(市)单位GDP能耗

单位:吨标准煤/万元

区县(市)	2005年	2006年	2007年	2008年	2009年	2010年	2011年	2012年	2013年
全　　市	**1.030**	**0.990**	**0.944**	**0.886**	**0.846**	**0.826**	**0.640**	**0.601**	**0.581**
芙蓉区	1.010	0.966	0.920	0.862	0.814	0.800	0.679	0.644	0.583
天心区	0.980	0.938	0.891	0.835	0.796	0.779	0.610	0.576	0.560
岳麓区	0.900	0.852	0.804	0.755	0.722	0.707	0.501	0.469	0.450
开福区	0.960	0.906	0.860	0.808	0.771	0.759	0.647	0.612	0.550
雨花区	0.750	0.735	0.693	0.651	0.620	0.600	0.521	0.495	0.475
望城区	1.180	1.115	1.066	1.000	0.954	0.943	0.860	0.793	0.760
长沙县	1.160	1.103	1.055	0.988	0.942	0.912	0.687	0.645	0.609
浏阳市	1.190	1.134	1.086	1.023	0.967	0.945	0.628	0.589	0.554
宁乡县	1.370	1.310	1.251	1.169	1.117	1.077	0.707	0.662	0.623

16－10 区县(市)单位GDP电耗

单位:千瓦时/万元

区县(市)	2005年	2006年	2007年	2008年	2009年	2010年	2011年	2012年	2013年
全　　市	**621.3**	**608.0**	**580.9**	**549.1**	**481.3**	**474.0**	**383.1**	**377.4**	**373.5**
芙蓉区	581.0	523.6	469.0	424.3	404.0	394.3	338.7	363.5	345.8
天心区	725.9	702.8	681.6	676.8	545.6	522.9	421.2	364.9	352.9
岳麓区	693.7	656.6	630.5	572.8	547.7	516.6	365.6	455.1	431.1
开福区	825.3	757.4	687.2	644.8	544.2	518.0	453.0	357.8	342.8
雨花区	478.0	492.1	453.9	483.3	411.0	404.8	346.6	350.9	336.3
望城区	587.9	691.5	642.9	617.9	531.6	523.0	532.3	565.9	511.7
长沙县	779.8	771.7	754.7	628.0	456.6	443.6	348.2	357.9	370.8
浏阳市	444.4	466.2	503.3	423.6	416.2	451.2	347.7	366.4	347.5
宁乡县	595.0	548.4	549.9	526.3	539.2	535.0	361.4	329.5	314.0

16－11 区县(市)固定资产投资主要指标完成情况(2013年)

单位:万元

区县(市)	合计	城镇固定资产投资	农村固定资产投资
全　　市	**45933871**	**42545671**	**3388200**
芙蓉区	3056920	3056920	
天心区	3943179	3584041	359138
岳麓区	5190888	5006287	184601
开福区	4973680	4923353	50327
雨花区	4996520	4995020	1500
望城区	4755712	4474088	281624
长沙县	6499969	6480274	19695
浏阳市	5882243	4427824	1454419
宁乡县	6083578	5046682	1036896

16－12 区县(市)财政收入(2013年)

指　　标	全市	市本级	芙蓉区	天心区
公共财政预算收入	5366331	2044483	374023	304816
税收收入	3963437	1731661	223276	184980
营业税	1462161	486631	143968	96884
国内增值税和消费税	338015	110397	18190	15682
企业所得税	425491	267060	17067	19758
个人所得税	173762	118759	6518	6339
资源税	2768	301		
固定资产投资方向调节税				
城市维护建设税	343649	259985		
房产税	141483	45219	14264	9895
印花税	69889	22778	5392	4180
城镇土地使用税	84172	40406		
土地增值税	295153	87430	12875	16604
车船税	41716	33104		
船舶吨税				
车辆购置税				
关税				
耕地占用税	162054	2024	5002	15638
契税	411357	257567		
烟叶税	11767			
其他税收收入				
非税收入	1402894	312822	150747	119836
专项收入	164858	114376		
行政事业性收费收入	299071	78416	3779	5619
罚没收入	93772	26492	2059	1831
国有资本经营收入	6873	6429		
国有资源(资产)有偿使用收入	722495	51588	134783	111168
其他收入	115825	35521	10126	1218
政府性基金预算收入合计	4604413	2886395	572	633

单位:万元

岳麓区	开福区	雨花区	望城区	长沙县	浏阳市	宁乡县
238813	316881	441831	321720	649793	367195	306776
161301	234358	291465	218174	482457	217190	218575
93597	137174	151768	65352	175693	54247	56847
6051	19771	20662	19507	77158	31311	19286
7932	20270	26199	5581	22457	22754	16413
4090	7913	8038	1873	5718	5779	8735
			143	194	378	1752
			14244	37037	23432	8951
3870	8881	15926	4033	17454	9594	12347
2564	4136	8911	3361	9659	6594	2314
			7373	17675	6931	11787
24582	22549	40502	12139	43835	14028	20609
			915	3086	2548	2063
18615	13664	19459	31981	21524	9767	24380
			51672	50967	25082	26069
					4745	7022
77512	82523	150366	103546	167336	150005	88201
			6791	25024	11771	6896
8602	4427	4511	56878	85947	18745	32147
4566	5722	2843	8609	14128	9548	17974
245					199	
63001	71508	112693	31268	37154	98334	10998
1098	866	30319		5083	11408	20186
128	253	854	802235	533824	139863	239656

16－13 区县(市)财政支出(2013年)

单位:万元

指　标	全市	市本级	芙蓉区	天心区	岳麓区	开福区
公共财政预算支出	7018238	2294946	438271	376789	345997	406927
一般公共服务	1184876	167114	114420	136292	106637	123081
科学技术	202244	120325	11050	5457	7319	6834
交通运输	205248	93716	959	566	986	20150
农林水事务	533732	89508	5238	2352	23593	27395
环境保护	214859	115400	917	1481	2104	2311
城乡社区事务	1545246	698079	160174	90205	55177	53521
文化体育与传媒	102290	36600	840	1946	1982	1987
教育支出	1187445	325035	85297	85894	82967	82671
医疗卫生支出	345888	78430	9232	10311	15803	13822
商业服务业等事务	109086	70320	213	3226	762	614
社会保障和就业	506539	133900	19952	19198	30282	42267
公共安全	391250	224015	11494	8762	8721	13335
外交支出						
其他支出	489535	142504	18485	11099	9664	18939

16－13 续表

指　标	雨花区	望城区	长沙县	浏阳市	宁乡县
公共财政预算支出	547345	497470	914233	615629	580631
一般公共服务	127403	72876	174631	74849	87573
科学技术	7682	8823	20101	6953	7700
交通运输	704	8954	51797	17693	9723
农林水事务	8523	83829	126230	84508	82556
环境保护	2421	13883	39699	21946	14697
城乡社区事务	202530	45922	112725	87103	39810
文化体育与传媒	5109	15604	16709	12954	8559
教育支出	109031	91102	112954	108665	103829
医疗卫生支出	17518	35072	55837	53816	56047
商业服务业等事务	2151	7288	6880	9804	7828
社会保障和就业	26187	42164	62688	63452	66449
公共安全	13241	21613	39568	20937	29564
外交支出					
其他支出	24845	50340	94414	52949	66296

16－14 区县(市)社会消费品零售总额(2013年)

单位:万元

指标	全市	芙蓉区	天心区	岳麓区	开福区
总计	**28019735**	**5687354**	**3412317**	**2026589**	**4902073**
按销售单位所在地分组					
城镇	27140755	5626926	3388273	2022809	4838903
# 城区	23856144	5432010	3385461	2022809	4682724
乡村	878980	60428	24044	3780	63170
按行业分组					
批发零售业	25225898	4960070	2952829	1803330	4454189
限额以上	15122558	2939899	1946624	826673	2428242
限额以下	10103340	2020171	1006205	976657	2025947
住宿餐饮业	2793837	727284	459488	223258	447884
限额以上	1237704	400556	342799	56415	131361
限额以下	1556134	326728	116689	166843	316523

16－14 续表

指标	雨花区	望城区	长沙县	浏阳市	宁乡县
总计	**5264307**	**642152**	**2578876**	**1780917**	**1725149**
按销售单位所在地分组					
城镇	5263383	507835	2354465	1494252	1643909
# 城区	5259847	237363	370844	1285640	1179447
乡村	924	134317	224411	286665	81240
按行业分组					
批发零售业	4910126	575671	2489453	1574080	1506149
限额以上	3384508	254060	2218476	592925	531150
限额以下	1525618	321612	270977	981155	974999
住宿餐饮业	354181	66481	89423	206837	219000
限额以上	154471	17773	47265	39969	47093
限额以下	199711	48708	42158	166868	171907

17 全国三十五个直辖市、省会和副省级城市主要经济社会指标

全国三十五个城市主要经济社会指标(2013 年)

单位:亿元

城市	地区生产总值				第一产业增加值			
	2013 年	位次	比上年±%	位次	2013 年	位次	比上年±%	位次
长沙	**7153.13**	**14**	**12.0**	**8**	**294.55**	**12**	**3.0**	**26**
郑州	6201.90	16	10.0	18	146.96	24	3.2	22
太原	2412.87	29	8.1	31	38.73	31	3.2	22
合肥	4672.90	23	11.5	10	247.20	16	3.2	22
武汉	9051.30	8	10.0	18	335.40	10	4.5	15
南昌	3336.03	25	10.7	14	157.20	23	3.1	25
石家庄	4863.60	21	9.5	25	488.70	3	3.0	26
南宁	2803.54	27	10.3	16	349.93	8	4.8	9
成都	9108.90	7	10.2	17	353.20	6	3.6	19
西安	4884.13	20	11.1	12	217.76	18	4.8	9
贵阳	2085.42	31	16.0	1	81.52	27	6.3	4
昆明	3415.31	24	12.8	5	175.27	21	6.8	2
兰州	1776.83	32	13.4	4	49.70	30	6.7	3
乌鲁木齐	2400.00	30	15.0	2	27.00	33	6.2	6
西宁	978.53	34	14.1	3	36.10	32	5.1	8
呼和浩特	2710.39	28	10.0	18	134.72	25	5.3	7
银川	1273.49	33	10.0	18	55.71	29	3.8	17
沈阳	7158.57	13	8.8	29	335.52	9	4.7	12
长春	5003.20	19	8.3	30	332.00	11	3.5	20
哈尔滨	5010.80	18	8.9	28	592.60	2	7.5	1
福州	4678.50	22	11.5	10	402.26	5	4.6	14
海口	904.64	35	9.9	23	58.54	28	6.3	4
南京	8011.78	10	11.0	13	204.64	19	3.4	21
杭州	8343.52	9	8.0	33	265.42	15	1.5	31
广州	15420.14	3	11.6	9	228.87	17	2.7	29
济南	5230.19	17	9.6	24	284.71	13	3.9	16
北京	19500.60	2	7.7	34	161.80	22	3.0	26
上海	21602.12	1	7.7	34	129.28	26	-2.9	34
天津	14370.16	5	12.5	6	188.45	20	3.7	18
重庆	12656.69	6	12.3	7	1002.68	1	4.7	12
大连	7650.80	12	9.0	27	477.60	4	4.8	9
青岛	8006.60	11	10.0	18	352.41	7	2.1	30
宁波	7128.87	15	8.1	31	276.35	14	-1.2	33
深圳	14500.23	4	10.5	15	5.25	35	-19.8	35
厦门	3018.16	26	9.4	26	25.99	34	0.2	32

续表 1

单位:亿元

城市	第二产业增加值				第三产业增加值			
	2013 年	位次	比上年 ± %	位次	2013 年	位次	比上年 ± %	位次
长沙	**3946.97**	**9**	**12.5**	**13**	**2911.61**	**15**	**12.1**	**7**
郑州	3470.50	15	10.4	20	2584.40	18	9.6	20
太原	1052.08	28	10.6	19	1322.06	30	6.1	35
合肥	2583.70	18	12.9	11	1842.00	23	10.6	12
武汉	4396.17	6	10.3	21	4319.70	10	10.0	16
南昌	1850.49	23	11.9	15	1328.30	29	9.8	17
石家庄	2359.50	19	9.8	25	2015.40	21	10.4	15
南宁	1110.89	27	14.6	4	1342.73	28	8.1	29
成都	4181.50	8	12.2	14	4574.20	7	8.8	25
西安	2117.66	21	13.9	6	2548.71	19	9.3	21
贵阳	848.64	31	18.6	1	1155.26	31	14.6	2
昆明	1537.11	25	13.2	9	1702.93	25	13.1	5
兰州	820.42	32	13.5	7	906.74	32	13.6	3
乌鲁木齐	930.00	29	14.8	3	1443.00	27	15.3	1
西宁	514.50	34	18.0	2	427.93	35	9.7	18
呼和浩特	866.74	30	14.5	5	1708.93	24	7.9	30
银川	678.80	33	11.8	16	529.97	34	8.3	28
沈阳	3709.24	12	10.1	23	3113.80	13	7.6	33
长春	2658.70	17	9.4	26	2012.50	22	7.8	31
哈尔滨	1743.90	24	9.0	29	2674.30	17	9.0	23
福州	2133.60	20	13.2	9	2142.63	20	10.8	11
海口	217.03	35	8.9	31	629.06	33	10.5	13
南京	3450.58	16	11.1	17	4356.56	9	11.3	10
杭州	3661.98	13	7.4	34	4416.12	8	9.0	23
广州	5227.38	5	9.2	28	9963.89	3	13.3	4
济南	2053.24	22	10.1	23	2892.24	16	9.7	18
北京	4352.30	7	8.1	33	14986.50	1	7.6	33
上海	8027.77	1	6.1	35	13445.07	2	8.8	25
天津	7276.68	2	12.7	12	6905.03	5	12.5	6
重庆	6397.92	3	13.4	8	5256.09	6	12.0	8
大连	3892.00	10	9.4	26	3281.30	12	9.1	22
青岛	3641.39	14	10.2	22	4012.80	11	10.5	13
宁波	3741.72	11	8.2	32	3110.80	14	8.8	25
深圳	6296.84	4	9.0	29	8198.14	4	11.7	9
厦门	1434.79	26	11.1	17	1557.38	26	7.7	32

续表 2

单位:亿元

城 市	规模以上工业增加值				固定资产投资			
	2013 年	位次	比上年 ± %	位次	2013 年	位次	比上年 ± %	位次
长　沙	**2653.28**	**9**	**14.0**	**8**	**4593.39**	**13**	**20.1**	**16**
郑　州	2857.70	8	11.3	19	4400.21	16	23.6	10
太　原	770.94	20	10.1	28	1670.74	28	26.5	5
合　肥	1907.40	14	14.4	6	4535.37	14	19.3	20
武　汉	3113.30	5	11.7	17	6001.96	7	19.3	20
南　昌	1159.48	17	12.9	14	2909.76	24	21.6	12
石家庄	1955.40	13	11.0	22	4369.20	17	20.0	17
南　宁	777.52	19	16.6	3	2432.69	27	23.7	9
成　都	2917.60	6	13.4	12	6501.10	4	10.4	32
西　安	1265.64	16	15.4	5	5134.56	10	21.0	14
贵　阳	550.98	24	16.0	4	3030.38	22	22.1	11
昆　明			11.0	22	2931.50	23	25.0	8
兰　州	575.10	23	14.2	7	1623.70	29	31.0	3
乌鲁木齐	699.81	22	13.5	11	1271.59	32	25.9	6
西　宁	380.38	26	18.3	1	925.44	34	32.1	2
呼和浩特			18.1	2	1504.83	30	15.6	26
银　川	492.16	25	12.4	15	1149.00	33	25.1	7
沈　阳	3522.24	4	10.0	29	6383.91	6	13.5	31
长　春	2103.30	12	10.2	25	3408.40	21	20.0	17
哈尔滨	767.10	21	11.1	21	5219.90	9	32.2	1
福　州	1665.39	15	13.7	9	3834.22	19	18.5	22
海　口	133.81	27	6.0	35	649.33	35	27.2	4
南　京	2907.78	7	11.0	22	5093.78	11	18.1	24
杭　州	2523.88	10	8.0	31	4263.87	18	14.5	28
广　州	4430.88	3	10.2	25	4454.55	15	18.5	22
济　南			11.3	19	2638.30	25	20.7	15
北　京			8.0	31	7032.19	3	8.8	33
上　海	6769.64	1	6.6	34	5647.79	8	7.5	34
天　津			13.0	13	10121.20	2	14.1	29
重　庆			13.6	10	11205.03	1	19.5	19
大　连			10.2	25	6478.10	5	15.2	27
青　岛			11.4	18	5027.90	12	21.1	13
宁　波	2291.20	11	8.0	31	3422.95	20	18.0	25
深　圳	5695.00	2	9.6	30	2501.01	26	14.0	30
厦　门	1141.69	18	12.1	16	1347.54	31	1.1	35

续表 3

单位:亿元

城　市	社会消费品零售总额				公共财政预算收入			
	2013 年	位次	比上年±%	位次	2013 年	位次	比上年±%	位次
长　沙	**2801.97**	**13**	**14.1**	**8**	**536.63**	**16**	**23.8**	**2**
郑　州	2586.42	18	13.0	26	723.63	15	19.3	8
太　原	1281.46	26	13.5	20	247.33	30	14.7	21
合　肥	1480.84	24	14.8	6	438.62	22	12.6	26
武　汉	3878.60	7	13.0	26	978.52	7	18.1	12
南　昌	1270.01	27	13.7	17	291.91	27	21.6	4
石家庄	2154.50	21	13.8	15	315.20	25	15.8	17
南　宁	1450.84	25	14.0	9	256.25	29	11.6	29
成　都	3752.90	8	13.1	25	898.50	9	16.6	16
西　安	2548.02	19	14.0	9	501.98	17	26.5	1
贵　阳	785.67	32	15.0	4	277.21	28	20.2	5
昆　明	1702.30	23	14.0	9	450.75	21	19.1	9
兰　州	843.80	31	14.7	7	124.50	33	20.0	6
乌鲁木齐	970.00	30	16.2	1	301.90	26	19.8	7
西　宁	365.07	34	15.0	4	67.11	35	22.5	3
呼和浩特	1142.36	28	11.8	31	182.02	31	1.9	35
银　川	348.06	35	12.2	30	134.60	32	19.0	10
沈　阳	3186.09	11	13.7	17	801.00	12	12.0	27
长　春	1970.00	22	13.2	24	381.80	24	12.0	27
哈尔滨	2728.30	14	13.9	14	402.30	23	13.4	23
福　州	2611.29	17	15.6	2	453.97	20	18.8	11
海　口	490.05	33	12.3	29	86.73	34	15.1	20
南　京	3504.17	10	13.8	15	831.31	11	13.4	23
杭　州	3531.17	9	13.0	26	945.20	8	9.9	32
广　州	6882.85	3	15.2	3	1141.79	6	10.8	30
济　南	2633.90	16	13.4	21	482.10	19	13.9	22
北　京	8375.12	1	8.7	34	3661.11	2	10.4	31
上　海	8019.05	2	8.6	35	4109.51	1	9.8	33
天　津	4470.43	5	14.0	9	2078.30	3	18.1	12
重　庆	4511.77	4	14.0	9	1692.92	5	15.5	19
大　连	2526.50	20	13.6	19	850.00	10	13.3	25
青　岛	2904.30	12	13.3	22	788.72	14	17.7	14
宁　波	2635.71	15	13.3	22	792.81	13	9.3	34
深　圳	4433.59	6	10.6	32	1731.26	4	16.8	15
厦　门	974.97	29	10.5	33	500.56	18	15.8	17

续表 4

单位:亿美元

城　市	进出口总额(海关数)				出口总额(海关数)			
	2013 年	位次	比上年 ± %	位次	2013 年	位次	比上年 ± %	位次
长　沙	**98.93**	**23**	**13.8**	**13**	**61.66**	**24**	**19.2**	**9**
郑　州	427.49	14	19.3	10	250.66	14	23.7	7
太　原	91.63	26	8.2	18	52.95	27	24.8	6
合　肥	181.90	18	3.1	30	118.99	17	-12.7	34
武　汉	217.52	16	6.9	21	119.43	16	11.1	17
南　昌	97.22	24	17.3	11	73.11	20	13.1	15
石家庄	140.00	22	8.1	19	71.20	21	-3.0	30
南　宁	44.21	31	6.6	22	23.53	31	-6.5	32
成　都	506.00	13	6.4	24	318.80	13	5.0	24
西　安	179.82	19	38.2	3	84.76	19	16.1	12
贵　阳	63.18	29	25.1	6	55.79	25	32.4	5
昆　明	174.22	20	20.8	8	104.10	18	83.1	2
兰　州	40.63	32	19.6	9	35.93	28	33.5	4
乌鲁木齐	77.98	27	-25.0	35	63.99	23	-20.6	35
西　宁	12.41	35	32.9	4	7.79	34	17.6	10
呼和浩特	16.00	34	-5.9	34	7.40	35	-11.7	33
银　川	24.11	33	80.9	1	20.78	32	99.1	1
沈　阳	143.29	21	12.4	15	69.96	22	17.3	11
长　春	204.00	17	3.7	29	32.90	29	13.4	14
哈尔滨	65.40	28	40.3	2	29.00	30	53.4	3
福　州	314.29	15	11.9	16	193.37	15	6.8	21
海　口	51.01	30	21.0	7	18.85	33	4.8	25
南　京	557.57	12	0.9	33	322.66	12	1.1	28
杭　州	650.70	11	5.5	25	447.70	9	8.5	18
广　州	1188.88	5	1.5	31	628.06	5	6.6	22
济　南	95.66	25	4.7	27	54.81	26	-4.1	31
北　京	4291.03	3	5.1	26	632.46	4	6.1	23
上　海	4413.98	2	1.1	32	2042.44	2	-1.2	29
天　津	1285.28	4	11.2	17	490.25	7	1.5	27
重　庆	687.04	10	29.1	5	467.97	8	21.3	8
大　连	688.23	9	7.3	20	374.37	11	7.9	19
青　岛	779.12	8	6.5	23	419.86	10	2.9	26
宁　波	1003.29	6	3.9	28	657.10	3	7.0	20
深　圳	5373.59	1	15.1	12	3057.18	1	12.7	16
厦　门	840.94	7	12.9	14	523.54	6	15.3	13

续表 5

城市	实际利用外资金额(亿美元)				城镇居民人均可支配收入(元)			
	2013 年	位次	比上年±%	位次	2013 年	位次	比上年±%	位次
长　沙	**34.00**	**13**	**14.2**	**12**	**33662**	**12**	**10.5**	**9**
郑　州	33.22	14	-3.1	30	26615	22	9.8	24
太　原	9.44	25	20.7	4	24000	30	11.0	6
合　肥	18.90	19	18.1	7	28083	21	10.4	11
武　汉	52.50	9	18.1	7	29821	18	10.2	14
南　昌	21.17	18	11.3	17	26151	23	10.8	7
石家庄	9.60	24	14.0	13	25274	25	9.7	29
南　宁	5.80	28	15.5	10	24817	28	10.0	20
成　都					29968	17	10.2	14
西　安	31.30	16	26.3	3	33100	13	10.4	11
贵　阳	6.30	27	32.9	2	23376	32	10.0	20
昆　明	17.98	21	13.2	14	28354	20	12.3	4
兰　州					20767	34	12.6	3
乌鲁木齐	2.23	30	15.6	9	20780	33	13.0	2
西　宁					19444	35	10.3	13
呼和浩特					35629	10	9.1	34
银　川	1.29	31	-12.0	31	23776	31	10.0	20
沈　阳	58.11	5	0.1	28	29074	19	10.0	20
长　春	9.40	26	10.4	19	26034	24	13.3	1
哈尔滨	22.60	17	19.1	6	25197	27	12.0	5
福　州	14.31	22	6.9	22	32265	15	9.8	24
海　口	5.12	29	13.1	15	24461	29	9.5	32
南　京	40.33	12	-2.0	29	39881	7	9.8	24
杭　州	52.76	8	6.4	23	39310	8	10.1	17
广　州	48.04	10	5.0	26	42066	3	10.5	9
济　南	13.20	23	8.2	21	35648	9	9.5	32
北　京	85.24	4	6.0	24	40321	6	10.6	8
上　海	167.80	2	10.5	18	43851	2	9.1	34
天　津	168.29	1	12.1	16	32658	14	10.2	14
重　庆	41.44	11	34.3	1	25216	26	9.8	24
大　连	136.00	3	10.1	20	30238	16	9.8	24
青　岛	55.22	6	20.0	5	35227	11	9.6	30
宁　波	32.75	15	14.8	11	41729	4	10.1	17
深　圳	54.68	7	4.6	27	44653	1	9.6	30
厦　门	18.72	20	5.5	25	41360	5	10.1	17

续表 6

城市	城镇居民人均消费性支出(元)				城市居民消费价格指数(%)	
	2013 年	位次	比上年±%	位次	2013 年	位次
长沙	**22346**	**12**			**102.8**	**15**
郑州	18672	23	12.4	4	102.8	15
太原	14338	31			103.1	9
合肥	20475	19	9.2	12	102.7	18
武汉	20157	21	7.1	25	102.4	29
南昌	17944	25	9.1	14	102.3	30
石家庄					102.9	13
南宁					102.1	34
成都	20362	20	6.9	27	103.1	9
西安	23848	9	11.3	6	102.7	18
贵阳	17995	24	14.5	3	103.2	8
昆明					103.9	1
兰州	15749	30	11.2	7	103.5	4
乌鲁木齐	16348	29	18.6	2	103.5	4
西宁	13607	32	12.3	5	103.8	2
呼和浩特	23074	10	9.4	10	103.8	2
银川	16844	28	5.2	30	103.5	4
沈阳	21819	16	9.1	14	102.5	25
长春	21929	14	22.8	1	103.0	12
哈尔滨	18729	22	6.3	28	102.1	34
福州	21695	17	8.3	18	102.6	23
海口	16856	27	7.1	25	102.9	13
南京	25647	6	9.2	12	102.7	18
杭州	24833	7	10.3	8	102.5	25
广州	33153	1	8.7	17	102.6	23
济南	21667	18	8.2	19	102.8	15
北京	26275	5	9.3	11	103.3	7
上海	28155	3	7.2	24	102.3	30
天津	21850	15	9.1	14	103.1	9
重庆	17814	26	7.5	23	102.7	18
大连	22516	11	10.3	8	102.5	25
青岛	22060	13	8.2	19	102.5	25
宁波	24685	8	6.0	29	102.2	33
深圳	28812	2	7.8	21	102.7	18
厦门	26864	4	7.8	21	102.3	30

续表 7

城市	农村居民人均纯收入(元)				个人存款(亿元)(本外币)			
	2013 年	位次	比上年 ± %	位次	2013 年	位次	比年初 ± %	位次
长　沙					**3507.51**	**20**	**16.8**	**3**
郑　州	13970	12	9.2	32	4475.30	16	16.4	4
太　原	11288	20	12.0	21	3307.99	22	9.4	27
合　肥	10352	23	14.0	6	2355.77	26	13.9	10
武　汉	12713	18	13.6	7	5421.80	10	14.7	9
南　昌	10806	21	11.1	27	2051.16	27	10.7	20
石家庄	10066	24	12.6	14	4174.60	17	11.3	19
南　宁	7685	31	13.4	9	6483.52	8	15.2	7
成　都	12985	14	12.9	12	8152.00	6	15.6	6
西　安	12930	15	13.0	10	5357.05	11	12.1	17
贵　阳	9595	25	13.0	10	1827.14	31	21.9	1
昆　明	9273	26	15.3	3	3355.28	21	12.9	14
兰　州	7114	32	14.3	4	2021.60	28	16.0	5
乌鲁木齐	12065	19	16.5	1	1896.30	30	10.3	22
西　宁	9004	29	15.4	2	972.50	35	18.1	2
呼和浩特	12736	17	12.1	20	1414.62	32	13.5	11
银　川	9036	28	12.0	21	1045.22	34	12.6	15
沈　阳	14467	11	10.9	29	4765.48	13	10.4	21
长　春					3107.20	25	12.2	16
哈尔滨	10800	22	14.1	5	3593.60	19	8.2	31
福　州	12910	16	12.3	19	3215.33	24	9.6	25
海　口	9155	27	12.6	14	1062.10	33	11.5	18
南　京	16531	7	11.8	23	4883.29	12	9.0	29
杭　州	18923	3	11.2	26	6339.75	9	5.5	35
广　州	18887	4	12.5	16	12253.98	3	8.6	30
济　南	13248	13	12.4	17	3267.80	23	13.0	12
北　京	18337	5	11.3	25	23086.41	1	6.9	34
上　海	19208	2	10.4	31	20486.25	2	10.0	24
天　津	15405	9	13.5	8	7612.31	7	8.1	32
重　庆	8332	30	12.8	13	9622.31	4	15.2	8
大　连	17717	6	10.8	30	4483.77	15	8.1	32
青　岛	15731	8	12.4	17	4141.00	18	10.3	22
宁　波	20534	1	11.1	27	4562.36	14	9.3	28
深　圳					9423.14	5	9.6	25
厦　门	15008	10	11.5	24	1900.30	29	13.0	12

注:1. 上海指标为农村居民人均可支配收入。
2. 深圳城乡一体化以后农村居民人均纯收入指标取消。

18 国民经济主要指标解释及计算方法

长沙统计年鉴

国民经济主要指标解释及计算方法

1. 总产出　是指常住单位在核算期内生产的货物和服务的价值总和。它是货物和服务的全部价值,包括转移价值和新增价值两部分。

2. 地区生产总值　是指按市场价格计算的一个地区所有常住单位在一定时期内生产活动的最终成果。

3. 三次产业　我国国民经济三次产业的划分如下:

第一产业 是指农、林、牧、渔业。

第二产业 是指工业和建筑业。

第三产业 除上述第一、二产业外的其他行业。

4. 增加值　增加值是指常住单位在生产过程中创造的新增价值和固定资产的转移价值。它反映本单位对社会所作的贡献,社会经济各部门(即第一、第二、第三产业)的增加值之和为地区生产总值。

5. 农林牧渔业总产值　是以货币表现的农林牧渔业的全部产品总量和对农林牧渔业生产活动进行的各种支持性服务活动的价值,它反映一定时期内农林牧渔业生产的总规模和总成果。

6. 农业机械总动力　是指主要用于农林牧渔业的各种动力机械的动力总和。包括耕作机械、排灌机械、收获机械、农产品加工机械、运输机械、植保机械、牧业机械、林业机械、渔业机械和其他农业机械。

7. 农用化肥施用量　指报告期内实际用于农业生产的化肥数量,包括氮肥、磷肥、钾肥及复合肥。施用量要求按实物量和折纯量两种方法计算。

8. 有效灌溉面积　指灌溉工程或设备已经配套,有一定水源,地块比较平整,在一般年景下能够进行正常灌溉的耕地面积。

9. 工业总产值　是以货币表现的工业企业生产的产品总量,反映一定时期工业生产的总成果和总规模,1995 年第三次全国工业普查,对其计算方法和包括范围均进行了修订。

10. 轻工业　指提供生活消费品和制作手工工具的工业,是为满足人们的吃、穿、用需要的工业,按其所使用的原料不同,可分为两大类:①以农产品为原料的轻工业,是指直接或间接以农产品为基本原料的轻工业;②以非农产品为原料的轻工业,是指以工业品为原料的轻工业。

11. 重工业　是指生产生产资料的工业,为国民经济各部门提供物质技术基础的工业。按其生产和产品用途,可以分为下列三类:①采掘工业,是指对自然资源的开采;②原材料工业,是指提供国民经济各部门使用的原料、动力和燃料的工业;③制造工业,是指对原材料进行加工制造的工业。

12. 能源消费总量　指一定时期内用于生产和生活的各种能源消费量的总和。包括原煤和原油及其制品、天然气、电力的消费量,可分为三部分,即终端能源消费量、能源加工转换量和损失量。它是观察能源消费水平、构成和增长速度的总量指标。

13. 货(客)运量　指运输业实际运送的货物(旅客)数量。货运按吨计算,客运按人计算。货物不论运输距离长短,货物类别,均按实际重量统计;旅客不论行程远近或票价多少,均按一人一次作为客运量统计。

14. 货物(旅客)周转量　指运输业运送的货物(旅客)数量与其相应运输距离的乘积之总和,通常以吨公里和人公里为计算单位。它是反映运输业生产总成果的重要指标。

15. 邮电业务总量　指以货币表现的邮电部门为用户传递信息和提供其他邮电服务的总量。它综合反映了一定时期邮电工作的总成果,是研究邮电业务量构成和发展趋势的重要指标。

16. 建筑业总产值　是以货币表现的建筑业企业在一定时期内生产的建筑业产品和服务的总和。建筑业总产值包括建筑工程产值、安装工程产值和其他产值三部分内容。

17. 固定资产投资额　是以货币表现的在一定期内建造和购置固定资产的工作量以及与此有关的费用的总和。它是反映固定资产投资规模、速度、比例关系的综合性指标。

18. 新增固定资产　是指已经完成建造和购置过程,并以交付生产或使用单位的固定资产价值。它是反映固定资产投资成果的价值量指标。

19. 房屋施工面积　指报告期内施工的全部房屋建筑面积。包括本期新开工的面积、上期跨入本期继续施工的房屋面积、上期停缓建在本期恢复施工的房屋面积、本期竣工的房屋面积以及本期施工后又停缓建的房屋面积。多层建筑应填各层建筑面积之和。

20. 房屋竣工面积　指在报告期内房屋建筑按照设计要求已全部完工,达到住人和使用条件,经验收鉴定合格或达到竣工验收标准,可正式移交使用的各栋房屋建筑面积的总和。

21. 固定资产交付使用率　又称固定资产动用系数,是指一定时期新增固定资产与同期完成投资额的比率。它是反映固定资产动用速度,衡量建设过程中宏观投资效果的综合指标。

22. 建设周期　是指报告期(年)所有正式施工项目全

部建成平均需要的时间。它是从宏观角度反映建设速度的指标。

23. 房屋建筑面积竣工率 是指一定时期内房屋竣工面积与施工面积的比率。它是从房屋建筑施工速度的角度反映投资效果的指标。

24. 未完工程占用率 是指年末未完工程累计完成投资额占全年实际完成投资额的比率，是从资金占用的角度反映固定资产投资效果的指标。

25. 社会消费品零售额 指各种经济类型的批发零售贸易业、餐饮业和其他行业对城乡居民和社会集团的消费品零售额总和。这个指标反映通过各种商品流通渠道向居民和社会集团供应的生活消费品来满足他们生活需要，是研究人民生活、社会消费品购买力、货币流通等问题的重要指标。居民的消费品零售额：指销售给城乡居民用于生活消费的商品。社会集团的消费品零售额：指销售给机关、团体、部队、学校企业、事业单位和城市街道居民委员会、农村村民委员会用公款购买的用作非生产、非经营使用的消费品。

26. 商品交易市场成交总额 指市场所有摊位商品交易总额之和。

27. 旅游收入 游客（入境游客和国内游客）在旅游过程中（由游客或游客的代表为游客）支付的一切旅游支出就是国家（省、区、市）的旅游收入。旅游支出应包括（过夜）旅游者和一日游游客在整个游程中行、游、住、食、购、娱，以及为亲友、家人购买纪念品、礼品等方面的旅游支出，不包括为商业目的购物、购买房、地、车、船等资本性或交易性的投资、馈赠亲友的现金及给公共机构的捐赠。旅游收入包括国际旅游（外汇）收入和国内旅游收入。

28. 国际旅游（外汇）收入 入境游客在中国（大陆）境内旅行、游览过程中用于交通、参观游览、住宿、餐饮、购物、娱乐等全部花费。

29. 国内旅游收入 指国内游客在国内旅行、游览过程中用于交通、参观游览、住宿、餐饮、购物、娱乐等全部花费。

30. 利用外资 指我国各级政府、部门、企业和其他经济组织通过对外借款、吸收外商直接投资以及用其他方式筹措的境外现汇、设备、技术等。

31. 外商直接投资 指外国企业和经济组织或个人（包括华侨、港澳台胞以及我国在境外注册的企业）按我国有关政策、法规，用现汇、实物、技术等在我国境内开办外商独资企业、与我国境内的企业或经济组织共同举办中外合资经营企业、合作经营企业或合作开发资源的投资（包括外商投资收益的再投资），以及经政府有关部门批准的项目投资总额内企业从境外借入的资金。

32. 外商直接投资实际到位资金 外商直接投资指外国投资者在我国境内通过设立外商投资企业、与中方投资者共同进行合作开发以及设立外国公司分支机构等方式进行投资，包括外国投资者以现金、实物、技术等作为投资，外商投资收益的再投资，以及在批准的项目投资总额内，企业从境外借入的资金。

33. 进出口总额、海关进出口总额 指实际进出我国国境的货物总金额。包括对外贸易实际进出口货物，来料加工装配进出口货物，国家间、联合国及国际组织无偿援助物资和赠送品，华侨、港澳台同胞和外籍华人捐赠品，租赁期满归承租人所有的租赁货物，进料加工进出口货物，边境地方贸易及边境地区小额贸易进出口货物（边民互市贸易除外），中外合资企业、中外合作经营企业、外商独资经营企业进出口货物和公用物品，到、离岸价格在规定限额以上的进出口货样和广告品（无商业价值、无使用价值和免费提供出口的除外），从保税仓库提取在中国境内销售的进口货物，以及其他进出口货物。进出口总额用以观察一个国家在对外贸易方面的总规模。我国规定出口货物按离岸价格统计，进口货物按到岸价格统计。

34. 居民消费价格指数 是综合反映居民所购买各种消费品和生活服务项目价格变动程度的重要经济指标。通常简记为 CPI。在居民消费价格指数中分为八大类，即食品、烟酒及用品、衣着、家庭设备用品及维修服务、医疗保健和个人用品、交通和通信、娱乐教育文化用品及服务、居住。

35. 商品零售价格指数 反映市场各种零售商品（不含服务项目）价格变动的指数。它包括销售给居民和社会集团的生活消费品和办公用品价格，还包括餐饮业商品价格。

36. 年末自来水生产能力 指年末城建部门管理的自来水厂和社会单位自备水源的取水、净水、送水、出厂输水干管等环节的实际生产能力。

37. 年末实有铺装道路长度 指除土路外，路面经过铺装宽度在3.5米以上的道路，包括高级、次高级道路和普通道路。

38. 年末实有公共汽车（电车）辆 指年底可参加营运的全部车辆数，包括年底营运的车辆数和库存查封未参加营运的车辆，不包括非营运车辆，如架线车、油灌车、工程车、货车及其他专用车辆和借入的客运车辆。

39. 城市园林绿地面积 指城市专用绿地、生产绿地、防护绿地、郊区风景名胜区等的全部面积。

40. 城市人口用自来水普及率、用气普及率 指城市人口中的非农业人口用自来水，用煤气（包括人工煤气、液化石油气、天然气用气人口）的普及情况。

41. 工业废水排放总量 指经过企业厂区所有排放口排到企业外部的工业废水量。包括生产废水、外排的直接冷却水、超标排放的矿井地下水、与工业废水混排的厂区生活污水。

42. 工业废水排放达标量 指各项指标全部达到国家或地方排放标准的外排工业废水量,包括经过处理后外排达标的和未经处理外排达标的两部分。

43. 工业废气排放总量 指企业燃料燃烧和生产工艺过程中产生的各种排入空气的含有污染物的气体的总量,以标准状态下亿标立方米表示。

44. 工业粉尘排放量 指企业在生产工艺过程中排放的能在空气中悬浮一定时间的固体颗粒物重量。如钢铁企业的耐火材料粉尘、焦化企业的筛焦系统粉尘、烧结机的粉尘、石灰窑的粉尘、建材企业的水泥粉尘等。不包括电厂排入大气的烟尘。

45. 工业粉尘去除量 指企业在生产工艺过程中产生的废气,经过各种废气治理设施处理后,去除的粉尘重量。

46. 工业固体废物产生量 指企业在生产过程中产生的固体状、半固体状和高浓度液体状废弃物的总量,包括危险废物、冶炼废渣、粉煤灰、炉渣、煤矸石、尾矿、放射性废物和其他废物等;不包括矿山开采的剥离废石和掘进废石(煤矸石和呈酸性或碱性的废石除外)。

47. 工业固体废物综合利用量 指通过回收、加工、循环、交换等方式,从固体废物中提取或者使其转化为可以利用的资源、能源和其他原材料的固体废物量(包括当年利用往年的工业固体废物累计贮存量)。如用作农业肥料、生产建筑材料、筑路等。综合利用量由原产生固体废物的单位统计。

48. 文化事业机构 指从事专业文化工作和为专业文化工作服务的单独核算、独立建制的单位。不包括文化主管部门直属单位举办的其他行业和各部门的业务文化组织。

49. 艺术表演团体 指从事戏曲、音乐、舞蹈、杂技等专业艺术表演的,有独立帐户,实行单独核算的团体。不包括半工半艺、半农半艺的业余剧团。

50. 等级运动员人数 指经考核正式批准授予等级运动员称号的人数。运动员等级分为国际级运动健将、国家级运动健将、一级运动员、二级运动员、三级运动员、少年级运动员。

51. 等级裁判员人数 指经考核正式批准授予等级裁判员称号的人数。裁判员等级分为国际裁判、国家级裁判、一级裁判、二级裁判、三级裁判。

52. 医院 指名称为医院,设有固定床位能收容病人住院并能为病人提供医疗、护理服务的医疗机构。包括综合医院、中医医院、中西医结合医院、民族医院、各类专科医院和护理院,不包括专科疾病防治院、妇幼保健院和疗养院。

53. 卫生技术人员 指卫生事业机构支付工资的全部固定职工和合同制职工中现任职务为卫生技术工作人员。包括执业医师、执业助理医师、注册护士、药师(士)、检验技师、影像技师(士)、卫生监督员和见习医(药、护、技)师(士)等卫生专业人员。不包括从事管理工作的卫生技术人员(如院长、副院长、党委书记等)。

54. 执业医师和执业助理医师 指具有医师执业证书及其"级别"为"执业医师和执业助理医师"且实际从事医疗、预防保健工作的人员,不包括实际从事管理工作的执业医师和执业助理医师。执业医师类别分为临床、中医、口腔和公共卫生。

55. 劳动力资源总数 指在劳动年龄内,具有劳动能力,在正常情况下,可能或实际参加社会劳动的人口数。劳动力资源的范围为:劳动年龄内(16 周岁以上),有劳动能力,实际参加社会劳动和未参加社会劳动的人员。劳动力资源也可划分为:经济活动人口和非经济活动人口。

56. 经济活动人口 指在劳动年龄内,有劳动能力,参加或要求参加社会经济活动的人口,包括从业人员和失业人员。

57. 从业人员 指从事一定社会劳动并取得劳动报酬或经营收入的人员。

58. 失业人员 指在劳动年龄内,有劳动能力,在调查期间无工作并以某种方式正在寻找工作的人员。

59. 在岗职工 指在本单位工作并由单位支付工资的人员。以及有工作岗位,但由于学习、病伤、产假等原因暂未工作,仍由单位支付工资的人员。

60. 从业人员工资总额 指各单位在一定时期内直接支付给本单位全部从业人员的劳动报酬总额。包括计时工资、计件工资、奖金、津贴和补贴、加班加点工资、特殊情况下支付的工资,是在岗职工工资总额、劳务派遣人员工资总额和其他从业人员工资总额之和。

61. 可支配收入

老口径(2012 年及以前年份使用)

城市居民人均可支配收入 是指居民家庭可用于最终消费支出和其他非义务性支出以及储蓄的总和,即居民家庭可以用来自由支配的收入。它是家庭总收入扣除交纳的所得税、个人交纳的社会保障支出以及调查户的记帐补贴后的收入。

计算公式为:可支配收入 = 家庭总收入 - 交纳的所得税

－个人交纳的社会保障支出－记帐补贴

农村居民人均可支配收入　指农村住户获得的经过初次分配与再分配后的收入。可支配收入可用于住户的最终消费、非义务性支出以及储蓄。

计算方法：

农村住户可支配收入＝农村住户总收入－家庭经营费用支出－税费支出－生产性固定资产折旧－财产性支出－转移性支出

新口径(2013年因报表制度改革，人均可支配收入按新口径计算)

可支配收入　指调查户在调查期内获得的、可用于最终消费支出和储蓄的总和，即调查户可以用来自由支配的收入。可支配收入既包括现金，也包括实物收入。按照收入的来源，可支配收入包含五项，分别为：工资性收入、经营净收入、财产净收入、转移净收入和自有住房折算净租金。计算公式为：

可支配收入＝工资性收入＋经营净收入＋财产净收入＋转移净收入＋自有住房折算净租金

其中：经营净收入＝经营收入－经营费用－生产性固定资产折旧－生产税净额(生产税－生产补贴)

财产净收入＝财产性收入－财产性支出

转移净收入＝转移性收入－转移性支出

62. 农村居民人均纯收入　指农村住户当年从各个来源得到的总收入相应地扣除所发生的费用后的收入总和。纯收入主要用于再生产投入和当年生活消费支出，也可用于储蓄和各种非义务性支出。

计算方法：纯收入＝总收入－家庭经营费用支出－税费支出－生产性固定资产折旧－赠送农村外部亲友支出

63. 消费支出　指住户用于满足家庭日常生活消费需要的全部支出，包括用于消费品的支出和用于服务性消费的支出。根据用途不同，消费支出可划分为食品烟酒、衣着、居住、生活用品及服务、交通通信、教育文化娱乐、医疗保健、其他用品及服务八大类。根据来源不同，消费支出可划分为现金消费支出、实物消费支出(含自产自用、来自单位、来自政府和其他社会组织)。

64. 城乡居民储蓄存款年末余额　包括城镇居民储蓄和农民个人储蓄两部分的年末余额。不包括工矿企业、部队、机关团体等集团存款。

65. 企业景气调查　也称为经济周期调查或短期经济观测调查，它是以企业家或企业有关负责人(简称企业家，下同)为调查对象，采用问卷调查方式，定期收集企业家对宏观经济运行和企业生产经营景气现状的定性判断，对未来经济景气状况变动预期的一种统计调查。简言之，企业景气调查就是调查企业家对宏观经济运行态势和企业生产经营状况所作出的定性判断和预期。因此，我们也可以说：企业景气调查就是收集企业家对经济运行现状的定性判断及未来发展变化趋势定性预期数据的一种统计调查。

66. 服务业　即为社会生产和人们生活提供服务的行业。按新国民经济行业分类的服务业包括农林牧渔服务业，交通运输、仓储和邮政业，信息传输、计算机服务和软件业，批发和零售业，住宿和餐饮业，金融业，房地产业，租赁和商务服务业，科学研究、技术服务和地质勘查业，水利、环境和公共设施管理业，居民服务和其他服务业，教育，卫生、社会保障和社会福利业，文化、体育和娱乐业，公共管理和社会组织，国际组织，即第三产业加上第一产业中的农林牧渔服务业。

67. 单位GDP能耗　指在一定时期内，某地区每创造一万元生产总值(GDP)所耗用的各种能源的总和。目前国家考核的指标是以包含生产和生活的各种能源消费量的总和和形成的GDP之间的总量对比。

68. 单位规模工业增加值能耗　指在一定时期内，某地区规模以上工业企业每创造一万元工业增加值所耗用的各种能源的总和。

69. 当年价格　指报告期的实际价格，如工厂的出厂价格，农产品的收购价格、商业的零售价格等。按当年价格计算，是指一些以货币表现的物量指标，如工农业总产值、国民生产总值等，按照当年的实际价格来计算总量。

70. 不变价格　用某一时期的同类产品的平均价格作为固定价格，来计算各个时期的产品价值。目的是为了消除各时期价格变动的影响，使产品价值在前后时期之间、地区之间、计划与实际之间具有可比性，建国以来我国分别使用了1952年、1957年、1970年、1980年、1990年、2000年、2010年不变价格。

71. 可比价格　指在不同时期的价值指标对比时，扣除了价格变动的因素，以确切表示物量的变化。

72. 平均每年增长速度　在我国计算平均增长速度有两种方法，一种是习惯上经常使用的“水平法”，又称几何平均法，是以间隔期最后一年的水平同基期水平对比来计算平均每年增长(或下降)速度。另一种是“累计法”，又称代数平均法或方程法，是以间隔期内各年水平的总和同基期水平对比来计算平均每年增长(或下降)速度。

公式为：平均增长速度＝期次最后一期水平/基期水平×100%－100%

附录

排名榜（2013）

长沙统计年鉴

一、工业30强

(按主营业务收入排序)

排　位	企　业　名　称
1	湖南中烟工业有限责任公司
2	中联重科股份有限公司
3	三一集团有限公司
4	蓝思科技股份有限公司
5	湖南晟通科技集团有限公司
6	湖南金龙国际铜业有限公司
7	长沙远大住宅工业有限公司
8	湖南红太阳新能源科技有限公司
9	广汽三菱汽车有限公司
10	博世汽车部件(长沙)有限公司
11	广汽菲亚特汽车有限公司
12	长沙新振升集团有限公司
13	北汽福田汽车股份有限公司长沙汽车厂
14	长沙市比亚迪汽车有限公司
15	远大空调设备有限公司
16	介面光电(湖南)有限公司
17	金杯电工股份有限公司
18	威胜集团有限公司
19	中国铁建重工集团有限公司
20	湖南湘江涂料集团有限公司
21	恒天九五重工有限公司
22	山河智能装备股份有限公司
23	湖南海利高新技术产业集团有限公司
24	湖南稀土新能源材料有限责任公司
25	加加食品集团股份有限公司
26	湖南杉杉新材料有限公司
27	湖南同心实业有限责任公司
28	湖南尔康制药股份有限公司
29	湖南梦洁家纺股份有限公司
30	长城信息产业股份有限公司

二、工业利税大户

（一）利税过500亿元企业

湖南中烟工业有限责任公司

（二）利税过100亿元企业

中联重科股份有限公司

三一集团有限公司

（三）利税过10亿元企业

蓝思科技（湖南）有限公司

湖南晟通科技集团有限公司

（四）利税过亿元企业

广汽三菱汽车有限公司

博世汽车部件（长沙）有限公司

中国铁建重工集团有限公司

长沙市燃气实业有限公司

湖南旺旺食品集团有限公司

湖南金龙国际铜业有限公司

长沙新奥燃气有限公司

湖南华电长沙发电有限公司

威胜集团有限公司

北汽福田汽车股份有限公司长沙汽车厂

长沙娃哈哈有限公司

加加食品集团股份有限公司

九芝堂股份有限公司

湖南湘江涂料集团有限公司

湖南梦洁家纺股份有限公司

中冶长天国际工程有限责任公司

湖南金沙利彩色印刷有限公司

长沙统一企业有限公司

澳优乳业（中国）有限公司

楚天科技股份有限公司

湖南迪诺制药有限公司

湖南隆平种业有限公司

湖南湘江关西涂料有限公司

湖南东方时装有限公司

长城信息产业股份有限公司

湖南尔康制药股份有限公司

湖南浏阳南方水泥有限公司

山河智能装备股份有限公司

多喜爱家纺股份有限公司

湖南长高高压开关集团股份有限公司

长缆电工科技股份有限公司

湖南湘能电力股份有限公司

湖南省忘不了服饰有限公司

湖南天闻新华印务有限公司

湖南海利高新技术产业集团有限公司

湖南千山制药机械股份有限公司

湖南方盛制药股份有限公司

长沙中联消防机械有限公司

长沙水业投资管理有限公司

湖南松井新材料有限公司

湖南丽臣实业股份有限公司

盐津铺子食品有限公司

长沙景嘉微电子股份有限公司

湖南创业电力高科技股份有限公司

湖南红太阳光电科技有限公司

金杯电工股份有限公司

三、建筑业总产值前50名企业

位次	单　位　名　称	位次	单　位　名　称
1	中国建筑第五工程局有限公司	26	湖南东方红建设集团有限公司
2	中建五局第三建设有限公司	27	中建五局工业设备安装有限公司
3	湖南省第六工程有限公司	28	湖南广福建筑股份有限公司
4	中国水利水电第八工程局有限公司	29	湖南省西湖建筑集团有限公司
5	湖南省建筑工程集团总公司	30	湖南麟辉建设集团有限公司
6	湖南路桥建设集团公司	31	湖南省西城建设有限公司
7	湖南高岭建设集团股份有限公司	32	湖南园艺建筑有限公司
8	湖南望城建设(集团)有限公司	33	湖南金沙路桥建设有限公司
9	中铁五局集团第一工程有限责任公司	34	湖南捞刀河建设集团有限公司
10	五矿二十三冶建设集团有限公司	35	湖南创高建设有限公司
11	中建五局土木工程有限公司	36	湖南岳麓山建设集团有限公司
12	湖南望新建设集团股份有限公司	37	湖南南托建筑股份有限公司
13	湖南中格建设集团有限公司	38	中铁五局集团电务工程有限责任公司
14	湖南长大建设集团股份有限公司	39	湖南省湘筑工程有限公司
15	湖南省第二工程有限公司	40	湖南格塘建筑工程有限公司
16	湖南北山建设集团股份有限公司	41	湖南长沙榔梨建筑工程有限公司
17	长沙市建设工程集团有限公司	42	湖南尚上公路桥梁建设有限公司
18	湖南星大建设集团有限公司	43	中航建筑工程有限公司
19	湖南黄花建设集团股份有限公司	44	中铁建电气化局集团第四工程有限公司
20	湖南省沙坪建筑有限公司	45	长沙黎托建筑工程有限公司
21	湖南对外建设集团有限公司	46	湖南红星建设有限公司
22	湖南顺天建设集团有限公司	47	长沙靖港建筑工程有限公司
23	中铁十二局集团第七工程有限公司	48	湖南长沙丁字建筑(集团)有限公司
24	中南建设集团有限公司	49	湖南长沙坪塘建设(集团)有限公司
25	中铁二十五局集团第三工程有限公司	50	湖南华侨建设开发集团有限公司

四、房地产投资额前50名企业

位次	单　位　名　称	位次	单　位　名　称
1	九龙仓(长沙)置业有限公司	26	湖南鑫盛房地产开发有限公司
2	长沙北辰房地产开发有限公司	27	长沙橘韵投资有限公司
3	中铁房地产集团长沙置业有限公司	28	绿地地产集团长沙置业有限公司
4	长沙开福万达广场投资有限公司	29	湖南晟通置业有限公司
5	湖南修合地产实业有限责任公司	30	湖南振业房地产开发有限公司
6	长沙方兴盛荣置业有限公司	31	长沙湘禹房地产开发有限公司
7	湖南珠江实业投资有限公司	32	长沙华创房地产开发有限公司
8	长沙中住兆嘉房地产开发有限公司	33	湖南德思勤投资有限公司
9	长沙中海兴业房地产有限公司	34	长沙宝瑞房地产开发有限公司
10	长沙新城万博置业有限公司	35	长沙佳兴房地产集团有限公司
11	湖南星电置业有限公司	36	长沙玫瑰园房地产开发有限公司
12	湖南正湘置业有限公司	37	东业地产(长沙)有限公司
13	长沙勤诚达房地产开发有限公司	38	湖南百汇投资有限公司
14	湖南恒东房地产开发有限公司	39	湖南金科房地产开发有限公司
15	湖南省中信控股有限公司	40	湖南秀龙地产置业有限公司
16	长沙广汇房地产开发有限公司	41	湖南景上财信置业发展有限公司
17	长沙市房地产开发公司	42	湖南省源城置业有限公司
18	当代置业(湖南)有限公司	43	长沙市靳江水利投资置业有限公司
19	湖南鑫远投资集团有限公司	44	长沙瑞玺置业有限公司
20	浏阳金科置业有限公司	45	湖南湘电房地产开发有限公司
21	湖南和泓房地产开发有限公司	46	湖南中锴置业有限公司
22	长沙南湖广场置业有限公司	47	湖南东宸智地房产开发有限公司
23	湖南中建信和芙蓉置业有限公司	48	湖南保利房地产开发有限公司
24	湖南合能房地产开发有限公司	49	长沙方略投资发展有限公司
25	湖南东润房地产开发有限责任公司	50	湖南新华印刷集团有限责任公司

五、高新技术产品产值前50名企业

位次	企　业　名　称	位次	企　业　名　称
1	中联重科股份有限公司	26	湖南湘江涂料集团有限公司
2	三一集团有限公司	27	中铁十二局集团第七工程有限公司
3	蓝思科技股份有限公司	28	恒天九五重工有限公司
4	湖南晟通科技集团有限公司铝箔分公司	29	湖南金龙电缆有限公司
5	中国水利水电第八工程局有限公司	30	长沙新奥燃气有限公司
6	中建五局第三建设有限公司	31	湖南星电实业集团股份有限公司
7	蓝思科技(长沙)有限公司	32	中建五局工业设备安装有限公司
8	湖南红太阳新能源科技有限公司	33	中冶长大国际工程有限责任公司
9	长沙远大住宅工业有限公司	34	湖南同心实业有限责任公司
10	湖南金龙国际铜业有限公司	35	湖南永清机械制造有限公司
11	远大空调设备有限公司	36	湖南稀土新能源材料有限责任公司
12	长沙新振升集团有限公司	37	澳优乳业(中国)有限公司
13	长沙市比亚迪汽车有限公司	38	湖南雅城新材料发展有限公司
14	国药控股湖南有限公司	39	湖南梦洁家纺股份有限公司
15	北汽福田汽车股份有限公司长沙汽车厂	40	湖南海利高新技术产业集团有限公司
16	博世汽车部件(长沙)有限公司	41	湖南杉杉户田新材料有限公司
17	威胜集团有限公司	42	长城信息产业股份有限公司
18	快乐购物有限责任公司	43	长沙海大铝业有限公司
19	金杯电工股份有限公司	44	袁隆平农业高科技股份有限公司
20	山河智能装备股份有限公司	45	湖南尔康制药股份有限公司
21	中国水电顾问集团中南勘测设计研究院	46	中铁五局集团电务工程有限责任公司
22	长沙双鹤医药有限责任公司	47	湖南华纳大药厂有限公司
23	湖南经阁投资控股集团有限公司	48	湖南锦峰钢结构工程有限公司
24	中国铁建重工集团有限公司	49	湖南五强产业集团股份有限公司
25	湖南路桥建设集团公司	50	湖南省茶业有限公司

六、销售额前20名批发企业

位次	企　业　名　称
1	物产中拓股份有限公司
2	湖南有色国贸有限公司
3	湖南省烟草公司长沙市公司
4	湖南晟通贸易有限公司
5	湖南大唐燃料开发有限责任公司
6	湖南盛世欣兴格力贸易有限公司
7	湖南新华联国际石油贸易有限公司
8	湖南省茶业有限公司
9	湖南时代阳光医药健康产业有限公司
10	华润湖南医药有限公司
11	湖南晟通营销有限公司
12	湖南粮食集团有限责任公司
13	湖南省新华书店有限责任公司
14	湖南萍钢工贸有限公司
15	湖南博长钢铁贸易有限公司
16	华润湖南瑞格医药有限公司
17	中钢集团湖南有限公司
18	湖南盐业股份有限公司
19	中铁物资集团湖南有限公司
20	湖南铭伦石油化工有限公司

七、零售额前20名零售企业

位次	企　业　名　称
1	中国石油化工股份有限公司湖南长沙石油分公司
2	湖南友谊阿波罗商业股份有限公司
3	中国石油天然气股份有限公司湖南长沙销售分公司
4	长沙通程实业(集团)有限公司
5	快乐购物有限责任公司
6	中国石油化工股份有限公司湖南石油高速分公司
7	国药控股湖南有限公司
8	平和堂(中国)有限公司
9	湖南家润多超市有限公司
10	湖南博瑞新特药有限公司
11	长沙步步高商业连锁有限责任公司
12	长沙王府井百货有限责任公司
13	湖南仁孚汽车销售服务有限公司
14	湖南省新一佳商业投资有限公司
15	长沙瑞宝汽车销售服务有限公司
16	湖南中汽南方汽车销售服务有限公司
17	湖南华美汽车销售服务有限公司
18	湖南苏宁云商有限公司
19	长沙新时代医药有限公司
20	湖南华洋华迪汽车销售服务有限公司

八、营业额前20名住宿企业

位次	企 业 名 称
1	华天酒店集团股份有限公司
2	湖南运达酒店管理有限公司
3	湖南华雅国际大酒店有限公司
4	长沙世纪金源大饭店有限公司
5	湖南国际金融大厦有限公司(潇湘华天大酒店)
6	湖南富丽华大酒店
7	长沙通程国际广场置业发展有限公司
8	湖南芙蓉国酒店管理有限公司
9	湖南圣爵菲斯投资有限公司
10	长沙神农酒店管理有限公司
11	湖南宾馆
12	湖南湘投金源大酒店有限公司
13	长沙明城国际大酒店有限责任公司
14	长沙融程花园酒店有限公司
15	湖南枫林宾馆
16	湖南芙蓉华天大酒店
17	长沙通程龙腾投资发展有限公司通程温泉大酒店
18	中国长沙蓉园宾馆
19	长沙新世界国际大饭店有限公司长沙皇冠假日酒店
20	普瑞温泉酒店有限责任公司

九、营业额前20名餐饮企业

位次	企　业　名　称
1	长沙肯德基有限公司
2	湖南迈湘餐厅食品有限公司
3	湖南省徐记餐饮有限公司
4	长沙饮食集团长沙火宫殿有限公司
5	长沙五十七度湘餐饮管理有限公司
6	湖南金太阳大酒店有限公司
7	浏阳市银天大酒店有限公司
8	长沙金牛角王中西餐厅有限公司
9	长沙金牛角王餐饮服务有限公司
10	长沙长福餐饮服务有限公司
11	长沙新长福餐饮管理有限公司
12	长沙印日银山徐记酒店有限责任公司
13	湖南餐谋天下餐饮管理有限公司
14	长沙市芙蓉区冰火楼酒家
15	长沙饮食集团长沙又一村有限公司
16	长沙饮食集团长沙玉楼东有限公司
17	花之林餐饮管理(湖南)有限公司
18	长沙市全家园实业有限公司
19	长沙市天心区冰火楼酒家
20	湖南筷乐潇湘餐饮管理有限公司

十、经济社会发展综合实力十强乡镇街道

序号	单　位　名　称
1	长沙县星沙街道
2	宁乡县玉潭镇
3	长沙县湘龙街道
4	宁乡县白马桥乡
5	望城区高塘岭街道
6	浏阳市永安镇
7	宁乡县城郊乡
8	芙蓉区定王台街道
9	岳麓区梅溪湖街道
10	雨花区侯家塘街道

十一、经济社会发展十快乡镇街道

序号	单　位　名　称
1	长沙县暮云镇
2	宁乡县历经铺乡
3	望城区乔口镇
4	浏阳市太平桥镇
5	长沙县白沙镇
6	宁乡县花明楼镇
7	长沙县春华镇
8	天心区新开铺街道
9	开福区新河街道
10	天心区金盆岭街道

中国统计出版社最新图书简目

(仅供参考,以最后出书为准)

统计资料

综合类：中国统计年鉴　　中国统计摘要　　中国发展报告

国际资料类：国际统计年鉴　　金砖国家联合统计手册　　世界能源资源年鉴

区域资料类：中国区域经济统计年鉴　　中国县域统计年鉴　　中国城市统计年鉴　　中国农村统计年鉴　　中国地区经济监测报告

经贸与投资类：中国贸易外经统计年鉴　　中国对外直接投资统计公报　　中国商品交易市场统计年鉴　　大中型批发零售和住宿餐饮企业统计年鉴　　中国零售和餐饮连锁企业统计年鉴

住户与物价类：中国住户调查年鉴　　中国价格统计年鉴　　中国农产品价格调查年鉴　　全国农产品成本收益资料汇编

资源与环境类：中国环境统计年鉴　　中国能源统计年鉴

产业类：中国工业统计年鉴　　中国建筑业统计年鉴　　中国房地产统计年鉴　　中国第三产业统计年鉴　　中国证券期货统计年鉴

科技类：中国科技统计年鉴　　中国高技术产业统计年鉴　　工业企业科技活动资料

人口与就业类：中国劳动统计年鉴　　中国人口和就业统计年鉴　　中国人才资源统计报告

社会与文化类：中国社会统计年鉴　　中国文化及相关产业统计年鉴

公共管理类：中国民政统计年鉴　　中国民族统计年鉴　　中国乡镇街道行政区域简册

省级综合统计年鉴系列

北京 天津 河北 山西 内蒙古　辽宁 吉林 黑龙江 上海 江苏　浙江 安徽 福建 江西 山东
河南 湖北 湖南 广东 广西 海南　重庆 四川 贵州 云南 西藏 陕西　甘肃 青海 宁夏 新疆
新疆生产建设兵团

市(县)级综合统计年鉴系列

天津滨海新区 石家庄 唐山 邯郸　太原 大同 阳泉 长治 晋城 朔州　晋中 运城 忻州 临汾 呼和浩特
鄂尔多斯 包头 沈阳 大连 长春　吉林市 四平 哈尔滨 黑龙江垦区　上海浦东新区 南京 无锡 徐州
常州 苏州 南通 连云港 淮安 盐城　扬州 镇江 泰州 宿迁 江阴 丹阳　杭州 宁波 温州 嘉兴 绍兴 金华
衢州 舟山 台州 丽水 合肥 福州　厦门 宁德 福州经济技术开发区　南昌 济南 青岛 郑州 洛阳 平顶山
三门峡 南阳 武汉 十堰 荆州 宜昌　荆门 咸宁 长沙 广州 深圳 惠州　东莞 南宁 柳州 桂林 来宾 海口
三亚 成都 贵阳 昆明 西安 兰州　庆阳 银川 乌鲁木齐 兵团一师　兵团十师

调查年鉴系列

山西 内蒙古 吉林 辽宁 上海　福建 湖北 广西 重庆 四川 云南　甘肃 宁夏 新疆 南宁 桂林

“十二五”规划教材

统计学（经济管理类专业本科适用，单薇 等）　抽样调查理论与方法（冯士雍 等）
贝叶斯统计（茆诗松 等）　统计学（黄良文 等）　试验设计（茆诗松 等）
统计学：从数据到结论（吴喜之）　医学统计学（于浩）　统计学（经济、管理类专业基础教材，张小斐）
概率论与数理统计三十三讲（魏振军）　概率论与数理统计三十三：学习指导与习题解答（魏振军）
非参数统计（吴喜之 等）　统计学：经济与管理中的数据分析（李慧云 等）
卫生管理统计学（新编医学院校基础课教材，尚磊）医院统计学（新编医学院校基础课教材，徐天和 等）
社会统计学（蒋萍 等）　现代金融投资统计分析（李腊生 等）
国民经济核算初级教程（经济类、统计类、管理类专业适用，蒋萍 等）

重点图书

新中国65年　新编英汉汉英统计大词典　中华医学统计百科全书
挑大学选专业2014—考研择校指南　挑大学选专业2014—高考志愿填报指南

中国统计出版社发行部电话：（010）63376907,63376908　同榀行书店电话：68783171,68783172
通讯地址：北京市西城区三里河月坛南街57号　邮政编码：100826
网址：http://csp.stats.gov.cn